CCiD赛迪学术丛书

信息系统运维管理咨询与监理服务

Management Consulting and Supervision Service in IT System Maintenance

罗 文 主 编

人 民 邮 电 出 版 社

北 京

图书在版编目（C I P）数据

信息系统运维管理咨询与监理服务 / 罗文主编. -- 北京 : 人民邮电出版社, 2014.9
（CCID赛迪学术丛书）
ISBN 978-7-115-36749-5

Ⅰ. ①信… Ⅱ. ①罗… Ⅲ. ①信息系统－监督管理－研究 Ⅳ. ①G202

中国版本图书馆CIP数据核字(2014)第186554号

内 容 提 要

本书立足于信息系统运维的角度，核心内容分为三部分，即：运维管理规划、设计和咨询方法论；运维监理方法论；运维监理的实操规范，既可以作为管理类参考书籍，又可以作为监理行业的工具书，也可以作为相关从业者的作业指导书。

本书适合具有一定的信息系统从业经历，系统学习过相关专业知识（具备相应资格证书的人员，如通过信息系统监理师、项目管理师等国家软件考试的人员则更好）的人员阅读参考。

◆ 主　　编　罗　文
责任编辑　杨　凌
责任印制　杨林杰
◆ 人民邮电出版社出版发行　　北京市丰台区成寿寺路 11 号
邮编　100164　　电子邮件　315@ptpress.com.cn
网址　http://www.ptpress.com.cn
北京鑫正大印刷有限公司印刷
◆ 开本：787×1092　1/16
印张：23.25　　　　2014 年 9 月第 1 版
字数：531 千字　　　　2014 年 9 月北京第 1 次印刷

定价：78.00 元

读者服务热线：(010)81055488　印装质量热线：(010)81055316
反盗版热线：(010)81055315

本书编委会

前　言

我国大规模信息系统建设已历经二十余年，信息系统已成为保障国家安全、支撑政府行政职能、维护社会和谐稳定、促进民生经济发展等各大战略层面的重要支柱。二十多年来，我国陆续建成以“两网、一站、四库、十二金”工程为代表的国家级大型信息系统，形成了“国门有金关、民生有金保、安全有金盾、经济有金财”等一系列以信息系统为核心支撑的国家运行体系。“十二五”期间，“智慧城市”作为新兴的国家级战略规划，其建设成效又将直接影响我国各大城市在国际社会中的竞争力和影响力。因此，信息系统在各个领域的发展与应用效能，一定程度上决定着我国以及中华民族未来的发展与国际地位。

而信息系统的核心价值在于使用。长久以来，我国信息化工作一直将注意力集中在信息系统建设层面，但无论信息系统的建设过程多么美好或曲折，其在行政、民生、经济、安全等领域的实际效能及核心价值，有且只有体现在它的实际运行使用过程当中。因此，与信息系统建设工程相对应，我国已将信息系统运维作为一项新兴的大型信息系统工程，执行工程化管理。信息系统运维工程也必将成为我国信息化未来发展的重点方向及核心内容。随之而来的，信息系统建设监理也需要向运维过程监理转变。

对于信息系统运维管理者或监理工程师而言，他们将面对的是几个或者几十个运维服务商，更多的信息系统，成百上千的终端，还有以千万或者亿计的信息化资产。在这种情况下，如何做好管理工作，采用什么样的流程和方法已经比技术上的需求来得更重要。当然，这个问题在多年前就已经被国际和国内诸多信息化管理领域的前辈所重视，进而不断推出了各种版本的信息系统管理标准，包括 ITIL、ISO 20000 系列、GB/T 24405，甚至连 CMMI 也努力涵盖了信息系统运维相关的质量领域。可是，这些标准如何落地执行，执行效果如何评价，应该采取什么样的具体方法在保证管理有效的前提下持续改进，这些需要从运维的设计出发，用运维监理配合运维管理者来共同实现。

编者根据自身在信息系统运维实践中多年积累的经验，尝试整理出一套可以将运维管理、设计、流程、考核落地的方法论，形成了本书，结合运维监理应该提供的服务技能，希望给运维管理者、运维服务人员及运维监理工程师在实际工作中提供有价值的参考。本书核心内容分为 3 个部分，分别为运维管理规划、设计和咨询方法论；运维监理方法论；运维监理的实操规范。

在运维管理规划、设计和咨询方面，包括运维模式规划、组织的建立、运维流程制度规范体系的设计和服务商遴选等前期准备，到运维过程管理中的绩效考核体系、运维费预算与执行的方法，最终结合信息系统运维的再评价与持续改进，提供了一整套全方位的解决思路和方法论，可以用于解决国际、国内各种标准的落地问题，期冀读者能够将这种思路与方法论用于自己的实际工作中，起到支撑和帮助作用。

在运维监理服务方法论方面，首先论证了运维监理服务在信息系统运维工作中的必要性和作用；其次修改和扩充了信息系统建设期监理的工作方法，提出了质量控制、费用控制、安全控制、合同管理、文档管理、应急管理、效能管理、配置管理与沟通协调等一系列运维监理服务独特的工作重点；最后针对上述工作重点具体描述了监理工作流程、关键点、产出。希望这些内容能给从事监理工作或项目管理工作的人员提供有效的工作标准规范。

在运维监理的实操规范方面，本书剖析了信息系统运维几大重要专业类别的工作，包括基础设施、应用系统、数据和安全等。针对这些内容，分别对监理服务的操作重点和过程进行描述，旨在指导监理从业人员能够掌握大多数情况下具体监理工作的执行方法，达到胜任运维监理工作的基础要求。

本书中大部分内容在信息系统运维工程管理领域属于新创，目前国内还没有类似的书籍，作为编者既感到荣幸又感到压力，在此衷心希望能对读者的工作起到一些帮助作用。由于编者能力所限，本书内容不足、疏漏乃至错误之处在所难免，恳请读者批评指正，我们将继续修订和完善，让我们一起支撑和保障我国信息系统的持久健康运行。

作者

2014年8月于北京

目　　录

第一部分 总论

第 1 章
信息系统运维与运维管理概述

如果说我国信息化发展的前 20 年是信息系统建设的 20 年，那么信息化发展的后 20 年就将是运维的 20 年。自 20 世纪 90 年代初开始至今，我国电子政务、电子商务蓬勃发展，集中建设了大批服务于政府部门、事业单位、企业商务及民间公益事业的各类信息应用系统工程，出现了以“两网、一站、四库、十二金”工程为代表的一系列超大型国家级信息系统建设集成工程。

随着上述信息系统的逐步上线运维及交付使用，我国商务及政务业务的开展与信息系统的稳定运行形成了密不可分的依赖关系，信息系统成为了支撑政务及商务发展和正常健康运行的核心及支柱，保障信息系统的健康、安全、稳定运行也间接成为了保障各行各业业务发展的重中之重。

本章将首先对信息系统运维的发展历程进行回顾和阐述；其次介绍信息系统运维主要包含的 4 个方面核心内容；最后结合信息系统运维的实施工作，阐述运维管理工作的必要性及其目标。

1.1　信息系统运维的发展历程

信息系统运维，特指新建或升级改造类信息系统项目实施完成后的系统在完成其试运行周期后，正式进入生产环境交付使用阶段的维护和保养工作。信息系统运维的发展，伴随着信息系统建设发展的 20 多年历程，主要经历了 3 个阶段，分别是 NSM 阶段、ITSM 阶段、BSM 阶段。

自 20 世纪 90 年代我国信息系统大规模建设以来，包括政府部门在内的很多信息系统建设单位均或多或少地存在着重建设而轻运维的现象，信息系统的运维工作主要由建设项目的承建单位来负责，并没有建立专门的运维及运维管理组织。

随着已有的业务系统应用时间的不断延长、原承建单位人员的不断更新，以及信息技术的不断发展，运行维护原有系统的复杂程度和成本支出呈现出大幅度上涨态势。进入到 21 世纪初，越来越多的信息系统建设单位及信息化主管单位领导逐渐意识到运维工作的必要性，逐步建立了专项信息系统运维管理组织，规划信息化资产的运维模式及专项预算，国家政策方面也逐步体现出对运维工作的支持，分散运维逐渐走向了集中运维；在集中运维中，大多数单位都参考 ITIL 及 ISO 20000 等标准对自身的运维模式进行了标准化规划，但在实施过程中发现，完全照搬标准而形成的运维规划模式执行成本过高，效率较低，并未完全适应国内单位的运维实际需求，信息系统运维逐渐向着集中分级式、多极化组织模式发展。

本节将结合上述思路对信息系统运维的发展阶段、现状及未来趋势进行分析和探讨。

1.1.1 运维发展阶段

纵观国内外信息系统建设的发展，经历了从无到有、从单机到互联网络、从单一的电子化业务办公到复杂的管理信息系统的发展历程。在这个过程中，信息系统的运维工作也随之经历了从单一化的网络管理（Network System Management，NSM），再到一体化的IT服务管理（IT Service Management，ITSM）以及以业务支撑为导向的业务服务运维管理（Business Service Management，BSM）这3个循序渐进的主要阶段，如图1-1所示。

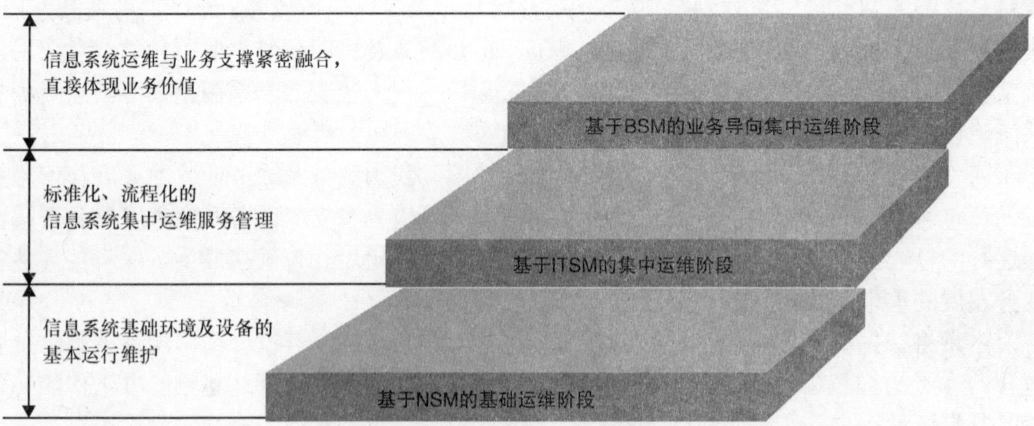

图1-1 信息系统运维的发展阶段

1. 基于NSM的基础运维阶段

在信息系统运维工作发展的早期，运维工作主要表现为针对信息系统基础架构的管理，以及以信息系统设备为核心的基础设施管理两大任务。任何信息系统基础架构都会有其建设周期，随着信息技术的不断进步和信息系统建设需求的变化，建设完成的信息系统设施也存在更新换代、升级改造的过程。因此上述两个核心任务应当是并行融合的关系，它们是实现信息系统服务管理以及ITSM和BSM的基础，是发展阶段中不可跨越的起始点。

组织的信息系统基础架构是对业务的最基本支撑环境，主要包括网络、链路、路由器、服务器、数据库等，组织对信息系统的最基本要求在于硬件环境的稳定和连续运行并且网络通畅，系统可用性高，最大程度地减少各类故障的发生，避免业务因信息系统基础设施而造成的被动影响，实现对信息系统基础设施的全面有效管理。因此，在本阶段，主要通过网络实现对组织所有信息系统软硬件基础设施的监控数据采集分析，从而获得整个信息系统环境到底层每个实体运行状态的信息，通过动态的信息监控，保障在故障发生的第一时间或发生之前定位故障的原因及趋势并及时发出报警信息，以便采取主动的故障防御措施，从而提高信息系统环境的运行质量，同时利用基于SNMP协议的相关技术实现对信息系统基础设施的远程管理操作，降低信息系统管理的成本并提高效率。

2. 基于 ITSM 的集中运维阶段

在实现了基于 NSM 的基础设施运维后，信息系统基础设施的所有技术元素得以全面监控，信息系统基础设施的运行质量、稳定性、连续性有了明显的提升，但组织仍会发现在信息系统运行的过程中有各种各样的问题发生。究其根本原因在于，各种信息系统设施的运维是相互独立的，相应的运维管理制度、流程、工具及方法也是独立的，单个问题的出现会引发“多米诺效应”。由于缺少对运维对象间的相互关联，不得不对网络设备、服务器、业务应用系统等进行逐一排查，在这个过程中很容易出现互相推诿的现象，造成更大的资源浪费和运维工作效率的低下。调查表明，运维工作中超过 80%的问题是运维人员没有按照规范的操作流程来进行日常维护和管理，缺乏有效的协同机制。也就是说，由于管理原因造成的问题远远多于基础设施和技术本身的问题，阻碍了信息系统部门运维工作效率与质量的提高，信息系统运维团队长时间承担着“救火队”的角色。随着我国信息化进程的不断深入和加快，组织对业务信息系统的依赖也愈加深刻，对信息系统运维也提出了更高的要求。ITSM 作为一种新兴的 IT 运维理念开始逐渐普及。ITSM 是对业务信息化流程的梳理，其最大的变革在于使信息系统运维工作不仅仅依赖于技术，还依托于规范化的标准和制度，即对信息系统资源本身的管理方法论。

ITSM 被形象地称为信息系统管理领域的 ERP 解决方案，因为信息系统随着业务应用的深入而越来越复杂，与组织的业务相同，需要有科学的管理机制和一套系统的管理信息系统本身的高质量方法来帮助组织对信息系统的规划、研发、实施和运营进行有效管理。

在 ITSM 的管理理念中，强调以业务最终用户为核心，以流程为导向，提供高效、低成本、高质量的信息化服务。在信息系统建设期，信息化服务管理需要针对组织业务和客户的真实、可用的需求对信息系统基础架构配置进行合理的安排与设计，避免盲目地信息系统投资和重复建设；在信息系统运维期，ITSM 不同于传统的以系统功能为中心的信息系统管理方式，而是以流程为重点，从复杂的信息系统管理活动中梳理出那些核心的流程，如事故管理、问题管理和配置管理，将这些流程规范化、标准化，明确定义各个运维流程的目的和范围、成本和效益、运维步骤、关键成功因素和绩效指标、相关人员的责任和权利，以及各个流程之间的关系等。

综上所述，从整个组织层面来看，ITSM 的目标在于将组织的信息系统运维工作从成本中心转化为服务中心和效益中心，使组织业务所产生的价值与组织信息化成本投入比逐步提高，同时降低信息系统资产运行的成本。

3. 基于 BSM 的业务导向集中运维阶段

通过 ITSM 阶段组织实现了规范化、流程化的信息系统运维，但 ITSM 阶段的管理仍然是以信息化业务为对象，针对业务提出的需求做被动式调整，随着信息化服务管理工作逐步理顺并有条不紊地开展起来，组织开始关心信息化服务对业务带来的影响，关注整体业务的情况，强调从业务目标出发来优化信息化服务，即信息化与业务融合的 BSM 阶段。

业务导向的 BSM 阶段的核心在于支撑组织整体业务的连续运行，它基于组织业务确定服务目录，定义出一个组织真正的核心竞争力，将信息化战略与业务战略实现对接，全面实现信息化资产运行与组织业务相关联的运维体系。

BSM 实现了信息化到组织业务的映射过程，业务目标和成果的实现依赖于实现关键业务流程的自动化工具，即业务信息系统软件，其故障或性能问题可能会导致严重的业务影响，而业务信息系统软件的性能还与其本身以外的许多因素相关，如网络组件、服务器、操作系统和其他基础设施等。要实现 BSM 阶段的运维，首先需要组织进行业务的梳理，定义业务，包括每一个业务的所有资源、过程、收益、成本、状态和绩效指标等；其次需要定义业务信息系统软件的性能指标；再次需要获取信息化基础设施运维的各项性能指标；最后需要将 3 类指标关联对应，深入研究和界定业务信息系统软件和基础设施问题将影响到哪些业务领域并如何对业务成果产生影响，完成信息化资产到业务关联的分析，将信息化资产（或称信息化资源）对组织业务的支撑进行重现按需最优化分配。

由此可见，BSM 的核心主要体现为 3 个方面，即业务、资产配置以及两者之间的关系。业务蓝图展现了一个组织所有业务的构成情况；资产配置蓝图展现了一个组织 IT 架构的所有对象构成关系全景；最终将业务蓝图与配置蓝图对接起来的全图，它动态表达了当前信息化资产的运行情况，并动态体现出其对业务支撑的情况和能力。

实现 BSM 是一个循序渐进的漫长过程，它已不仅仅单独是信息化部门的事情，在先进的信息化平台之上，更需要强大的行政支持长时间推进，并已成为一项超越技术的系统管理工程。虽然，市场上已开始出现以 BSM 为产品战略的软件或平台，描绘的是完全自动化的智能场景，当业务发生时，客户可以将业务变化的请求提交给 BSM 技术，通过这项技术可以对相应的基础设施做出动态的改变和配置，而且能对系统性能进行建模，实时地对系统性能进行跟踪和监控，以此动态地调整基础设施以适应业务的变化。但是，如此完善的工具离普及还有很大的距离。到目前为止，我国大多数用户组织的管理层次仍然停留在 ITSM 初级阶段，甚至是更早的 NSM 阶段，若以这样的运维架构匆忙实施 BSM 技术是非常不利于管理的，可能不仅无法实现信息化与业务的有效结合，还会导致业务混乱。从传统的信息化运维服务向 BSM 发展的过程中，存在着许多技术和管理的改进细节，也是信息化运维与组织业务相互匹配、相互磨合、相互融合的过程。综上所述，信息系统运维的发展应按照 NSM 阶段、ITSM 阶段、BSM 阶段循序渐进。

1.1.2 信息系统运维的发展现状

信息系统运维目前的发展现状可归结为以下几点。

1. 从建设向运维的转型时期

我国信息系统建设的历史可以追溯到 20 世纪 80 年代中期，至今大体上经历了 3 个重要的发展阶段，即 80 年代的起步阶段、90 年代的重点推进阶段和进入 21 世纪后的加速发展阶段。90 年代后期，特别是进入 21 世纪后，在 2002 年 17 号文件的指引下，我国各级政府围绕“两网、一站、四库、十二金”的发展重点有序展开信息化建设，我国信息化建设进入了全面规划、整体发展的新阶段，信息化建设取得了阶段性的成果。到目前为止，投资建设的大量信息系统已进入应用维护阶段，信息化发展正处在由建设向运维转型的时期。

以北京市信息化为例，北京市基本完成覆盖全市的信息化网络建设、政府门户网站建设和主要应用系统的开发。截至目前，有线网和无线网覆盖全市各区（县）、街（乡）、社区和大部分村，统一建立了 169 个网站群，实现 60%的行政许可事项在线办理，共建设完成应用系统 590 余个，其中重要系统 170 余个，覆盖 80%的政府管理和公共服务业务。从 2006 年开始，北京市新增项目逐年减少，每年仅有 10 余个，升级改造项目 40 余个。伴随新增项目的减少，信息化资产增速也明显放缓。

2. 缺少全面性的运维管理体系

目前，运维工作涵盖了终端设备、网络、系统及应用的运维。主机、数据库、存储备份、网络设备等多数都是由原生产商负责，且多以国外厂商为主。应用系统软件、网络运维多数采用“谁建设，谁运维”的方式。应用服务与安全服务所占比例较小。引入咨询服务，建立规范化的运维管理体系的单位依旧是少数。

3. 运维工作的定位欠准确

我国信息化工作依旧存在“重建设，轻维护，重技术，轻管理”等现象，很多领导对运维工作重视程度依旧不够。同时运维的概念模糊，依旧存在建设与运维的边界划分不清晰，运维与升级改造的关系不明确等。

4. 运维缺乏标准化、规范化指导

很多单位在运维工作中，普遍采用经验法则，日常工作中常处于“救火”状态，非常被动地处理各种故障。对运维外包商的管理缺乏有效的手段，处于粗放管理的状态。针对运维中面临的日益凸显的风险，各政府单位急需建立运维管理体系，使运维工作更加科学化、规范化和专业化。

5. 运维管理规范和预算制度的缺失

2006 年我国印发的《2006－2020 年信息化发展战略》中明确提出未来信息化行动计划要建立运行、维护管理制度，从国家层面规划了信息化运维工作的方向。但各省（市）结合本地特点，出台具有全省（市）指导意义的运维管理规范的实践依旧不多，北京市 2007 年出台了《北京市信息化（甲方）运维管理规范》，走在了全国的前列。

此外，运维费预算制度目前依旧缺失，信息化运维资金的保障是很多政府单位迫切的需求。

1.1.3　信息系统运维的发展趋势

信息系统运维的发展呈现出以下几大趋势。

1. 大型工程趋向于集中式运维

目前，已经建设完成的国家重点金字头工程普遍实行了全国和省级的数据和应用集中，数据和应用的集中带来了风险的集中。集中管理之后，运维工作逐渐从分布式的技术支持转向集中式、专业化的技术支持。

以海关的业务系统为例，通关业务管理系统是全国海关的大集中系统，在 2002 年海关业务系统在全国范围上线前，海关的通关业务实时数据主要分别在各关，全国海关信息中心主要负责通关后的数据汇总和部分联网数据的传输工作。随着 2002 年通关业务系统的上线，全国海关通关系统从分布式运维转变为集中式运维，实时数据都汇总到全国信息中心，信息中心必须要保证应用、系统、网络各个层面的资产能够正常运转，才能保障通关业务的畅通无阻，否则将会产生重大影响。一旦出现问题，影响将波及全国。

2. 技术与管理并重的运维理念转变

随着信息系统运维工作重要性的日益凸显，信息系统运维必然从粗放管理走向科学管理，从“重建设，轻维护，重技术，轻管理”走向“建设与维护并重，技术与管理并重”。

“运维工作体现不出业绩，领导很难重视”是很多信息系统运维团队所面临的困境，碰见此类烦恼的运维人员不在少数。当前，我国信息化工作的重点已从大规模网络、平台、业务系统的建设转向深化应用、提升应用效益为主要特征的运行维护阶段，运行维护的重要性一点不亚于建设的重要性，甚至重要性更高，沿用建设时期的管理思路和管理方法与现阶段的管理需要已不相适应。为了更好地发挥信息化的效益，用好信息化非常关键，而信息化运维管理是用好信息化的重要保障。

从信息化的全生命周期来看。首先，从时间周期看，整个信息化的生命周期中，以应用为特点的运维阶段占了 80%的时间；其次，从信息化效益看，只有用好信息系统，才能体现效益，信息化工作真正体现价值和效益，离不开信息系统运维阶段，如何用好，这是我们必须关注的；最后，从资金投入来看，过去我国信息化建设投入了大量的资金，2007 年中国信息化市场投资额为 657.34 亿元，同比增长 19.6%。但 80%的资金都投入到了信息系统的建设，而运维预算的投入相对较少，且没有配套的制度保障，运维费预算口径和标准在全国依旧处于摸索阶段。相比信息化成熟的国家，运维与建设资金的投入比正好与我国相反，运维预算一般占到了 75%以上。

因此，运维阶段的科学管理非常重要，这个阶段如果管理不好，不仅关系到信息化效益的发挥，而且信息化的总体成本将会非常巨大。但如何规范运维工作，为业务提供高质量的信息化服务，仍是个亟待解决的问题。很多信息化主管领导感叹，投入了几百万元人民币，买了监控、流程管理软件，聘请了国际咨询公司提供咨询和软件的实施，刚开始大家觉得好奇使用了一段时间，但后来基本上就没人再用了。这类现象在很多政府部门都曾碰到过，在正确定位信息化运维工作重要性的同时，需要转变理念，需要从单纯的技术思维转向管理思维来考虑运维工作，仅仅靠购买监控、流程软件是解决不了问题的，需要综合人、流程、技术等方面综合建立运维管理体系。

正确认识运维管理，还需要从单纯的运行维护工作转变为面向业务提供高质量的信息化服务的服务视角上来，需要从运维管理上升到服务管理。

3. 运维管理体系趋向于成熟化

《2006－2020 年信息化发展战略》中明确提出了未来信息化行动计划要建立运行、维护管理制度，从国家层面规划了信息化运维工作的方向。但如何确保运维工作安全、稳定、快捷是很多政府部门信息化领导所关心的。要提升运维工作的科学化、规范化、专业化水平，需要系统地建立信息化运维管理体系，基于对大量信息化实践的基础上研究提出信息化运维管理体系四层架构模型。信息系统运维管理体系的四层架构模型涵盖管理目标、组织管理模式、制度规范体系、技术支撑体系等 4 个层面的内容。

（1）管理目标：信息化运维管理体系的建立要面向业务，以业务需求和目标为出发点，制定信息化运维管理的愿景、目标（长期和短期目标）和策略。确保在目标层面，信息化与业务的融合。

（2）组织管理模式：基于信息化运维管理目标，建立科学的信息化运维管理机制。结合组织的实际，将信息化服务相关的全部活动进行统一决策与规划，确定和规范信息化运维管理体系运行的管理方式和与之相配套的组织机构设置，形成集中统一的信息化运维管理机制，合理配置信息化运维管理资源，实现对客户的端到端服务。

（3）制度规范体系：依据管理模式，从管理角度制定的用来规范 IT 运维和服务工作的准则，建立信息化运维管理过程中各个参与要素（人、流程、工具）的管理制度与工作流程，建立考核评价体系，规范运维费用，实现精细化管理。

（4）技术支撑体系：技术支撑体系是信息化运维管理的实现手段，制度规范体系的具体落实有赖于技术支撑体系的技术支持。需要建立面向业务客户的信息化服务请求响应窗口和面向技术支持人员的体系运行管理窗口；建立负责信息化运维管理流程运行的流程管理平台和负责信息化基础设施和业务应用系统运行监控的集中监控管理平台；根据不同类型信息化基础设施和业务应用系统的管理职能，建立技术管理子系统，建立知识库、配置库、报表及日常操作等共享支持子系统和为业务管理提供服务的业务运维管理子系统。

4. 将规划设计实施与运维相融合

关于建设转运维管理过程，现在存在很多挑战和矛盾。首先，建设和运维之间本身有一个模糊地带，这个地带我们必须要有效地管理和控制。以前，这个模糊地带对于我们来说是一个黑箱，大家只是去摸索地做。现在我们要把这个黑箱打开，需要在立项、需求分析、设计、测试、上线等环节加以管控。

运维工作始于设计，在立项的时候就要考虑运维的主体、要求等。第二个阶段是需求分析，这个阶段，我们不能只考虑功能层面的，非功能层面的也要考虑。比如说可用性指标、内控指标等，对于运维的特殊要求，都必须在需求分析阶段考虑清楚。在上线阶段管控更重要，从测试到上线的过程要有规范化的步骤和文档，要做到通过文档能够再现的程度，确保真正能够对系统进行运维。上线稳定运行之后，开发人员仍然需要扮演二线支持的角色，解决应用系统疑难的问题。真正上线之后，运维工作必须由运维部门来负责，不能让开发人员随便动生产环境。现在，很多政府单位采用“谁建设，谁运维”的方式，在建设转运维过程中做得不是太好，存在系统性的风险。

5. 独立的运维预算体系逐渐形成

目前大部分单位都面临运维费用预算方面的难题，普遍面临费用无法单独列支或经费不足的情况，且存在制度上的缺失。

运维预算是 IT 服务管理体系持续运行的资金保障。随着信息化建设的逐渐深入，信息化工作将逐渐由建设转向以应用为主的运行维护阶段。为保障应用系统的有效运行和 IT 服务质量的提高，实现 IT 服务精细化管理的目标，为业务提供信息化支撑，科学进行运维预算管理非常重要。

运维费管理需要清晰定义运维目标、运维费的构成要素，规范运维预算的口径和标准，使其与信息化建设费用、日常办公经费相区分。不然的话，要花多少钱，花在了什么地方，无法标准化和科学化。

除了大项之外，还要细分，每一项钱花在了什么地方。怎么做每项工作，做的时间、周期等等，如果没有精细化管理，就很难分析这些，整个的成本都是模糊的。运维预算通常有两种计算方式，一种是比例系数法，另一种是工作量法。第一种方式的好处是好算，资产乘以系数，劣势是太过粗放，比较适合于硬件的维护，但是对应用系统的维护费用却很难计算。第二种是工作量法，这种方法的好处是比较精细化，但要求管理成熟度高。

除负责具体运维工作的政府单位需要把自己运维中要花的钱说清楚之外，作为运维费的拨付单位，需要携手信息化管理部门制定运维预算的制度和标准，以弥补制度方面的缺失。

6. 运维服务外包化

随着运维专业化程度的提高和政府职能的转变，聘请专业的运维公司提供运维外包服务将是信息化发展的必然趋势。根据北京市信息化运维外包市场的调查显示，59%的政府部门都采用运维外包的方式。通过 IT 运维外包有助于聚焦于本身的核心业务，专注于履行政府的行政职能，提高政府的工作效率。但如何有效管理外包商，对运维外包商提供的服务进行量化考核一直是单位关心的难题。

运维外包管理将涵盖运维外包决策、外包商选择、运维外包合同签订、运维外包过程中控制和运维外包评价等环节。以运维外包决策为例，需要梳理运维业务需求，明确服务级别，确定运维外包模式，进行风险管理等。运维外包模式的选择，可从业务重要性、安全性、管理成熟度、外包市场成熟度等指标进行综合评价。

7. 国际标准与国情实际相结合

ITIL 在我国应用的成功率在 50%之下，失败的原因除对 ITIL 定位为技术项目外，还主要包括 ITIL 没能很好地和组织的实际情况相结合。ITIL、ISO 20000 和单位的实践三者之间存在以下关系。

借鉴 ISO 20000 和 ITIL，并结合单位的实际来建立 IT 运维管理体系，需要考虑以下几个关键成功因素：将 IT 运维管理体系项目作为管理项目，培训先行，要将 ITIL 变成一种文化，全员参与；在实施过程中要重管理，重效果；要结合现有管理成熟度，推广过程中要考虑与现行管理制度的兼容性，做到管理的科学性和管理的艺术性相结合。以某政府部门 IT 运维管理体系项目为例，考虑到该单位需要在一个过程中转变流程管理的理念和服务的文化，项目开始并没有引入绩效考核制度，直到该单位已适应流程管理，并在工作中主动应用运维管理体系时，才逐渐引入绩效考核制度，做到了管理体系的平滑过渡。

不同类型的政府部门应在运维管理工作中发挥不同的作用。从横向来看，与信息化相关的政府部门大体上可以分为两种类型，一类为具体负责信息化运维工作的信息中心，另一类为在一定区域内对相关政府部门信息化工作具有宏观指导和管理职能的信息办。不同性质的政府部门在运维管理工作中应发挥不同的作用。信息中心作为具体承担运维工作的单位，应建立涵盖运维需求、运维服务级别、组织结构和人员职责分工、管理流程、管理制度、运维费预算、绩效评估、技术工具的运维管理体系。信息办作为对各委（办局）单位信息化工作具有指导和管理职能，可以结合各委（办局）单位的情况，从全省（市）的角度出台运维管理规范，规范和指导各委办局的运维管理工作。

从纵向来看，与信息化运维相关的政府部门可以分为 3 个层面：第一个层面，部委单位，这个层面开展运维工作需要总体规划，分步实施，可以考虑制定供全国参考的管理规范；第二个层面，省厅政府单位，需要具体建立科学的 IT 运维管理体系；第三个层面，地、市单位，信息化人数不多，建议借鉴科学的运维管理思想，结合当地需要，建立基础的运维流程，积累知识库，并制定供全体人员参考的信息化手册等工作。

1.2　信息系统运维的主要内容

信息系统工程是一项复杂的集成工程，其内容主要包括基础设施、网络及硬件系统、基础支撑软件系统、业务应用系软件统、信息资源、信息安全保障系统以及相关标准规范等组成部分。相对而言，信息系统的运维工作也可划分为基础设施运维、应用型运维、信息资源运维、系统安全运维等组成部分，每一项组成部分都具有自身独立的运维目标及重点工作，同时互相之间相辅相成、不可分割。运维的组织将围绕着运维的内容进行规划，因此在大多数单位中出现了依据上述运维内容进行的运维外包服务分包招标，并以引入运维总包服务管理的模式进行集成。

本节将针对基础设施、应用系统、信息资源、系统安全等运维实施内容进行简介，如图 1-2 所示。

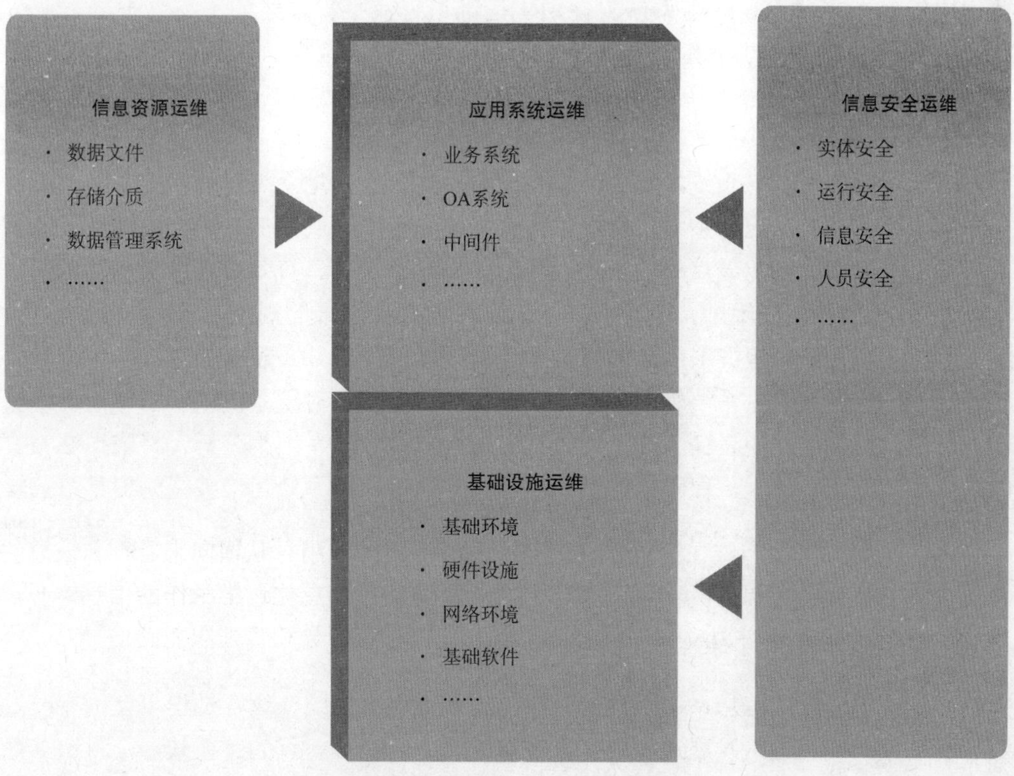

图 1-2　信息系统运维的主要内容

1.2.1　基础设施运维

信息系统基础设施运维的对象主要包括基础环境、硬件设施、网络环境、基础软件等。

（1）基础环境：包括机房供配电系统、机房 UPS 系统、机房空调系统、机房弱电系统、机房消防系统等在内，维持机房安全正常运转，确保机房环境满足信息系统设备运行要求的各类设施。

（2）硬件设施：信息系统所涉及的相关硬件，如服务器设备、安全设备、存储备份设备、音视频设备、终端设备及其他相关设备等。

（3）网络环境：保证信息系统内部、信息系统与外部连接的网络及网络设备，包括内部局域网、互联网、网络线路，以及路由器、交换机、入侵检测设备、负载均衡设备等。

（4）基础软件：支持信息系统运行的系统软件，包括操作系统、数据库系统、中间件等。

1.2.2 应用系统运维

应用系统运维是指业务应用系统软件在开发完成投入应用后，为改正软件中隐含的错误，或为提高应用系统软件的适应性、可靠性和完善应用系统功能，对应用系统软件进行的软件工程活动。

应用系统运维在信息系统生命周期中有着举足轻重的作用，它是软件生命周期中耗费最多、延续时间最长的活动，占信息系统开发的比重越来越高，为此，运维费用与开发费用比值也越来越大。应用系统软件由于运维不善或某种程度的不易维护，常常造成有些应用系统软件提早结束其生命周期，造成资源的极大浪费。因此，要想延长应用系统软件的生命周期，充分发挥应用系统软件的作用，就应做好应用系统软件运维这项基础性工作。

应用系统软件是信息系统的灵魂，没有软件的支持，信息系统将一事无成。在传统的软件产品生命周期中，应用系统软件运维往往受关注程度较低，但运维阶段却是服务于用户并接受用户反馈意见的最直接的阶段，维护工作是否及时、有效将直接影响用户的使用和应用系统软件的声誉。因此，有必要研究应用系统软件运维的规律，理解其概念和内涵，以提高应用系统软件的运维水平，保障信息系统可靠、安全、低成本运行。

应用系统运维是信息系统软件工程的一项重要内容，在应用系统软件的规划设计阶段就应开展软件可维护性的设计工作，通过针对可维护性的体系结构分析，将维护性的要求反映在软件需求和设计上，保障应用系统的可维护性。应用系统运维被视为信息系统软件生命周期的一个独立阶段，它与应用系统软件开发环节中的需求分析、设计、编码和测试息息相关。

1.2.3 信息资源运维

信息及数据资源是信息系统管理的对象与结果，信息系统在运行过程中会不断产生并积累各类数据，反应组织发展过程中有关的组织状态、特征、行为、绩效，是组织生存和发展的重要战略性资源。

信息数据资源管理包括数据资源运行维护的全过程管理活动，是对各种形式数据进行收集、整理、存储、分类、排序、检索、计算、统计、汇总、加工和传输等一系列活动的总称。从制度的角度来看，主要有日常管理流程和应急管理制度等。从技术上来看，主要有备份技术、恢复技术、数据利用技术等。

信息数据资源的运维包括建立数据运行与维护的各项管理制度，规范运行与维护业务流程，有效开展运行监控与维护、故障诊断排除、数据备份与恢复、归档与检索等，保障数据库正常运行，使信息系统可持续稳定运行。

信息数据资源运维的对象包括数据文件、数据管理系统和存储介质。

（1）数据文件：数据文件是数据资源的物理表现形式，通常以文件的形式存储在存储介质上。

（2）数据管理系统：数据管理系统是实现数据收集、更新、存储的管理系统，如操作系统、数据库管理系统等。其中，数据库管理系统是数据资源运维过程中的主要管理对象。

（3）存储介质：存储介质是存储数据的物理载体，包括磁带、磁盘、U 盘、光盘等。

1.2.4　系统安全运维

安全的信息系统必须能事先估计出可能出现的威胁并制定出预防措施，以防止蓄意或意外破坏网络、硬件及文件，防止蓄意滥用软硬件，防止信息盗窃，保护数据正确完整，提供灾难恢复，实现授权用户在需要时可以增、删、改、查信息系统内容。

信息系统安全是指保障计算机及其相关设备、设施（含网络）的安全，运行环境的安全，保护信息的安全，实现计算机功能的正常发挥，以维护计算机信息系统的安全运行。信息系统安全包括实体安全、运行安全、信息安全和人员安全等几个部分。

（1）实体安全：实体安全也称物理安全，只保护计算机设备、设施（含网络）及其他载体免遭地震、火灾、水灾、雷电、噪声、外界电磁干扰、电磁信息泄露、有害气体和其他环境事故（如电磁污染等）的破坏。实体安全包括环境安全、设备安全和媒体安全 3 个方面。

（2）运行安全：运行安全的目标是保障系统能连续、正常地运行。运行安全包括系统风险管理、审计跟踪、备份与恢复、应急 4 个方面的内容。

（3）信息安全：信息安全是指防止信息资产被故意或偶然的非法授权泄露、更改、破坏，或信息被非法辨别、控制，确保信息的可用性、完整性、保密性、可控性。针对计算机信息系统中信息存在的形式和运行特点，信息安全包括操作系统安全、数据库安全、网络安全、病毒防护、访问控制、加密与鉴别 7 个部分。

（4）人员安全：人员安全是指计算机使用人员的安全意识、法律意识及安全技能等。

1.3　信息系统运维管理及其目标

运维管理是指以信息化治理为指导，以推动信息技术与组织业务的动态融合为出发点，以建设业务服务支撑的服务型信息化部门为最终目标，以流程为导向、以客户为中心、以绩效评估为改进信息化服务动力、以保障信息化基础设施整体可用和为组织业务提供可靠服务为目标的管理体系。

信息化运维管理体系是沿着“中学为体，西学为用”的科学思路，坚持走有中国特色的信息化服务管理之路的“结晶”。信息化运维管理的目标在于：

① 倡导治理层重视并理解信息化服务管理的重要性，由单纯的技术或管理向各利益相

关方的综合治理转变；

② 树立面向政务业务服务的信息化运维管理理念，建立科学合理的绩效评价体系，由粗放管理向精细管理转变；

③ 推行集中、统一的信息化运维管理模式，由分散管理向集中管理转变；

④ 建设统一、高效、灵敏的信息化运维管理体系，由无序服务向有序服务转变；

⑤ 建立规范标准的信息化运维管理流程，由职能管理向流程管理转变；

⑥ 应用先进、实用、高效的信息化运维管理工具，由被动管理向主动管理转变。

第 2 章
信息系统运维管理咨询与监理服务概述

通过第 1 章的描述，我们对信息系统运维的现状、发展趋势、主要内容，以及什么是信息系统运维管理及其目标有了一个初步的认识。随着我国“两网、一站、四库、十二金”等大型信息系统集成工程陆续竣工并进入运维阶段，业主单位自身无法承担起规模庞大的信息化资产运维实施工作，因而按照业务类型或信息化资产类型，以分散或者集中的方式引入了专业的第三方运维实施咨询及运维实施服务。

与运维实施咨询及运维实施服务相对应，应引入专业化的第三方运维管理咨询与运维管理实施服务。其目的在于建立集中的信息系统运维管理框架，将规模庞大的运维服务提供商集中在统一的制度规范、技术标准、安全标准下进行管理，并通过明确可度量的标准对其运维实施过程及结果进行考核，做到对业务支撑的可持续改进，避免出现各运维服务团队各自为政的混乱管理局面。

本章将对信息系统运维管理咨询和信息系统运维管理实施基于实践的最佳模式进行阐述。

2.1 信息系统运维管理模式

与运维实施工作相对应，运维管理工作一般分为“前期管理咨询”和“后期管理实施”两个步骤，即“前期管理咨询”作为运维管理实施工作的架构、执行标准依据和计划，而“后期管理实施”则负责将咨询工作中既定的标准规范、管理思想加以落地，检验其成效并持续改进。实施途径一般分为以下 3 种。

1. “第三方运维管理咨询+内部运维管理实施”模式

在此模式下，业主单位借助于专业的第三方咨询机构，对信息系统运维管理工作的整体架构，以及各类分项详细内容进行规划设计。第三方咨询机构首先结合业主单位的重点业务，以及赖以支撑业务运行的信息化资产，设计合理的运维管理组织模式；在此基础上，以安全和效率为首要目标，分级规划合理的运维管理制度、规范、操作标准，以及相配套的约束和激励措施；再通过明确岗位职责和工作流程来保障管理措施的落实以及机制的有效运行；同时，第三方咨询机构还应从服务商遴选标准、运维预算管理体系、绩效管理体系、运维评价模型等方面对运维项目进行评价、诊断、优化提升，设计可持续运行的约束和激励机制。

基于第三方设计规划的运维管理架构，业主方自行组织内部人员对运维管理体系架构加以实施。

2. “内部运维管理设计+运维监理”模式

在此模式下，运维管理体系的设计规划工作由业主单位内部人员完成。以自行设计规划成果为基准，通过引入第三方运维监理，使得运维绩效管理、约束及激励机制的建立和运行常态化；同时，根据业主单位的实际情况和发展需要，持续改进并提升针对运维实施服务的管控能力；借助专业化的运维监理服务，强化业主单位和第三方运维实施服务双方的合作关系，落实绩效管理体系；运用市场手段转移和控制信息系统运行风险，最终确保运维服务不断适应并支撑业务发展需要。

3. “第三方运维管理咨询+运维监理”模式

此种模式下，业主单位借助于专业的第三方咨询机构进行运维管理的规划和设计，以确定“游戏规则”；再结合专业的第三方监理机构进行运维管理的具体实施。这种模式是前面两种模式的综合，既避免了第一种模式可能出现的咨询方案内部执行走样，也避免了第二种模式可能出现的业主单位专业设计规划能力不足或者监理方按照并不成熟可靠运维管理方案执行管理，从而出现越走越偏的现象。这种模式最佳的前提在于，第三方机构有能力同时承担运维咨询和管理实施的工作，对第三方服务的资质能力以及公信力要求较高。

综上所述，在信息系统运维管理中，管理咨询工作是“医”，运维监理服务是“药”。前者为组织设定了运维管理发展的目标和路线图，后者为组织注入可持续发展的动力，向着既定目标迈进。二者相结合才是信息系统运维管理工作最佳的实践模式。

2.2 信息系统运维管理咨询

结合上一节所述，管理咨询是信息系统运维管理工作中的“医”，那么我们将首先明确两个概念，即什么是管理咨询和运维管理咨询。在此基础上，本节将叙述运维管理咨询的必要性，对比业主方自行实施运维管理规划设计和引入第三方管理咨询服务的优缺点，进而简述运维管理咨询的主要内容和持续改进咨询服务。

1. 什么是管理咨询

咨询是通过专业人士所储备的知识经验和通过对各种信息资料的综合加工而进行的综合性研究开发。咨询产生智力劳动的综合效益，起着为决策者充当顾问、参谋和外脑的作用。

管理咨询是指由独立的、具备特定能力的个人或团队深入到组织现场，运用现代化的手段和科学方法，通过对组织的诊断、培训、方案规划、系统设计与辅导，从组织的管理到局部系统的建立，从战略层面的确立到行为方案的设计，对组织的生产经营全过程实施动态分析，协助其建立现代管理体系并提出行动建议，同时协助执行这些建议，以达到提高组织运行能力的一种业务活动。

2. 什么是信息系统运维管理咨询

信息系统运维管理咨询，是由独立且具备丰富信息化运维管理经验和咨询方法的咨询机构，以 ITIL、ISO 20000 等管理方法论为基础，以保障信息系统对组织业务连续稳定运行的支撑为目标，对组织全部信息化资产运行维护实施的管理过程进行分析和系统性规划设计的一项服务。主要涉及组织信息化资产运行维护的管理组织模式、岗位职责权限、服务商选择标准、制度规范体系、运维预算管理体系、运维绩效考核及后评价等解决方案的设计与后期实施咨询。

2.2.1　运维管理咨询的必要性

在“两网、一站、四库、十二金”等国家大型电子政务工程，以及很多大型企业信息化工程和电子商务工程的前期规划设计阶段，业主方往往选择引入专业的第三方规划设计咨询单位，承担工程的项目建议书、可行性研究报告、初步设计等重要规划方案的设计和编制咨询工作，从信息化工程的业务支撑要素、技术架构、建设管理、资金预算分配等角度对工程进行整体顶层设计，以此弥补业主方自身在信息化专业技术、管理经验等方面的不足，优化工程建设目标、实施过程，第三方咨询在信息化工程的建设过程中起到了不可替代的作用。

反观上述工程的后期运维工作，却很少有单位意识到，信息化系统的运维工作是一项以全局整体业务支撑为导向，涉及跨厂商、跨系统、跨业务，技术、业务及管理综合性强，资金预算的编制、执行、决算过程相对独立的大型工程。除此之外，运维工程与建设工程最大的区别在于，运维工程是一项长期持续性的工程，没有建设工程那样明确的竣工成果，其成果体现为支撑组织全局业务连续稳定运行的阶段性结论，并在此基础上结合对业务发展趋势和信息系统运行现状的分析，提出对下一步信息化建设支撑业务发展的决策依据，而这种结论却是信息化系统运行的核心目标所在。综上，运维工程同样或者说更需要专业化、综合技术、业务及管理经验的第三方咨询，同时还要实现长期可持续优化的咨询方式。

以下通过对信息化运维咨询 3 种模式的对比来说明引入第三方运维管理咨询的必要性。

1. “承建单位咨询”模式

在此模式下，有工程的承建单位承接运维工程。目前，国内一部分单位在运维工程中有各系统的建设单位共同承接运维咨询规划和管理工作，共同策划运维工程的管理和执行方案；一部分信息化超前的单位引入了运维总集成（总包），并将运维工程按照基础设施运维、应用运维、安全运维等进行分包管理，并有运维总集成策划整体咨询方案。无论是上述情况中的哪一种，这种模式的优点在于系统承建单位在运维工程中对系统技术具有延续优势，而缺点在于承建单位大多作为盈利性质的企业，运维费用是其重要收入来源之一，出于企业单位自身利益的考虑，未必会对业主方提出最优化的运维方案。例如北京市某委办局的运维工作当中，在数据运维方面原本可以通过自动化方案完成的运维方案，承建单位设计成通过人工数据导入的方式，从而在运维阶段性验收时，通过工作统计多收取费用。因此，没有人从第三方公平的角度为业主方考虑进行运维方案设计。

2. “业主方自身引入咨询能力”模式

即业主方自行招聘有一定运维专业技术知识、经验，甚至对自身业务领域有一定了解的人员，在信息化部门成立自身的专业运维管理团队。这种模式的优点在于咨询人员集团对相对稳定，会彻底从业主方自身的利益角度出发设计咨询方案。缺点在于一旦专业技术人员进入到业主单位，其自身的技术及业务知识面很容易被从此限定在某一特定范围和领域中，无法进一步与信息化行业中新兴技术、管理知识同步，且无法更多接触更多对自身能力有益的项目。综上，运维工程的开始阶段，采用此种模式可以达到尚佳的效果，但运维工程的咨询工作是一项要求长期可持续优化的咨询工作，业主方将无法在未来持续得到与时代同步的最优化咨询方案。

3. "引入第三方咨询单位"模式

综合上述两种模式的优缺点分析，此种模式是业主方获得可持续优化的运维管理咨询方案的最佳模式。一方面，与信息化建设工程一样，专业化的运维管理咨询单位可以弥补业主方在运维专业技术知识、管理体系及方法、技术及管理经验方面的不足；另一方面，第三方咨询将站在中立和公平的角度，为业主方设计适应自身业务运行和战略需要的信息化运维方案；最后，第三方咨询单位拥有跨行业、数十年积累的行业经验，可以将在其他项目、其他业主单位中遇到的问题加以屏蔽，将可持续的好的经验和最新的方案不断地带给业主方，使业主方持续受益。如果从另一个侧面说明问题，当咨询方与业主方探讨运维管理中所遇到烦恼和问题时，往往会发现这些问题在其他业主单位同样存在或早已被解决，也就是说，第三方咨询机构将站在专业领域的角度，可以将好的方案和遇到的问题在不同的业主单位之间不断地加以共享，这是业主方自身成立运维咨询团队所无法比拟的。

2.2.2 运维管理咨询的主要内容

结合上一小节所述，引入第三方专业咨询机构的模式可以视为实施信息系统运维管理咨询的最佳实践模式。那么，第三方咨询机构在运维管理咨询工作中所负责的内容及其作用如何，本小节将阐述第三方运维管理咨询在不同阶段的设计规划内容。

覆盖信息系统全生命周期的运维管理咨询如图 2-1 所示。

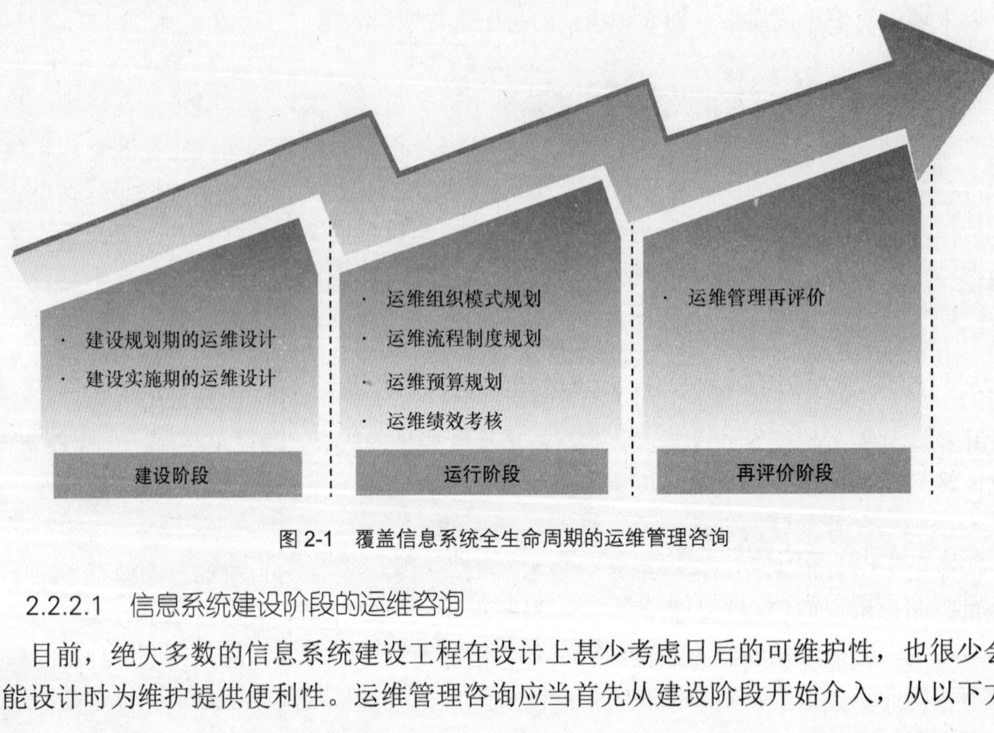

图 2-1 覆盖信息系统全生命周期的运维管理咨询

2.2.2.1 信息系统建设阶段的运维咨询

目前，绝大多数的信息系统建设工程在设计上甚少考虑日后的可维护性，也很少会在功能设计时为维护提供便利性。运维管理咨询应当首先从建设阶段开始介入，从以下方面着手实施咨询。

一方面，要着眼于业主的业务分析，同时要结合日后系统部署、维护、升级、调整。有许多系统设计时连上线部署都未考虑，这样面临的局面是，一个很好的系统，但实施上线非常困难，又或者刚开始上线使用时，功能符合业务的需求，但一旦发生变化，升级变更非常困难，后续的维护工作也异常被动。所以仅仅根据业主方需求单方面的信息来规划设计系统是不够的，需要同时基于后续的运维服务过程来一同规划设计。由于国内专业化的集中式运维处于初级阶段，信息系统运维过程中存在这样一个比较现实的问题，即真正意义上非常优秀的运维实施团队为数并不多，运维规划咨询顾问团队也同样紧缺，如果系统本身的质量足够好，很大程度上可以降低运维工作的复杂程度。

另一方面，要在建设期参与信息化工程技术及管理标准的制定工作，以使标准与进入运维期的信息系统运行实际情况相适应，起到实质性的指导作用。目前，很多信息化建设单位的做法是，在信息化业务系统设计的前期，现行设计统一的信息化系统配置与发布集中管理平台，明确各类系统上线部署运行时，所应具备的配置项监控标准、维护升级技术及管理规范、配置项变更及发布过程等，并将上述涉及运维管理工作的设计标准纳入到系统验收的指标当中，满足可运维标准的系统方可上线。

系统建设阶段的运维管理咨询应分别在系统设计规划阶段、系统建设实施阶段以及系统验收阶段分别加以实施，具体的实施内容将在后续章节中详细介绍。

2.2.2.2　整体运维组织模式的选择咨询

一般情况下，一个组织的整个信息化系统由三大部分组成：第一部分由组织的服务器和各种终端组成；第二部分由网络设备组成；第三部分由组织的应用系统组成。信息化运维管理模式的选择咨询指的就是，在梳理组织自身信息化资产组成形式的基础上，对应信息化运维过程中采取什么样的管理模式进行设计。目前常见的信息化运维管理模式有以下 3 种。

1. 服务外包管理模式

这种模式指的是组织通过与外包公司签署运维外包协议，将所拥有的全部信息化资源的运维工作外包，由外包公司为组织各单位提供信息化运维服务。服务外包管理模式又可以分成两类。

（1）结果导向

结果导向的意思是甲方只管理和考核外包商的服务结果，而把服务过程管理放给乙方实施。这是普遍存在的甲方外包管理模式。好处是甲方节省人员，管理简单，乙方可以充分利用专业性发挥管理作用缺点是乙方管理水平参差不齐，管理办法和流程各不相同。

（2）过程及结果导向

过程及结果导向的意思是甲方既管理乙方服务过程，又管理乙方服务结果。好处是责任与控制目标相对应，管理更加具体、细致，既考核结果，又管控过程。缺点是若甲方管理能力及管理支撑工具不足，缺乏系统化设计的能力和经验，会使得过程管理流于形式或者半途而废。

2. 组织自主管理模式

这种模式指的是指组织自行负责对拥有的所有信息化资源的运维工作。好处是组织自身的运维人员容易管控，可根据组织自身需要进行能力培训，完成组织所需的各项信息化运维工作。缺点是组织内部信息化人员数量有限，对于并行的跨区域的信息化运维工作很难提供有效的支撑，并且由于信息化运维相关的专业技能培养时间较长，往往无法满足组织信息化运维工作的要求。这种信息化运维管理模式又可以分成两类。

（1）信息化部门运维模式

指信息系统的运维工作全部由组织的信息化部门来承担，业务部门只作为需求的提出者和系统的使用者。好处是运维人员专业性较强。缺点是理解用户需求和处理业务问题时间较长。

（2）信息化—业务部门联合运维模式

指在信息化运维过程中，除了信息化部门运维人员以外，部分业务人员也参与到运维工作中，由信息化人员和业务人员共同配合完成运维工作。好处是由业务人员担任和最终用户直接沟通的角色，能够深刻把握用户需求，提供快速响应。缺点是业务人员需要经常将技术问题转交给技术人员处理，增加了运维问题处理的环节，延长了问题解决的时间。

3. 混合管理模式

这种模式指的是指组织对所拥有的一部分信息化资源自行运维；同时，通过与外包公司签署运维外包协议，将所拥有的另一部分信息化资源的运维工作外包。这种信息化运维管理模式下，组织需要充分考虑内外部运维人员的职责划分和人员比例，在合理的运维成本下，既保证信息化运维工作的顺利完成，又确保组织自有运维人员能够得到充分锻炼和提升。

好处是组织通过混合管理模式能够充分发挥自主管理模式和服务外包管理模式的优势。缺点是由于存在两种运维人员，既增加了运维工作的复杂度，又延长了运维流程。

运维咨询帮助组织选择信息化运维管理模式，需要根据组织的发展战略、管控模式的特点进行针对性的评估，延展咨询认为要选择适合自己的信息化运维模式需要综合考虑业务、人员、技术、安全、财务等多方面的因素，通过定性或定量分析，最终明确应该采取哪种模式。

2.2.2.3 运维管理制度规范及流程设计

运维管理咨询应当在信息系统建设和运维规章制度的基础上，完善构建《运维服务制度、规范体系》。管理制度是指信息化运行维护和服务工作必须遵循的内部管理规定，用于提高工作的协调性和管理的有效性。借鉴信息化运维管理体系国际标准 ISO 20000 要求，管理制度分为“总办法”、“分办法”、“实施细则或操作指南”和“配套表单”4 个层次。

第一级：制定信息化运维管理全过程的总办法《信息化运维管理办法》，作为指导信息化运维管理工作开展的统领，内容涵盖信息化服务全过程的管理控制点和人员管理等核心内容，包括信息化运维管理模式、归口管理、组织结构与职责、人员岗位与职责、信息化运维管理工作规划与执行、预算保障、绩效评价等方面的管理规定。

第二级：结合信息化服务的实际情况，针对管理工作需要而制定的具体管理办法，范围涵盖系统、网络、机房、桌面、设备备品备件及耗材、文档等，明确管理职责与规范操作流程。

第三级：在第二级分办法的基础上，按照精细化管理需要，对某些方面的运行维护工作的具体实施过程与操作程序做出的细化准则或指南。

第四级：配合第一、二、三级制度的执行而配套制定的表单等，用于记录、备案人、物、行为等信息。

1. 信息系统运维管理总办法

《信息系统运维管理总办法》是运维管理办法中的第一级，它从属于《信息化管理总办法》，与其平级的是《信息系统建设管理总办法》。《信息系统运维管理总办法》的目的是定义运维管理机构、核心业务流程、运维下属各分办法的执行权和监督权归属等一系列对运维工作进行界定的内容。

2. 各类运维分项管理办法

各类运维分项管理办法是规定了所有类型的运维工作应该遵循的要求，各运维商或最终用户应该按照此办法中规定的要求合理提出运维服务请求，各分项管理办法属于管理办法中的第二级，例如《运维绩效考核管理办法》《运维验收管理办法》等。

3. 各类实施细则

在每个运维管理办法后，都几乎有一个配套的实施细则，以保证管理办法的落地和执行标准，如《基础环境运维验收细则》《运维预算申请审批实施细则》等。

4. 配套执行表单及过程文档模板

依据实施细则中所明确的具体执行标准、操作程序，以及程序中每一步所规定的提交成果物，编制与实施细则相配套的执行表单及过程文档模板。例如，执行表单可以包括：事件记录单、故障登记单、运维派工单、巡检记录单等，用以记录日常运维工作的发生信息，这些表单是运维统计分析工作的基础和源头；过程文档可以包括：发生关系升级改造后的需求变更说明、补充性的系统设计说明、系统变更测试说明、配置项变更部署说明等，这些过程性文档用以保障系统与技术及管理信息的一致性，是系统持续可维护的基础。

配套执行表单及过程文档模板的作用，一方面在于规定运维过程中必须产出的文档成果物，另一方面规范文档成果物的编制规范，因此模板中有必要细化明确具体文档的具体章节应当编写什么内容、以什么样的格式及方式编写、内容的合格标准等要求。

2.2.2.4　运维预算管理体系的设计咨询

在运维预算管理体系的设计咨询方面，第三方咨询应结合信息系统运维预算定额参考标准，统一预算口径，明确运维预算科目，采用运维工作量法计算运维费用，使预算编制更加科学化、合理化，从而有效利用资金，保障信息化运维工作正常开展，确保信息化对组织业务的有效支撑、信息安全和业务的持续。运维预算管理体系的设计主要包括但不限于以下内容：

① 运维费用定义和构成；

② 运维服务内容（预算口径分类）；

③ 运维服务工作量标准；

④ 单位人工费用标准；

⑤ 运维备品备件采购费用标准。

运维预算管理体系的设计咨询应当分阶段开展。

第一阶段：系统运维开始的初期（前3年左右），是运维投入不稳定的时期，可能出现较多的故障或需修改、升级的应用系统。这个阶段适合采用按系统建设投入的一定比例计算运维费，该费用在一个运维期内相对固定。

第二阶段：系统运维的中期（3～8年），在这个阶段系统运维处于一个比较稳定的状态，其他辅助系统也已经开发并投入使用。可以用业主及运维服务商双方认可的“实际投入工作量”进行运维费预算，以实际发生工作量加上合理的利润进行决算的方式就更能够得到双方的认可，也比较容易通过资金给予部门的审核。

第三阶段：系统运维持续期（8年以后），这个阶段信息系统处于新旧更替的边缘，一方面设备基本老化，而信息技术将有极大更新，另一方面新的业务需求可能很难在通过老系统升级得到解决。同时，通过前几年运维队伍不断走向集中，各大运维商每年投入的运维成本将可以很科学的预估。在这个阶段，可以通过预测和参考制定固定的运维费预算。

结合上述阶段不同的运维费预算管理方法，本书将在后续章节中对运维费预算管理体系的建设进行详细阐述。

2.2.2.5 信息系统运维考核评价

结合上节所述，第三方运维管理在信息系统建设阶段及运维实施阶段起到了针对运维管理体系方方面面的管理架构，以及各类方案的详细设计作用。除此之外，运维管理咨询工作还应在运维实施过程中不断起到过程数据的分析统计作用，以此作为基础，在运维管理的后期协助组织进行运维管理的精细化决策分析，并对运维实施服务商进行绩效评价，从而使运维管理咨询形成可持续改进的滚动式闭环咨询模式。

运维管理咨询可以建立一套全面的可量化可落地的绩效考核体系，包括至少6大类考核分类，同时建立四级考核指标，包括：人员资质、岗位管理、考勤管理、派工、问题故障处理、文档规范乃至对重要岗位的具体考核办法，以激励运管人员和各运维商提高工作效率，同时可以采集系统运维相关数据，为运维费预算编制提供数据参考。绩效考核体系的设计需达到以下目标：

① 客观评价运维商服务能力与工作成果；

② 绩效考核有奖有惩，激励鞭策运维商的工作态度，进而提升服务效率和质量；

③ 通过绩效考核核定运维商工作量，为运维费的预算与决算提供数据支撑；

④ 为运维商的退出机制提供参考依据。

绩效评估基准是准确衡量绩效的尺度，基准的正确选择对评估结果具有较大影响，评估基准的制订既是信息化综合绩效评估体系建立的主要环节，也是信息化综合绩效评估具体工作所面临的一个重要工作步骤。

基准是正在进行的系统化的方法论，用于识别、度量、比较自身在某一时期内的工作过程或职能，或与一个或其他多个组织进行比较，以实现其内部的改善。基准是绩效评估的参考点。通过与参考点的对照可以认清单位自身所处的位置，从而识别前进的方向与目标。根据基准参考点划分为内部基准和外部基准。

内部基准是指以某一时间段的绩效情况作为参考点，反映出组织内部的绩效随时间变化的情况。内部基准的存在前提是必须以历史数据的存在为依据，在进行过数据评估之后，组织可以选取自己的内部数据作为基准，进行纵向比较与衡量。包括计划基准、经验基准和历史基准等。

外部基准是指该单位与外部组织的运营绩效情况进行比较的参照物。一种是与同行业的整体最佳实践进行比较，以找出差距。另一种是只瞄准特殊的比照对象，进行比较，确定该单位目前所处的行业地位，了解当前该领域的最佳实践情况，对照最佳实践修正自身等。

运维管理咨询所进行的信息化综合绩效评估，除要建立科学、合理、规范的指标体系外，必须要对评估基准进行总体规划设计，研究指标与基准的对应关系，研究不同评估客体的基准选择，通过各种渠道广泛收集整理各种分类基准数据，在条件成熟时要研究建立绩效评估基准数据库。

基准并非是固定的和一成不变的，它会随着经济的发展和客观环境的变化而不断变化，因此，如何建立和维护更新基准库也是一项非常重要的工作。一方面可以在实践过程中根据实际情况对基准库进行补充和修正；另一方面可以随着相关行业管理要求的推出，不断纳入新的基准指标，使基准库随着应用的累积而不断成熟。

运维管理咨询制定的运维绩效考核管理体系内容上包括但不限于：

① 考核管理体系针对的对象；

② 考核管理体系的通用考核项；

③ 针对各考核对象特点制定的专用考核项。

考核对象包括所有提供运维服务的厂商，包括总服务台、应用系统分包商、基础设施分包商和安全服务分包商，以及各个代码运维服务商，同时还包括对运维监理工作的绩效考核。

2.3 信息系统运维监理服务

2.3.1 运维监理服务的必要性

2002 年，原信息产业部发布 570 号文件《信息系统工程监理暂行规定》，明确要求了符合规定的信息系统建设项目必须采用监理制，也就是从国家规范方面指出了信息系统建设监理服务的必要性，但就目前国家发改委、工信部等单位暂未颁布关于信息系统运维监理的配套文件、规定和要求。即使在新国标 ITSS 中也仅对运维监理的工作标准提出了规范要求，但是毕竟没有对运维监理的必要性从国家法律法规层面上进行规定。那么，信息系统运维期是否应该采用监理制，或者说，运维监理服务是否存在足够的必要性？答案是肯定的。

在信息系统运维期，无论采用什么样的管理制度、流程和手段，都需要有专门的管理人员负责具体执行，而在大多数情况下，尤其是大型复杂性信息系统运维过程中，业主单位在人力资源、专业技能或实际经验等方面很可能存在不足。就像信息系统建设需要引入建设监理一样，为了弥补这种客观存在的不足，运维监理服务成为了运维管理者最重要的助力。运维监理在信息系统运维期可以弥补业主单位在人力资源投入、专业技能和管理经验等方面的不足，同时也应该作为第三方独立机构提供对信息系统的运维进行客观、量化的绩效考核、系统运维工作评价和运维费预算评估等工作。

1. 弥补信息系统运维期业主单位的直属人力资源不足

采用运维监理可弥补业主单位在信息系统运维初期的管理人力不足。且不论业主信息部门是否有必要组织足够多的直属人力开展运维管理工作，通过解读信息系统运维的目标是一个持续改进和提升的过程的含义来看，在运维工作开展初期，由于运维人员无论对业务、技能、流程、制度、协调和组织等方面都不够了解，为保证顺利开展运维工作所需的人员数量将会比较多。随着时间的推进和工作方式的不断改良，对人员数量的需求会逐渐减少最终达到一个最佳平衡点。对于信息部门来讲，如果在运维初期增加人力以满足暂时性工作需要，那么后期如何裁减冗余人员将是个严重问题。更好的方式是借助运维监理去进行管理，弥补人力资源的不足。

2. 弥补业主单位在运维工作中专业技能方面的不足

采用运维监理服务可以弥补运维技术上的不足。作为运维管理单位不但要承担整个运维期的管理工作，也要具备相应的技术功底，以便于在运维事件发生时能够准确判断运维商提供的解决方案、应急处理办法等事项。而在实际工作中，面对信息系统各种复杂的高科技专业设备和比较复杂的应用系统，通常运维管理者的技术能力都难以做到全面而深入（比如在智慧城市信息系统运维中很可能采用许多不常见的专业设备，或采用比较复杂的数据仓库、数据挖掘技术等）。对此，采用运维监理服务就是弥补此不足的最佳方法，就像建设期选用监理服务一样，运维监理服务提供商及其从业人员都应具备相应能力，并通过国家资质资格考试。运维监理能够在运维工作现场给予技术咨询类服务，协助业主更好、更快地完成运维任务。而且作为第三方信息化服务企业，它能给业主带来的技术咨询服务是多样化的，通常可以满足运维工作的需要。

3. 弥补业主单位在运维管理经验和突发事件处理经验方面的不足

采用运维监理可以弥补业主单位在运维管理和事件处理过程中的经验不足。具备甲级资质的监理公司通常都有丰富的成功案例，其员工在多年的信息化建设、运维项目中均积累了相当丰富的经验，面对突发事件和管理问题的时候，可以给业主单位更多的解决建议参考。运维监理的很多意见都是来自于其他项目类似的成功经验，一方面可以有效解决目前的问题，也能够协助业主单位规避更多运维管理、执行方面的风险。随着运维监理人员在全国各个项目的流动，也对全国信息化建设、管理、运维相关经验的分项和业主单位整体能力的提升带来一个良性循环。

2.3.2 运维监理的主要内容

为了保证业主单位运维工作的顺利进行，运维监理的工作内容包括根据绩效考核标准对各个运维服务商进行监督、检查、考核和评估，注重对运维全过程的管理，其工作内容主要分为绩效考核、质量监督、运维费预算评估和督查督办四大类，具体内容如下。

2.3.2.1　绩效考核

绩效考核是业主单位和运维监理在既定运维项目的目标下，运用特定的标准和指标，对运维服务商以及运维监理过去的工作及取得的工作业绩进行评估，并运用评估的结果对运维服务商将来的工作行为和工作业绩产生正面引导的过程和方法。运维监理协助业主单位在制定发展规划、战略目标时，为了更好地完成这个目标需要把目标分阶段分解到各个运维服务商，最终落实到每一位工作人员身上，也就是说每个人都有任务。绩效考核就是对运维服务商完成目标情况的一个跟踪、记录、考评。绩效考核不仅是对被考核主体的过去进行评价，并且对其将来产生影响。

1. 人员考勤管理

为了保证运维工作的进度计划的顺利实现，运维监理按照业主单位运维工作的规范和要求，定时考核各运维服务商的出勤及请假和销假情况，定时对各运维服务商的考勤情况进行统计汇报，以保证某个运维工作的人数达到计划的要求保证项目的顺利完成。

2. 日常服务监督检查

为了使运维项目过程中一切服务环节的规范、流畅，保证良好的服务质量。运维监理负责按照业主单位信息化管理制度、规范、流程和表单，监督检查日常运维服务的合规性和相应运维工作的完成质量；通过完成运维项目绩效管理工作，进一步加强对总包商、分包商、代码级运维商日常工作督促和检查工作。

3. 技术文档审查

为了加强对运维工程质量的管理，运维监理负责审核总包商制定的运维管理制度、规范、流程和表单；审核各运维服务商的各类技术文档，并对审核的文档提出改进建议和要求。

2.3.2.2　质量监督

1. 监督数据变更和系统变更

运维项目过程中数据变更和系统变更是正常的，为了减少由变更引起的损失，运维监理负责组织对各级运维服务商的系统变更进行需求实现的功能验证，并提出监理专题报告；同时对各级运维运维商工作成果进行监督和检查，并对工作量进行评估。

2. 管理体系评估

运维监理在运维工作过程中通过验证项目活动和有关结果是否符合计划的安排，确认管理体系是否被正确、有效实施以及管理体系内的各项要求是否有助于达成预期的方针和目标，并适时发掘问题，采取纠正与预防措施，以确保管理体系得到持续不断地改进和完善。运维监理半年为期应定期对现行的各项运维管理制度、流程进行适用性评估，以日常考核为依据提出整体运维体系评估意见及完善建议。

2.3.2.3　运维费预算评估

信息化运维费预算面临的问题，一是缺乏信息化运维预算科目；二是预算口径难统一；三是普遍缺乏对运维工作的理解，预算工作缺乏实际依据和可参照的标准；四是大多数信息系统运维都是外包的，预算数基于信息系统建设合同的成交价，由于信息系统的技术性强，加上建设合同不规范等因素，导致各部门报上来的预算数同实际情况偏差很大；五是目前的各部门很难明确单位信息化资产数，现行的按资产系数的方法未考虑建设投入的合理性、资产的使用度和全面运维阶段对运维费用的新要求等因素，预算编制方法存在着一定的不合理性。

2.3.2.4 督查督办

为了确保项目计划的目标、要求以及各项决策、工作、措施的贯彻落实，推动项目的顺利进行，同时进一步提高业主单位的运维工作效率，结合项目实际，运维监理将协助业主单位按照既定的计划、年度规划推动运维管理工作的按期开展。同时对信息系统运维管理工作中存在的问题和风险提出监理意见及解决办法，并协助业主单位规避和有效处理运维模式转换过程中出现的各类问题。

2.3.3 运维监理与工程监理的区别

信息系统建设监理和运维监理的工作目标和工作形式上是相同的，都是通过驻场的服务为业主单位提供项目管理和质量监督方面的服务，但这两项监理服务在工作方法上还存在差异。

传统建设监理的工作方法为"四控、三管、一协调"。"四控"包括质量控制、进度控制、变更控制和项目款控制；"三管"包括合同管理、信息管理和安全挂历；"一协调"指的是各方关系协调。

运维监理的工作方法论总结为"三控、五管、一协调"，如图 2-2 所示。"三控"指的是质量控制、费用控制和安全控制；"五管"指的是合同管理、文档管理、应急管理、配置管理、效能管理（运维事前能力、事中考核、事后评价）；"一协调"是指运维各方工作协调。

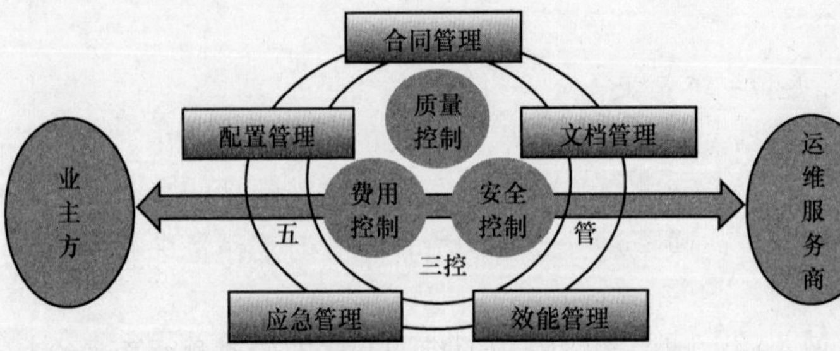

图 2-2 信息系统运维监理的"三控、五管、一协调"

第3章 信息系统运维管理参考标准

信息系统运维管理是对信息系统上线后全生命周期的管理，包括信息技术部门日常运营管理及面向用户服务的管理。因此，信息系统运维管理涉及人、组织架构、管理、流程及技术等诸多方面，是围绕着技术、人和业务流程 3 个基本元素展开的。目标是保障信息系统正常、可靠、高效、安全的运行，为业务部门提供优质服务。技术指各种管理手段；人员指信息技术支持部门各级员工及面向的用户；流程指信息系统运维的各种业务过程。因此，无论信息系统运维管理咨询和监理服务，均需要遵照一定的规范、标准对运维服务中的人员、技术、流程进行组织、度量和控制，这几个方面相互协调、配合才能提高运维管理的效率和质量。目前，较为典型的信息系统运维管理标准包括 ITIL 体系、COBIT 等，同时，ISO/IEC 27001 在信息安全方面可以作为运维管理的安全参考标准。

3.1 ITIL 体系

3.1.1 ITIL

1. ITIL 的基本概念

ITIL 即信息技术基础架构库（Information Technology Infrastructure Library），由英国政府部门 CCTA（Central Computing and Telecommunications Agency）在 20 世纪 80 年代末制订，现由英国商务部 OGC（Office of Government Commerce）负责管理，主要适用于 IT 服务管理（ITSM）。20 世纪 90 年代后期，ITIL 的思想和方法被广泛引用，并进一步发展。

ITIL 为组织的 IT 服务管理实践提供了一个客观、严谨、可量化的标准和规范，组织的 IT 部门和最终用户可以根据自己的能力和需求定义自己所要求的不同服务水平，参考 ITIL 来规划和制定其 IT 基础架构及服务管理，从而确保 IT 服务管理能为企业的业务运作提供更好的支持。对组织来说，实施 ITIL 的最大意义在于把 IT 与业务紧密地结合起来了，从而让组织的 IT 投资回报最大化。

在 IT 服务管理领域，ITIL 不是一个正式标准，而是普遍实行的“事实”上的标准。

2. ITIL 的核心模块

ITIL 的核心模块是“服务管理”，这个模块一共包括了 10 个流程和一项职能，这些流程和职能又被归结为两大流程组，即“服务提供”流程组和“服务支持”流程组。其中，服务支持流程组归纳了与 IT 管理相关的一项管理职能及 5 个运营级流程，即事故管理、问题管理、配置管理、变更管理和发布管理；服务提供流程组归纳了与 IT 管理相关的 5 个战术流程，即服务级别管理、IT 服务财务管理、能力管理、IT 服务持续性管理和可用性管理。

3. ITIL 的版本

自 1980 年至今，ITIL 经历了 3 个主要的版本。

（1）ITIL v1：1986～1999 年原始版，主要是基于职能型的实践。

（2）ITIL v2：1999～2006 年 ITIL v2 版，主要是基于流程型的实践，共有 10 本图书，包含 7 个体系：服务支持、服务提供、实施服务管理规划、应用管理、安全管理、基础架构管理及 ITIL 的业务前景。它已经成为了 IT 服务管理领域全球广泛认可的最佳实践框架。

（3）ITIL v3：2004～2007 年基于服务生命周期的 ITIL v3 整合了 v1 和 v2 的精华，并与时俱进地融入了 IT 服务管理领域当前的最佳实践。5 本生命周期图书形成了 ITIL v3 的核心，它主要强调 ITIL 最佳实践的执行支持，以及在改善过程中需要注意的细节。

4. ITIL 的特点

ITIL 提供了一个指导性框架，这个框架可以保留组织现有 IT 管理方法中的合理部分，同时增加必要的技术，并且方便了各种 IT 职能间的沟通和协调。ITIL 不是一套理论模式，而是以全球的最佳实践经验为依据，基于高质量、合理定义、可重复流程等运作，确立的可持续改进的计划。组织实施 ITIL，有助于：

（1）完善 IT 服务管理。在 ITIL 的各个流程管理中，可以直接与各个业务部门相互作用，实现对业务功能及流程进行重新设计，降低成本，缩短周转时间，提高质量和增进客户满意度。

（2）增进业务与 IT 的整合。使信息系统部门能够对发生在财务、销售、市场、制造等业务上的流程改变，做出及时反应。某些情况下，还导致了一些相关组织机构的诞生，如变更委员会、紧急变更委员、内部的业务经理等，以增进业务与 IT 的整合。

（3）实现业务支持的精确性和前瞻性。帮助组织能够快速做出决策，并缩短反应时间。就 IT 部门来讲，在投资回报方面，参考 ITIL 来考虑 IT 投资，就很容易定义期望的收益，并对收益进行度量。

（4）加强 IT 团队的相互信赖。可以明确地建立一支担有共同责任和义务的、多技能的、跨组织的合作团队。由于相互信赖程度的加深，用户与 IT 人员之间将不再会互相指责，而形成相互促进的形式，改变其“救火队”的形象。

3.1.2 ITSM 方法论

1. ITSM 的基本概念

ITSM（IT Service Management，IT 服务管理）起源于 ITIL，而 ITIL 是 ITSM 领域的一个事实上的标准。ITSM 把英国在 IT 管理方面的方法归纳起来，变成规范，为组织的 IT 部门提供一套从规划、研发、实施到运维的标准方法。这套标准已经被欧洲、美洲和澳洲的很多企业采用。对一个组织来说，不管其 IT 架构多大，都需要 ITSM，目前把业务与 IT 能够很好集成的组织还不多，很多人首先想到的是业务，然后才是 IT，而不是用 IT 去驱动业务。ITSM 是一种以流程为导向、以客户为中心的方法，它通过整合 IT 服务与组织业务，提高组织 IT 服务和服务支持的能力及其水平。

ITSM 是一套方法论，其最终的实施还是要依靠相应的工具和经验。由于国内的信息化仍处于起步阶段，因此以前更多的是关注技术，例如，很多客户也采用了网络管理、系统管理等管理工具，但技术只保证了服务的质量和效率，标准流程则负责监控 IT 服务的运行状况，而人员素质则关系到服务质量的高低。而 ITSM 最强调的就是流程、人员和技术三大要素的有机结合。

2. ITSM 的三要素及目标

ITSM 保证了服务一定程度的可获得性、可用性，而标准流程则负责监控 IT 服务的运行状况、保障服务质量和效率，而人员的配置及素质则关系到技术的应用、流程的执行，最终影响服务质量的高低。因而 ITSM 最强调的就是流程、人员和技术三大要素的有机结合，ITSM 在实施过程中不仅部署相应的管理工具，同时将根据企业的具体情况制定人员的岗位职责、设计日常工作流程，以及突发事件和问题管理流程等等。

例如，大众汽车在谈到为什么要引入 IT 服务管理的理念时就提出了以下原因：为 IT 系统用户提供单一的联系点，任何用户在发现问题时都可以有统一的接口；为 IT 部门管理层提供具体的统计报告，对 IT 部门工作可以量化衡量；丰富和完善已知问题的知识库；协助提高服务台支持人员解决问题的整体能力；能够预测系统资源的支持能力；能够进行主动性问题处理；提高客户满意度。这些原因既代表了企业客户在 IT 服务管理方面的典型需求，同时也是 ITSM 的目标。

可以形象地把 ITSM 称作是 IT 管理的“ERP 解决方案”。从组织层面上来看，它将企业的 IT 部门从成本中心转化为服务中心和利润中心；从具体 IT 运营层面上来看，它不是传统的以职能为中心的 IT 管理方式，而是以流程为中心，从复杂的 IT 管理活动中梳理出那些核心的流程，比如事故管理、问题管理和配置管理，将这些流程规范化、标准化，明确定义各个流程的目标和范围、成本和效益、运营步骤、关键成功因素和绩效指标、有关人员的责权利，以及各个流程之间的关系。实施 ITSM 的根本目标有 3 个：

① 以客户为中心提供 IT 服务；

② 提供高质量、低成本的服务；

③ 提供的服务是可准确计价的。

3. ITSM 的特点

ITSM 有以下 3 个特点。

（1）共性：ITSM 是一种基于 ITIL 标准的信息化建设的国际管理规范。ITIL 体系提供了“通用的语言”，为从事 ITSM 的相关人员提供了共同的模式、方法和同样的术语，使用户和服务提供者通过有共性的工具深入讨论用户的需求，很容易达成共识。

（2）中立：ITSM 为 IT 管理提供了实施框架，这样可以让用户不会受制于任何单独的服务提供商。ITSM 不针对任何特殊的平台或技术，也不会因为下一代操作系统的发布而改变。

（3）实用：ITSM 是一种以流程为导向、以客户为中心的方法，它在兼顾理论和学术的同时，非常注重实用和灵活。

3.1.3 ISO/IEC 20000 标准

1. ISO/IEC 20000 的背景

2001 年英国标准学会（British Standard Institute，BSI）在国际 IT 服务管理论坛（itSMF）年会上正式发布了基于 ITIL 的英国国家标准 BS 15000。2002 年，BS 15000 为国际标准化组织（ISO）所接受，作为 IT 服务管理的国际标准的重要组成部分。2005 年 12 月，BS 15000 正式发布成为 ISO 国际标准：ISO 20000。这使得 ITIL 体系从 20 世纪 80 年代 IT 服务管理最佳实践萌芽，到 2000 年成为英国标准协会的 IT 服务管理标准 BS 15000，再到 2005 年 5 月 17 日通过快速通道成为 ISO 国际标准家族中的一员，ITIL 最终修成“正果”，成为国际标准，被国际广泛接受。

ISO 20000 标准着重于通过“IT 服务标准化”来管理 IT 问题，即将 IT 问题归类，识别问题的内在联系，然后依据服务水准协议进行计划、推行和监控，并强调与客户的沟通。该标准同时关注体系的能力，体系变更时所要求的管理水平、财务预算、软件控制和分配。

2. ISO/IEC 20000 的特点

ISO/IEC 20000 系列能使组织了解如何从内部和外部改进其服务质量，如何有效进行服务管理从而提供高水准的客户服务和较高的客户满意度：

① ISO/IEC 20000-2 描述了 IT 服务管理流程质量标准。这些服务管理流程为组织在一定环境中开展业务提供了最佳实践指南，包括提供专业服务、降低成本、调查和控制风险。

② ISO/IEC 20000-2 推荐服务管理者采用一致的术语和统一的方法进行服务管理，这可以为改进服务交付基础，并有助于服务提供者建立一个服务管理框架。

③ ISO/IEC 20000-2 为审核人员提供指南，并可为组织规划服务的改进提供帮助，以便组织通过 ISO/IEC 20000-1 认证。

3.2 ISO/IEC 27001

信息安全管理实用规则 ISO/IEC 27001 的前身为英国的 BS 7799 标准，该标准由英国标准学会（BSI）于 1995 年 2 月提出，并于 1995 年 5 月修订而成的。1999 年 BSI 重新修改了该标准。BS 7799 分为两个部分：

① BS 7799-1，信息安全管理实施规则；

② BS 7799-2，信息安全管理体系规范。

第一部分对信息安全管理给出建议，提供给负责在其组织启动、实施或维护安全的人员使用，该标准为开发组织的安全标准和有效的安全管理做法提供公共基础，并为组织之间的交往提供信任；第二部分说明了建立、实施和文件化信息安全管理体系（ISMS）的要求，规定了根据独立组织的需要应实施安全控制的要求。

2000 年，国际标准化组织（ISO）在 BS 7799-1 的基础上制定通过了 ISO 17799 标准。BS 7799-2 在 2002 年也由 BSI 进行了重新的修订。ISO 组织在 2005 年对 ISO 17799 再次修订，BS 7799-2 也于 2005 年被采用为 ISO 27001:2005。

标准指出，“像其他重要业务资产一样，信息也是一种资产”。它对一个组织具有价值，因此需要加以合适地保护。信息安全防止信息受到的各种威胁，以确保业务连续性，使业务受到损害的风险减至最小，使投资回报和业务机会最大。信息安全是通过实现一组合适控制获得的。控制可以是策略、惯例、规程、组织结构和软件功能。需要建立这些控制，以确保满足该组织的特定安全目标。

3.3 COBIT

COBIT（Control Objectives for Information and Related Technology）是目前国际上通用的信息系统审计的标准，由信息系统审计与控制协会在 1996 年公布。这是一个在国际上公认的、权威的安全与信息技术管理和控制的标准，目前已经更新至 5.0 版。它在商业风险、控制需要和技术问题之间架起了一座桥梁，以满足管理的多方面需要。该标准体系已在世界一百多个国家的重要组织与企业中运用，指导这些组织有效利用信息资源，有效地管理与信息相关的风险。

第二部分　运维管理咨询

第 4 章 信息系统建设期的运维咨询

随着集中运维时代的到来，国内大多数单位开始注意到在信息系统运维阶段建立专业化运维模式的重要性，从学习并引入基于 ITIL 的最佳实践方法论，到通过 ISO 20000、ISO 27001 等标准化认证，信息化部门管理者大多基于国外成熟的方法论或标准来规划自身的信息系统运维管理模式。

但无论怎样去规划信息化运维管理模式，ITIL、ISO 20000、ISO 27001、COBIT 等都属于信息化服务管理的范畴。这些方法论或标准大都被应用到基于已经建成的信息化系统，服务于针对其后期运维的过程当中，很少有人注意到对于信息系统运维的规划以及运维可行性的论证应当开始于系统规划设计和建设阶段。

举例来讲，当应用上述方法论进行运维规划时，运维的对象，即信息化基础设施、网络设备、数据资源、业务应用系统等均已经部署完成，这些方法论永远面向的是运维对象的后续生命周期，而此时运维对象的自身属性已经很大程度上被固化下来。这种情况类似于，有一个非常成熟的方法论去规范管理手机的售后服务过程，但是手机的制造过程，比如设计、生产都没有被覆盖到，在这种情况下，手机的使用与服务是否能得到最好的保障，最终用户是否能享受到更好的使用体验，决定性因素是后期的售后过程还是前期的设计生产过程呢。

当运维对象设计与部署的前期过程出现问题，会造成后期运维过程中永远的困难。许多在运维服务过程中不断碰到的问题，如果能够在设计与部署过程中考虑周全的话，会为后期运维节省更多的资源与成本。运维管理做得再好，在当前的框架内是无法渗透到前期的设计与部署环节的。这就面临着，当运维对象的前期过程做得不好时，运维管理能做的只能是维系系统的使用现状，甚至无法把运维过程中的知识经验反馈到前期过程，形成管理和知识经验积累的闭环。尤其当面对业务应用系统这种运维对象时体现得更加明显，虽然系统中的一些微小问题可以后续升级修补，但由于先天性设计缺陷或技术缺陷造成的问题，却不得不在运维期反复提供运维服务。

4.1 信息系统建设规划期对运维的考虑

如上文所言，引入信息化运维管理的方法论主要是为了解决信息系统后期的运维管理过程，无论是对理论体系的细化落实还是针对管理流程的着眼点，都没有考虑将信息系统的建设管理过程与运维管理过程相结合，相对运维管理过程的方法体系，系统建设过程也有相对独立的方法体系。组织对信息化的核心要求是信息化应用的效益最大化。虽然运维管理方法体系在不断成熟与发展，但运维管理过程并不能从根本上改变现状，甚至不能从根本上决定服务的质量，因为服务的质量很大程度是由前期过程决定的。

例如，CMMI 体系的落地主要考虑开发过程中的问题管理，ITIL 与 ISO 20000 主要考虑运维管理过程，信息化对象的两个核心生命周期的管理可以说是断层与脱节的，没有一项理论框架来解释指导这一个完整的生命周期过程。

另一方面，CMMI 主要面向软件类服务对象，事实上运维期的对象范围要更加广泛；ITIL 3.0 虽然开始有了比较清晰的全生命周期概念，但生命周期的概念不应该是面向服务，而是应该是面向信息化对象的。实施过 CMMI、ITIL 以及 ISO 20000 的单位会发现，共同实施这几个标准时，会无以适从，非常难以调和。

笔者认为，当前组织需要的是一个面向信息化对象的规划、设计、部署、运维服务的完整生命过程的框架与管理方法体系，这个体系应该是完全面向信息化对象的，它应当明确提出在整个信息化过程中针对各类信息化对象的管理规范和标准，还应规范在每一个过程中如何考虑信息安全因素才不会导致标准的分裂与无法统一作业等现象的发生。这个大的信息化管理标准，是可以分层级与结构化的，以一个完整的标准真正统一规范信息化整体工作，形成一个全面的管理平台。

以上所讨论的问题基本不是一个信息化部门或个人可以完成的事情，那么很现实的问题是，在没有这样一个大而全的管理体系支持的情况下，我们如何做才能更好地发挥信息化应用的效益呢。为了避免运维对象的宽泛而无法聚焦说明，以应用软件类的运维对象为例进行说明。信息系统规划期运维咨询如图 4-1 所示。

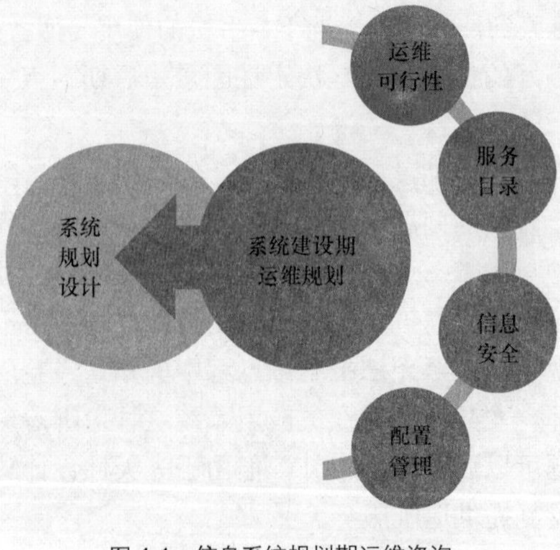

图 4-1 信息系统规划期运维咨询

4.1.1 规划设计时考虑运维可行性

在国内业务应用系统的大规模集成建设阶段，很少有建设单位在系统规划设计阶段考虑过系统日后的可维护性、运维成本等要素，也很少会在设计业务系统的功能时考虑运维的便利性。

事实上，规范的做法应当是要首先着眼于业务分析，并且结合日后系统的部署、维护、升级和调整。有许多系统在设计时连上线部署的配置管理以及与关联业务系统的联调都未曾考虑，这样的结果是，一个功能相对完整的系统，实施上线非常困难，又或者刚开始上线应用时，功能符合业务的需求，但一旦发生业务变更，升级改造则会非常困难，后期的运维工作也异常被动。因此，仅仅根据业务需求单方面信息来规划设计系统是不正确的，需要同时基于后期的运维过程的需求一同来进行规划设计。

由于国内专业化的集中式运维处于初级阶段，信息系统运维过程中存在这样一个比较现实的问题，即真正意义上非常优秀的运维实施团队为数并不多，运维规划咨询顾问团队也同样紧缺，如果系统本身的质量足够好，很大程度上可以降低运维工作的复杂程度。

4.1.2　规划设计时考虑服务目录

在对业务应用系统上线后的运维需求进行统筹规划设计时，一般应当重点考虑以下问题：

① 业务系统在上线部署后应当做哪些运维服务；

② 哪些功能与接口是需要运维工作中重点关注的；

③ 以什么样的方法和频率去做日常的巡检维护；

④ 每隔多长时间进行系统及数据备份和配置优化工作等。

以上是系统开发商在建设过程中很少考虑的问题。在某种程度上，从开发商利润或商业利益而言，软件的规划设计开发过程的纯利润是不高的，同时是非常短期的，但日后漫长的运维过程可以为软件开发商提供持久不断的收益。如果一款软件实施上线后，软件开发商无法在项目的后续过程中挖掘商业利益，某种程度是一种商业失败。

按照目前大多数软件开发商的习惯，在完成开发工作并收回尾款后，并不太重视后续的运维过程，基本上是业主报修或有新需求时，才以响应的方式做一些运维服务，而这些服务基本上是没多少收益的，因此一定会在软件规划与设计时埋好运维服务的伏笔。当软件完成规划设计后，其日后基本的服务目录与服务体制，以及日常的维护手册都是可以制定出来的，因为在规划之初，设计者是清楚哪些方面是需要进行高频率检查与维护的，以及服务涉及范围到底有多广，需要配备多少人、何种能力的服务人员等。这时基本上就可以大概知道日后的运维服务收益是多少，做多少服务合同的报价。

在现实中经常看到这样的情形，在软件开发合同中，开发商一般会承诺有一年的免费维护期，但当软件实施上线后，开发商为了控制成本，留下极少的资源应对这个免费的维护周期。这样当免费周期结束后，由于之前的维护过程只投入了很少的资源，业主方只给了很低的服务价格，这样就陷入一个循环过程中，事实上对业主方与服务商双方都是不利的。

无论从软件开发商的角度而言，还是从业主方的角度而言，除了满足业主方的业务需求外，如何在规划设计软件时设计好运维期的服务目录，即运维期的服务内容是非常重要的。开发过程相当于种下一颗种子，软件开发商在规划设计过程中对服务目录的设计，就决定了这颗种子日后到底结出怎样的果实，这同时也十分有利于软件稳定。

4.1.3 规划设计时考虑信息安全

在业务应用系统的规划设计阶段，信息安全同样是一个需要被重点考虑的因素，一些高保密性的系统除了需要技术手段外（比如 CA 认证），还需要考虑管理手段。比如核心账户的管理，敏感数据的备份、读取、修改等操作。

目前多数系统都是在系统上线时，甚至是运维期开始时，才设计配套安全制度。然而，设计安全信息最充足的阶段恰恰是在进行业务需求调研的阶段，即软件的规划与设计者们才是安全信息第一手接触者，他们最清楚系统的安全需求要达到什么目标，如何进行技术方面的设计，需要一套怎样的管理机制进行相应的配合等，这也某种程度上决定了业务系统后期运维过程中的安全运维能力，主要取决于规划设计者们在设计阶段建立的技术和管理两方面安全体系，而不是运维阶段。

4.1.4 规划设计时考虑配置管理

在业务系统软件的规划设计阶段，基本上已确定了核心的配置信息，即需要部署怎样的设备，部署多少，要用到哪些组件，要同哪些系统做接口，相互之间传递什么样的信息，信息传递格式和方式如何，要用到哪些网段，整个系统的拓扑结构如何，以及哪些系统需要重点备份等。此时 CMDB（配置管理数据库）不仅要明确配置项的数量，还要明确这些配置项之间的关联关系。

从 CMDB 的角度而言，在规划设计时要尽量避免关系过多，以避免一个故障发生时造成大范围服务中断，尽量使故障只形成单点。当这一个过程完成后，将非常清楚日后的运维服务受众，即哪些部门的哪些用户使用哪些系统；以及运维服务对象（也可以理解成 CMDB 中的配置项）；并且可以非常清楚实施运维服务主体，即配备怎样的运维服务团队；同时还更加明确了运维服务目录，即日后需要执行哪些日常的主动运维任务。在此条件下，运维服务管理也就变得非常容易开展。

4.1.5 通过运维促进系统规划设计

在实施周期较长的信息系统运维阶段，我们会发现许多问题，通过分析我们也会知道许多问题是在软件规划与设计时可以避免的，同时运维过程中也会积累大量的业务知识，这些对于业务系统的规划设计是非常有帮助的，同时对一个软件开发商开发能力的提升也具有重大意义。组织的信息化能力如何，事实上就是依靠这些知识的积累而成。

这项工作的难点在于，运维服务团队与系统建设团队可能分属不同的部门，要做到让这两个不同团队的知识可以做到平滑传递，否则研发和再建设的能力无以提升，一定要把运维过程中的经验知识转化为下一次建设研发活动的输入，这样才能形成闭环，不断提升研发和再建设的能力，运维服务质量才能更好。

结合以上各小节所述，在国内信息化的前 20 年中，组织都在大量的投资信息化建设，所以以前建设是焦点，问题是如何做好建设；随着大部分的建设工作完成后，信息化也覆盖到了组织的方方面面，现在面临着如何管理好这些信息化系统，让以前的投资更好地发挥效益以及持续稳定地服务于业务，因此，未来运维必将成为热点。为了使运维服务质量真正受控，需要渗透到整个信息化对象的全生命周期进行管理，最佳的解决方案是建立一个统一的方法与标准体系。

信息系统运维的规划不应起始于建设阶段的后期和运维阶段的开始，而是应当在系统设计阶段开始考虑，做到运维从设计开始。

4.2　信息系统建设实施期对运维的考虑

信息系统的建设实施生命周期一般可以划分为需求调研、系统设计、开发与集成、系统测试、试运行验收 5 个阶段。信息系统的建设实施工作主要解决如何依据规划设计建设一套信息系统，而信息化运维工作则负责维护和管理一套已经上线运行的系统内所有的基础设施环境、硬件网络设备，以及业务应用系统及其数据资源，保障其连续稳定运行。

大多数人认为，建设和运维二者之间存在相互承接的关系且无法并行。但在实际应用中，两者一定程度上存在着相互影响的并行关系，这种并行关系直接决定了信息系统建设和运维的成效。本节将从以下 4 个方面阐述信息系统建设同运维的并行决策在建设实施阶段的重要性及可行性。

4.2.1　在里程碑中考虑建设与运维并行

在信息化建设项目的实施启动阶段，项目整体方案计划中的一个关键环节是为整个项目制定里程碑阶段性计划，明确各个阶段的主要任务、核心目标及重要成果物，在此基础上才能分解成为详细的项目实施计划。里程碑式的项目管理方法有利于阶段性地量化、评估整个项目的实施进程及状态，能够让项目管理者更好地去平衡项目实施的范围、进度、成本、质量等各方面因素。

大多数组织认为信息化项目的里程碑设计应当针对项目的生命周期，但通过 4.1 节的论述我们可以感受到，项目生命周期与信息化产品生命周期（即建设与运维工作）的密不可分性。因此，笔者认为，在进行里程碑设计时，应当建立在信息化全生命周期的基础上进行通盘考虑。

信息化建设项目的项目经理采用里程碑方法，将复杂的项目范围具体成可量化执行的工作包，同时制定出各种里程碑检查点，在每个检查点设计好针对整个项目的成果物基线。但在目前大多数里程碑检查点的设计过程中，项目经理往往忽略了信息化运维这一里程碑，然而恰恰是这个里程碑，其中的目标会影响到其他大多数里程碑目标和成果物基线标准的制定，进而导致整个项目后期实施困难，造成工期延长甚至返工。

举例说明，信息化建设项目开始后，首先进行需求调研，再根据需求调研结果形成系统原型；在此基础上，根据用户需求逐渐完善系统原型，进行系统设计并搭建系统架构，开发成为一个真正切合用户需求的业务应用系统；最终，定型后的系统被移交给业主方进行用户培训，再由运维团队负责系统维护。在整个过程中，项目经理没有将系统运行所需环境的技术条件作为里程碑成果物在各个实施阶段中加以考虑，系统即将上线时发现系统技术标准与运行环境标准存在技术条件差异，造成理想化的高端技术功能虽然已经实现，但与现有的运行环境技术条件不相匹配，最终导致整个项目可能需要回到起始点，项目经理不得不在之前划分的里程碑阶段标准中加入运行环境的设计要素，由业主方、系统开发团队和信息化运维部门共同寻找一种折中的办法来使项目摆脱遇到的困境。

通过以上示例不难看出，这个项目由于忽视了系统建设与运维工作的并行关系，从而不但使项目的实施工作没有按计划进行，而且还使运维部门丧失了开展运维工作的最佳切入点，为今后开展运维工作带来了困难。项目经理如果在制定项目实施工作的里程碑时，主动引入与运维条件相关的要素作为里程碑标准，并作为系统设计工作的一项重要考虑因素，即将信息系统建设与运维并行考虑，那么完全可以避免上述问题的出现。

4.2.2 在建设成本中考虑运维因素

成本控制是信息系统建设过程中的一项重要控制因素，项目经理应当尽量使信息化项目建设过程中的各类资源保持平衡和稳定。

经统计发现，在信息化整体工作中，往往人力、物力，以及管理资源中的 30%被投入到了项目建设过程中；而投入到信息系统后期运维的资源却占到了 70%，而且随着系统运行时间的增加，运维的成本更有成倍增加的可能。

从信息化长远的成本控制角度出发，如何降低占用 70%资源的运维工作成本并提高效率是非常值得重视的。

举例说明，如果在系统建设期投入一名高级系统集成建设工程师，在集成设计之初，就将基础环境中网络设备及硬件设备与业务应用系统之间配置项的关联关系表示清晰，甚至将升级改造时所必需的配置项操作步骤都描述在案，那么当信息系统转入运行维护期后，无论谁来实施运维，其执行和管理效率必将得以提高，同时也能降低在运维过程中所发生的技术成本。

再如，系统设计时由于承建单位的总工程师为显示自身或团队技术水平而采用了一种高精尖的技术方案，这类技术方案只有少数技术专家掌握，且在设计过程中没有论述后期随着业务量增加，该技术对信息化基础设备资源消耗的极快速上涨。虽然该技术在建设时很好地解决了业务功能问题，但在若干年后的系统运维实施工作中，由于原开发商的总工程师离职，业主方不得不因架构问题废止原系统的继续运行转而重新开发系统。

因此，不能只为暂时提高系统建设期的工作效率，将尽快完成系统建设任务作为最终目的，而放弃了对于长远运维成本的控制。只有强调信息系统建设工作与运维工作的并行关系，为开展运维工作提供绝佳的介入机会，才能做到真正意义上的成本控制。

4.2.3 在建设期项目管理中融入运维

信息化工作是一项长远工作，它绝不仅仅是为完成信息系统的建设。从项目建设之初的无章可循，到大规模整章建制工作，整个信息化工作的管理风格和管理方向初见端倪，最后到管理制度化、人文化、合理化。这整个过程是一个管理的沉淀过程。

大多数单位对系统建设与运维普遍的认知是“先有系统，后有运维”。但从实际情况来看，项目开发团队是一种临时性的组织，它的团队成员，虽然有可能都是某一方面的精英，但他们彼此之间缺乏磨合。也许为了某一项建设性的工作，他们可以互相激发出彼此的潜能，这有利于项目管理中对高效率的要求。可一个缺乏磨合的临时性组织，在管理上是很难沉淀下来有价值的经验的。比如，对某应用系统非重要的配置说明。这些说明在项目实施中用到了，而在竣工时交付的系统文档中，往往没有记载。当运维团队需要开展运维工作时，他们只能找当时承建单位的成员进行了解，但此时往往没有满意的解答。这个结果对于系统建设工作来说有可能无妨大碍，而对于运维工作来说，可能相当于灾难。相对于项目开发团队这种临时性组织，运维团队这种比较固定的组织形式在管理的沉淀上就有着本质的不同。长期固定的组织结构和人员构成使其对于信息系统运维管理的方法和经验都更容易沉淀下来，对敏感信息的认知程度也比较敏锐。在项目管理中，如果能让运维管理部门更早地介入，在开展系统建设的同时，也为后期的运维工作做好准备，对于信息化系统的管理方法也会有一个比较完整的积累过程。这时，我们所收到的效果也会是我们能够得到的最佳效果。

4.2.4　做好系统移交及运行应急预案

在信息系统建设期的验收阶段，应当着重考虑对于信息化项目投入使用后与运维部门的交接工作，需要业主单位、监理单位、承建单位参与的主要交接活动，目的是管理和协调各方对系统进入运维阶段前的移交等工作，确保系统移交工作有序地执行，在不影响正常工作的情况下系统顺利地投入使用，保障建设期与运维期的平稳过渡。在此阶段应当重点考虑系统移交核验以及系统应急方案的制订等工作内容。

1. 系统移交核验

一般在竣工验收通过后开始准备系统移交，承建单位应整理系统移交文书，包括构成系统的软、硬件交付项清单，合同规定的工程技术文档和必要的联系信息，提交至业主单位和监理单位。

业主单位根据系统移交文书所列的内容，明确系统移交的实施步骤和任务、职责和进度安排，指导承建单位编制软件移交计划。其中，实施步骤和任务应具体说明移交的项目和要求，如设施和对应的技术文档、配置说明等。

业主单位应主持系统移交核验，监理单位监督系统移交过程，承建单位和运维方依据软件移交计划，对系统移交文书中的每一个交付项逐项核验，确保系统的各级用户已基本具备操作和运行系统的能力。核验过程中，承建单位应及时应答，确保问题得到处理。

系统移交核验完成后，承建单位应编制系统移交报告，说明系统移交期间各项任务的完成情况和结果，列出系统移交时所记录的主要问题和问题的处理结果。承建单位完成系统移交报告的编制后，应及时提交至业主单位、监理单位、运维方确认。

2. 运行应急方案

系统移交完成后，承建单位与业主单位协商，编制“运维方案”和“系统应急预案”，提交至业主单位及监理单位确认。业主单位书面认可承建单位的运维方案和系统应急预案后，向信息化主管部门提出“投入使用申请”，同时提交“运维方案”与“保修方案”，并将“系统应急预案”归档。其中，“系统应急预案”是验收阶段与运维阶段过渡中，应当重点考虑的一项方案，其内容应当至少涵盖以下方面。

（1）应急指挥机构及职责

① 应急指挥机构：说明应急指挥机构的组织构成、权利和义务。

② 各参与单位（部门）职责：以突发事件应急响应全过程为主线，明确事故发生、报警、响应、结束、善后处理处置等环节的主管部门与协作部门及其职责。

（2）危险和应急能力分析

① 风险分析：根据上线后系统历史情况、现有状况、技术问题、人员因素、物理因素等进行分析，说明潜在风险及风险危害程度等。

② 应急能力分析：对每一紧急情况应考虑如下问题：

A．需要的资源与能力是否配备齐全。

B．外部资源能否在需要时及时到位。

C．是否还有其他可以优先利用的资源。

（3）预警和预防机制

① 信息检测与报告：运维方或承建单位定期或不定期监控、检测系统，形成信息检测报告，相关人员定期分析并优化系统。

② 预警预报：说明预报机制。

③ 预警级别及发布：预警级别可分为4级，即Ⅰ级（特别重大）、Ⅱ级（重大）、Ⅲ级（较大）和Ⅳ级（一般），依次用红色、橙色、黄色和蓝色表示。说明预警内容及发布程序。

（4）预案启止条件

① 预案启动条件：在出现突发事件的情况下，当实际的突发事件情况满足预案中给出的启动条件时，应急预案才可以启动。根据对以往预案启动情况的了解与分析，可以发现有时候尽管没有达到预案启动的物理条件，但事件却已经造成了很严重的破坏性后果，此时，如果按照预案启动条件的要求，是不能够启动预案的，但事情却又非常紧急。因此，应该在预案中设置不同的启动条件，包括定量化的条件和很难定量化的后果条件，满足启动的条件之一，即可启动应急预案。

② 预案停止条件：预案也应该在适当的时候予以终止。终止条件一般在预案中有事先的规定，通常会是当前的灾害发展态势已经被遏制，或者已被限制在一定的范围内，此时，一般性的应对措施就足以完成对事件的控制，并有望在比较短的时间内消除事件，进入全面恢复阶段。特别重大突发事件应急处置工作结束，或者相关危险因素消除后，现场应急指挥机构也应该予以撤销。

（5）应急响应流程

应急响应等级一般根据事件紧急程度及影响程度划分，包括但不限于以下4级：Ⅰ级（特别重大）、Ⅱ级（重大）、Ⅲ级（较大）和Ⅳ级（一般）。

（6）应急处置流程要素

应急处置流程要素主要包括：信息共享和处理，通信，指挥和协调，紧急处置，事故调查分析、检测与后果评估，以及应急结束等。

（7）后期处置

① 系统维保：承建单位根据系统实际情况进行维保，描述包括维保内容、范围、处理方式等。

② 事故调查：承建单位应在处理完成突发事件后，立即开展事故调查，查明事故产生原因等。

③ 经验教训总结：承建单位根据事故调查结果，分析突发事件带来的影响，总结经验教训。

④ 改进意见：承建单位通过总结、分析突发事件，提出改进意见，并将意见纳入预案，减少突发事件风险。

（8）保障措施

① 应急支援保障：包括应急实施团队、使用资源等。

② 技术支撑保障：资深技术工程师及时发现、分析潜在威胁，远程或现场解决技术问题。

③ 技术资料保障：软件系统相关资料齐全，及时更新，并与实际系统保持一致，包括配置、厂商信息、使用人员信息等。

④ 培训和演练：承建单位应制订培训计划，编制培训教材，并描述清楚培训范围、培训内容等。应急指挥机构应定期或不定期举办相关的培训，使相关人员全面熟悉应急处理的知识和技能。应急指挥机构组织应急演练，检验应急预案各环节之间的通信、协调、指挥等是否符合快速、高效的要求。

⑤ 监督检查奖惩与责任。

第 5 章 信息系统运维管理咨询规划

信息系统交付使用后，如何最大限度地保障其安全、稳定和可靠运行成为信息系统运维的核心工作。而单位对信息系统运维的规划与管理工作的必要性和重要性认识不足，主要表现为：一是仅从系统故障的角度考虑问题；二是缺乏科学规范的运维管理体系，信息系统运维处于无序状态。

本章将介绍信息系统运维的咨询规划，包括组织信息化业务及资产的梳理、运维组织模式规划与岗位职责设计、运维流程制度规划、运维外包服务商的选择、运维预算的规划、运维绩效考核的实施，以及运维管理再评价，最终使运维管理形成一个 PDCA 可持续发展的闭环。

5.1 信息系统运维管理咨询规划简介

目前，我国信息化工作的重点已从大规模网络、平台、业务系统的建设阶段转向以深化应用、提升应用效益为主要特征的运行维护阶段。与此同时，建立完善的信息化运维管理体系，将对发挥信息化绩效、构建服务型政府、提供公共服务效益起到至关重要的作用。但负责运维管理工作的组织如何构建信息化运维管理体系，这正是第三方信息化运维咨询规划工作所要起到的作用，以下介绍信息系统运维管理体系建立的咨询规划方法。

5.1.1 运维管理咨询规划的背景

近年来，随着信息化建设的深入，业务应用逐步增加，计算机机房设备、网络基础设施、大型主机、服务器、客户端等硬件平台，政务应用系统、数据库、应用服务器、中间件等软件平台日益复杂，服务的用户越来越多，如何维护好日益增多的网络和系统等各类设备，保证各个应用系统安全顺畅地运行，为用户提供良好的服务以及时解决出现的问题和故障，做到“信息化和用户之所及，管理和服务之所及”，是业务能否正常运行的关键所在。

很多组织目前还处于信息化运维管理的初级阶段，在组织结构、管理规范、管理流程和技术支撑方面，还没有构建一个综合的信息化运维管理体系。对网络、设备、系统、用户等的管理和服务是分散的、不关联的，没有实现数据、信息和知识库的共享，没有实现规范化和流程化，因此，管理和服务是粗粒度、低效率的，这种管理模式将越来越难以适应业务信息化的发展要求。

因此，需要梳理运维管理需求、规范运维管理流程，开发和建设一套科学有效的融合组织、制度、流程、技术的信息化运维管理体系，从粗放式和分散式管理，逐步过渡到科学、规范和专业化管理，使信息化运维管理体系成为组织日常工作的重要组成部分，这不仅对业务核心应用系统顺利运行和应用具有重要意义，也将为支持和推进业务发展提供管理和服务保障。

5.1.2　运维管理咨询需求与目标

1. 运维管理体系建设咨询需求

在组织人员方面，针对很多单位分散运维的现状，需要统一对信息化运维管理认识，整合信息化运维管理资源，设计科学合理的信息化运维管理组织结构和职责分工，建立起集中的运维管理模式。集中运维管理模式的建立，可以使组织从目前以技术为中心的管理模式转向面向业务、以服务为中心的管理模式，并通过对组织服务资源的统筹安排和共享使用，在服务环节上加强沟通协作，提高组织整体信息化运维管理的有效性。

在管理规范方面，需要对信息化运维工作程序进行规范和标准化，建立统一的信息化运维管理流程，以适应业务用户对信息化服务端到端的需求。同时，作为管理流程执行的保障手段，组织需要建立起信息化运维管理工作的管理控制点，如开发转运维的上线管理、运行监控管理、下线管理等，以及覆盖全面的管理制度，并清晰定义信息化服务的考核目标，按照管理流程、角色岗位进行分解，配套实施支持考核的技术手段，实现科学量化评价信息化运维服务工作的效率和效果，促进运维服务工作的高效运行。组织管理层还存在制定运维费用标准的管理需求，使组织运维费用能够与信息化建设费用、日常办公经费区分，规范运维费预算的执行，保障运维工作有序开展，并能够基于预算执行结果，进一步指导运维管理工作。

在技术工具方面，需要从业务和管理需要出发，制定一套用于从整体上指导运行维护工作的技术规范，采用业界成熟的专业工具来弥补现有工具手段的功能局限，建立一套统一完整的技术管理体系；同时需要实现技术工具之间的集成与整合，逐步实现信息化运维工作流程和监控管理的自动化。

综上所述，无论从组织人员、管理规范还是技术工具方面，组织都希望能够从整体结构上考虑这 3 方面内容的有机结合，从而建立一套适应业务和管理成熟度的信息化运维管理体系，高效支持业务的稳定运行与发展。

2. 运维管理体系建设咨询目标

运维管理咨询是指由专业的第三方咨询单位，利用自身的专业技术知识，结合行业、领域内成功的运维管理咨询和实施经验，以信息系统运维管理目标为基础，在充分分析业主单位运维体系及运维管理现状的前提下，依据业主单位未来的 IT 运行规划，为其量身设计运维管理体系。运维管理体系建设咨询目标的核心在于将信息系统运维管理的目标（参照 1.3 节“信息系统运维管理及其目标”）转变为现实，并为实现运维管理体系的可持续性优化提供长期性的循环式咨询服务。

5.1.3　运维管理咨询思路和方法

1. 体系建设思路

信息化运维管理体系建设思路是：按照信息化运维管理理论、方法和标准，结合组织实际和建设需要，遵循立足需求、统一规划、保障重点、分步实施、务求实效的原则，建立一套融合组织、制度、流程、人员、技术的信息化运维管理体系，建立组织机构，制定规章制度，规范管理流程，明确职责分工，强化技术支撑，实现对网络及信息系统的综合管理监控和日常技术支持，快速响应和及时解决信息系统运行过程中出现的各种问题和故障，确保网络及信息系统正常、稳定、高效运行。

2. 运维管理体系设计方法

在整个运维体系建设的过程中，应采取“协调式咨询方法”，确保信息化运维管理体系建设的成功。

该方法具有以下创新的优势。

（1）咨询、实施和产品三者独立，降低项目风险

引入外部专家作为独立第三方，负责梳理信息化运维管理体系建设需求，从业务、资产、管理、流程、制度、组织与人员、技术选型等方面规划信息化运维管理体系。

在实施阶段，实施厂商在规划的基础上，结合具体产品实施信息化运维管理体系。外部专家顾问将全程参与后期运维管理体系实施的全过程，为集成实施提供管理服务和考核服务，设定实施里程碑和基线；定期对项目计划和阶段目标进行核查，保证项目的顺利如期完成，降低实施风险。

咨询、实施和产品三者独立，有助于降低信息化运维管理体系建设项目的风险，最大效益地发挥信息化运维管理体系的作用，开创适合组织需求的创新型信息化运维管理之路。

（2）有利于从业务需求的角度和全局的高度对信息化运维管理体系进行规划

该方法从组织的业务需求和信息化资产现状出发，对业务流程进行分析和需求调研，分清重点和难点，排定优先级别，确保运维目标的达成；同时从全局整体的高度，构建融合人员、组织结构、流程、管理制度和工具的信息化运维管理体系，最大限度地提高组织的效益和运维服务的改善。

（3）借鉴外部专家的经验，提升体系建设的效果

一方面，外部专家通过对信息化运维管理现状的调研，结合业界最佳实践进行差距分析和评估，提出有针对性的规划方案，“对症下药”，从而保证项目目标的达成。另一方面，外部专家借鉴其在业内开展信息化运维管理服务项目咨询的经验，以及国内外同类组织信息化运维管理体系建设项目的最佳实践作为参考，用以提升运维体系的建设效果。

（4）搭建交流平台，实现知识转移

外部专家在整个体系建设过程中，可以对组织相关人员进行信息化运维管理最佳实践和方法论的培训和咨询指导，搭建业务部门、信息化部门、集成商、产品提供商之间的沟通平台，使各方在对项目目标和实施方法有统一的认知，以保证项目的顺利实施；另外，

在管理体系构建完成和系统平台建设完成后，外部专家还可以负责组织相关人员进行培训，实现知识转移和知识共享，培养信息化运维管理的专业人才。

（5）外部专家对后续集成实施和产品选择的全过程进行项目管理和风险管控，持续优化管理体系

外部专家可以主持制定《信息化运维管理系统需求说明书》，对体系架构和流程的各功能点进行详细的定义和说明，并针对目前业内流行的方案进行评测和比较分析，提供分析数据和决策支持；同时，外部专家对项目的各个功能点的技术和开发风险进行评估和提供相应的解决措施，从而降低实施过程中的风险；此外，外部专家还将参与后期运维管理平台的产品选型和集成方案招投标工作，对集成实施和产品选型进行专家审定和把关，对各项投资进行预期的绩效评估，以确保将资金用于项目的关键点上，降低实施成本；在体系建设完成后，外部专家将定期分析业务需求，持续优化组织信息化运维管理体系，对管理体系执行情况进行审计和提出改进建议。

5.1.4　运维管理咨询的内容

1. 运维体系架构

在实施过程中，单位应以“体系化”的思路构建一整套行之有效的“持续改善机制”，面向业务和应用，以服务为导向，创建创新性的信息化运维管理体系。

信息化运维管理体系涵盖组织管理模式、制度规范体系、技术支撑体系等层面的内容，如图 5-1 所示。

（1）组织模式

在梳理信息化资产的基础上，确定和规范信息化运维管理体系运行的管理方式，以及与之相配套的人员岗位职责安排、机构设置，将信息化服务相关的全部活动进行统一决策与规划，形成集中统一的信息化运维管理机制，实现对客户的端到端服务。在集中统一的信息化运维管理模式下，按照信息化运维管理任务科学设置或调整组织机构，划分任务、角色、岗位，合理配置信息化运维管理资源，达到人、工具、流程的有机融合。同时，确定运维费用的组成与计算方式，规范运维费用的来源保障。

（2）制度规范

分别从管理与操作方面建立信息化运维管理过程中各个参与要素（人、流程、工具）的行为准则与工作程序，从信息化运维管理体系总体运行、流程执行和岗位职责等层次建立考核评价体系，实现信息化运维管理的量化管理。具体内容包括管理制度的制定、管理流程的设计、评价考核体系的执行、运维费用的管理等。

（3）技术支撑

建立面向业务客户的信息化服务请求响应窗口，以及面向技术支持人员的体系运行管理窗口，建立负责信息化运维管理流程运行的流程管理平台和负责信息化基础设施和业务应用系统运行监控的集中监控管理平台，根据不同类型信息化基础设施和业务应用系统的管理职能，建立技术管理子系统，建立知识库、配置库、报表及日常操作等共享支持子系统和为业务管理提供服务的业务运维管理子系统。

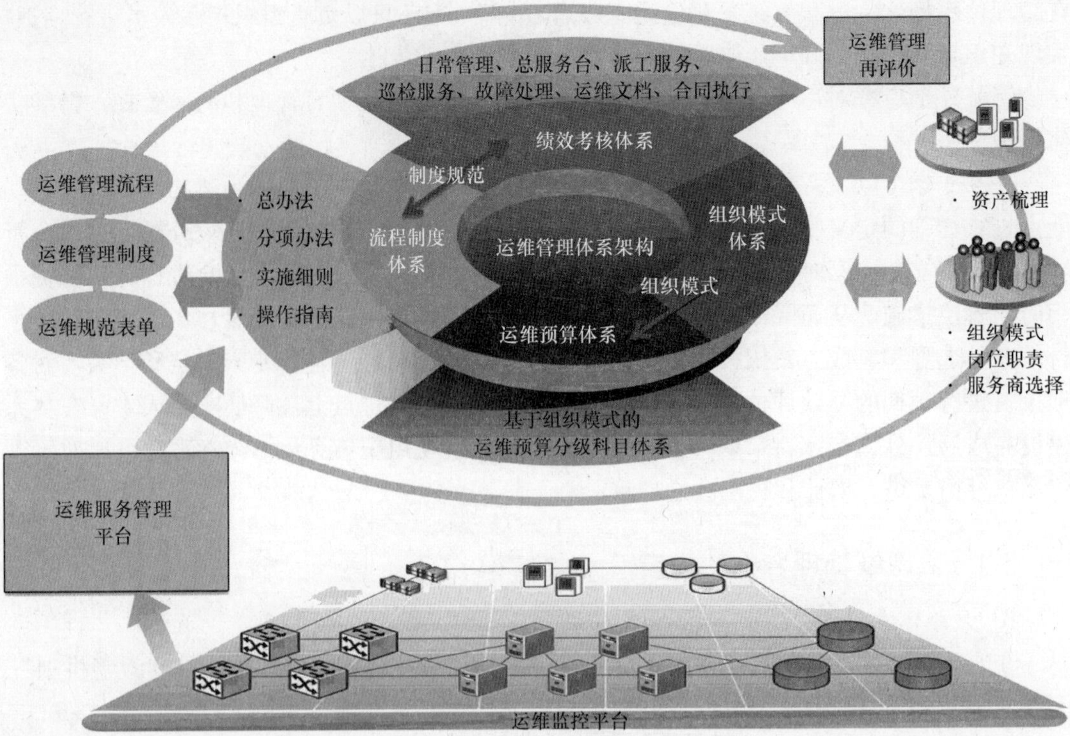

图 5-1　运维管理体系架构图

2. 运维体系建设内容

信息化运维管理体系要真正发挥效益，避免“为技术而技术”，需要融合人、流程、技术。根据信息化的发展要求，配套的管理措施应包括组织模式、管理制度、管理流程、绩效考核、运维费用、技术支撑等内容。

（1）组织模式

从全局的角度定位信息化运行维护和服务工作，将分散进行的各项信息化运行维护和服务的工作职能逐渐整合，进行集中统一管理，统一调度信息化运行维护和服务的技术力量，并结合实际情况和管理需要进行配套的组织机构的设置和逐步完善。

第一，成立信息化运维管理领导小组。初期成立由领导和各处（室）负责人组成的信息化运维管理协调小组，从总体上负责信息化运行维护和运维管理的统一组织协调，监督检查各部门服务质量；后期根据信息化运维管理的发展，组成信息化治理领导小组。

第二，建立面向用户的服务接口。初期以服务台为统一服务接口，不断扩充与完善服务台的功能，统一受理客户的信息化服务请求，记录事件并采用一线方案解决，对解决不了的较为专业的事件派发给专业的二线技术人员，各相关部门提供二线技术支持，并明确相关技术支持人员及职责；后期逐步建立独立的信息化运行维护和服务机构（运维中心），专门负责信息化运维和服务工作，合理划分建设与运维的边界，实现建设与运维的分离。

第三，设置合理的组织机构。初期保持目前组织机构和职责不变，进一步理顺关系；后期随着信息化的发展和管理成熟度的不断提升，逐步建立起完全适应体系运行的信息化治理组织机构。

（2）运维预算

运维预算是信息化运维管理体系持续运行的资金保障。为保障业务应用系统的有效运行和信息化服务质量的提高，实现信息化服务精细化管理的目标，科学进行运维预算管理显得非常重要。

运维预算管理清晰定义运维费的构成要素，规范运维预算的口径和标准，使其与信息化建设预算、日常公用经费区分。在运维费预算的基础上，要按照组织的财务制度来规范运维费预算的执行，保障运维工作有序开展。基于预算执行结果，进一步指导组织的运维管理工作，最终实现“运维预算—核算（预算执行）—决算”全过程管控。

（3）管理制度

管理制度是指信息化运行维护和服务工作必须遵循的内部管理规定，用于提高工作的协调性和管理的有效性。借鉴信息化运维管理体系国际标准 ISO 20000 要求，管理制度分为“总办法”、“分办法”、“实施细则或操作指南”和“配套表单”4 个层次。

（4）管理流程

管理流程是指为达到既定的信息化运维管理目的而组织起来的逻辑上相关的有规律性并可重复的活动。借鉴信息化运维管理国际最佳实践 ITIL，将信息化运维管理分为服务支持和服务交付两大部分。根据管理需要，分阶段建立相关流程，先期建立服务台和事件管理、问题管理、变更管理、配置管理流程。

（5）绩效考核

为实现信息化服务精细化管理的目标，提高管理制度和管理流程的执行力，绩效考核是非常重要的管理手段。

绩效考核从信息化运维管理体系的目标出发，按照体系、流程和岗位角色分解，形成“信息化运维管理体系运行 KPI 关键绩效指标—流程 KPI—角色岗位 KPI”三层相互关联的绩效考核指标体系。

（6）技术支撑

技术支撑体系包括 3 个层次：展示层、流程及业务运维管理层、集中监控层。

① 展示层。提供对用户的信息化运维管理界面与对技术人员的体系管理控制界面，在运维管理界面上实现集中运维的统一管理功能和信息展示与交互功能。

② 流程及业务运维管理层。在集中运维管理模式下实现流程执行和管理控制功能、业务运维管理功能。

③ 集中监控层。通过监控工具实现对不同服务对象和信息化资源的实时监控，包括主机、数据库、中间件、存储备份、网络、安全、机房、业务应用（以下简称“应用”）和客户端等技术支撑管理子系统，并通过集中监控管理平台对不同被管对象的技术支撑管理子系统进行综合处理和集中管理。

5.1.5　运维管理咨询的效果分析

在借鉴信息化运维管理国内外政府机构最佳实践的基础上，通过建立科学合理的信息化运维管理体系，系统化地将组织架构、管理流程、管控制度、绩效考核、运维成本核算以及技术平台贯穿融合，有效解决目前运维工作中面临的沟通不畅、效率低下、服务质量无法保障、“被动救火”等问题，改变过去各自为政、分散运维的状况，增强为业务应用服务的意识，更好地实现建设服务型组织的目标。以服务请求和故障解决为例，运维体系规划前，服务接口不统一，关联关系繁杂多样，服务过程无人最终负责，没有真正面向用户提供“端到端的服务”；规划后，关联关系简单明了，服务接口统一，实行“一站式服务”，服务全过程跟踪，面向用户提供“端到端的服务”。

运维管理体系建设完成后，将带给信息化主管领导和高层领导、业务用户、工作人员多方面的好处，具体体现在以下方面。

1. 带给信息化主管领导和高层领导的好处

第一，提升信息化的效益。“三分建设，七分管理”，信息化80%的效益体现在运行维护阶段。信息化运维管理体系的建设，将进一步规范运维管理工作，降低信息化运维成本，通过“用好信息系统”，更加有效地支持业务和提供公共服务，进一步推进业务工作公开、透明。

第二，降低信息化的风险。通过开发与运维职责分离，合理分配权限，避免“篡改数据，内外勾结”等风险发生，规避了系统性风险；通过规范化的操作，减少人为错误引发的风险；通过主动监控和趋势分析，预防事故的发生；通过对重大变更的审批和授权，减少了因变更不善导致的风险；通过制定运维应急预案，减少重大故障的影响。信息化运维将不再是黑箱，将变得可管可控，降低了信息化带来的风险。

第三，支持领导宏观决策。建设的信息化运维管理系统，能够记录并分析运维过程中发生的各种故障及其解决方案，通过报表工具，展示全局视图，让领导了解运维工作各方面情况，支持领导宏观决策。

第四，提升信息化科学管理水平。面向业务，以业务需求和目标为出发点，制定信息化运维管理的愿景、目标和策略，建立科学的信息化运维管理机制和治理型组织结构，理顺组织机构和职责划分，规范信息化运维管理过程中各个参与要素（人、流程、工具）的管理制度与工作流程，建立绩效考核评价体系，规范运维费用，实现精细化管理和提升信息化科学管理水平。

2. 带给业务用户的好处

第一，进一步规范用户行为。信息化运维管理体系的客户端管理系统，通过批量进行软件分化和补丁安装，有助于提高客户端管理的效率和效果；通过监控客户端，有助于规范用户使用计算机的行为（如非法下载或安装程序、内网非法外连等），有效避免信息泄露和信息安全事件发生。

第二，提升服务质量和服务感知。信息化运维管理体系的服务台，面向用户，统一受理服务请求，实行“一站式服务”；通过服务台开通的用户服务网站，用户可自行查询服务请求所处的状态或查询知识库进行自主服务；通过持续优化服务流程和服务水平，信息化运维管理体系提高了业务的用户满意度，进一步提升信息化服务的整体形象。

3. 带给工作人员的好处

第一，主动监控和预防故障发生。应用先进、实用、高效的信息化运维管理工具，运维工作人员可以实时监控各系统的运行状态。当系统超过设定阈值自动报警时，通过系统间的关联分析，工作人员可以主动发现并解决故障；并通过趋势分析，寻找潜在故障，防患于未然，改变“被动救火”的局面，更加有效地防范故障和提高工作效率，有效地支持业务工作的顺利开展。

第二，提升运维工作人员的专业化水平。实行建设与运维的专业分工，通过在组织层面的资源整合，不断积累知识库，加强部门间、工作人员间的沟通和协作，传承和共享成功经验，提升工作人员的专业化水平，促进信息化工作向专业化方向发展。

5.2　重点业务及信息化资产梳理

信息系统运维管理咨询规划的第一项工作是针对组织的重点业务及支撑业务运行的信息化资产进行梳理，即判断单位中重要业务的运行特点、集中发生时间、业务影响范围等，再结合单位业务去分析支撑业务运行的信息化资产，其自身容量、性能等方面是否能够满足未来支撑业务运行特点的要求。

上述内容恰恰与基于 BSM 的业务导向运维模式相符。BSM 的一个主要目标是实现信息化资产与其支撑的业务服务之间的动态映射。BSM 将信息化资产从技术架构拓扑转换为一个模型，其中应给出信息化资产与业务服务的关联，让信息化部门能够将信息化资产发生的运维事件与组织的业务成果关联起来。例如，当我们进行服务器变更时，肯定需要了解对相关业务服务产生的影响。将信息化资产映射到业务服务是确保业务持续性的关键，我们不仅需要了解信息化资产的运维事件会影响到哪些信息化应用，还应该了解到对组织业务正常运行的多方面关联影响，进而判断可能对组织经营、成本、社会影响等重要方面的深层次关联影响。

为理清以上关于组织关键业务与信息化资产之间的关联影响，可以从以下几个方面开展工作。

首先，梳理组织的重点业务以及业务之间的关联关系，理清业务运行的特点（这里包括重点业务发生的时间段、影响范围等）以及对信息化资源的要求，提供组织的业务服务关联视图；

其次，重点梳理已有的信息化资产，提供整个组织的信息化资产关联视图；

再次，结合业务的支撑要求去分析信息化资产的支撑能力及不足；

进而，结合组织的业务发展及信息化规划，分析已有信息化资产对未来业务发展、扩充的支撑能力；

最终，综合以上因素形成信息化资源再分配的建议，让单位根据资产的业务影响衡量这些资产的利用价值，实现将信息化资源合理化按需分配到对应的业务支撑上。

5.2.1　单位的重点业务梳理

单位信息系统建设的核心目标在于支撑业务的运行和发展，因此信息化资源的分配必须与单位业务的运行特点相适应，即用最佳的资源支撑重点业务的运行。为实现信息化资源的最佳分配，首先应当理清单位的业务组成形式，即哪些业务是依赖于信息化系统运行的，他们之间的关联关系如何，存在哪些流程，以及业务运行的优先级等。

以下简介组织业务梳理的基本方法和注意事项。

1. 单位业务梳理的基本方法

完整的单位业务梳理分析应当按照业务应用效果、效能和效益进行完整、准确、量化的分析。

（1）业务应用效果

即首先梳理分析组织的重点业务都有哪些；组织部署实施了哪些业务应用的哪些模块去支撑这些重点业务；应用的程度或者使用涉众及影响范围如何；与其他业务应用和系统集成的情况如何；对业务流程的支撑情况如何等。业务应用效果分析是梳理工作的基础，可以清晰地了解组织信息化应用的重点业务所在。

（2）业务应用效能

即组织实施的业务应用给业务带来了哪些提升，比如降低了组织的运行成本，提高了生产率和工作效率、缩短重点业务办理的周期等。进而分析业务应用为组织带来的经济及社会效益、直接及间接效益、短期及长期效益等，以及业务应用为产生这些效益，其业务量集中发生及持续的时间等。

2. 单位业务梳理的注意事项

单位业务流程过程中应注意以下几点。

（1）注重单项业务到整体业务的分析

在梳理单位业务的过程中，首先识别单位的重点业务都有哪些方面，针对单项业务的业务应用实现了哪些功能，这些功能在哪些时间段、时间点存在集中的业务量并发期，在业务量并发期当中系统功能涉及的影响范围，以及对功能稳定性、连续性的要求。

在梳理单项重点业务的基础上，单位在实施信息化的过程中最应关注的是整体效能，因此，还应分析上述重点业务之间的管理关系、流程，以及相对应的业务系统功能之间的业务关系、数据接口关系等，从而分析当一项业务处于集中高发期时，受其关联影响的其他业务有哪些，实现关键业务之间的集成评价。

（2）注重单位行业特性的分析

业务梳理要重点关注单位的行业特性，不同的行业特性会对信息化系统提出不同侧重面的要求。例如，电子政务（如公安、财政、税务等）以及银行证券业等业务最为突出的是信息安全、业务连续性等方面的要求；企业信息化业务可能更加偏向于数据分析利用的可靠性及决策支持的准确性等。只有准确进行具有行业特性的组织业务分析，才能够在后期的信息化资产梳理当中，准确判断现有的信息化资产能否满足具有行业特性的特殊要求。

（3）注重业务数据统计分析的真实性

对具有行业特性的组织业务进行梳理，应当基于可量化的业务历史数据，而不是靠调研中的臆断。因此，业务梳理最好以业务系统中历年的历史数据为依据，在统计分析的基础上判断其业务特性、业务量集中时间段，并且在此基础上分析业务量发展的趋势。

5.2.2 组织信息化资产梳理

信息化资产梳理是运维管理咨询规划的重点工作，其根本目标是结合组织业务的梳理成果，对组织信息化资产及资产对重点业务的支撑程度进行分析，从而使运维管理者能够对组织的信息化资产现状做到心中有数，对业务对信息化资源的动态需求有一个清晰的了解，以便对业务工作提供支持，为均衡信息化资源的使用提供依据及决策支持。围绕这一点，信息化资产梳理的目标和需求如下。

5.2.2.1 信息化资产梳理及管理的目标

信息化资产梳理及管理应达到以下目标。

（1）建立科学的信息化资产管理体系，形成高效管理方案

将信息化资产的静态信息、动态信息、关联与配置信息等都纳入信息化资产管理的体系中，建立起符合组织实际需要的立体、多维度信息化资产管理模式，从而形成有机、统一的管理体系。

（2）建立科学的资产信息模型，完善资产信息管理

参考国家相关规范的指导和专家意见，形成一套科学的资产信息模型，作为信息化资产管理的基础，提升信息化资产信息的管理水平。

（3）确定合适的管理粒度，加强信息化资产及业务的关联性管理

综合考虑管理目标和管理成本等相关因素，确定合适的管理粒度。在管理粒度原则的指导下，加强资产与业务人员、资产与资产等方面的关联性管理，从而通过资产的关联关系梳理，间接梳理并反映出业务之间的关联关系，同时也是对之前业务关联梳理本身的验证。

（4）实现资产的统一建账、集中管理，为运维决策提供支持

统一建立包含信息化资产实物属性与财务属性的资产账目，实现资产的实物管理与财务管理的一致和统一，达到“统一建账、集中管理”的目标。

5.2.2.2 信息化资产梳理及管理的依据

组织信息化资产的梳理以及信息化资产模型的建立，应当以经信委模型为参考，以生命周期管理为核心，动静结合，兼顾 IT 资产属性与财务属性，坚持粒度均衡的原则。

（1）以经信委模型为参考

信息化资产信息模型是描述资产信息的抽象方法，通过资产信息模型可以将信息化资产“是什么？什么样？在哪里？属于谁？”等情况进行清晰、准确的描述，同时资产信息模型的建立也为资产的可统计、可管理提供了实现基础。

以上方案应以经信委模型为参考，对信息化资产先进行恰当的分类，然后按不同的类别分别建立信息模型。

（2）以生命周期管理为核心

对信息化资产生命周期进行有效的掌控是资产管理的核心内容，因此，信息化资产管理一定是贯穿于资产的全生命周期过程当中的。在信息化资产生命周期的不同阶段，资产管理的内容、要求和手段都会有所不同。

（3）动静结合

信息化资产是信息化运维工作的物质基础，信息化运维工作应从静态和动态两个角度对信息化资产进行管理。只有将信息化资产的静态、动态两个方面都管理起来，才能够保证资产管理工作的全面性和准确性。

通过信息化资产的静态信息，我们可以了解资产是什么、属于谁、在哪里、好与坏、多与少等多种信息，例如资产类别、规格、厂商、价值等。对信息化资产进行静态管理就

是通过各种手段、从各个角度对资产本质的或相对固定的信息进行收集、整理、分析、统计的过程。

通过信息化资产的动态信息，我们可以了解资产怎么了、以前如何、将来如何、与谁相关等信息，例如资产的状态、使用者、物理位置等。对信息化资产进行动态管理就是对资产附加、可变的信息进行收集、整理、分析、统计的过程。

（4）财务属性与其他属性并举并重

信息化资产从购置后就具备了财务属性，用以描述其采购（建造）成本、折旧率、报废周期等，通过对资产的财务属性进行管理，可以为预决算、资产采购等提供统计数据和决策依据。

信息化资产除财务属性外，还具有基本属性、运维属性、安全属性等，它们是从非财务属性方面描述资产的特性、状态、归属、安全特征及资产与资产、资产与业务之间的关联关系，为运维、安全等工作提供重要的价值和意义。

因此，财务属性与其他属性只有并举并重，才能更好、更全面地描述信息化资产，保障其更好地服务于信息化运维工作。

（5）粒度均衡

信息化资产的管理粒度决定了资产管理的复杂程度和工作量。粒度过大，会使一些重要的信息被隐藏，使得资产管理工作失去落脚点，从而起不到明显作用；粒度过小，会大大增加管理的复杂程度，提高管理成本和实施难度。因此，必须对信息化资产的管理粒度有一个明确的界定，防止出现粒度设置不合适，从而给信息化资产管理工作带来不良影响。必要时，可配以相关工具达到简化复杂度、降低工作量、提高效率的目的。

5.2.2.3 信息化资产梳理及管理方案

1. 信息化资产分类体系

根据组织的信息化运维现状和资产管理需求，参考经信委模型，将组织的信息化资产分类设计，如图 5-2 所示。

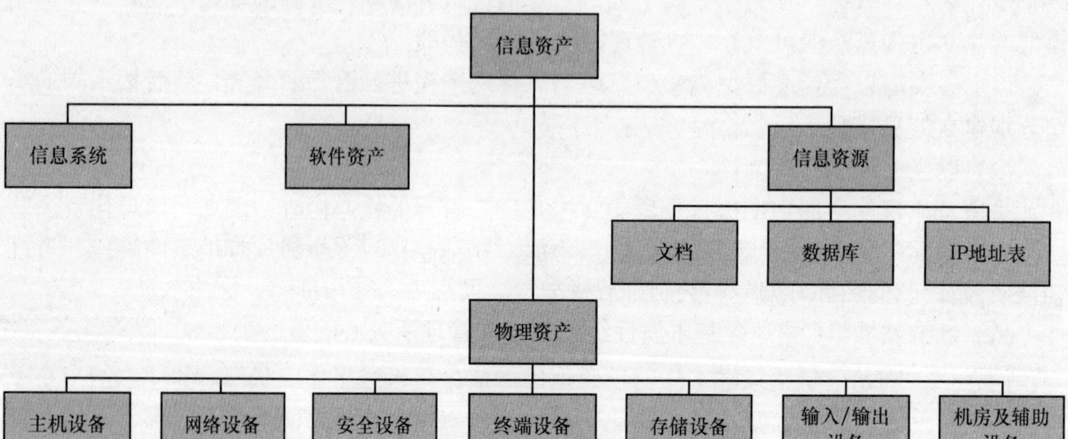

图 5-2 信息化资产分类模型

图 5-2 是对经信委资产信息模型作了部分裁减后的分类设计，后续工作主要是按照分类体系进行归类并进行必要的梳理。

① 信息系统：指用于收集、处理、存储、分发信息的相互关联的硬件、软件、信息数据等的集合。

信息系统是组织信息化工作的关键要素，目前有哪些系统在用、系统年限是多少、系统开发商是谁等问题会直接或间接影响系统的使用情况，继而影响组织的业务工作。应针对组织的所有信息系统进行登记造册，收集整理其相关信息。

② 软件资产：指 IT 环境中的各类软件。软件资产是开展信息化工作的基础，目前正在使用的软件有哪些、是什么版本、是否收费、是否安全等内容都应该是运维工作关心的信息。

③ 物理资产：指包括主机设备、网络设备、安全设备、终端设备、存储设备、输入/输出设备、机房及辅助设备在内的一系列硬件基础设施，多以物理形式存在的实物资产，也是信息化资产当中最便于梳理的资产类型。

④ 信息资源：指与信息类资产相关的数据、文档、地址等资源。忽略信息资源的梳理，将会导致组织对于其内部使用的一些信息资源无法做到有效的控制和使用，可能会产生一些影响业务、影响信息安全的隐患。因此应对于文档、数据库、IP 地址表等信息进行统一的梳理和管理。

综上所述，以上的信息化资产分类仅是大的分类，可以参照经信委《信息类资产运维管理信息模型规范》进一步加以细分。再将组织现已梳理的资产归类到详细分类下。

2. 属性分组

为从各个方面对信息类资产对象进行完整、详尽的描述，一个类通常需要定义多种属性。为了更好地管理信息类资产的属性，同时也便于维护，对属性进行分组，将增强管理对象描述的条理性，体现资产信息对不同管理需求的支持。

在这里给出最为常用的一套属性分组方式，用于该模型的建立，如图 5-3 所示。

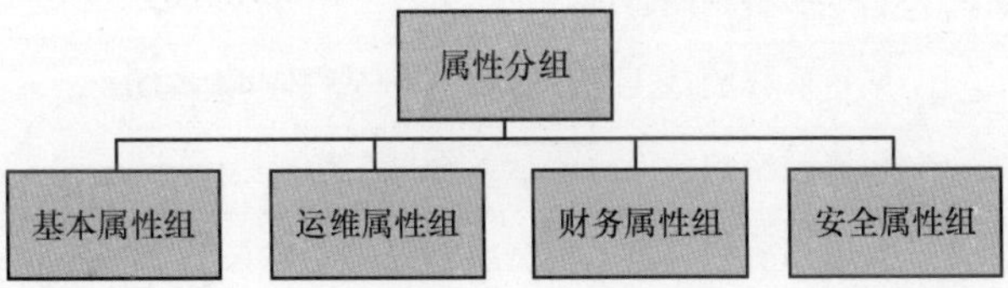

图 5-3　信息化资产属性分组

① 基本属性组：描述信息化资产的固有信息以及运维管理和财务管理共同关心的资产信息。如资产的名称、编号、类别、规格型号、使用者、使用部门、使用状态等。

② 运维属性组：描述除基本属性组之外运维管理所关心的资产信息。如资产的技术细节属性、运维服务相关属性等。

③ 财务属性组：描述除基本属性组之外财务管理所关心的资产信息。如产权、价值、采购组织形式等。

④ 安全属性组：描述除基本属性组之外安全管理所关心的资产信息。如安全等级、风险级别、配置基线等。

综上所述，运维属性就是信息化资产的 IT 属性，通过这样的分组，我们做到了“IT 资产属性与财务属性相结合”的设计原则。

3. 模型建立

将属性分组恰当地应用到资产的分类当中，就构成了资产的信息模型。经信委提出的《信息类资产运维信息化管理信息模型规范》是我们进行资产分类和建模的主要依据，这样便于按照统一的方式进行资产的分类和管理。

鉴于很多单位已完成了物理资产的详细梳理，这里我们不再列出具体设备类别的详细模型，仅将大类中的较为共性的属性抽取出来以说明模型的设计方法。关于个性化较强的部分，可以随时根据需要进行剪裁、补充，从而形成真正具有信息化特色的资产信息模型，具体见表 5-1 至表 5-4。

表 5-1　　信息系统模型

中文名称	说明
编号	该系统的唯一编号
名称	该系统的名称
类型	系统的类别，如业务类、支撑类等
所属单位	该系统所属的单位的代码，即该单位的财政预算码
供应商	系统的供应商的名称
项目	系统所属的项目
状态	系统的状态，如在建、在用、其他等
投入使用日期	系统投入使用的时间，形式为 YYYY-MM-DD
描述	资产的描述信息
服务截止日期	运维服务到期时间，形式为 YYYY-MM-DD
保修截止日期	系统保修的截止日期，形式为 YYYY-MM-DD
服务合同	与该系统相关的运维服务合同名称
服务供应商	与该系统相关的运维服务供应商名称
服务联系方式	与该系统相关的运维服务供应商的联系方式
最后更新时间	最后更新该资产记录的时间，即最后一次更新资产记录的时间，形式为 YYYY-MM-DD hh:mm
建设费用	系统的建设费用

注：目前多数组织尚未进行此部分内容的梳理。

表 5-2　　物理资产模型

中文名称	说明
资产编号	资产唯一编号

续表

中文名称	说明
名称	该资产的名称
规格型号	物理资产的规格型号
生产厂商	物理资产的生产厂商名称
序列号	物理资产的序列号
管理员	该资产的管理员
使用部门	使用该资产的部门
使用状态	资产的使用状态，如在用、维修、停用、报废、备用等
物理位置	资产所在的物理位置
使用年限*	资产的使用年限，单位为年
描述*	资产的描述信息
服务截止日期*	运维服务到期时间，形式为 YYYY-MM-DD
保修截止日期	资产保修的截止日期，形式为 YYYY-MM-DD
投入使用日期*	资产的投入使用日期，形式为 YYYY-MM-DD
服务合同*	与该资产相关的运维服务合同名称
服务供应商	与该资产相关的运维服务供应商名称
服务联系方式	与该资产相关的运维服务供应商的联系方式
最后更新时间*	最后更新该资产记录的时间，即最后一次更新资产记录的时间，形式为 YYYY-MM-DD hh:mm
固定资产编号	固定资产编号
资产价值	资产的价值，单位为元
计量单位	资产的计量单位

注：标注内容为多数组织目前现有的资产清单中尚缺的属性。

表 5-3　　软件资产模型

中文名称	说明
资产编号	资产唯一编号
名称	该资产的名称
类型	应用软件、支撑软件、系统软件等
生产厂商	软件的生产厂商名称

续表

中文名称	说明
序列号	软件的序列号
版本	软件的版本号
补丁版本	软件的补丁版本
管理员	该资产的管理员
使用部门	使用该资产的部门
描述	资产的描述信息
服务截止日期	运维服务到期时间，形式为 YYYY-MM-DD
保修截止日期	资产保修的截止日期，形式为 YYYY-MM-DD
投入使用日期	资产的投入使用日期，形式为 YYYY-MM-DD
License 数目	软件的 License 数目
License 有效期	软件 License 的有效期
主机编号	安装该软件的主机编号
服务合同	与该资产相关的运维服务合同名称
服务供应商	与该资产相关的运维服务供应商名称
服务联系方式	与该资产相关的运维服务供应商的联系方式
最后更新时间	最后更新该资产记录的时间，即最后一次更新资产记录的时间，形式为 YYYY-MM-DD hh:mm
固定资产编号	固定资产编号
资产价值	资产的价值
计量单位	资产的计量单位

注：目前多数组织尚未进行此部分内容的梳理。

表 5-4　信息资源模型

（a）文档

中文名称	说明
文档编号	文档的唯一编号
文档名称	文档的名字
文档类型	文档的类型，如合同、手册、日志等

续表

中文名称	说明
存储位置	文档的物理存放位置
存储介质	文档的存储介质，如纸质文档、电子文档等
更新时间	文档的最后更新日期

（b）数据库

中文名称	说明
数据库编号	数据库的唯一编号
数据库名称	数据库的名称
数据内容摘要	数据库中存储的数据内容的摘要描述
记录数	数据库中存储的数据记录数
相关的业务系统	与数据库相关联的业务系统

（c）IP 地址表

中文名称	说明
地址类别	IP 地址的类别，如互联网地址、政务内网地址、共享域政务外网地址（172 网段）、自分配政务外网地址（10 网段）
IP 地址数	该地址类别的 IP 地址数
空闲 IP 地址数	该地址类别空闲 IP 地址数
已分配 IP 地址数	该地址类别已分配 IP 地址数

注：目前多数组织尚未进行此部分内容的梳理。

5.2.2.4　资产关联

信息化资产并不是孤立的，人员与资产之间既有所属关系，又有使用和管理关系；资产与资产之间也存在关系，比如包含关系、使用关系、安装与被安装关系等，如图 5-4 所示。此外，资产与业务流程也有关系，资产与人发生的关系往往表现在业务处理的过程中。

（1）通过对资产与人员的关联，我们可以找到资产的拥有者、使用者、管理者，从而对资产状态的变更进行跟踪和分析。

（2）通过资产与资产的关联，我们可以找到资产与资产之间存在的连通、属于、包含、构成等关系，在需要的时候就可以通过对某个核心资产的关联关系梳理出该资产的影响范围，从而对该资产进行有针对性的管理和保护。

（3）通过资产与业务流程的关联，可以方便地了解对于某一资产都应用了那些业务流程，从而更全面地了解该资产全生命周期的信息；另外也可以了解到一个业务流程中所有涉及的资产的情况，从而实现业务流程审计的作用。

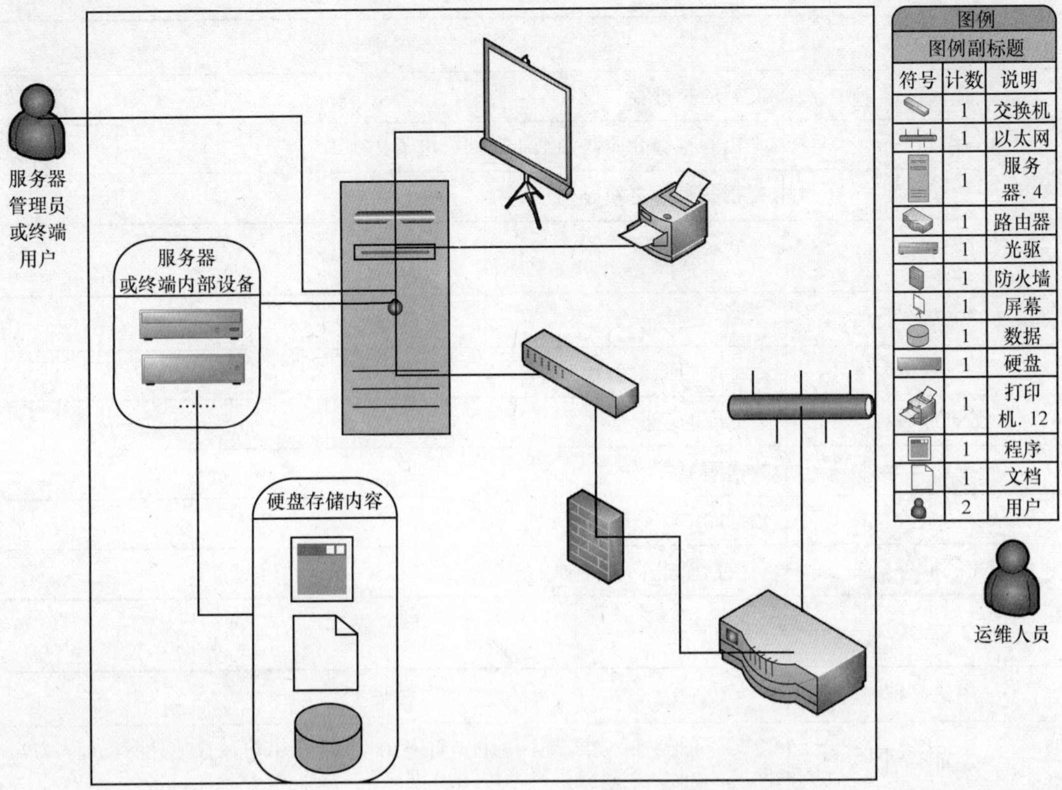

图 5-4 资产关联

5.2.2.5 信息化资产的统计分析

（1）按信息化资产类别分

从信息化资产分类的角度对资产进行统计，可以很清楚地了解组织各类别资产的组成情况和总体比例，对运维工作量和工作重点进行把握。同时，资产结构视图可以清楚表明各类资产的相互关联关系，便于对资产及其配置的总体把握。

（2）按信息化资产属性分

大的方面来讲，有基本属性、IT 属性、财务属性。我们可以根据关注的重点选择不同的属性进行统计分析。比如关注成本核算可以选择财务属性中的价格与 IT 属性中的相关运维属性来综合考虑；而如果只是关注资产配置就没必要选择财务属性了。

（3）按信息化资产的状态分

信息化资产的全生命周期反映的是资产的动态变化情况，而其某一阶段的状态记录则是资产的静态展现。通过资产的状态可以对资产的使用情况及时把握，借此可以了解全局信息化资产的统一配置情况。比如通过统计报废的资产数量及在用的资产数量比可以决定是否采购新设备。

（4）按信息化资产的归属分

信息化资产的归属就是资产属于哪个部门或个人。通过资产的归属可以了解资产的分配情况，为资源调配提供决策。比如可以统计分析各处室的设备分配情况，看是否存在不平衡情况等，并可以根据业务需要的不同为不同处室调配相应的资产。

（5）综合统计与分析

将以上各种方法结合起来，进行综合统计和分析，可以提供非常复杂的决策支持。比如 IT 属性与资产归属相结合来统计各种性能级别的终端在不同处室的分布情况。

5.2.3　信息化资源优化再分配

在完成了组织信息化重点业务及信息化资产，以及二者之间关联对应关系的梳理，并且在实施运维之前建立了相关的管理体系之后，组织的管理者已经对业务重点及资产的现状有了一个较为清晰的了解。在此基础上，应当开展本阶段工作的最后一项内容，分析信息化资产对组织重点业务的支撑力度，或者说组织为具体业务所分配的信息化资产，与业务支撑能力之间的匹配程度；进而，结合组织的中长期滚动式信息化发展规划，对组织信息化资源优化配置。

组织加强信息化软硬件资源优化配置工作，根本目标是为了提高资源利用的效率，将最优的资源按最合理的比例分配给组织最为重要的业务支撑当中，从而提升信息系统的效益产出。

结合之前两节对组织业务梳理和信息化资产梳理所述，信息化管理部门清晰掌握了组织信息化业务支撑的全部现状蓝图。因此，软硬件资源的优化配置策略应当由信息化管理部门牵头，至少从以下方面入手进行优化。

① 将针对单一业务应用的需要而配置软硬件资源的方式，改进为统一规划设计、整体架构、统筹安排资源分配、按需配置的方式。

② 特别对于按照组织信息化发展规划中，即将建设或者上线进入运维期的新业务系统，要综合考虑对现有软硬件资源的利用，经过优化设计后再行配置，避免形成新的重复建设。

③ 对于操作系统、中间件、数据库管理系统等基础软件的优化利用，要充分考虑原有授权的升级。要结合组织软硬件资源现状，制定软硬件资源优化整合工作计划和方案。

在信息化资源的优化解决方案方面，虽然业界已经出现了一些这样或那样的从产品或者技术出发的局部性解决方案。但是缺乏真正从组织的角度出发，充分利用和调动包括软件、硬件和服务等先进技术和资源，在整体上对信息化优化的思路和解决方案。

信息化优化可以归结到 3 个主要的层面，包括信息化资源优化，能源效率和动态高效。3 个层面中，目前组织最为迫切的需求是信息化资源优化。很多组织都面临来自现有信息化资源的挑战，这些组织为了推动业务的发展，正在积极寻求优化信息化资源的方法，以完成 4 项任务，包括：

① 使信息化资源能够及时地支持不断变化的业务需求；

② 改善信息化资源的利用率、有效性、生产力；

③ 降低信息化运维的复杂度，控制信息化支出；

④ 在提高信息化项目实施速度的同时控制风险。

信息化资源优化不仅仅是一个纯粹的技术问题，组织必须同时在技术域和管理域两个领域分析和优化信息系统的运营和建设，然后通过简化、虚拟化、主动供给、自动调配等不同层面的方法，提高整个基础架构动态响应的能力，最终提升业务价值。

5.3 信息系统运维组织模式规划

组织信息化运维模式的选择需要根据组织的发展战略、管理模式的特点进行针对性的评估，考虑到业务因素、人员因素、技术因素、安全因素、财务因素等多方面的因素，通过定性或定量分析，明确组织应该采取哪种信息化运维模式。

本节将首先简述在我国信息化运维的初期阶段所采用的分散式运维模式，进而分析在信息化应用大集中阶段作为大的发展趋势的集中式运维模式，以及集中运维模式下的组织关系，和自主运维与外包运维的比较。最后，对当前热门的外包运维模式进行简要论述。

5.3.1 分散式运维模式

分散式运维是在信息化工程大规模集成建设阶段普遍存在的一种模式，以 20 世纪 90 年代至 2005 年左右为典型代表。在这个阶段中，无论电子政府和电子商务的建设都将注意力重点集中在信息系统的建设和集成方面，实现信息化业务从无到有的过程，而对信息系统后期的维护使用，即从有到用的过程，大多数单位通常的思想是，由原系统的开发商负责后期的系统运维工作，即所谓的“谁建设，谁运维”，每年按照系统建设投资按照一定的比例向系统开发商支付运维费用。

分散式运维模式的优点在于管理模式相对简单，系统运维责任相对明确，即运维厂商与业主单位的业务系统需求部门存在“一对一”的运维责任关系。请注意这里所说的仅仅是管理模式相对简单。

在早期信息化建设过程中，很多单位存在着这样一种现象，各类信息化业务系统从需求的提出到建设管理，再到运行维护，都是具体的业务部门牵头，信息化部门在全过程中所起的作用出现技术配合居多，直接管理相对较少的局面，没有发挥出对全局信息化统筹规划、集成管理的明显作用。这样一来，各业务部门所关心的系统运维内容必将是本部门所辖业务的业务系统，虽然针对自身所辖业务的问题处理能力较快，但随着电子政务、电子商务信息化业务集成、联动共享趋势的日益深化，采用分散运维模式必将造成运维过程中的管理和执行流程无法明确，出现事件问题时责任不清，互相推诿，以至于问题解决的效率低下，甚至影响到业务的正常开展。

综上所述，分散式运维在早期信息化建设业务内容相对独立的时期，具有一定的适用性，但在业务集成化发展的今天，必将被集中式运维模式所取代。

5.3.2　集中式运维模式

随着我国“十一五”时期信息化系统的大规模投资建设，电子政务等业务应用系统的集约化程度不断提高，实现了一大批业务信息与功能互通共享、技术及管理标准规范统一的平台化大集中系统，这些系统在组织信息化系统中所占的比重越来越大。由于业务、数据等方面的集成，在信息化运维工作中已不存在业务部门与服务商“一对一”形式的运维服务，信息化部门逐渐发挥出了针对信息系统运维的集成化主导管理作用。如何对大集中后的信息化系统实施运维已成为组织信息化发展的一个重大课题。

本节将重点结合应用系统的大集中模式，探讨信息化集中式运维管理模式，同时介绍集中式运维管理模式下的组织关系。

5.3.2.1　应用系统集中模式

目前组织信息化建设过程中，典型系统集中模式分为 4 类，分别是完全集中模式、前置集中模式、区域集中模式和物理集中模式。不同集中模式在业务管控和信息化管控方面存在较大差异，见表 5-5。

表 5-5　　应用系统集中模式

维度	业务管控程度		信息化管控程度		
考虑因素	业务方面	管理方面	信息化管控方面	基础设施方面	技术应用方面
完全集中	业务操作完全一致	实现管控集中	应用系统、数据资源、基础设施 3 个方面统一管理	集中部署，统一运维	接口对接数量较少，对接管理容易
前置集中	基本业务操作一致，但存在个性化业务应用	实现管控集中	数据资源统一管理，系统程序统一管理	分散部署，分散运维	接口对接数量较多，对接管理相对复杂
区域集中	业务操作实现区域一致	实现区域业务管控集中	应用系统、数据资源、基础设施 3 个方面实现区域管理	区域部署，区域运维	接口对接数量较多，对接管理相对复杂
物理集中	业务分散处理	分散管理	数据资源集中管理、基础设施统一部署	集中部署，统一运维	接口对接数量较多，对接管理相对复杂

5.3.2.2　信息系统集中式运维模式

随着组织的发展，组织集约化、精细化管理的需求日渐突出，因此应用系统也逐渐趋向于完全集中模式。当组织的应用系统逐步从区域集中向完全集中过渡时，信息化运维模式将可能呈现出以下 3 种关系维度，即总部运维和下级单位运维的关系，信息化部门运维和业务部门运维的关系，自主运维和外包运维的关系，不同维度有不同的运维模式类型。

1. 总部运维和下级单位运维的关系维度

（1）集中运维模式

集中运维模式是指在应用系统大集中以后，由总部的运维单位完全负责系统的运维工作，下级单位不设置运维团队，或者下级运维团队只负责网络、用户终端的运维，不负责大集中系统的运维。

集中运维模式的特点在于运维资源的集中和共享，能够减少事件处理环节进而缩短事件响应时间；通过统一集中管理，加强运行管理的可控性，能够降低安全风险，提高管理效率和管理质量；也有利于上级单位对基层部门的系统应用情况的统一监控，集中管理。同时，集中运维模式也存在一些问题，如运维人员和系统最终用户相对独立，对下级单位特色业务和改进需求情况掌握不充分，往往导致系统变更效率较低。

（2）分级运维模式

分级运维模式是在应用系统大集中的前提下，根据实际需要系统的运维级别分成若干层级，如“全国—省—地市”三级模式、“省—地市”两级模式等，不同层级的运维单位在集中系统的运维工作中承担不同的职责。

2. 信息化部门运维和业务部门运维的关系维度

（1）信息化部门运维模式

信息化部门运维模式是指信息系统的运维工作全部由组织的信息化部门承担，业务部门只作为需求的提出者和系统的使用者。信息化部门运维模式的特点是运维过程中能够快速定位系统故障发生的原因，如应用软件、数据库、操作系统、服务器故障等，能够及时解决系统故障，提高系统可靠性。但是，由于信息化部门运维人员主要是技术人员，在理解用户需求和处理业务问题时间较长。

（2）信息化部门—业务部门联合运维模式

信息化部门—业务部门联合运维模式是指在应用系统运维过程中，除了信息化部门运维人员以外，部分业务人员也参与到运维工作中，由信息化部门人员和业务人员共同配合完成运维工作。信息化部门—业务部门联合运维模式中往往由业务人员担任和最终用户直接沟通的角色，能够深刻把握用户需求，提供快速响应。但是，如果是技术架构新建或不太成熟的系统，软硬件故障较多，业务人员需要经常将故障转交给技术人员处理，增加了故障处理的环节，延长了问题解决的时间。

3. 自主运维和外包运维的关系

对于各种复杂信息系统的运维，需要明确组织自身运维力量和外部运维服务提供商之间的关系，可以根据运维工作中运维外包的情况分为自主运维模式、外包运维模式和混合运维模式。

① 自主运维模式：是指组织自行负责对拥有的所有信息化资源的运维工作。自主运维模式中运维人员容易管控，可根据组织自身需要进行能力培训，完成组织所需的各项相应工作。其缺点在于人员数量有限，对于并行的运维工作无法同时提供支撑，同时，由于运维相关各专业知识培养时间较长，无法满足组织运维工作的要求。

② 外包运维模式：是指组织通过与其他单位签署运维外包协议，将所拥有的部分或全部信息化资源的运维工作外包给其他单位，即外包单位为组织各单位提供信息化运维服务。外包运维模式的优势在于充分利用外部经验，能够快速提供组织所有信息化资源的运维能力；同时，运维人数扩充较为容易，易于应对大规模的运维需求。但是，外包运维模式也存在外部人员管控难度大、组织信息泄漏风险高的问题。

③ 混合运维模式：是指组织对所拥有的一部分信息化资源自行运维；同时，通过与其他单位签署运维外包协议，将所拥有的另一部分信息化资源的运维工作外包给其他单位。组织通过混合运维模式能够充分发挥自主运维和外包运维的优势。但是，由于存在两种运维人员，也增加了运维工作的复杂度，延长了运维流程；同时，也需要充分考虑内外部运维人员的职责划分和人员比例，在合理的运维成本下，既保证运维工作的顺利完成，又确保组织自有运维人员能够得到充分锻炼和提升。如图 5-5 所示。

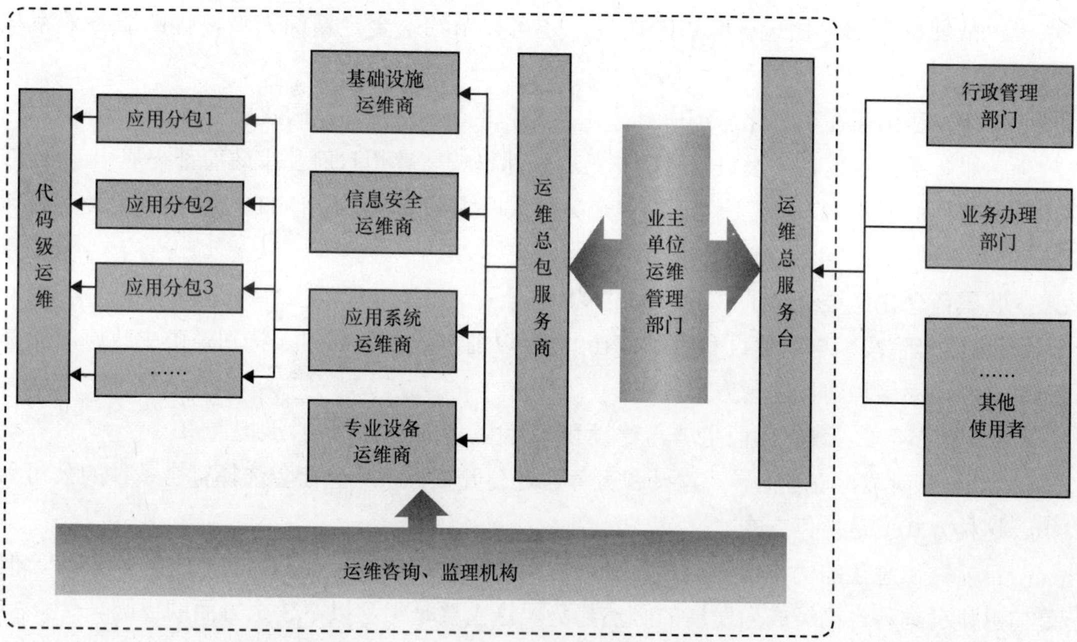

图 5-5　一种典型的混合型多级外包运维模式

5.3.3　外包式运维模式

信息系统运维外包是目前的一个热点问题，近年来，我国信息化取得了突飞猛进的发展，国内各级政府部门建设网站总数达到 10 000 余个，信息化正从以基础建设、系统建设为主进入到以应用为主的阶段，对加强信息化系统运行、维护、管理的需求十分迫切。出于关注核心业务以及成本、技术、人员等方面因素的考虑，信息化的运维外包已经成为发展的趋势。本小节通过信息化运维外包的案例对信息系统运维外包的背景、动机、管理机制、存在的问题进行研究。

5.3.3.1 外包模式的理论基础

信息系统运维外包是指组织以合同的方式委托信息技术服务商向组织提供全部支撑其信息化资产正常运行，并满足信息化资产用户服务支持请求的外部服务。

信息化运维外包是信息技术外包的一种方式，是指组织在信息化过程中，将信息化日常运行维护以及相关服务等工作全部委托给专业的信息化运维外包服务提供商完成的一种管理运行模式。常见的信息技术外包涉及信息技术设备的引进和维护、通信网络的管理、数据中心的运作、信息系统的维护、备份和灾难恢复、信息技术培训等。

组织不可能完全依靠自己的力量进行信息系统的开发、建设和维护，这就要求引入外包机制发展信息化。通过外包，能够把组织从具体的技术工作中解脱出来，使其能够集中精力做好信息化项目的规划和管理工作，同时由专业的外包公司提供服务，可以充分利用其在技术、融资、管理等方面的优势，为组织提供优质的系统运维服务。这样组织不仅能够提高信息化运行维护的质量，还可以节约资金，精简人员，提高服务效率与效能。

很多发达国家在信息化运维中都采用了外包的方式，例如美国政府 IT 机构从商业用户的外包服务得到启发，大量进行 IT 外包。联邦机构、各州政府和市政府都在雇用专业 IT 公司承担他们日常 IT 运行工作。近年来美国政府大幅度增加政府 IT 外包预算。美国联邦政府 IT 外包费用以年均 18%的增长率剧增。

我国信息化运维经历了以下 3 个发展阶段。

① 第一阶段，自主建设和运营。1998 年以前，政府各部门，特别是中央政府所属部门基本是采用这种建设运营方式。

② 第二阶段，政府部门主导，建设和运营由其所属信息中心承担。

③ 第三阶段，政府主导，建设和运营通过公开招标，从全社会选择符合条件的公司承担。这种方式就是外包方式。

目前，信息化的建设很多都采用了外包的方式，但是信息化运维外包才刚刚起步。但是信息化运维外包已经成为发展的必然趋势，这主要是由于以下 3 个方面的原因。

① 成本的因素。外包商由于提供专业化的服务通常都具有规模经济的优势，所以他们可以以更低的成本提供更好的服务。由外包商承担服务的提供，成本更易预测、更好控制。

② 技术的因素。大部分的政府部门都缺乏信息化建设所需要的技术，而且由于电子信息技术的飞速发展，政府部门也难以追踪并掌握到最新的技术。而采取外包的方式可以使政府部门不需要做出额外的投资就可以使用到他们所需要的技术。

③ 人员的因素。政府部门缺乏相应的信息化建设的人才，而且与其他的信息技术公司相比政府部门也很难吸引到一流的技术人才。利用外包借用外部的人才就可以解决政府部门信息技术人才缺乏的问题。

信息化建设外包项目属于项目型工作，通常具有以下特征。

① 工作起源于一项独一无二的、非常规的需求，而这个需求也不是日常功能的一部分。

② 工作可以在一个事先确定的时期内完成，具有明显的起止日期。

信息化运维外包项目属于流程型工作，这类工作与项目型工作不同的是：

① 具有偏向于运行的、连续的特征。

② 流程型工作往往没有明确的起点和终点，需要更多的灵活性，其最佳合同期并不总是明确的。

信息化运维外包可以为组织带来 6 个方面的好处：获得先进的技术；满足对高级技术人员的需求；选择适用技术的灵活性；灵活的现金流管理；成本的节约；优化的资源配置等。

但是，信息化运维外包也会带来很大的风险：失去对服务质量控制的风险；失去管理灵活性的风险；造成预算不确定性的风险；造成服务不合格的风险；造成安全性的风险等。所以在信息化运维的外包中一定要对外包的风险进行严格的控制，包括进行严格的外包决策，选择合适的外包商，通过完善的合同条款、合理的合同期限、选择适当的外包关系限制外包商的投机行为并严格管理外包关系等。

另外，信息化运维外包本身又具有一定的独特性：信息化项目的规模都比较大；信息化项目是技术—应用—管理的结合，流程变动概率较大，具有很大的不确定性和复杂性。

信息化项目要求服务具有长期性和稳定性；信息化项目要求具有较高的安全性等。信息化运维外包的独特性又决定了信息化的运维外包应该采取伙伴关系的模式。根据客户与外包商建立的外包关系可以将信息技术外包划分为：市场关系型外包、中间关系型外包和伙伴关系型外包。外包合同关系可以视为一个连续的光谱，其中一端是市场型关系，在这种情况下，组织可以在众多有能力完成任务的外包商中自由选择，合同期相对较短，而且合同期满后，能够在成本很低或不用成本、很少不便或没有不便的情况下，换用另一个外包商完成今后的同类任务。另一端是长期的伙伴关系，在这种关系下，组织与同一个外包商反复订立合同，并且建立了长期的互利关系。而占据连续光谱中间范围的关系必须保持或维持合理的协作性，直至主要任务的完成，这些关系被称为“中间”关系。由于这是一个连续光谱，有些关系靠近市场关系，有些关系则靠近伙伴关系，而在两端之间就是中间关系。

如果完成任务持续的时间较长，相关需求会随着不可预见的环境变化而变化；资产专属性很高以及与外包商续签合同能够最好地满足需要，这时就应当考虑伙伴关系型外包。在伙伴关系中，赢得另一方回报的信任和互利行为可以获得延续。管理成本和风险很高，因而伙伴关系带来的收益必须足以抵消这些成本和风险。

信息化运维外包包括 3 个连续的过程。

① 外包的决策过程：即考虑是否外包，外包什么？

② 外包商的选择过程：即考虑是选择外包商的标准是什么，是选择一个外包商还是选择多个外包商？选择外包商的依据是什么？

③ 外包商的管理过程：是签订一个长期的外包协议还是签订一个短期的外包协议？外包过程中的风险如何防范？如何对外包商进行监控？如何对外包商进行评价和适当的激励？

5.3.3.2 外包模式案例

某市地税局是国内率先实现税务系统大集中的省级单位。地税核心征管大集中系统初步上线运行后，原来分散于各区县局的应用平台、数据、网络等全部都集中到了市局，各区县局的运行维护压力和风险减小了，整个压力和风险都集中到了市局。大集中系统的任何一个小差错，就可能造成全市地税系统的瘫痪。

市政府关于“合理利用行政资金购买社会服务，履行政府职能”的信息化建设策略启发了该市地税局，并使其做出了一个大胆决定：采用外包方式来维护大集中系统，通过合同与外包服务商建立起法律关系，以保证系统的稳定运行。

该地税局成立了市地方税务局运营维护中心（简称运营维护中心），把信息中心原来的维护、开发工作进行了专业化分工。运维中心专门负责地税政务系统的运维管理。该地税局整个信息化系统主要由 4 家外包公司负责：

① 核心征管系统业务由 A 公司承包并维护；

② 个人所得税明细申报系统和税务网站是由 B 公司负责；

③ 整个发票系统管理由 C 公司承包；

④ OA 系统由 D 公司承包；

⑤ 其他一些小系统由一些小公司负责。

地税局与这些外包服务商签订的都是一年的运维外包合同。出于安全考虑，核心数据的安全策略、系统的一些机密性内容，仍留给自己自行管理，比如系统的密码、口令，策略一致性鉴定，运行安全质量的监督检查等。

运营维护中心对服务商采用了一种完全基于合同的管理。按照合同条款，外包公司或相关服务商每月定期向运营维护中心汇报运行维护工作情况；运营维护中心按照合同条款对他们一个月的工作进行质量评估，再按照合同条款决定是否付款，是否处罚，以及是否追加一些款项。但是由于合同制定得比较粗糙，有些合同甚至只有一页纸。当遇到问题，合同里没有明确规定，外包服务商不承担责任。遇到这种情况，运营维护中心只能有苦说不出。

该地税局的运维外包是包给了 4 家外包服务提供商，这 4 家公司都是之前与该地税局有过合作关系，并且在业内具有良好声誉的公司，把系统运维分别外包给不同的公司可以分散风险，但是同时也给管理上带来了难度。该地税局运维外包的成功之处在于成立了专门的运维中心负责外包的规划和管理，问题之处在于合同比较粗糙，没有对外包服务提供商的服务水平提出明确细化的考核指标；同时，对很多例外情况并没有做出应有的约定。该地税局与外包服务商签订的都是一年的合同，可以看作是中间型外包关系，一年的合同很难使外包服务商对双方的外包关系进行真正的资产专用性投资，在合同的末期外包服务商也可能会出现投机的行为。

5.3.3.3 外包模式总结分析

信息化运维外包在国内刚刚起步，还存在着很多的问题，但是很多的实践已经积累了一些经验，也发现了一些问题。

信息化运维的发包方存在着缺乏统一规划和运维外包的管理经验的问题。对于哪些是核心业务，需要自己维护运营；哪些是非核心业务，可以通过外包方式实现，并不十分明确。运维外包的合同还很粗糙，对于通过科学的机制、流程、方法来有效管理运维外包的经验还十分缺乏。国内外包服务市场还很不成熟，外包服务提供商规模偏小，服务质量和效率还达不到要求。外包合同签订的期限还相对较短，不利于外包双方信任关系的建立，以及双方对外包关系的资产专用性投资。

但是，信息化运维外包已经越来越得到重视，2006 年 5 月北京市信息办出台了《北京市信息化外包实施意见》，标志着信息化运维外包已经成为一个重要发展趋势。

5.4　信息系统运维岗位职责规划

上一节论述了在应用大集中的背景下，未来集中式运维和外包式运维的趋势，以及基于上述两个维度模式的运维组织模式。但无论采用何种模式对运维组织进行规划，首先都要确保组织内部建立起完善的运维管理组织和岗位职责，因此，本节将以集中式运维的组织模式为背景，介绍组织内部运维管理岗位职责的规划设计思路。

5.4.1　运维岗位职责规划目标

（1）为运维管理规划的成功实施提供组织保障

在信息化运维过程中遇到的 80%的问题是由管理原因导致，而管理问题需要采用管理的手段加以解决。运维管理的核心是流程管理，但流程的实施需要组织机构的保障才能推动，而流程的执行最后还需要合理的岗位分工才能够真正贯彻下去，最终提高服务效率、质量和用户满意度。所以组织结构和岗位设置是成功实施运维管理规划的第一个重要环节。

（2）有效解决当前组织结构和岗位划分所面临的弊端和问题

在现状分析中列举的各类问题，希望通过组织结构、岗位的调整和运维管理规划的实施得以有效解决。

5.4.2　运维岗位职责设置

目前，我国正处于信息化建设与信息化运维工作并重的时期，因此，建立起一套兼顾高效建设与规范运维的组织机构，是做好信息化工作的重要一步。

5.4.2.1　设置原则

组织机构和岗位划分应遵循以下原则。

（1）管理层次与管理幅度同时兼顾

层次不能太深，幅度不能太大，否则效率就会出现问题。

（2）统一指挥，专业分工

集权与分权要恰当运用。将系统建设与系统运维分离，对权限进行合理分配，使这两部分工作独立进行、独立管理、适时交割，以防止这两部分工作的相互干扰和相互影响，降低运维风险。同时，通过建设与运维的分离，也将提升组织工作人员的专业水平，促进信息化工作向专业化方向发展。

（3）没有重叠，没有空白

岗位划分应避免重叠的情况，以明确岗位职责。岗位划分应覆盖组织所有工作内容和工作职责。

（4）权责对等

职责与职权必须协调一致，要履行一定的职责，就该有相应的职权。

（5）业务和流程并重

运维工作是为业务服务的，而运维管理的核心是流程管理。因此，在运维组织调整和岗位划分时，应遵循二者并重的原则，以期最大限度地完成运维管理与具体业务的紧密整合，才能将之合理的落地。

（6）稳定性与适应性

组织结构及其形式既要有相对的稳定性，不要总轻易变动，但又必须随着组织内外部条件的变化，根据长远目标做出相应的调整。这需要在设计时不能只立足于现状，还要兼顾未来，包括未来人员可能的变化等情况。

（7）职责分明，高效协作

职责避免划分笼统。只有职责划分清晰才便于引入量化指标进行绩效考核。恰当的分工同时应该以高效协作为依据，否则就是不恰当的。

（8）文化理念，发展战略

组织结构调整、岗位重新划分会导致协作模式等的变化，需要有文化理念的认可。组织在组织中的地位是由组织的发展战略来决定的，新的组织结构必须适应这种战略定位或有能力去改变它，否则是很难推进的。

（9）循序渐进

运维规划的实施是一个相对漫长的过程，需要分阶段、分步骤进行，因此随着阶段和步骤的深入，组织结构和岗位职责也需要逐步做出相应的调整以适应，不可以急功近利，试图一步到位。同时每一步变革都需要员工有一个适应的过程。这是心理上的、习惯上的，这个时间必须预留才能巩固先前的成果。

5.4.2.2 设置方案

1. 组织机构设置

遵循上文所述的组织机构调整原则，将组织的运维组织机构进行调整，调整后的组织机构设置如下所述。

按照建设、运维相分离的管理思想，组织下设 3 个部门（以下假设组织的信息化部门为处室，下级部门为科室），分别是建设科、运维科、综合科。根据运维对象的不同，运维科下设 3 个工作组，分别是安全运维组、基础运维组、业务系统运维组。

2. 详细说明

组织下属的 3 个部门，其中建设科、运维科分别负责建设工作和运维工作的管理和执行；综合科主要负责组织的整体管理工作、组织内部各部门间的协同工作、组织与上级单位或其他部门的协同工作等。

组织所有的业务工作将按照工作性质进行划分，分属为上述 3 个部门。对于需要涉及多个部门的业务工作，由综合科进行整体的协调和安排。

上述 3 个部门间应建立明确的工作交接、指派、配合机制，明确每项工作的主要责任和次要责任，确保组织的业务工作能够顺利的开展，不出现互相推诿、责任不清的现象。

3. 岗位职责设置

（1）部门管理岗

部门管理岗设置见表 5-6。

表 5-6　部门管理岗设置

岗位名称	部门管理岗	所属部门	部门
直接上级	局分管领导		
岗位职责			
主要职责 规划、预算工作： 负责本处的整体规划工作，包括编制、审批、上报等； 负责本处的整体预算工作，包括编制、申请、分解、审批、执行控制等。 项目总体负责：负责信息化的建设、运维工作。 人员管理：负责人员的选拔、录用、考核、升迁等。 外包商管理：负责外包商的选择、使用、考核的整体管理工作。 资产管理：负责 IT 资产管理的整体工作。 **辅助职责** 工作协调： 负责协调组织与上级管理部门的相关工作； 负责协调组织内部各部门间的相关工作； 负责协调组织与其他部门间的相关工作。			
岗位权利			
整个部门的规划统筹管理权、决策权 整个部门的预算统筹管理权、决策权 整个部门的项目统筹管理权、决策权 部门内部全体人员的管理权，包括岗位的任免权、考核权、评价权、奖励权、人员调度权等 部门内部组织结构和岗位划分的统一管理权、变更权 外包商的管理权、决策权 资产的管理权、决策权			
主要工作流程			
规划、预算申报审批流程 项目建设审批流程 资产管理相关流程			

（2）建设科

组织所有的建设性质的业务工作都由建设科进行统一的管理和执行。建设科对于所有的建设性质的业务工作都负有主要责任；对于其他部门的业务工作，凡是需要建设科进行配合的，建设科都负有辅助责任。

① 对于所有的建设项目，建设科都应采用项目管理的方式方法对项目规划、需求调研、立项、执行、验收等阶段进行管理，应按照项目制建立项目团队，做好项目的执行工作。

② 对于建设转运维的项目，建设科应与运维科进行良好的配合，为运维科提供项目的相关资料及必要的技术支持，保证项目的顺利交接。

③ 对于组织整体的业务工作，建设科应积极与综合科进行配合，协助其完成相关的工作。

建设科的岗位划分如图 5-6 所示。

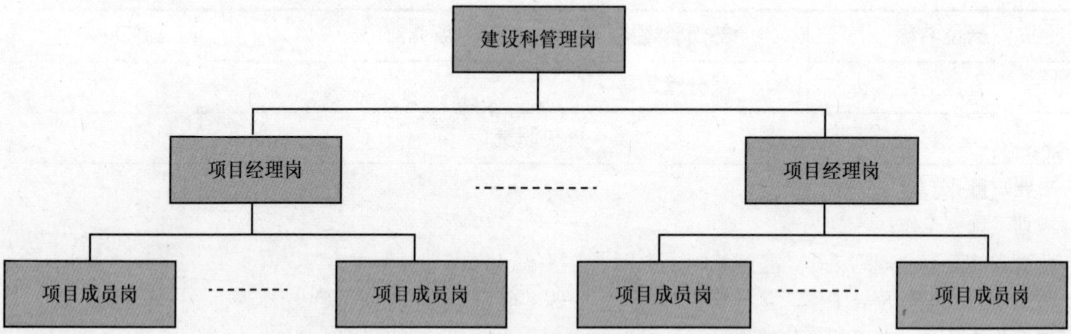

图 5-6　建设科管理岗模型

建设科设置以下工作岗位：管理岗、项目经理岗、项目成员岗。

① 建设科管理岗将负责部门的整体工作，并对各个项目进行统一的协调和管理。

② 项目经理岗和项目成员岗是根据项目管理的工作方式设立的工作岗位。针对不同的项目，分别安排人员负责上述两个岗位。项目组随着项目的立项进行组建，随着项目的结项而自动解散。

岗位职责说明如下。

① 建设科管理岗

建设科管理岗设置见表 5-7。

表 5-7　建设科管理岗设置

岗位名称	建设科管理岗	所属部门	建设科
直接上级	组织领导		
岗位职责			
主要职责 建设科规划、预算： 负责建设科的规划工作，包括编制、上报等； 负责建设科的预算工作，包括编制、申请、分解、执行控制等。			

续表

岗位名称	建设科管理岗	所属部门	建设科
直接上级	组织领导		

项目预研与项目管理：负责项目立项前的各项调研和分析工作的安排及立项后整个项目的宏观管理工作，包括主持期间的招投标工作等。

建设科人员管理：

负责临时组建项目组，指定项目经理和项目成员；

负责统筹安排人员的培训、考核、评价等相关工作。

建设科资产管理：负责建设科资产管理工作。

建设科外包商管理：负责针对不同项目，提出外包商管理方案，辅助组织管理岗进行管理决策。

辅助职责

工作协调：

负责协调建设科与组织的相关工作；

负责协调建设科内部各项目组间的相关工作；

负责协调建设科与其他部门间的相关工作。

项目验收：负责监督和辅助项目经理进行项目验收工作。

建设转运维：负责配合项目经理开展建设转运维的工作。

总体规划、预算：负责提交建设科的规划、预算，配合组织的总体规划预算工作。

岗位权利

建设科规划、预算的建议权

建设科项目的管理权

本部门内部人员管理权，包括岗位的任免权、考核权、评价权、奖励权、人员调度权等

建设科外包商的管理权

建设科资产的管理权

主要工作流程

建设项目申报审批流程

项目验收流程

项目建设转运维流程

资产管理流程

② 项目经理岗

项目经理岗设置见表 5-8。

表 5-8　项目经理岗设置

岗位名称	项目经理岗	所属部门	建设科
直接上级	建设科领导		

岗位职责

主要职责

续表

岗位名称	项目经理岗	所属部门	建设科
直接上级	建设科领导		

项目管理：负责进行项目管理（制定项目计划、项目进度跟踪、项目风险控制、项目成员管理、项目文档管理、项目质量控制、项目验收等）。

外包商管理：负责针对不同项目，进行外包商管理工作。

建设转运维：负责项目成果由建设科转到运维科的交接工作。

资产管理：负责项目资产管理的相关工作。

辅助职责

工作协调：

负责协调项目组与建设科的相关工作；

负责协调本项目组与其他项目组间的相关工作；

负责协调外包商与项目组的协作工作。

建设科规划、预算：负责配合建设科管理岗完成建设科规划和预算的相关工作。

项目立项前的准备工作：负责辅助建设科管理岗，完成项目预研及项目立项前的各项准备工作，包括期间的招投标工作。

岗位权利

建设项目的管理权

项目组内部成员的考核权、评价权、人员调度权等

项目相关外包商的管理权

项目组资产的管理权

主要工作流程

建设项目申报审批流程

项目验收流程

项目建设转运维流程

资产管理流程

③ 项目成员岗

项目成员岗设置见表 5-9。

表 5-9 项目成员岗设置

岗位名称	项目成员岗	所属部门	建设科
直接上级	项目经理		

岗位职责

主要职责

项目执行：按时保质保量地完成项目经理交给的工作任务。

辅助职责

项目管理：对项目风险管理有向项目经理建议的职责。

续表

岗位名称	项目成员岗	所属部门	建设科
直接上级	项目经理		
项目验收：配合项目经理完成项目验收工作。 建设转运维：辅助项目经理准备项目的相关资料，配合运维科的建设转运维的工作。			
岗位权利			
资源申请权 风险建议权 其他与项目执行相关的权利			
主要工作流程			
项目验收流程 项目建设转运维流程			

（3）运维科

组织所有的运行维护性质的业务工作都由运维科进行统一的管理和执行。运维科对于所有的运行维护性质的业务工作都负有主要责任；对于其他部门的业务工作，凡是需要运维科进行配合的，运维科都负有辅助责任。

运维工作组应按照各自负责的运维工作的需要进行分工，分别设置工作岗位。各个运维工作组应在运维管理制度的统一指导和约束下，互相配合，共同完成好运维工作。

① 对于所有的运维工作，运维科都应采用运维管理的相关方式方法进行管理。根据运维工作的特点，可以将运维工作进行合理的分工，按照工作组的方式来组织人员执行相关的工作。

② 对于建设转运维的项目，运维科应主动要求建设科进行配合，获取项目运维所需的资料和信息，为项目的运维工作奠定良好的基础。

③ 对于组织整体的业务工作，运维科应积极与综合科进行配合，协助其完成相关的工作。

运维科的岗位划分如图 5-7 所示。

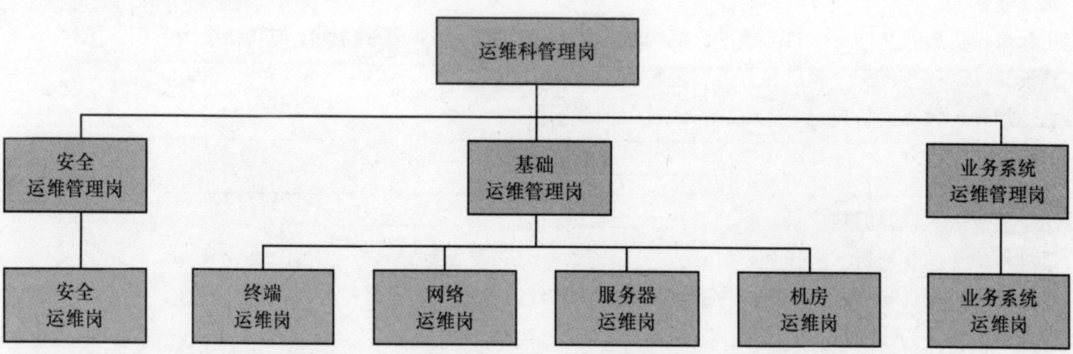

图 5-7　运维科岗位模型

运维科设置以下工作岗位：运维科管理岗、安全运维管理岗、安全运维岗、基础运维管理岗、终端运维岗、网络运维岗、服务器运维岗、机房运维岗、业务系统运维管理岗、业务系统运维岗。

① 运维科管理岗将负责部门的整体管理工作，并对各个工作组进行统一的协调和管理。

② 安全运维管理岗、基础运维管理岗、业务系统运维管理岗将分别负责安全运维、基础运维、业务系统运维的管理工作，并配合部门、部门的整体管理工作。

③ 安全运维岗、终端运维岗、网络运维岗、服务器运维岗、机房运维岗、业务系统运维岗是运维工作具体执行的岗位，应按照相关的工作制度（包括规范、准则、手册等）开展运维工作。

岗位职责说明如下。

① 运维科管理岗

运维科管理岗设置见表 5-10。

表 5-10　　运维科管理岗设置

<table>
<tr><td>岗位名称</td><td>运维科管理岗</td><td>所属部门</td><td>运维科</td></tr>
<tr><td>直接上级</td><td>组织领导</td><td colspan="2"></td></tr>
<tr><td colspan="4">岗位职责</td></tr>
<tr><td colspan="4">主要职责
运维科规划、预算：
负责运维科的规划工作，包括编制、上报等；
负责运维科的预算工作，包括编制、申请、分解、执行控制等。
运维管理：负责运维管理工作。
运维科招投标：负责主持运维相关的招投标工作。
运维科人员管理：
负责划分运维工作组，指定工作组组长及成员；
负责人员培训、考核、评价、奖励等相关工作。
运维科资产管理：负责运维科资产管理工作。
外包商管理：负责针对具体运维工作，提出运维外包商管理方案，辅助组织领导进行管理决策。
辅助职责
工作协调：负责协调运维科与组织、运维科内部各工作组、与其他部门间、与其他机构的相关工作。
建设转运维：负责配合建设科开展建设转运维的工作。
总体规划、预算：负责配合组织的总体规划预算工作。</td></tr>
<tr><td colspan="4">岗位权利</td></tr>
<tr><td colspan="4">运维科规划、预算的建议权
运维科工作的管理权
本部门内部人员管理权，包括岗位的任免权、考核权、评价权、奖励权、人员调度权等
运维科外包商的管理权
运维科资产的管理权</td></tr>
</table>

续表

岗位名称	运维科管理岗	所属部门	运维科
直接上级	组织领导		
主要工作流程			
规划、预算申报审批流程 运维项目申报审批流程 项目建设转运维流程 事件管理流程 问题管理流程 变更管理流程 资产管理流程			

② 安全运维管理岗

安全运维管理岗设置见表 5-11。

表 5-11　　安全运维管理岗设置

岗位名称	安全运维管理岗	所属部门	运维科
直接上级	运维科领导		
岗位职责			
主要职责 安全运维管理：负责进行安全运维管理的工作。 人员管理：负责安全运维人员的培训、考核、评价等相关工作。 资产管理：负责安全运维资产的管理工作。 外包商管理：负责安全运维外包商的管理工作。 **辅助职责** 工作协调： 负责协调安全运维组与建设科的相关工作； 负责协调安全运维组与其他运维工作组间的相关工作。 建设转运维：配合建设科项目经理岗，完成建设转运维工作。 安全运维招投标：结合安全运维工作的现状和需求，配合运维科的招投标工作。			
岗位权利			
安全运维工作管理权 安全运维组内部成员的考核权、评价权、调度权等 安全运维组外包商的管理权 安全运维组资产的管理权			
主要工作流程			
项目建设转运维流程			

续表

岗位名称	安全运维管理岗	所属部门	运维科
直接上级	运维科领导		
事件管理流程 问题管理流程 变更管理流程 资产管理流程			

③ 安全运维岗

安全运维岗设置见表 5-12。

表 5-12　　安全运维岗设置

岗位名称	安全运维岗	所属部门	运维科
直接上级	安全运维组组长		
岗位职责			
主要职责 安全巡检：负责健康监测，配置策略维护，日志分析。 网络运维：负责网络整体架构的技术咨询，网络设备状态巡检，故障处理。 安全事件应急响应。 安全预警。 潜在风险的分析和建议。 **辅助职责** 建设转运维：负责配合建设科项目经理岗，完成建设转运维工作。 安全运维资产管理：配合综合科完成资产管理工作。			
岗位权利			
安全风险建议权 与安全运维相关的各项权利			
主要工作流程			
项目建设转运维流程 事件管理流程 问题管理流程 变更管理流程 资产管理流程			

④ 基础运维管理岗

基础运维管理岗设置见表 5-13。

表 5-13　　基础运维管理岗设置

<table>
<tr><td>岗位名称</td><td>基础运维管理岗</td><td>所属部门</td><td>运维科</td></tr>
<tr><td>直接上级</td><td>运维科领导</td><td colspan="2"></td></tr>
<tr><td colspan="4">岗位职责</td></tr>
<tr><td colspan="4">主要职责
基础运维管理：负责进行基础运维管理的工作。
人员管理：负责基础运维人员的培训、考核、评价等相关工作。
资产管理：负责基础运维资产的管理工作。
外包商管理：负责基础运维外包商的管理工作。
辅助职责
工作协调：
负责协调基础运维组与建设科的相关工作；
负责协调基础运维组与其他运维工作组间的相关工作；
负责协调基础运维组各岗位间的相关工作。
建设转运维：配合建设科项目经理岗，完成建设转运维工作。
基础运维招投标：结合基础运维工作的现状和需求，配合运维科的招投标工作。</td></tr>
<tr><td colspan="4">岗位权利</td></tr>
<tr><td colspan="4">基础运维工作管理权
基础系统运维组内部成员的考核权、评价权、调度权等
基础运维组外包商的管理权
基础运维组资产的管理权</td></tr>
<tr><td colspan="4">主要工作流程</td></tr>
<tr><td colspan="4">项目建设转运维流程
事件管理流程
问题管理流程
变更管理流程
资产管理流程</td></tr>
</table>

⑤ 终端运维岗

终端运维岗设置见表 5-14。

表 5-14　　终端运维岗设置

<table>
<tr><td>岗位名称</td><td>终端运维岗</td><td>所属部门</td><td>运维科</td></tr>
<tr><td>直接上级</td><td>基础运维组组长</td><td colspan="2"></td></tr>
<tr><td colspan="4">岗位职责</td></tr>
<tr><td colspan="4">主要职责
终端硬件维护。</td></tr>
</table>

续表

岗位名称	终端运维岗	所属部门	运维科
直接上级	基础运维组组长		
终端软件维护。 潜在风险的分析和建议。 **辅助职责** 建设转运维：配合建设科项目经理岗，完成建设转运维工作。 终端运维资产管理：配合综合科完成资产管理工作。			
岗位权利			
安全风险建议权 其他终端运维工作的相关权利			
主要工作流程			
项目建设转运维流程 事件管理流程 问题管理流程 变更管理流程 资产管理流程			

⑥ 网络运维岗

网络运维岗设置见表 5-15。

表 5-15　网络运维岗设置

岗位名称	网络运维岗	所属部门	运维科
直接上级	基础运维组组长		
岗位职责			
主要职责 网络设备性能巡检。 网络架构维护。 网络日常故障排查服务。 网络应急服务。 潜在风险的分析和建议。 **辅助职责** 建设转运维：配合建设科项目经理岗，完成建设转运维工作。 网络运维资产管理：配合综合科完成资产管理工作。			
岗位权利			
安全风险建议权 其他网络运维工作的相关权利			

续表

岗位名称	网络运维岗	所属部门	运维科
直接上级	基础运维组组长		
主要工作流程			
项目建设转运维流程 事件管理流程 问题管理流程 变更管理流程 资产管理流程			

⑦ 服务器运维岗

服务器运维岗设置见表 5-16。

表 5-16　服务器运维岗设置

岗位名称	服务器运维岗	所属部门	运维科
直接上级	基础运维组组长		
岗位职责			
主要职责 服务器性能巡检。 服务器故障排查。 服务器应急安全服务。 潜在风险的分析和建议。 **辅助职责** 建设转运维：配合建设科项目经理岗，完成建设转运维工作。 服务器运维资产管理：配合综合科完成资产管理工作。			
岗位权利			
安全风险建议权 其他服务器运维工作的相关权利			
主要工作流程			
项目建设转运维流程 事件管理流程 问题管理流程 变更管理流程 资产管理流程			

⑧ 机房运维岗

机房运维岗设置见表 5-17。

表 5-17 机房运维岗设置

岗位名称	机房运维岗	所属部门	运维科
直接上级	基础运维组组长		
岗位职责			
主要职责 机房进出管理。 机房监控管理。 机房变更管理。 机房设备维护管理。 潜在风险的分析和建议。 **辅助职责** 建设转运维：配合建设科项目经理岗，完成建设转运维工作。 机房运维资产管理：配合综合科完成资产管理工作。			
岗位权利			
安全风险建议权 其他机房运维工作的相关权利			
主要工作流程			
项目建设转运维流程 事件管理流程 问题管理流程 变更管理流程 资产管理流程			

⑨ 业务系统运维管理岗

业务系统运维管理岗设置见表 5-18。

表 5-18 业务系统运维管理岗设置

岗位名称	业务系统运维管理岗	所属部门	运维科
直接上级	运维科领导		
岗位职责			
主要职责 业务系统运维管理：负责进行业务系统运维管理的工作。 人员管理：负责业务系统运维人员的培训、考核、评价等相关工作。 资产管理：负责业务系统运维资产的管理工作。 外包商管理：负责业务系统运维外包商的管理工作。 **辅助职责** 工作协调：			

续表

岗位名称	业务系统运维管理岗	所属部门	运维科
直接上级	运维科领导		
负责协调业务系统运维组与建设科的相关工作； 负责协调业务系统运维组与其他运维工作组间的相关工作。 建设转运维：配合建设科项目经理岗，完成建设转运维工作。 业务系统运维招投标：结合业务系统运维工作的现状和需求，配合运维科的招投标工作。			
岗位权利			
业务系统运维工作管理权 业务系统运维组内部成员的考核权、评价权、调度权等 业务系统运维组外包商的管理权 业务系统运维组资产的管理权			
主要工作流程			
项目建设转运维流程 事件管理流程 问题管理流程 变更管理流程 资产管理流程			

⑩ 业务系统运维岗

业务系统运维岗设置见表 5-19。

表 5-19　业务系统运维岗设置

岗位名称	业务系统运维岗	所属部门	运维科
直接上级	业务系统运维组组长		
岗位职责			
主要职责 业务系统内容维护。 业务系统数据库维护。 业务系统运行监控。 业务系统日常故障解决。 业务系统定期备份。 业务系统临时应急响应。 潜在风险的分析和建议。 **辅助职责** 建设转运维：配合建设科项目经理岗，完成建设转运维工作。 业务系统运维资产管理：配合综合科完成资产管理工作。			

续表

岗位名称	业务系统运维岗	所属部门	运维科
直接上级	业务系统运维组组长		
岗位权利			
安全风险建议权 其他业务系统运维工作的相关权利			
主要工作流程			
项目建设转运维流程 事件管理流程 问题管理流程 变更管理流程 资产管理流程			

（4）综合科

涉及组织整体的业务工作都由综合科进行统一的管理和执行。综合科对于组织整体的业务工作都负有主要责任，对于建设科、运维科需要综合科进行配合的工作都负有辅助责任。

因为综合科所负责的业务工作几乎都是涉及整个部门的，因此，综合科应针对不同的工作，从重要性、涉及范围、工作性质等方面划分工作的主要和辅助责任，明确各部门间的责任、义务及配合方式，保证各项工作的正常开展。

对于所有的整体业务工作，综合科应根据需要设置不同的工作岗位来负责。不同的工作岗位可以根据实际情况安排本部门和其他部门展开相关工作。

综合科的工作岗位可以根据实际的需要进行增设、合并、拆分。

综合科岗位划分如图 5-8 所示。

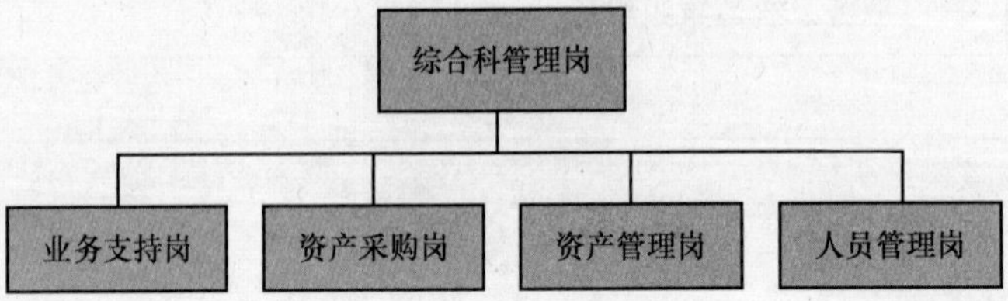

图 5-8　综合科岗位模型

综合科设置以下工作岗位：综合科管理岗、总体规划岗、部门预算岗、招投标管理岗、资产采购岗、资产管理岗、人员管理岗、外包商管理岗。

① 综合科管理岗将负责部门的整体工作，包括工作岗位的增设、合并、拆分；综合科与其他部门的协调等工作。

② 总体规划岗、部门预算岗、招投标辅助岗、资产采购岗、资产管理岗、人员管理岗、外包商管理岗将针对不同的工作内容开展工作。

岗位职责说明如下。

① 综合科管理岗

综合科管理岗设置见表 5-20。

表 5-20　综合科管理岗设置

<table>
<tr><td>岗位名称</td><td>综合科管理岗</td><td>所属部门</td><td>综合科</td></tr>
<tr><td>直接上级</td><td>组织领导</td><td colspan="2"></td></tr>
<tr><td colspan="4">岗位职责</td></tr>
<tr><td colspan="4">主要职责
总体规划、预算：负责汇总各部门的规划、预算，并上报给组织管理岗。
综合科规划、预算：
负责综合科的规划工作，包括编制、上报等；
负责综合科的预算工作，包括编制、申请、分解、执行控制等。
综合科人员管理：负责岗位分工，人员培训、考核、评价、奖励、人员调度等相关工作。
综合科资产管理：负责综合科资产管理工作。
辅助职责
工作协调：
负责协调综合科与组织的相关工作；
负责协调综合科内部各岗位间的相关工作；
负责协调综合科与其他部门间的相关工作。
总体规划、预算：辅助组织管理岗完成总体规划预算工作。</td></tr>
<tr><td colspan="4">岗位权利</td></tr>
<tr><td colspan="4">综合科规划、预算的建议权
综合科工作的管理权
本部门内部人员管理权，包括岗位的任免权、考核权、评价权、奖励权、人员调度权等
综合科资产的管理权</td></tr>
<tr><td colspan="4">主要工作流程</td></tr>
<tr><td colspan="4">规划、预算申报审批流程
资产管理流程</td></tr>
</table>

② 业务支持岗

业务支持岗设置见表 5-21。

表 5-21　业务支持岗设置

<table>
<tr><td>岗位名称</td><td>业务支持岗</td><td>所属部门</td><td>综合科</td></tr>
<tr><td>直接上级</td><td>综合科领导</td><td colspan="2"></td></tr>
<tr><td colspan="4">岗位职责</td></tr>
<tr><td colspan="4">主要职责
总体规划：负责辅助完成部门整体规划，与其他部门管理岗配合，将各部门的规划汇总整理为整体规划。</td></tr>
</table>

续表

岗位名称	业务支持岗	所属部门	综合科
直接上级	综合科领导		
总体预算：负责辅助完成部门整体财务预算，与其他部门管理岗配合，将各部门的财务预算汇总为整体财务预算。 外包商管理： 负责辅助其他部门进行外包商选择、外包合同签订等工作； 负责辅助其他部门的外包商使用工作； 负责外包商的考核工作，通过其他部门提供的考核数据对外包商进行考核。 **辅助职责** 立项申请：负责配合各部门完成立项相关的辅助工作。 各部门招投标辅助：负责配合各部门完成项目招投标相关的辅助工作。			
岗位权利			
有要求各部门配合的权利 外包商的管理权			
主要工作流程			
规划、预算申报审批流程 项目申报审批流程			

③ 资产采购岗

资产采购岗设置见表 5-22。

表 5-22 资产采购岗设置

岗位名称	资产采购岗	所属部门	综合科
直接上级	综合科领导		
岗位职责			
主要职责 资产采购：负责部门整体的资产采购工作。与其他部门配合，根据情况进行资产采购。 **辅助职责** 定期资产盘点：负责与资产盘点结果进行对账，完成资产梳理。 资产生命周期管理：负责配合资产入账，启动资产生命周期管理。			
岗位权利			
要求相关业务部门及财务处配合的权利 其他与资产采购相关的权利			
主要工作流程			
资产管理流程			

④ 资产管理岗

资产管理岗设置见表 5-23。

表 5-23 资产管理岗设置

岗位名称	资产管理岗	所属部门	综合科
直接上级	综合科领导		
岗位职责			
主要职责 定期资产盘点：总体负责部门的资产设备梳理工作，并监督运维科的相关工作。 资产生命周期管理：总体负责部门的资产生命周期管理工作，并监督运维科的相关工作。 资产状态管理：总体负责部门的资产状态管理工作，并监督运维科的相关工作。 设备耗材管理：负责管理设备耗材，对耗材进行等级，管理耗材的使用和更换。配合其他部门的正常工作。 **辅助职责** 组织规划、预算工作：负责提供组织的资产信息，辅助本部门的总体规划、预算工作。			
岗位权利			
要求相关业务部门及财务处配合的权利 其他与资产管理相关的权利			
主要工作流程			
资产管理流程			

⑤ 人员管理岗

人员管理岗设置见表 5-24。

表 5-24 人员管理岗设置

岗位名称	人员管理岗	所属部门	综合科
直接上级	综合科领导		
岗位职责			
主要职责 人员招聘及绩效管理：总体负责人员的招聘和面试工作及绩效管理。监督和辅助其他部门的人员绩效管理工作。 人员工作培训：负责根据其他部门的提出的人员工作培训的需求，统筹安排人员工作培训。 **辅助职责** 组织人员管理：辅助组织管理岗对人员的录用、奖励、升迁等进行决策。			
岗位权利			
要求各部门配合绩效考核工作的权利 要求各部门配合人员招聘与培训工作的权利 其他相关权利			

续表

岗位名称	人员管理岗	所属部门	综合科
直接上级	综合科领导		
主要工作流程			
无			

5.4.3 运维岗位职责可行性评估

5.4.3.1 制约因素与可能的措施

组织结构和岗位的再调整，不管幅度有多大，都是一场变革。所以，在变革过程中，必然涉及诸多方面的冲击和阻碍。

1. 人的因素

（1）表现

① 人员的抵制因素首当其冲。有得益的一方，就有失益的一方，变革难免会受到其反对和阻碍。

② 新制度的推行，新组织的认可，高层领导是主要的推动者，高层领导的态度首要地决定了实施的成败。

（2）措施

强化管理制度和执行力，领导以身作则。只有在高层领导的充分支持和表率下，才能够真正带动起下边员工的热情，才能将新的组织结构和岗位变革尽早高效地运作和实施起来。

2. 工作习惯

（1）表现

组织结构调整、岗位重新划分会导致员工工作习惯的改变，新的岗位职责首先需要一个逐步了解的过程，新的工作协作关系也需要一个慢慢的过程来磨合，直至再养成新的习惯。

（2）措施

加强培训来缩短习惯改变与磨合的时间，要循序渐进，不可急功近利，需要逐步地深入人心。

3. 制度因素

（1）表现

“旧的制度执行如何？”，往往可以作为衡量新制度推行难度的一个指标。制度是人制定的，但是其目的是被用来制约人的，没有实现这个目的，任何形式上的变革都是无意义的。

（2）措施

要强化制度的执行力和约束效果。实施中，有差别时，要及时纠正，防止越来越偏，才能从制度上做好保障。

4. 文化理念

（1）表现

组织结构调整、岗位重新划分会导致协作模式等的变化，不顺应文化理念时，就会成为一种阻力，以至于无法推行。

（2）措施

变革方案设计和推行时，要充分考虑和把握文化理念，以符合文化理念的方式进行推行才能达到效果。

5. 发展战略

（1）表现

发展战略决定了组织在组织中的地位，决定了新的制度的推行力度。违背了发展战略，最终只会导致实施的失败。

（2）措施

设计和实施时，要实时把握发展战略，要不就顺从它，要不就想办法改变它，才能扫清障碍。

总体来看，只要组织各级认可、领导带头强力支持，新的组织结构和岗位划分就会逐渐成为一种新的习惯，推动工作尽管需要一个过程，但最终落地应该是不成问题的。

5.4.3.2　预期效果

新的组织架构与岗位分工在真正落实后，一定会收到如下效果。

① 职责分明、有据可查，可以避免人浮于事，做到事无巨细、件件都能落实到位。

② 员工与员工之间的协作效率和工作效率都将大大提高，减少了不必要的沟通和业务交叉，专事均有专人负责。

③ 重新划分组织机构与岗位同时也是对已有业务和服务重新梳理的过程，最后通过制度落实到文字上，就形成了一个有序的运维业务管理流程。对管理层来说，更明确了全局把握的重点；对具体员工来说，更清楚了自身的职责。

④ 为信息化运维实施提供了组织方面的保障，便于和信息化流程管理方面的角色紧密结合起来以高效完成各业务职能。

⑤ 充分考虑了当前组织内部技术人员不足的实际情况，提高了整体运维的效率和保障。

5.4.4　运维岗位职责实施建议

1. 实施步骤

运维岗位职责实施步骤如下。

（1）将岗位落实到人，实现人与职责的组合

根据现有的员工进行岗与人的落实。

（2）将组织结构和岗位划分进行制度化

落实到纸面上，使其成为正式文件便于生效。

（3）公布及接受反馈

公布划分方案，接受员工反馈，看是否有好的建议可以采纳以完善。

（4）培训和沟通

由各级领导组织培训并进行工作内容沟通，以便于员工可以尽快地熟悉和理解各自新的岗位职责。

（5）试运行

按照新的组织结构和岗位分工策略进行试运行，可以利用运维工具给予支撑，并观察收效。

（6）改进与完善

通过试运行，可以从实践中获取宝贵经验，以进行再划分和完善。

2. 与工具结合

将工具应用到制度实施和业务流程当中，可以保证管理方、执行方等各级相关人员共同拥有一个客观、透明的沟通平台，即可以保证业务执行过程的透明化及透明化监控。

将新的岗位划分映射到运维管理中的角色，执行时再配以相应的流程，就可以将运维组织机构与岗位划分完全地落地、紧密地与工具结合起来。运维管理工具的引入，还可以帮助运维人员完成工单的自动化指派和在运维管理角色间的按流程的自动流转，提高运维效率和角色的紧密配合度及分工的合理度。

概括起来，在工具中可以实时再现组织结构和岗位的合理配合，同时管理者也可以通过工具实现透明化全程监管，而执行者则可以全程跟踪业务的各个环节，做到心中有数、合理调度安排。

5.5 信息系统运维流程制度规划

信息系统运行维护是一个长期的过程。在这个过程中，不仅要有足够的人力资源、设备资源和技术资源，还应该有与之相适应的管理机制，从而促进前者能够有效的配合和执行。这种管理机制从根本上将就是一套全面的、可操作的流程制度体系。

本章的主要内容是阐述如何能为信息系统运维管理体系设计一套科学、严谨、可落地的运维流程、管理制度、制度体系和配套表单，主要是笔者根据多个项目中的实际经验，将其系统化和理论化，进而形成一套设计运维流程和制度建立的方法论，但由于相关内容属于首创，因此还需要读者根据自身实际情况进行验证和灵活运用。

在流程设计方面，ITIL 或其他运维执行标准仅仅把运维流程根据不同特点进行了分类，并指出了其重点环节，但这些只是在理论层面上。而本章的论述是基于实操层面的方法论，即可以快速、简单地推导出任何一种运维实操流程。

在制度设计方面，本章提出了制度体系建立的基础，各级制度之间的界限、关联和从属，进而保证了制度体系建立的完整性；通过流程与制度之间的互动关系分析，奠定了制度的实操性，希望能对读者在实际工作中起到借鉴和辅助的作用。

5.5.1 流程制度设计概述

流程和制度是有紧密关系的，流程是制度执行过程的详细诠释，制度是流程执行的总体要求和执行标准。先有流程还是先有制度，在学术层面是“先有鸡还是先有蛋”的问题，但本文无意对这个问题进行更多讨论。从信息系统运维管理的角度出发，“先设定流程，后配套制度”是更科学、高效、全面的方法，详细来说是“流程—制度—配套表单—制度体系”这样的过程。

5.5.1.1 运维流程概述

1. 什么是运维流程

信息系统运维流程是指对所有运维事件处理的过程，它包括以下 3 层含义。

① 首先，运维流程是指某件运维事件处理过程中所有运维操作单元之间的先后关系；

② 其次，运维流程需要每个操作单元的执行标准；

③ 最后，运维流程的复杂程度是受入口条件的模糊程度影响的，越模糊的入口条件其流程复杂程度越高，反之亦然。

比如，“系统登录出现问题”比“系统登录密码错误”的处理流程要复杂得多，很明显前者要有多个排查过程，而不同的排查结果有不同的流程执行过程，后者只是其中的一种情况而已。

2. 什么是运维流程设计

针对上文的例子，可以想象，运维流程是无限的，有多少种运维请求的可能，就应该有多少种配套流程，每个流程之间很可能会存在很大的差异。

本文的是为了满足运维管理者和流程设计者对具体运维流程设计而论述的，而不是仅仅以类似 ITIL 那样的标准流程框架设计的角度出发的。这里无意去评论 ITIL 的落地问题，但是可以想象，当我告诉读者运维流程要沿着“1——接收问题，2——分析问题，3——解决问题，4——建立知识库信息，5——关闭问题”这样解决，和另外一个答案“1——接收问题重点注意哪几方面，2——分析问题包括哪几步，先后顺序如何，3——解决问题，根据以上分析，要从那几方面入手解决，其操作顺序是什么样的……”这两种答案哪个更是读者需要的？答案很明显。

笔者非常认同和推荐 ITIL 或者更多的运维流程理论框架，但在这些很美好的理论框架中，如何能够做到把不同流程实例化，也就是把它形成一个读者目前需要的运维实操流程，是本文需要解决的问题，也就是运维流程的设计。当然这种设计一定至少有两个方法，一种是设计者能力强，水平高，经验丰富，拍脑袋就定了，另外一种是推荐使用下文的矩阵模型分析法，如果使用得当，完全可以迅速定义出无数运维流程（严谨地说，应该是无数运维流程中的一个），这种方法可以弥补设计者在能力、技术水平、经验和时间方面的不足。

5.5.1.2 运维制度概述

1. 什么是运维制度及制度体系

制度一般指要求大家共同遵守的办事规程或行动准则；信息系统运维管理制度，就是在信息系统运维过程中，所有运维参与者在执行过程中需要遵守的操作流程和操作准则。在这里，“操作流程”是指所有管理、沟通和协调的机制以及运维流程；“操作准则”是指对某个操作流程所规定的参与人职责、判定依据。运维管理制度是对运维流程的固化，是运维流程的总则式的抽象表述，一方面它可以把无限的流程固化到有限的制度中去，一方面通过“共同遵守”建立起运维参与各方的行为一致性。

运维制度体系就是各类运维制度的有机集合。它要求各类制度是互相解释和补充的，有联系的，有层级的，没有冲突和矛盾的，同时制度体系对运维工作的覆盖是全面的，如果有遗漏，就会造成体系的缺失、流程的漏洞。

2. 什么是运维制度及制度体系设计

运维制度与制度体系设计包括制度体系设计和建立，运维制度的编撰和完善两方面工作内容。虽然运维制度和体系的设计是两种不同的工作，但是其过程又需要结合在一起实施。不在体系中的制度是缺少有效支撑和执行约束的，缺少制度的体系会造成管理的缺失和流程的漏洞。

对运维制度和制度体系的设计有如下重点。

① 全面性。包括制度对流程覆盖的全面性，体系对制度覆盖的全面性。

② 准确性。包括制度对流程解释的准确性，体系对制度解释的准确性。

③ 联系性。制度是流程的抽象化体现，由于流程和流程之间的联系，所以制度和制度之间是有关联的，那么这种关联应该是互补的，没有矛盾的。

④ 层级性。制度和制度之间是有层级关系的，上级制度是下级制度的基础，定义了下级制度的范围、关联和执行要求；下级制度是上级制度的解释和进一步实操规定。

为符合以上要求，对制度和制度体系的设计是有方法或规律的。

从制度的建立上看：制度都是为了阐述某些流程的操作条件、范围、规范和步骤。为了保证抽取的合理和表述的清晰，制度可以从多个角度对某类流程或流程中某个重要阶段进行阐述。具体方法见本章下文。

从制度体系的建立上看：首先要从基层制度向上收敛汇聚形成已有的制度层级（汇聚法），再从全局角度出发，向下发散寻找制度的层级和落地点（瀑布法），当这两个方法在某一制度层级上相交，那么就可以明确制度体系的概况了，剩下的工作是排查、完善和修订。具体方法见本章下文。

5.5.1.3 信息系统运维流程、制度和制度体系的关系

运维流程实质上指的是最佳流程，是在能够解决某类（或某一）运维事件所有的流程方法中，选择一种最完整、严谨、高效的流程方法作为标准流程；标准流程做需要的操作

标准、“通过或回退”条件通过分类汇总形成的就是规范；对流程、规范执行过程中参与人行为、职责进行约束就是制度。

信息系统运维流程、制度和制度体系之间是紧密结合，互相印证的关系，是一个从管理到实操逐步落地的过程。制度体系包括制度，制度包括流程的约束、涵盖流程的内容，而流程是在一个制度或多个制度限定的范围内的执行过程。

从建立过程来看，科学的方法是“流程—制度—配套表单—制度体系—制度—流程”的循环过程，如图 5-9 所示。

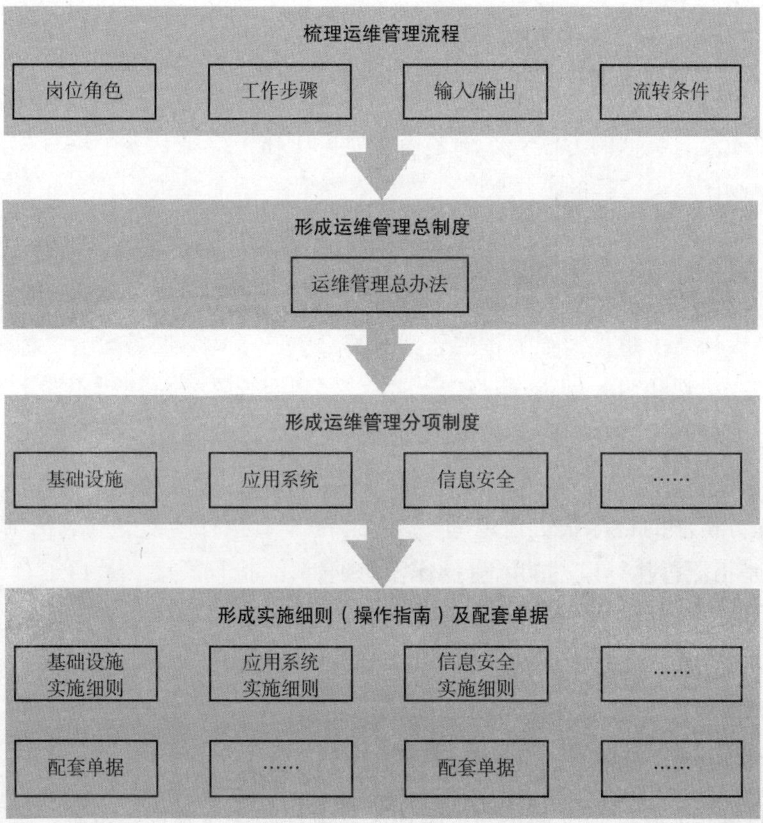

图 5-9　制度体系的建立过程

建立制度是由下而上的，建立制度体系是上下往复、互相印证的，在体系和制度建立后，又要对具体的流程进行更进一步的优化和改良，其过程是不断循环改进的。当有流程进行变更的时候又重启这一流程。

5.5.2　运维流程设计方法

5.5.2.1　运维流程设计的一般方法

在以往的运维流程设计中，最常见的设计方式是类似“递进式”的方法进行设计，这种方法的操作流程是首先定义某项运维流程的入口条件和出口要求，然后从入口条件开始，一步一步地分析后续操作，并对每项操作标注执行标准和“放行或回退”条件，最终到达流程出口——也就是处理结果，“递进式”流程设计法的优点在于非常具有针对性，且可以事先考虑到绝大部分操作和突发情况并对之采取有效手段，执行速度（不是效率）较高，一般在简单流程设计上优点更明显；缺点在于设计该方法对设计人员经验和技能的要求很高（至少要求设计人员非常了解系统运维目标和要求），设计人员有时难以判断下一步操作的顺序以及优先级，对执行顺序和权限设计管理可能模糊，导致流程失败，如果中途变更设计人员，则更多的可能是重新设计。最大的缺点是无法解决流程设计在对不同誉为要求的业务支撑当中，由于运维内容侧重点及业务特性的不同而带来的通用性差和落地执行难等问题。

而完整、严谨、高效的流程和制度的设计必须依托于完整、科学的方法论。虽然在运维流程设计中还没有类似的方法论，但笔者在实际工作中，结合多个项目和自身体会，总结了一套用于设计运维流程的方法论——“矩阵模型法”，希望能为读者在具体工作中提供一些参考和帮助。

5.5.2.2 矩阵模型分析法概述

矩阵模型设计法，是将运维流程的五大关键要素——运维服务分类、流程阶段、操作单元、执行授权级别和服务目录加以综合分析，核心目标在于解决对不同运维需求和执行重点各异的运维流程体系实例化落地问题，为读者提供一个通用、严谨的方法指导。

1. 矩阵模型分析法的目标

矩阵模型分析法的目标是快速定义一条操作完整、执行严谨、结论清晰的运维流程。“操作完整”是指流程执行过程的所有操作没有遗漏；“执行严谨”是指左右单元操作的先后顺序合理，操作规范和“放行及回退”条件准确；“结论清晰”是指流程完成的终点有明确的定义及证明文件，应产出的成果可以证明流程执行过程完成，同时相关信息可以进入知识库。

2. 矩阵模型分析法的内容

矩阵模型分析法的内容包括运维流程 5 大关键要素、流程规划方法和适用范围，如图 5-10 所示。

运维流程的 5 大关键要素是运维服务分类、流程阶段、操作单元、执行授权级别和服务目录。其中前 4 项可以衍生出设计矩阵模型的 4 个维度，而服务目录是对具体流程中，各个操作单元操作的具体解释。

矩阵模型流程规划方法是指在形成矩阵模型后，通过什么样的准则和方法把该流程所需要素有序地连接起来，从而形成一个可以实施的运维流程。

任何方法论都是有适用范围的，矩阵模型法也不例外。它只涵盖所有运维实施过程中的具体操作流程，而不涵盖运维组织内部高级别的管理流程。换句话说，该方法论可以解决 ITIL 执行流程体系的落地，如事件、问题、变更、配置、发布等流程，但对于运维服务配套支撑性流程，如财务、立项、考核等流程制定方法请参考运维制度设计。

操作单元	监控与检查	分析与计划	实施与测试	关闭
信息安全运维	漏洞扫描 日志检查 行为检查 ……	安全方案 应急方案 ……	安全加固 安全测试 灾难备份 应急演练 ……	文档归档 ……
数据资源运维	日志检查 权限审查 ……	数据规范分析 数据校验分析 数据统计分析 数据结构分析 ……	数据加密 数据备份 数据维护 介质变更 数据迁移 ……	文档归档 介质保存 ……
应用系统运维	日志检查 资源扫描 权限审查 ……	业务逻辑分析 应用架构分析 系统代码分析 变更开发计划 ……	需求分析 变更设计 变更开发 变更测试 试运行 变更部署 应用灾备 ……	文档归档 代码归档 变更培训 ……
基础设施运维	环境监控 设备监控 巡检巡查 ……	基础环境分析 网络故障分析 设备故障分析 基础软件分析 集成架构分析 环境变更计划 设备变更计划 基软变更计划 集成变更计划 ……	环境变更 维修调试 基软授权维护 环境优化 版本升级 集成测试 环境灾备 ……	文档归档 ……

图 5-10　矩阵模型分析法

5.5.3　矩阵模型分析法的维度设计

通过本章上一节的叙述，我们为运维管理咨询的流程和制度设计引入了一种全新的方法论，即矩阵模型分析法。这种设计方法将信息化运维按照“运维业务内容、运维执行的流程阶段、具体的运维操作单元、运维操作单元的执行和授权级别”将运维流程中所涉及的全部元素分为了 4 个维度。以此为基础，任何组织在实施运维流程制度设计时，都可以灵活的结合自身信息化运维的实际需要以及自身信息化运维内容的不同侧重点，设计出带有自身业务特色、执行过程严谨的前提下兼顾执行效率的流程和制度体系。

本节将具体阐述矩阵模型分析法中，4 个核心维度要素的设计思路及设计内容，读者在按照此方法进行流程和制度设计时，可依据自身信息化运维侧重点的不同，对每个维度中的内容进行按需重组、裁剪或扩充。

5.5.3.1 矩阵模型分析法的信息化运维业务维度

1. 信息化运维业务维度划分的原则

矩阵模型分析法的运维业务维度是指组织在执行运维工作的过程中，按照运维对象或者运维核心内容的不同所划分的具体信息化运维业务。正如本书第 1 章内容所阐述的一样，很多组织将信息化运维的内容分为“基础设施运维、应用软件运维、信息资源运维、信息安全运维”4 个部分，并按照以上划分将不同的运维业务外包给不同的运维服务商实施运维。

由于信息化运维的业务内容在划分上没有强制性的标准，大多数组织也是按照经信委信息化资产模型中的分类进行归纳和总结之后，将运维业务内容概括成为以上 4 大类。因此，不同的组织可以根据自身信息化资产运维对象的实际情况对运维业务维度进行适当的扩充或裁减。但无论怎样扩充或裁减，都应当满足以下前提条件。

（1）运维业务分解的完整性原则

分解后的运维业务内容能够覆盖支撑组织业务运行的全部信息化资产，不得出现大类上的缺项。就像信息化工程建设过程中对建设任务的分解一样，分解后的工作包以及每个工作包所明确的任务目标，在重新组合之后应当完全等于工程最终的产出成果和建设目标。如果将信息化运维视为一项长期持久性的工程，当我们把分解后的运维业务内容及其运维目标重新组合之后，应当完全等价于组织信息化资产运行内容及其对业务支撑的目标。

（2）运维业务分解的独立性原则

被划分出来的运维业务内容必须在执行和管理方面具备可独立性，可以由特定运维服务团队承担其运维任务，有明确的、可独立量化考核的运维目标，并且不会与其他运维业务内容产生工作目标及工作范围上的冲突和影响。

例如，某市财政局的信息化运维的目标为保障财政业务连续、稳定、安全的运行，涉及全市各部门的核心财政业务系统在工作时段不得出现宕机等影响财政业务正常开展的事件。业务系统的连续稳定运行取决于两个方面的因素，一是基础设施（包括机房弱电系统、网络及基础硬件设备等）的连续稳定运行；二是业务应用系统逻辑运行的正确性，以及在此基础上的数据完整性和可用性。而对于财政业务的安全运行，则取决于管理安全和技术安全两部分，需要依托专业的运维机构从整体架构上负责对全局安全体系的运维管理、审计等工作。因此，该市财政局将运维业务分为基础设施运维、业务应用运维、和信息安全运维 3 大部分，分包给不同的运维服务商负责实施，并由运维总包服务商负责对各分项业务实施的总体管理，评价并确保各分项运维实施不能偏离总体目标。其中：

① 基础设施运维服务商，承担机房、网络、服务器等全部基础设施硬件环境的运维工作，其任务目标是保障基础硬件设施的连续稳定运行，依据业务系统的资源需求去统筹安排资源部署和分配，这项运维业务只需为业务应用系统的运行提供基础支撑保障；

② 业务应用运维服务商，负责所有业务应用系统运行的连续性和稳定性、业务功能及数据的可靠性及可用性运维，保障最终用户所体验到的业务服务是连续且正确的，这项运维的核心要素是业务应用系统的逻辑运行正确性；

③ 信息安全运维服务商，负责保障技术及管理安全体系执行的完整性。

最终，由运维总包服务商综合各分项运维服务商的运维成果，分析该财政局运维总体目标的实现情况。

2. 信息化运维业务维度优先级的选择

虽然运维业务维度分解的完整性非常重要，但运维业务维度设计的关键因素并非将运维业务内容划分成哪些类型、划分的多与少、粗与细，而在于结合组织自身行业特点以及运行过程中最为关键和致命性的因素，体现出不同运维业务内容的优先级别和紧迫程度。以常见的“基础设施、应用软件、信息资源、信息安全”4 大类运维业务内容为例。

示例一：在财政、金融、公安等行业涉及国家及公共安全信息的信息系统当中，最为强调的运维内容是信息安全运维，即保障涉密信息系统不会因为其运行过程中，由于技术和管理本身存在的问题和漏洞而造成信息的篡改、丢失、泄密或遭受恶意攻击，这是保障数据信息完整行和可用性，以及应用系统正确运行等内容的前提和必要条件。

示例二：以社保、税务等行业为代表的基于专网的电子政务信息化系统，这些系统的涉众使用面积广泛，且对业务不间断性要求较高的，一旦发生业务中断，就可能造成较为严重的社会影响。对于上述类型的系统，应当首先保障业务应用系统运行的稳定性和连续性，即使基础设施环境发生故障或宕机，也应当保障业务系统即使切换到其他备用环境当中仍然能够继续运行，使最终用户感觉不到信息化故障对业务造成的影响；其次保障数据信息资源的可用性，使系统不因基础环境宕机而致使数据丢失、无法使用而造成业务上的影响；再次是支撑业务应用系统的基础设施环境；由于内部系统本身所处的内网或专网环境下，外部的安全攻击相对较少，因此只要进行必要的培训或者运行过程中的例行安全检查，即可满足一般性的安全要求。

综上所述，信息化运维业务维度的优先级顺序可以依据组织业务的特点具有独特的侧重点，但同时必须遵循“保障上一级优先级的运维业务内容的正常是满足下一级运维顺利开展的充要条件”的原则。

5.5.3.2　矩阵模型分析法的流程阶段维度

矩阵模型分析法的流程阶段维度是一个时间概念的维度。笔者认为，在信息化运维工作当中，任务是由一项具体的日常性事务，或者带有明确需求的事件所引起的，这些日常性事务以及需求事件有明确的目标、起始条件、执行过程和方法、退出条件，可以将其视为流程性的线性操作过程。流程性的操作过程具有明显的阶段特性，即可以将一个完整的事件处理流程细分成具体的执行阶段，每个阶段也相对应的具有其阶段性目标、起始条件、执行过程和方法以及退出条件，阶段与阶段环环相接，一个阶段的退出条件对应下一个阶段的起始条件，最终环节的推出必须与整个任务所实现的目标相一致。

在信息化运维工作中，一般可以将单项运维任务的执行流程分解为“监控检查，分析计划，实施测试，事件关闭”4 部分主要环节，这 4 部分环节具有严谨的前后依赖关系，是达成运维事件解决目标的充分必要条件。对应上一小节中论述的运维业务内容，我们可以将运维执行工作中所发生的全部事件归类到相对应的运维业务内容当中去，也就是说，在“基础设施运维、应用系统运维、信息资源运维、信息安全运维”等各类运维所发生的事件实例，都将遵循“监控检查，分析计划，实施测试，时间关闭”4 个流程阶段。

1. 监控检查阶段

监控检查阶段是各类运维事件流程的起始点，这一阶段的主要应当建立以下两类工作机制。

（1）事件的发现机制

事件发现机制主要分为主动发现和被动发现两类。

① 主动发现机制。主动发现机制强调的是发现潜在的事件，即通过一系列监控方法和检查手段，主动发现对信息系统运行潜在的威胁因素，并在这些威胁未发生之前，将其升级成事件加以应对，从而做到未雨绸缪。基于此种机制，应当以产生的事件和可能诱发该事件发生的潜在原因为主要输出条件。

② 被动发现机制。被动发现机制强调的是发现事件发生的直接原因，即对已知发生的事件，通过检查来发现其发生的直接原因，从而便于快速应对处理，至于事件发生的深层根本原因，应当在分析计划阶段进行探寻。在这种机制下，事件发生的直接原因应当作为主要的输出条件。

（2）事件响应和受理机制

在事件发现机制的基础上建立时间的响应和受理机制，保障对事件的处理能够在第一时间被响应、记录和受理，不会被延迟并造成更大的业务影响。

2. 分析计划阶段

分析计划阶段是以监控检查阶段的输出条件，即主动发现所产生的事件及其潜在原因，以及被动发现中所输出的事件发生的直接原因，作为本阶段的输入条件。在此基础上通过系统化的分析方法，探寻事件发生的深层根本性原因，制定相应的应对策略，整合并统筹安排其应对措施的阶段。主要应当建立以下两类工作机制。

（1）定性定量分析机制

① 所谓定性分析，是指结合不同运维业务类型的事件，通过有针对性的管理和技术手段，对事件发生深层根本原因进行分析，这种分析往往是跨越多个运维业务类型的，例如，业务系统数据出现错误，其直接原因可能表现为信息资源运维中所产生的一般性数据异常，但经过综合分析后会发现其根本原因可能是系统安全漏洞致使非法篡改造成的，属于信息安全运维所导致的原因。定性分析的目标一是要分析单项事件产生的根本原因；二是要将多项事件的共同根本原因通过分析加以总结和统一，从而发现导致多项事件发生的同一根本原因，而这些事件的直接原因表现可能各不相同。定性分析的输出成果为一系列事件发生的深层根本性原因。

② 所谓定量分析，是指当事件发生时，对业务影响范围，以及影响程度和时间紧急度的分析。通过此项分析，可以判断出单项事件发生时对组织业务的影响范围，以及对组织业务影响范围、程度和处理紧急度具有共性的多项事件。从而把具有相同影响程度和紧急度的事件进行归类，以便在制定事件应对策略及计划时，统一划分优先级。定量分析的输出成果应当为一系列具有相同优先级的事件集合以及事件集合序列。

（2）应对策略及计划机制

应对策略及计划机制是在完成定性定量分析之后，基于事件发生的深层根本原因，并以事件优先级为依据，分批制定事件的处理计划。计划的制定原则为，以事件的优先级为基准，将优先级高的事件集合作为前置处理序列，分别针对高优先级中相同根本原因的事件制定解决方案；以此方式向优先级低的事件集合循序递推，但要注意一点，高优先级事件集合中已经制定出的应对策略和解决方案，应当应用于次优先级的事件解决方案，以提高分析计划的效率。本机制的输出成果应当为具有时间顺序的事件深层原因处理解决方案。

3. 实施测试阶段

实施测试阶段的主要工作是基于事件原因的处理方案和计划，基于既定的一系列技术操作标准和流程，以及管理标准和流程实施事件处理计划，执行信息系统变更及变更测试，最终将测试成功后的系统升级成果按照既定的配置发布规范发布到信息系统运行的生产环境当中去。

实施测试阶段的关键在于制定一系列规范化的技术操作标准和流程，以及管理标准和流程，以便变更及测试工作能够准确无误地开展，不因操作失误而导致此生风险和事件的发生。例如，一项变更计划中可能包含了设计信息系统基础环境的变更测试，以及业务应用系统的变更测试，一般的操作规范会明确在基础设施环境测试通过后，部署应用系统进行集成测试，否则一旦测试过程发现问题，将较难判断其原因在于应用系统逻辑代码，还是基础环境的配置；再如，执行测试的过程中，一般规范会要求首先编制测试用例，经评审测试用例的业务完整性后方可实施测试，未经确认的测试用例可能会导致虽然得出了预想的正确测试结果，但测试过程无效。

实施测试阶段的产出成果为实施测试结论，包括测试及上线是否成功、有哪些遗留事项需要后续安排计划解决等，同时应当形成针对整个实施测试过程的规范化文档并备案保存。

4. 事件关闭阶段

事件关闭阶段的主要工作是针对事件处理过程制定相应的收尾机制和工作规范。

首先将事件处理的过程文档，以及相关的解决方案和提炼的重要经验性内容进行梳理，并作为运维知识录入到运维知识库当中；其次应当对整个实施过程所产生的工单、各类分析记录、计划、实施方案、操作过程记录和结论性文档进行归档操作，以便为运维绩效考核和运维再评价提供原始数据依据；最后，应当对事件做出关闭确认处理。

事件关闭阶段的主要输出成果为运维知识库的相应知识条目，以及归档备案的一系列运维事件实施过程文档。

5.5.3.3　矩阵模型分析法的操作单元维度

基于前两小节的阐述，我们将运维业务内容维度和流程阶段维度描述为一张二维表，这张二维表的纵向坐标为依据组织运维业务特点制定，带有优先次序的运维内容；横向为流程阶段维度当中所确定的 4 个运维阶段。横纵坐标的交叉形成了一系列二维平面中的“域”，这些域表示了某一项运维业务内容在特定的流程阶段下所应执行的操作集合。本小节将就上述运维操作集合中的具体操作单元的设计进行阐述。

1. 运维操作单元的设计

在上述二维表所包含的每一个域中，都有一个代表了某一项运维业务内容在特定的流程阶段下所应执行的操作集合。这些操作集合中的每一项操作都是由其所在流程阶段的执行机制细化分解而成，且它们之间本身也存在着前后依赖关系，最终实现该阶段所有机制所应输出的成果物，并达成阶段目标。以下对每个流程阶段在运维工作执行过程当中常见的操作单元进行枚举描述，当然，不同组织所涉及的操作单元千变万化，各不相同，可能包括但不限于本节所枚举描述的这些内容，读者可根据自身咨询需要对操作单元进行扩充。

（1）监控检查阶段操作单元

监控检查阶段的操作单元，以其事件发现和响应处理机制的任务特点来看，应当具备以下特点。

一是潜在事件识别和发现的全面性。即对操作单元要对基础设施、应用系统、信息资源、信息安全等各类运维对象可能潜在的风险诱发因素能够做到利用一切可行的技术和人工手段全面、有效地进行监控，从而全面识别和发现系统运行过程中潜在的风险。

二是对已知事件响应和对其直接原因检查的快速性。即对已发生事件，能够做到快速响应受理、快速定位其直接原因，并且尽可能快的寻找直接原因的解决方案或者应急方案。

以“信息安全运维—信息资源（数据资源）运维—应用系统运维—基础设施运维”作为运维业务内容维度的优先序列为例，该阶段操作单元的设计包括但不限于以下方面。

① 信息安全运维的操作单元

A．安全漏洞扫描：定期或按照事件检查的需要对基础环境操作系统、设备的部分嵌入式软件、中间件等其他基础支撑环境软件漏洞执行的扫描操作，用以排除漏洞存在的可能或发现漏洞。

B．安全日志监控检查：例行或按事件的发生对系统安全日志所记录的行为信息进行监控检查，发现潜在的风险操作或分析安全事件产生的原因。主要包括：应用安全日志、数据库安全日志、入侵检测体系安全日志、病毒防护体系安全日志等。

C．安全行为审计：以人工结合历史文档或安全日志的方式，对系统操作或运维执行流程的安全性规范进行的审计。

② 信息资源运维的操作单元

A．数据日志监控检查：对数据库日志信息，包括对数据的任何更新操作，从操作命令、执行时间、数据更新结果、数据库性能等方面进行监控检查，发现潜在的危险行为，或根据已知事件检查数据异常的原因。主要包括：数据库基本信息监测、数据库表空间监测、数据输入/输出监测等。

B．数据权限审计：通过系统操作日志结合数据库日志的方式，依据相关的数据安全使用规范，对是否有越权访问、修改数据的行为进行的过程审计。

③ 应用系统运维的操作单元

A．应用日志监控检查：通过监控工具或以人工检查的方式，对业务应用系统操作过程日志进行的监控检查，以便发现潜在的操作风险或者当事件发生时用以排除由于操作行为造成的事件原因。

B．应用权限审计：通过系统操作日志结合人工检查的方式，依据相关的应用系统使用规范，对系统使用过程进行的安全审计。

④ 基础设施运维的操作单元

A．基础环境监控检查：基础环境监控检查是指通过各类工具和技术，对机房及其弱电环境的运行状态进行记录和分析，记录内容包括机房环境状态（如温度、适度等）、弱电设备运行状况和变化情况、发展趋势等。

B．设备监控检查：设备监控检查是指通过各类工具和技术，对设备运行状态进行记录和分析，记录内容包括设备状态、运行状况和变化情况、发展趋势等。一般包括基础设施监控、网络设施监控、硬件设施监控、基础软件监控。

C．基础设施巡检：基础设施巡检也称预防性检查，是在信息系统设施监控的基础上，为保证信息系统设施的持续正常运行，根据设备的监控记录、运行条件和运行状况进行检查和趋势分析，以便及时发现问题并消除和改进。主要内容包括：基础环境巡检、网络设备巡检、硬件设备巡检、基础软件巡检等。

（2）分析设计阶段操作单元

分析设计阶段操作单元，结合其对事件定量定性分析机制和对事件处理应对策略及计划的制定机制，应当具备以下特点。

一是对事件深层根本原因探寻的准确性、唯一性，即依据严谨的技术手段和标准发掘准确发掘各类事件发生的根本原因，而这些原因很有可能是跨越运维业务内容领域而存在的；唯一性则是指一项事件的发生应当对应唯一的深层根本原因，且其原因的发现路径具有可推导和可溯源性，相对应操作单元的设计也应当做到能够推导出具有唯一性的分析结果。

二是对事件处理应对策略及计划制定逻辑的合理性，计划的制定在逻辑上应当清晰正确地反映出任务之间的依赖关系。

以“信息安全运维—信息资源（数据资源）运维—应用系统运维—基础设施运维”作为运维业务内容维度的优先序列为例，该阶段操作单元的设计包括但不限于以下方面。

① 信息安全运维的操作单元

A．安全方案审查：对既定的系统安全方案进行的审查，从而从安全设计角度识别安全事件发生的最高层原因，即安全漏洞是否由于整体安全设计本身存在不完整性。

B．应急方案审查：为处置和管理安全运维服务应急事件所采取的措施和行为，包括应急准备、应急储备、总结改进等环节。

② 信息资源运维的操作单元

A．传输介质分析：从传输介质层面分析可能导致数据异常的原因。

B．数据统计：通过数据统计分析结合人工核对的方式，判断数据是否与业务实际存在偏离或出现异常。

C．数据规范审查：结合既定的业务数据基础规范，检查在数据传输应用的过程中是否存在不规范数据，因而造成后续业务处理的异常。

D．数据校验：检查数据校验过程的合规性及结果，判断数据校验是否存在错误。

E．数据结构分析：随对数据库表存储的设计结构、业务实体对象之间的逻辑关系进行深层次的逻辑性论证和在评审，判断是否需要从数据库对象设计层面对系统进行升级。

③ 应用系统运维的操作单元

A．业务逻辑分析：从业务逻辑设计的角度分析是否存在引发异常事件的根本原因。

B．系统代码分析：如果业务逻辑不存在问题，从代码实现的角度分析是否存在对业务处理方面的不足和错误。

C．业务架构分析：如果业务逻辑和系统代码均无问题，从系统架构的角度分析是否存在系统框架性的设计问题。

D．开发计划编制：在判断出由于业务应用所造成的异常事件根本原因后，根据事件的定性定量分析，结合优先级安排变更实施和部署的相关计划。

④ 基础设施运维的操作单元

A．基础环境分析：对基础环境因素可能导致的设备物理故障，以及相关联造成的业务故障进行的分析排查。

B．网络故障分析：对网络故障因素可能导致的设备物理故障，以及相关联造成的业务故障进行的分析排查。

C．设备故障分析：对硬件故障因素可能导致的设备物理故障，以及相关联造成的业务故障进行的分析排查。

D．基础软件分析：对基础软件，如操作系统、中间件、数据库管理系统漏洞或功能缺陷可能导致的设备物理故障，以及相关联造成的业务故障进行的分析排查。

E．集成架构分析：对基础环境、网络环境、硬件设备、基础软件分综合集成架构环境进行论证和再评审，判断是否存在架构设计本身的深层原因而引发异常事件。

F．基础环境变更计划：针对基础环境改造、变更、升级、维修制定的实施计划。

G．设备变更计划：针对硬件及网络设备制定的维修、变更调换、增配、购置的相关计划。

H．基础软件变更计划：针对基础软件漏洞或功能缺陷补丁、升级、更换等相关计划。

I．集成变更计划：对整体集成环境变更优化、部署调整的相关计划。

（3）实施测试阶段操作单元

实施测试阶段操作单元，以该阶段的技术、管理两方面标准规范为依据，其设计应当充分体现出对标准操作过程及管理流程的覆盖程度，即所有操作单元的集合应当完全满足变更实施及测试的全部操作标准和管理流程步骤。

以“信息安全运维—信息资源（数据资源）运维—应用系统运维—基础设施运维”作为运维业务内容维度的优先序列为例，该阶段操作单元的设计包括但不限于以下方面。

① 信息安全运维的操作单元

A．系统安全加固：根据漏洞扫描工具定期监控扫描主动发现的系统安全漏洞，以及针对特定事件检查确定的安全漏洞，执行系统安全漏洞修补、系统加固升级改造工作。

B．系统安全测试：针对加固后的系统，从应用、数据、基础环境等方面重新进行系统安全测试，确认被发现发的安全漏洞已经得以解决。

C．系统容灾备份：根据需要做系统级别的容灾备份，确保业务的无间断运行。

D．系统应急演练：根据既定的方案执行系统应急演练，该应急演练最佳的方式是以保密及模拟突发事件的形式展开，演练开始前，应当保障尽量少的参演服务商知晓演练计划，从而以最小的代价验证应急方案的有效性。

② 信息资源运维的操作单元

A．常规操作：按事先规定的程序，对数据环境运行日志、性能进行的测试。

B．数据维护：对存在异常的数据通过逻辑方式或人工维护数据的方式对其进行修订和纠错。

C．数据加密：根据异常事件的原因的排查结果，对存在的数据安全隐患做出必要的加密措施升级，如数据加密算法的定期升级等。

D．数据备份：根据需要做数据级别的容灾备份，确保数据的可用性。

③ 应用系统运维的操作单元

A．需求分析：结合业务系统故障原因的判定，以及故障定量定性分析的结果，按照优先级批次对业务系统变更升级改造的需求进行详细分析，这里的需求分析可以视为对业务系统缺陷的补充开发。

B．变更设计：依据变更需求分析所进行的系统业务逻辑、功能、性能、接口、数据，甚至系统架构方面的升级改造设计。

C．变更开发：依据需求分析和变更设计执行系统升级改造补充开发。

D．变更测试：从功能变更的完整性、正确性，以及系统的性能、安全性等方面对补充开发后的系统进行全面测试，验证变更的正确性、可行性，以及对系统原有功能没有造成其他次生的影响。

E．试运行：将变更后的系统部署于测试环境下进行试运行，试运行环境应当保证与正式生产环境相一致，从而确保变更后的业务系统与基础环境的适应性。

F．变更发布：制定针对制定批次系统变更的发布和配置项变更确认计划，阐明系统变更项发布流程和操作步骤，相应的应急回退计划等；发布完成后要结合变更计划执行相应的版本基线变更管理，业务应用的版本变更要与系统各类技术和管理文档的变更版本相一致，也要同基础环境的变更版本相一致。

④ 基础设施运维的操作单元

A．常规操作：根据有关规定执行的日常运维和保养，对基础环境各系统功能、性能进行的测试。主要包括：基础环境常规操作、网络设施常规操作、硬件设备常规操作、基础软件常规操作等。

B．基础环境变更：按计划执行基础环境的升级改造变更，同步更新基础环境设计方案及相关的配置文档。

C．设备维修调试：按照计划执行日常或由事件触发的设备维修调试相关操作。

D．基础软件授权维护：按照变更计划，按需对基础软件的授权进行再分配、增加授权用户数等相关操作。

E．基础软件版本升级：按照变更计划，对基础软件存在的缺陷及漏洞执行版本升级。

F．基础资源优化：通过调优改进，达到提高设备性能及管理能力，对业务系统起到资源最优化、按需合理支撑的目标。主要包括：适应性改进、纠正性改进、改善性改进、预防性改进等。

G．集成测试：针对整体变更操作执行后，在测试环境下的试运行期间，对变更后的系统集成整体情况进行联调测试，验证业务逻辑与基础环境、业务逻辑与数据，以及业务加基础环境在安全性方面的运行的稳定性、性能、各方面功能的正确性等。

（4）事件关闭阶段操作单元

事件关闭阶段操作单元，与实施测试阶段操作单元的设计类似，其设计应当充分满足对事件收尾阶段管理流程及步骤的全覆盖，特别应当重视对事件处理过程文档的归档和备案操作，以及对运维知识的积累操作。

以“信息安全运维—信息资源（数据资源）运维—应用系统运维—基础设施运维”作为运维业务内容维度的优先序列为例，该阶段操作单元的设计包括但不限于以下方面。

A．文档归档：将整个事件解决过程当中的所有执行记录单据、过程文档，以及相关联的原有技术及管理文档的变更版本进行归档管理，并保证其版本与系统变更版本的一致性。

B．源代码归档：将涉及业务逻辑代码变更后的源代码连通其存储介质进行归档管理操作。

C．介质归档：对存储整个事件处理过程信息的相关介质进行归档操作。

D．培训：针对变更后的系统，对最终用户进行业务操作变更培训；对系统运维执行人员，进行相关的运维配置项及运维方法相关的变更培训，记录执行培训的内容形成培训文档，并按照一致的版本基线对培训文档进行归档操作。

2．服务目录设计

运维服务目录是对运维操作单元中明细环节操作内容和执行序列的详解。信息系统运维服务目录相当于一部信息化建设、使用、维护、升级改造的百科全书。内容涵盖系统的使用指引、操作手册、故障定级、简单故障处理和复杂问题分析、判断、解决流程及方案。

通过建立运维服务目录，一方面指导运维团队内部如何更好更效率的开展运维工作，一方面供给总服务台知识积累，提高服务能力，更重要的是能够保证系统运维不会因任何一家运维商的更换与离开而造成影响。运维服务目录的建立是一个长期的过程，甚至需要贯穿整个系统运行生命周期，因此设计出有效的内容遴选、分析、归纳的方法，不断地去更新、增添以适应系统运维工作需要。

运维服务目录设计的核心是：

（1）运维服务可量化：运维服务作为无形无界的特殊产物，往往很难被衡量价值，所以运维服务一旦要产品化，那么如何计量将成为极其重要的因素；

（2）运维服务可被客户所识别：因为运维服务最终形成产品，则势必要被最终使用者所能知晓和认同；

（3）运维服务等级可区分：产品的重要特点之一是“可被挑选”，运维服务在进行量化后，应采用不同的搭配与组合以及实现不同的承诺，让客户可以根据自己的需要去选择适合自己的服务；

（4）具有确定的衡量点：服务与产品有个重要的差异，服务的生产与使用往往是同步的，而产品的生产与同步则可以做到分离，这造成服务往往很难被检验，也常常会受到干扰。

5.5.3.4 矩阵模型分析法的执行级别维度

矩阵模型分析法的执行级别维度是指相对于运维操作单元维度当中的每一项操作单元，都具有相应的三级处理权限。具体将每一项操作单元赋予何种级别的权限，则根据组织不同的运维策略和侧重点灵活而定。以下将介绍对于 3 种执行级别的定义。

1. Level1：日常事务授权

日常事务授权指运维服务商日常执行的一些操作，例如巡检、定期例行性检查等，此类事务属于运维合同约定范围内，运维服务商必须执行的周期性固定任务，无需业务单位定期授权或者按照单次任务执行进行审批授权。

2. Level2：业务委托授权

业务委托授权指业主单位定期或者一次性将一部分系统、数据、设备的关键信息及运维过程中的业务直接操作权授予运维服务商。例如，业主方将数据库系统日志的查看权利一次性授予运维服务商，这样一来，当有事件发生且需要对数据库操作历史进行排查时，服务商不需要因为单次运维业务操作而必须向业主单位申请获得日志信息的查询许可，在一定程度上提高了运维事件相应的效率。

3. Level3：业主授权

业主授权指针对于运维操作单元中，安全涉密级别较高，需要业主针对单次运维业务操作向运维服务商进行单独授权的操作单元。例如，在运维实施测试阶段中可能要进行的源代码修改及变更上线等操作，由于其操作内容涉及业务运行的可靠性、正确性等关键因素，只有当业主方确认且许可的情况下，才能授权运维服务商实施。

综上所述，针对以上 3 个授权级别，读者可以结合运维中的实际需要按需对运维操作单元进行授权。例如，对系统安全架构进行分析等操作，有些安全级别较高的组织中，对其授予三级权限；而一部分安全需求相对较低的组织中，则可以对其进行二级授权。

5.5.4　矩阵模型分析法的运维流程规划方法

在上文内容中，详细阐述了矩阵模型分析法中矩阵模型创建的方法。在创建矩阵模型后，设计者需要全面掌握服务目录中的服务内容信息，在下文中设计具体运维流程时，服务目录是对操作单元选取与否的最佳参考。

下面介绍用矩阵模型法创建运维流程的规则与方法。

5.5.4.1　流程设计方法

1. 前置条件

（1）已给定运维流程入口请求条件，模糊的表述比如“数据库宕机故障”、“网络连接中断”，清晰些的比如“A 应用系统 a 模块无法使用”、“某区域网络连接全部中断”。

（2）矩阵模型图已经具备，运维业务类型高低级别已经确定。

（3）运维服务目录已经准备完毕。

2. 流程创建过程

（1）操作单元圈选：根据运维流程入口请求条件对所有此运维事件相关操作进行圈选，圈选时先从系统监控检查阶段做起，各运维业务类型都圈选完毕后再对分析设计阶段执行圈选动作，以此类推。圈选结束后对圈选所有操作都对应服务目录进行操作甄别和确定，进行圈选内容的明确和复核。

（2）执行授权的确定：所有圈选完成后，对每一个圈选的操作单元都进行执行授权级别的确定。

（3）流程创建规则：流程创建就是指对已确定操作的流程进行执行顺序确定的过程，也就是“连线”规则，具体方式如下：

① 流程过程区域内从级别最低的 L1 级别操作（也就是日常操作）作为初始点，依次上升连接区域内所有 L1 级操作；

② 当所有 L1 级操作都“连线”结束后，最后一个 L1 级别的操作连接最低级别的 L2，以此类推；

③ 按上述规则对所有区域的操作单元“连线”后，上一区域的最后一步操作单元对应连接下一区域的最低级别操作单元；

④ 所有“连线”操作也就是流程确定过程结束后，通过成果区域的成果列表圈选内容对前面所有操作内容进行一一对应复核，确认每项操作都能够体现在成果物列表中。

至此，流程创建结束，读者可以通过文字、流程图等多种方法对流程进行固化描述。

5.5.4.2 流程设计原则

圈选的原则：每个运维阶段内圈选的内容必须在下阶段有对应操作相应，反之则不需要。

流程过程“连线”原则：连线时不需考虑并行操作（原因参见下文“流程效率分析”），同一区域内 L3 级别操作过多时，根据实际情况对最终一步 L3 级别操作进行调整。

流程固化原则：流程的固化也就是实例化，至少包括流程描述、阶段操作细则、参与者工作内容细分、执行通过标准以及流程成果物。

行动指南：多个有关联条件的流程进行汇总形成一类专用的操作流程规范，就是行动指南。通常情况下，行动指南还应该包括系统历史信息、现状、常见问题分析和应急出发条件。

5.5.4.3 流程设计实例

下面使用矩阵模型法对某信息系统运维流程进行两个实例设计：一个是相对明确的（即小流程）；另一个是相对模糊的（即大流程）。

1. 实例一：“某区域网络中断故障处理流程”

前置条件：在信息系统运维过程中，某区域网络突然中断的可能性存在，为保证业务的连续性，需要制定相关运维流程，以保证网络中断故障发生时能够及时有效，全面的排查和解决问题。

第一步：确定运维业务分类重要级别，准备操作目录；

第二步：创建矩阵模型图；

第三步：对操作单元进行圈选和定级（见图 5-11）；

第四步：创建流程（见图 5-12）；

第五步：创建、审查成果物列表，复核对应关系；

第六步：结合服务目录进行流程固化，确定服务流程。

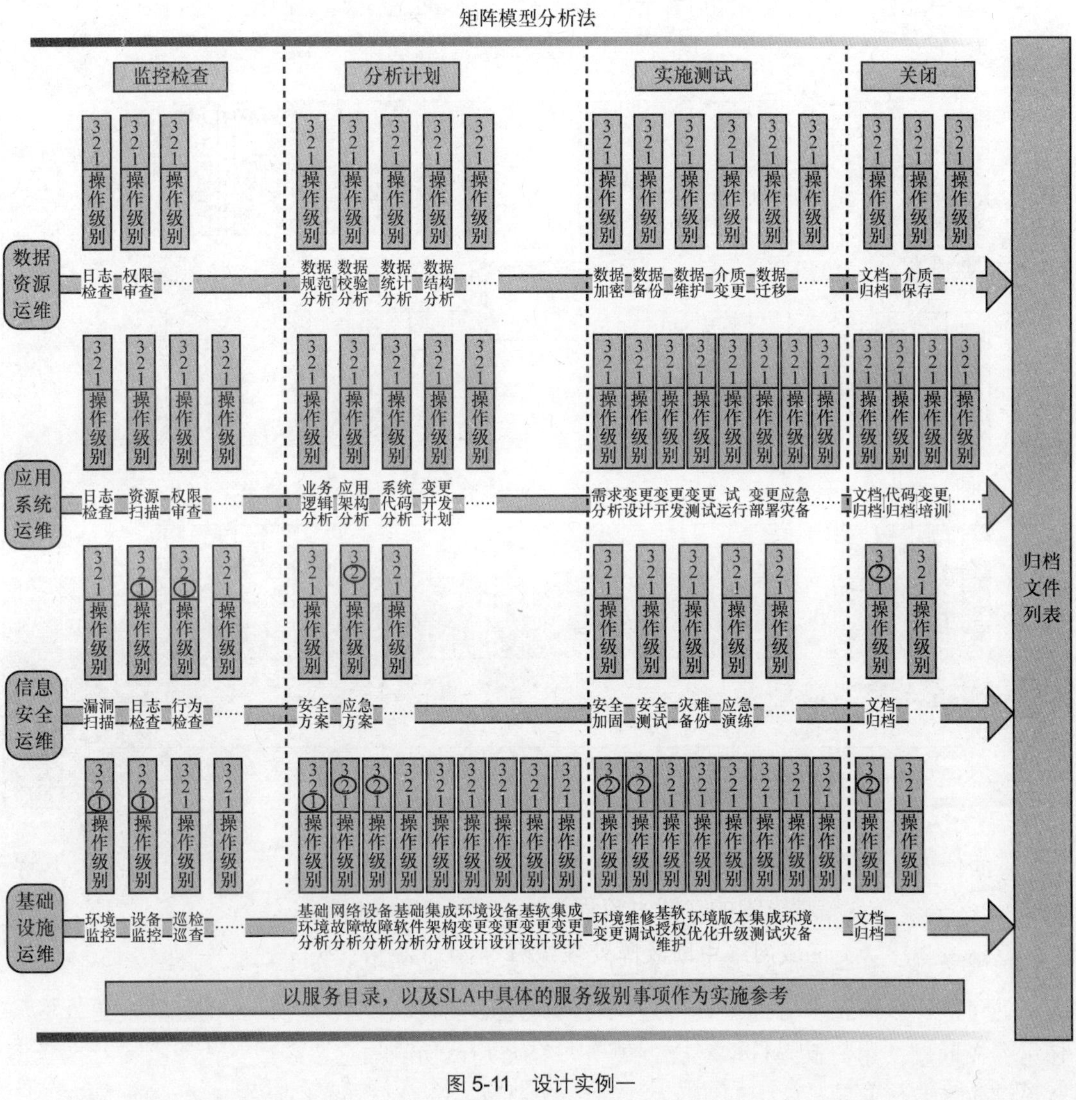
矩阵模型分析法
监控检查
分析计划
实施测试
关闭
操作级别
数据资源运维
日志检查 权限审查
数据规范分析 数据校验分析 数据统计分析 数据结构分析
数据加密 数据备份 数据维护 介质变更 数据迁移
文档归档 介质保存
应用系统运维
日志检查 资源扫描 权限审查
业务逻辑分析 应用架构分析 系统代码分析 变更开发计划
需求分析 变更设计 变更开发 变更测试 试运行 变更部署 应急灾备
文档归档 代码归档 变更培训
信息安全运维
漏洞扫描 日志检查 行为检查
安全方案 应急方案
安全加固 安全测试 灾难备份 应急演练
文档归档
基础设施运维
环境监控 设备监控 巡检巡查
基础环境分析 网络故障分析 设备故障分析 基础软件分析 集成架构分析 环境变更设计 设备变更设计 基软变更设计 集成变更设计
环境变更 维修调试 基软授权维护 环境优化 版本升级 集成测试 环境灾备
文档归档
以服务目录，以及SLA中具体的服务级别事项作为实施参考
归档文件列表

图 5-11　设计实例一

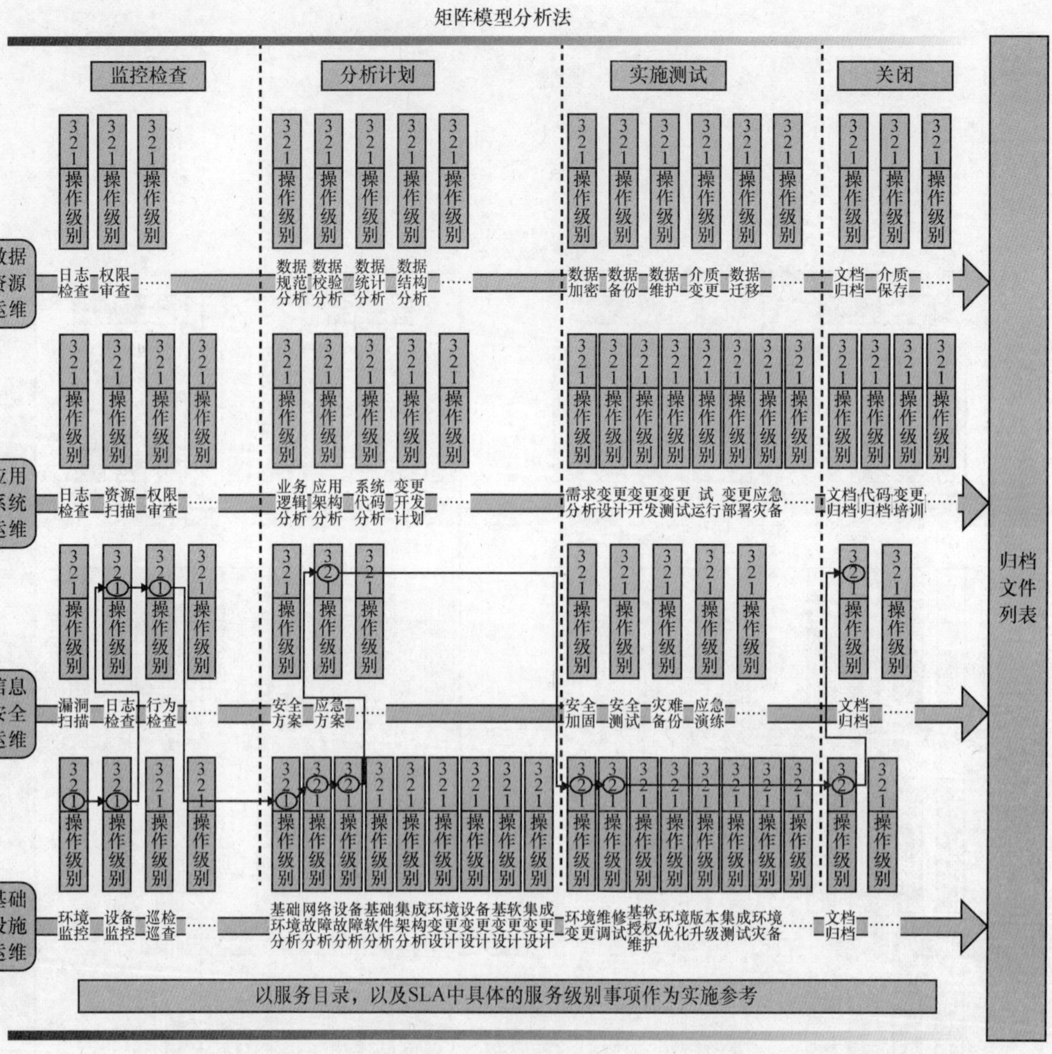

图 5-12 设计实例一

2. 实例二：应用“系统功能故障处理流程”

前置条件：在信息系统运维过程中，应用系统某功能模块发生故障无法使用。产生该故障的可能原因有很多方面，比如近期有新版本的发布；数据库中间件的配置变更或资源使用存在问题；用户权限读取存在问题等，甚至是该功能与它系统或其他数据库存在数据交换操作而发生问题。这个问题比较复杂，因此要设计一套“系统功能故障处理流程”，因为问题发生原因不能确定，所以该故障解决流程比较复杂。

第一步：确定运维业务分类重要级别，准备操作目录；

第二步：创建矩阵模型图；

第三步：对操作单元进行圈选和定级（见图 5-13）；

第四步：创建流程（见图 5-14）；

第五步：创建、审查成果物列表，复核对应关系；

第六步：结合服务目录进行流程固化，确定服务流程。

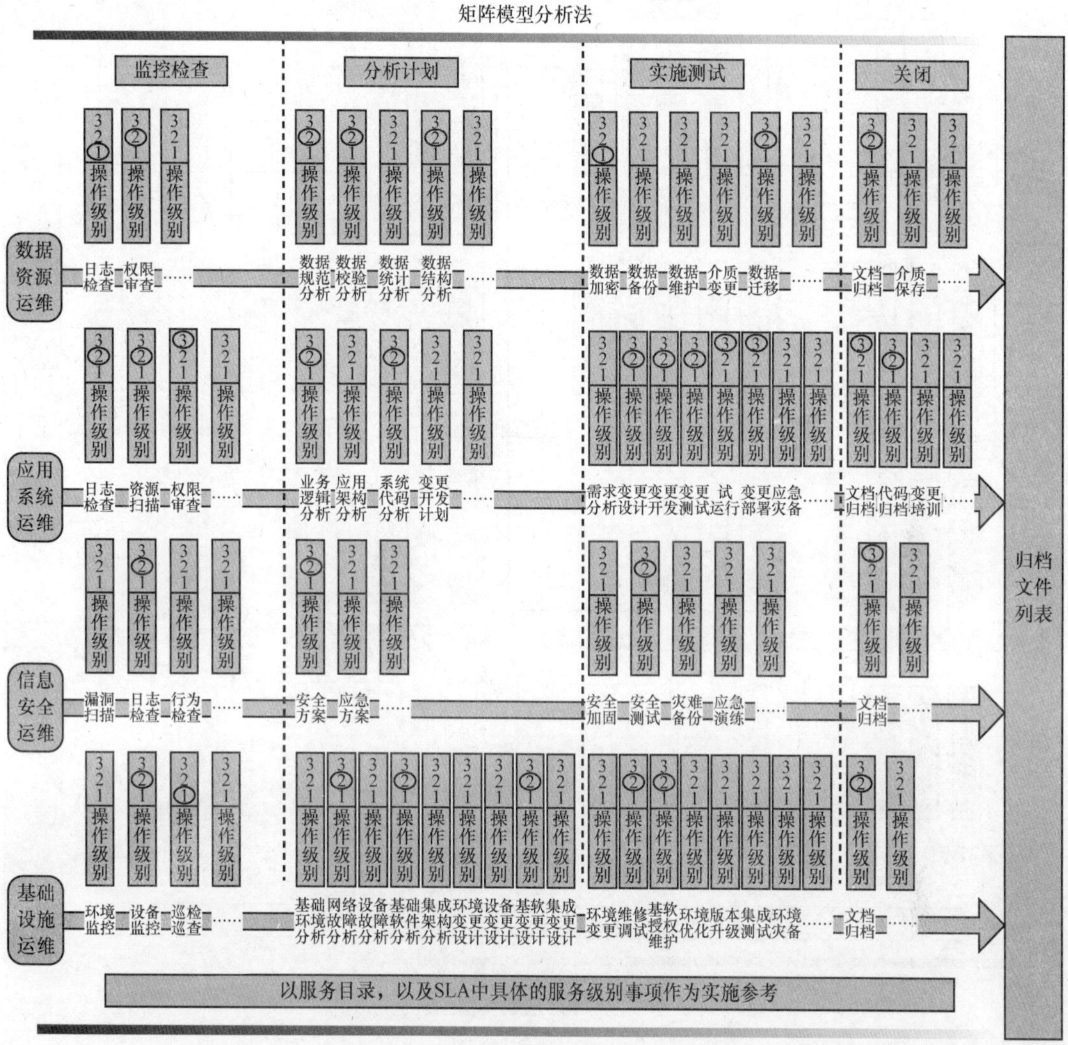

图 5-13　设计实例二

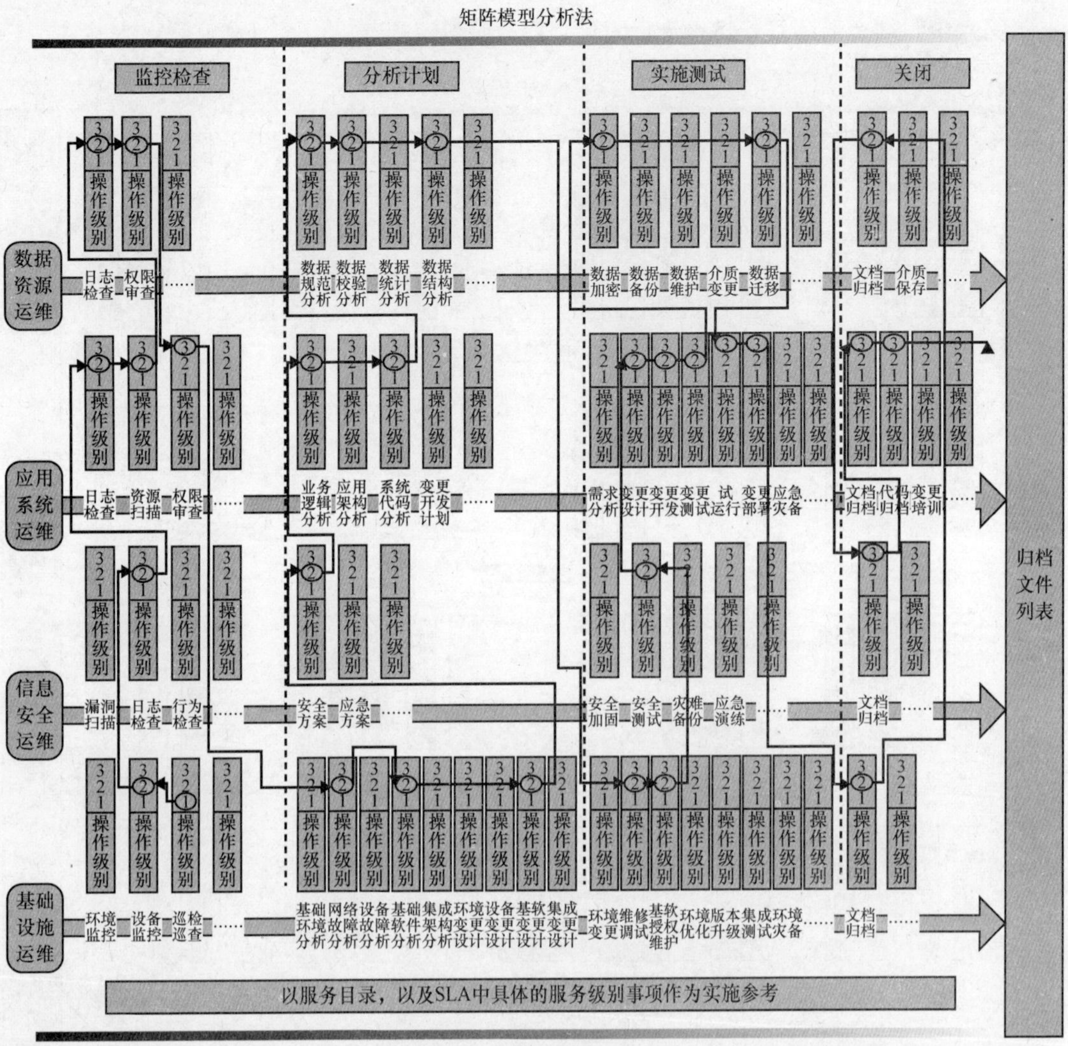

图 5-14　设计实例二

3. 经验分享

经过以上两个设计实例，证明矩阵模型法在信息系统运维服务过程中的设计成果是全面和正确的。

在简单流程设计中，由于入口和出口条件都较明确，则成果物列表和操作之间形成了准确的对应关系，对流程执行结果的认定与评价奠定了良好的基础。

在复杂流程设计中，由于入口条件较模糊，则运维流程保证了解决问题的最大完整性，使流程的执行更加科学和严谨，最大范围地涵盖了所有可能发生的情况。如果在执行过程中，入口条件没有继续被细化，那么整个流程过程是必须被全部执行完成才能彻底解决问题的。

相关执行效率和速度问题，将在 5.5.4.4 小节讨论。

5.5.4.4　流程效率分析

一个复杂的流程很可能是多个简单的流程的复合体。运维流程的设计中，越模糊的、高阶的流程越复杂或冗长。越明确、有指向的流程越简单。在这个定义域中，流程的效率和执行速度是个需要探讨的话题。

相对简单流程，通过矩阵模型法得出的流程其效率和速度是最优的。在复杂流程设计情况下，通过矩阵模型法得到的完成的运维流程其效率是最优的，其速度无法可比。首先，复杂运维流程的终点核心是考虑完整性和严谨性，不放过任何一个问题发生点并采取了对应措施；其次，追求解决速度的同时可能会更浪费时间，因为提高速度意味着简化流程和并行流程，简化流程则对问题处理的完整性带来风险，并行流程则可能会造成二次排查或影响因素判断困难的情况；最后，效率讲求的是成本和结果的关系比，而速度会加剧成本的消耗，所以从长远的角度看，保证效率要比提高速度更加重要。当然，也有一小部分信息系统对速度的要求非常高，甚至不计较成本，也是客观情况，请读者自行抉择。

5.5.5　运维管理制度设计

本节的主要内容是论述如何把信息系统运维流程固化成制度；明确制度与制度之间的联系；把制度有机地结合在一起，形成制度管理体系；通过对制度管理体系的优化，补充和完善制度，进而改善流程。

5.5.5.1　运维管理制度的主要内容及特点

运维管理制度是在信息系统运维过程中，所有运维参与者在执行过程中需要遵守的操作流程和操作准则。“操作流程”是指所有管理、沟通和协调的机制以及运维流程；“操作准则”是指对某个操作流程所规定的参与人职责、判定依据。比如《信息系统运维管理办法》、《应用系统运维管理办法》、《数据中心机房管理制度》、《信息系统运维绩效考核管理办法》。

可以看出，运维管理制度在“操作流程”方面不仅仅包含对运维流程的固化，还要兼顾管理方面、沟通和协调方面的内容。一个可执行、有价值的制度至少包括以上要求的一个或者多个方面。

信息系统运维管理制度具有如下特点。

（1）对流程的指导性和约束性。制度对相关人员做些什么工作、如何开展工作都有一定的提示和指导，同时也明确相关人员不得做些什么，以及违背了会受到什么样的惩罚。因此，制度有指导性和约束性的特点。

（2）对关系人的鞭策性和激励性。对管理方面的制度，随时鞭策和激励着人员遵守纪律、认真工作。

（3）对操作的规范性和程序性。制度对实现工作程序的规范化，岗位责任的法规化，管理方法的科学化，起着重大作用。制度的制定必须以有关政策、法律、法令为依据。制度本身要有程序性，为人们的工作和活动提供可供遵循的依据。

5.5.5.2 运维管理制度的编写规范

1. 管理制度名称的确定

管理制度一般由“单位名称（全称）+管理的对象、过程、活动名称+制度文体名称”构成，如“__________管理办法”。

2. 制度编写的内容要求

（1）制度的第一章为总则。总则的内容应包括：制度的目的、适用范围、有关术语的定义、职责分工等内容。

（2）制度的最后一章是附则，附则的内容应包括：该制度实施的有关要求；与该制度相关的其他专业管理制度、流程、表单名称；该制度的附件，与相关制度的关系等内容。

（3）制度的中间章节，用来规定制度的步骤、方法以及管理要求等主体内容。

3. 制度编写的格式要求

先写一段引言，主要用来阐述制定制度的根据、目的、意义、适用范围等，然后将有关规定一一分条列出，最后再写一段结语，强调执行中的注意事项。

（1）通篇条文式

将全部内容都列入条文，包括开头部分的根据、目的、意义，主体部分的种种规定，结尾部分的执行要求等，逐条表达，形式整齐。

（2）多层条文式

这种写法适用于内容复杂、篇幅较长的制度，特点是将全文分为多层序码，篇下分项，项下分条，条下分款。例如某省制定的《档案管理制度》，用“一、二、三……”来表示大项，用“（一）、（二）、（三）……”来表示大项下的条，用“1、2、3、……”来表示条下的款。

制发单位和日期。如有必要，可在标题下方正中加括号注明制发单位名称和日期，其位置也可以在正文之下，相当于公文落款的地方。

规章制度的写法：规章制度一般由标题、正文、落款3部分构成。

（1）标题。规章制度的标题一般由单位名称、内容、文种组成。如《××市房地产市场管理细则》等。单位名称，或是规章制度适用的单位或范围，或是制订、颁发单位名称。

（2）正文。规章制度的正文结构一般有两种形式。

① 分章列条式（章条式）。即将规章制度的内容分成若干章，每章又分若干条。第一章是总则，中间各章叫分则，最后一章叫附则。

总则一般写原则性、普遍性、共同性的内容。包括的主要内容有：制定依据、制定目的（宗旨）和任务、适用范围、有关定义、主管部门（该项有时也可视具体情况置于分则或附则中）。

分则指接在总则之后的具体内容。通常按事物间的逻辑顺序，或按各部分内容的联系，或按工作活动程序以及惯例分条列项，集中编排。表述奖惩办法的条文也可单独构成罚则或奖罚则，作为分则的最后条文。

附则包括的主要内容有：施行程序与方式、有关说明（该文书与其他文书之间的关系，规定附件的效用、数量以及不同文字文本的效用等）、施行日期。

② 条款式。这种规章制度只分条目不分章节，适用于内容比较简单的规章制度。一般开头说明缘由、目的、要求等，主体部分分条列出规章制度的具体内容。其第一条相当于分章列条式写法的总则，最后一条相当于附则的写法。

5.5.5.3 运维管理制度的发布、修订和废止

1. 制度的发布

相关管理部门对制度编制需求进行识别与确认，专业管理部门起草初稿，专业管理部门组织与制度相关部门进行研讨并征求意见。管理部门制度建设管理人员初审后由专业管理部门根据制度的重要程度组织会审或会签，经运维协调委员会审议通过或主管领导审批后以红头文件下发或经局域网发布（审批时须附制度需求识别与征求意见单、制度审核单、制度定稿及文件审批单）。

（1）制度编制需求的识别与确认。全面分析和识别制度编制的需求，国家相关规定、运维商及其他共建单位目前相关制度建设和执行情况，特别要找准存在的问题，填写制度需求识别与征求意见单。

（2）征求意见。制度在初稿编制完成后，都必须在运维管理中心相关单位范围内征求意见，反馈意见必须由各单位主管领导签字。

（3）前期研讨。若为了工作方便，提高效率，可以组织与制度相关部门进行研讨，以会议纪要的形式确认研讨结果，而不再另行征求意见。

（4）制度初审。初审的内容包括：采纳反馈意见情况；与其他专业制度的衔接情况；制度重要程度的判定是否正确；制度编写格式是否规范；有无相应的流程与表单；有无检查计划和培训计划表；有无制度需求识别与征求意见单；有无制度履历表等方面。

（5）批准下发。须由运维管理中心主管领导审核批准后下发，属于具体的实施细则的制度由运维管理中心相应部门审核批准后下发。

2. 制度的修订

编制制度的运维管理部门提出制度修订的书面申请或建议报送运维管理中心领导，得到批准后提交运维管理委员会例会，然后执行制度编制流程。

3. 制度的废止

（1）对原制度进行修订后，原制度废止。

（2）对不能适应现实状况要求的制度进行废止，按如下流程进行：制度编制部门（制度责任部门）提出制度废止的书面申请，并填写制度需求识别与征求意见单提交给运维管理委员会例会审定决定是否废止。

5.5.6 运维管理制度体系设计

运维制度体系就是各类运维制度的有机集合，它要求各类制度是互相解释和补充的，有联系的，有层级的，没有冲突和矛盾的，同时制度体系对运维工作的覆盖是全面的，如果有遗漏，就会造成体系的缺失、流程的漏洞。

制度是制度体系的基本单元。对制度的调整，可能会产生连带作用，最后对制度体系造成影响；反之，通过对制度体系的完善，可以查找和分析制度的覆盖面是否足够，制度

之间的关联是否准确，制度的内容是否充实。

5.5.6.1 运维管理制度体系的特点

信息系统运维管理制度体系是一个“金字塔”形的结构，如图 5-15 所示，它具有如下特点。

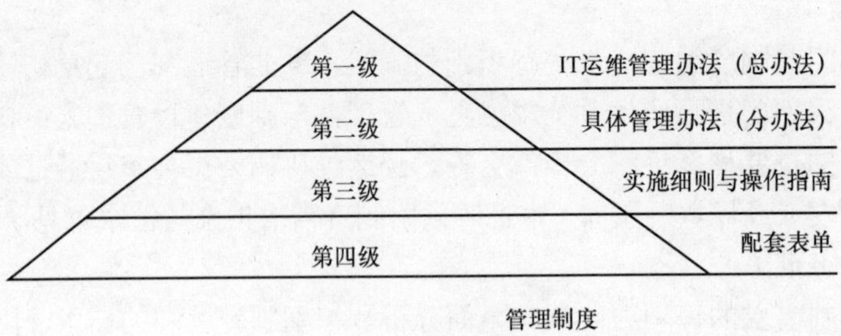

图 5-15 运维管理制度体系的 4 个层次

（1）制度体系的全面性

运维管理制度体系具有全面性的特点，它需要覆盖运维全过程，就像信息系统全生命周期一样，也包括运维立项、招投标、项目管理、实施管理、验收等一系列内容。前文讨论过的运维流程相关制度，就属于实施管理类的制度。

（2）制度体系的层级性

运维管理制度体系具有严格的层级性，这种层级性体现在管理层次的递进，便于分析制度与制度之间的界限、联系和从属。每项上级制度都是对下一级制度的定义与核心约束，每项下一级制度都是对上一级制度的解释和细分。制度体系的最下一层就是各种流程和配套表单。

一般情况下，以不超过四级的制度体系为宜。

5.5.6.2 运维管理制度体系的设计方法

本文建议将管理制度体系分为“总办法”、“分办法”、“实施细则或操作指南”和“配套表单”4 个层次。从电子政务的角度来分析，这种层级更适合与“局—处—科—科员”这样的管理模式。

（1）第一级：《信息系统运维管理总办法》

《信息系统运维管理总办法》是运维管理办法中的第一级，它从属于《信息化管理总办法》，与其平级的是《信息系统建设管理总办法》，它们与其他平级管理办法向上可以汇聚成《信息化管理办法》。

《信息系统运维管理总办法》的目的是定义运维管理机构、核心业务流程、运维下属各分办法的执行权和监督权归属、系统运维管理模式、组织结构与职责、运维管理工作规划与执行、预算保障、绩效评价等方面的管理规定。这一级别，相当于“局长对处长的工作要求”。

（2）第二级：各类运维分项管理办法

结合信息系统运维工作的实际情况，针对管理工作需要而制定的具体管理办法，范围涵盖应用系统、基础环境、数据、安全、预算、绩效管理、等职责与规范操作流程，比如《运维绩效考核管理办法》、《信息系统运维安全办法等》。第二级别，相当于“处长对科长的工作要求”。

（3）第三级：各类实施细则

第三级在第二级分办法的基础上，按照精细化管理需要，对某些方面的运行维护工作的具体实施过程与操作程序做出的细化准则或指南。如《基础环境运维验收细则》、《运维预算申请审批实施细则》等。第三级别相当于“科长对科员的工作要求”。

（4）第四级：配套流程表单

第四级配合第一、二、三级制度的执行而配套制定的表单等，用于记录、备案人、物、行为等信息。这一级别，相当于“科员与运维商的具体工作内容”。

表 5-25 给出了运维管理制度体系示例，请读者参考。

表 5-25　运维管理制度体系设计示例

<table>
<tr><th>一级</th><th>二级</th><th>三级（细则）</th></tr>
<tr><td rowspan="7">信息系统建设管理办法</td><td>设备、产品软件采购管理办法</td><td></td></tr>
<tr><td>机房管理办法</td><td></td></tr>
<tr><td>应用软件开发/测试管理办法</td><td></td></tr>
<tr><td>数据安全及涉密信息管理办法</td><td></td></tr>
<tr><td>系统测试、上线管理办法</td><td></td></tr>
<tr><td>项目资金申请、招投标管理办法</td><td></td></tr>
<tr><td>……</td><td></td></tr>
<tr><td rowspan="5">信息系统验收管理办法</td><td rowspan="2">设备、产品软件验收管理办法</td><td>设备到货验收细则</td></tr>
<tr><td>产品软件测试、安装验收细则</td></tr>
<tr><td>应用软件系统验收管理办法</td><td></td></tr>
<tr><td rowspan="2">系统总集成、监理项目验收管理办法</td><td>项目设计、咨询、监理工作验收细则</td></tr>
<tr><td>系统集成、总集成验收细则</td></tr>
<tr><td rowspan="7">信息系统运维管理办法</td><td rowspan="2">运维项目预算、采购管理办法</td><td>运维费预算审批申请实施细则</td></tr>
<tr><td>运维服务及产品采购实施细则</td></tr>
<tr><td rowspan="3">总服务台、派工服务管理办法</td><td>总服务台日常工作细则</td></tr>
<tr><td>知识库建设实施细则</td></tr>
<tr><td>派工服务管理细则</td></tr>
<tr><td rowspan="2">机房运维、巡检管理办法</td><td>机房基础环境运维管理细则</td></tr>
<tr><td>机房巡检管理细则</td></tr>
</table>

续表

一级	二级	三级（细则）
信息系统运维管理办法	系统监控管理办法	外部设备监控管理细则
		基础环境监控管理细则
		特殊设备监控管理细则
		核心设备故障应急预案
	数据安全及涉密信息管理办法	
	运维系统资源规划管理办法	
	绩效考核管理办法	通用绩效考核实施细则
		绩效考核特殊指标实施细则
		建设、共建单位绩效考核实施细则
	重大故障应急处理预案	
	运维商日常工作行为规范	运维驻场人员更换、资质审查细则
		运维驻场人员日常考勤管理
		运维驻场人员日常管理实施细则
	系统运维验收管理办法	总包商、监理商运维验收细则
		基础环境运维商验收细则
		应用系统运维商验收细则
		外部设备、特殊设备运维验收细则
		运维采购设备验收细则
	……	……
共建单位系统运维管理办法	共建单位系统故障申报管理办法（流程）	
	共建单位数据共享安全管理办法	

5.6 信息系统运维服务商遴选规划

通过以上各节，我们论述了信息化运维管理过程中对信息化业务及资产的梳理、组织模式及岗位职责的建立，并建立了相关的运维流程和制度。以此为基础，对运维服务的具体需求就可以相对明确下来，从而选择与以上内容相符的运维服务外包商。本节将简要介绍运维服务外包商选择的方法论，运维过程中的管理方法等内容。

5.6.1　外包商选择方法论

外包商的选择是一个严谨和复杂的过程。正确选择合适的外包商是高质量外包服务的必要条件。使用体系化方法选择外包商，保证了优质、合适的外包商被筛选出来。

外包商的选择关键点在于将甲方管理要求和服务要求整合在一起，作为招标、评标以及合同中的重要内容，包括服务内容、服务级别、绩效考核、奖惩制度、服务成本等。

外包商选择方法体系包括了 3 个层面的内容，如图 5-16 所示。

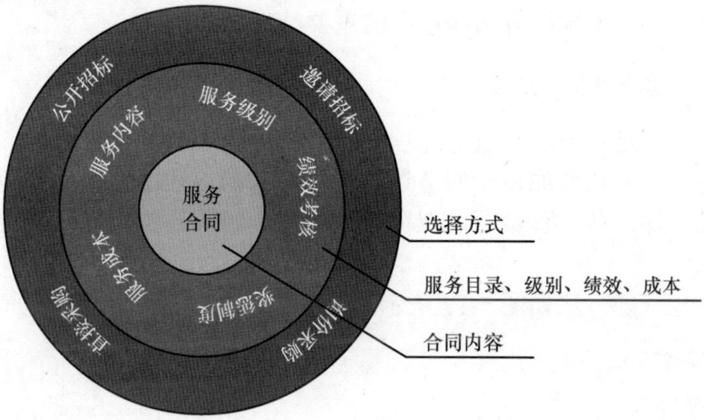

图 5-16　外包商选择方法体系

1. 选择方式

首先是选择合适的外包商选择方式。可以考虑以下几种方式。

（1）公开招标：竞争性招标。公开招标在公开程度、竞争的广泛性等方面具有较大的优势，但公开招标由于投标人众多，一般耗时较长，需花费的成本也较大，对于采购标的较小的招标来说，采用公开招标的方式往往得不偿失；

（2）邀请招标：有限竞争性招标。对于专业性较强项目，有资格承接的潜在投标人较少，或者需要在较短时间内完成采购任务时，可以采用邀请招标的方式；

（3）询价采购：对几个供货商（通常至少 3 家）的报价进行比较，并确定最优供应商的一种采购方式；

（4）直接采购：一对一谈判合同内容的方式。

2. 服务目录、级别、绩效、成本

外包运维服务是为满足甲方运维需求而进行的运维服务，因此明确服务内容、服务级别、绩效考核、奖惩制度、服务成本等内容，以此作为选择外包商的核心要求。

（1）服务内容：必须明确各个外包服务的服务内容。同时，对于多个外包商之间的服务边界要明确，要使得所有外包商服务内容的合集覆盖所有外包服务需求范围。

（2）服务级别：定义 IT 服务的级别。依据甲方需要的服务方式、服务标准等内容确定服务级别。服务方式包括日常运维服务、特殊时期服务、应急响应服务、二线支持服务，以及对服务形式、服务人员的要求。服务标准是对服务目标水平的定义，定义关键服务内容要达到的水平，以及衡量服务是否达到标准的评价方法。

（3）绩效考核：绩效考核要有完善的考核制度。包括考核组织与职责、考核管理流程、考核指标、考核表格、绩效考评制度等内容。

（4）奖惩制度：奖惩制度是基于绩效考核的结果，对外包商给予奖励或者惩罚。绩效考核通过奖惩制度加强了其被重视程度。

（5）服务成本：甲方为其要求的服务内容、服务级别等而支付的运维外包服务成本。

3. 合同内容

在合同中用文字明确服务内容、服务级别、绩效考核、奖惩制度、服务成本的相关内容。并在之后的执行管理过程中，以合同内容作为标准。对外包商选择的结果必须落实到服务合同中，这是外包商选择方法体系中的重要一环。

5.6.2 外包商管理方法论

在使用外包商的过程中，对服务过程的监控与管理是至关重要的。

只有保证每一个外包商的每一服务过程都是可控的，才能实现对外包整体服务质量的把控。同时，各方面服务过程数据的保留，也可以为组织决策层提供各类切实可信的数据决策支持。

外包服务过程管理方法如图 5-17 所示。

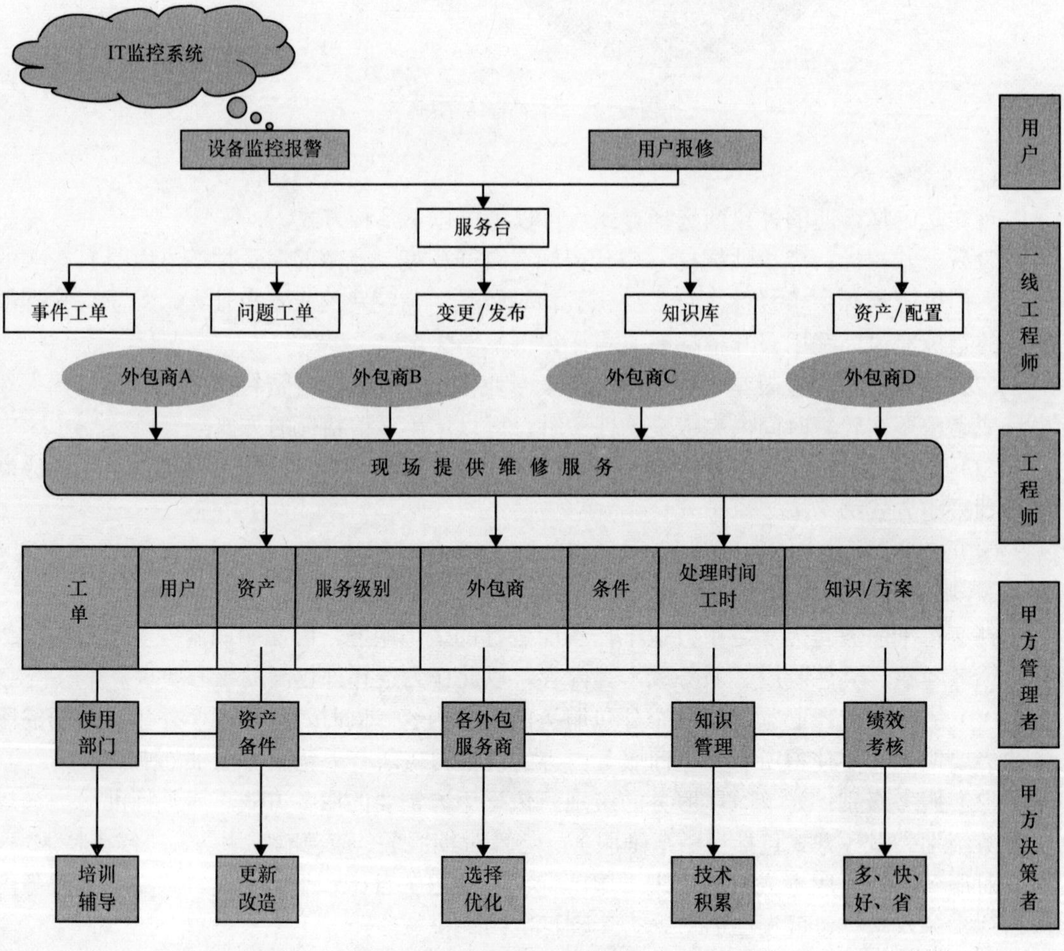

图 5-17 外包服务过程管理方法

（1）来自监控系统的报警和用户的人工服务请求形成报修信息；
（2）通过服务台的设立，实现一站式服务，将报修分配到相应外包服务人员，快速处理；
（3）外包服务人员（乙方工程师）现场提供维修服务；
（4）外包服务人员（乙方工程师）统一工单记录；
（5）甲方管理者汇总各类工单信息；
（6）甲方决策者获得各种决策依据。

通过上述各环节的管理控制方式，总体形成对外包服务环环相扣的管理逻辑关系。

5.6.3　外包商遴选方案

根据组织的实际情况，结合上述外包商管理方法论指导，我们在外包商的选择、使用、考核、优化 4 个方面提出解决方法和具体指标。

5.6.3.1　外包商选择

外包商的选择要遵循招标、评标、签订运维合同的统一流程规范。一定要选择出具有相关运维经验、能够高效完成运维工作的合适的外包商。

1. 招标

外包商选择的第一个环节是对招标文件标准化，将服务内容和时间质量要求等具体化和数字化。

招标文件应该在服务目录、服务级别要求、绩效考核、奖惩制度等方面有详细说明。

（1）服务目录

对于一个外包服务，首先要确定的，就是服务目录，即服务内容。服务内容的制定就是要明确本次外包的服务内容，清晰划分多个外包商之间的服务边界，使得所有外包商服务内容的合集覆盖所有外包服务需求范围，并各自明晰。

（2）服务级别要求

① 什么是服务级别要求？

不同的服务内容，有着不同的服务需求。服务级别要求就是要清晰描述针对每一服务内容的服务要求、服务期望、要达成的主要目标和双方具体责任等，并尽量将其进行可量化处理。服务级别要求是将来签订服务级别协议的基础。

② 服务级别要求的内容是什么？

服务级别要求包括但不仅限于以下内容：

A．服务方式

包括日常运维服务、特殊时期服务、应急响应服务，以及对服务形式、服务人员的要求等。

B．服务日历

需要提供 X×X 的服务响应期，如 7×24 小时、5×8 小时等。

C．服务标准

可用性、响应时间、解决时间等。

（3）绩效考核

包括考核组织与职责、考核管理流程、考核指标、考核表格、绩效考评制度等内容。

考核指标类型包括效率指标、质量指标、满意度指标和服务管理指标等。

（4）奖惩制度

奖惩制度是基于绩效考核的结果，对外包商给予奖励或者惩罚。绩效考核通过奖惩制度加强了其被重视程度。

奖惩方式可包括：

① 经济奖励——利用扣款惩罚作为奖励，给予考核结果优秀的外包商；

② 优先选择奖励——给予谋求进一步合作的优先权；

③ 付款延期或扣款惩罚——扣款惩罚将用于奖励其他考核结果优秀的外包商；

④ 下一年度不予选用惩罚——剥夺与其继续合作的机会。

2. 评标

评标是招标投标活动中十分重要的阶段，评标的质量决定着能否从众多投标竞争者中选出最能满足招标项目各项要求的外包商。

（1）服务商考察

要考虑服务商的资质、信誉、经营安全性，还要考虑其技术能力特别是派来人员的技术能力和经验、服务管理和人员激励等因素。做到商务上和技术上的双符合。

实地考察环节也很重要，这种方式反映的情况较为客观，可以作为决策的重要参考依据。实际运维工作考察主要侧重以下两个方面：

① 服务质量；

② 服务能力。

总体而言，在考察外包商时可以重点考虑以下几个方面。

① 外包商的资质情况及注册资本金

在选择外包商时，首先要审核外包商的资质，确认确属依法注册的具备独立法人资格的组织。同时，按照《劳动合同法》规定，外包商的注册资金不得低于50万元。由于资质和注册资本金都可以造假，因此实地考察尤为重要。

② 外包商的行业背景

要注重考察外包商及其管理人员在该外包服务领域的品牌和在该领域中所处的地位、专业知识深度以及对主要客户的服务和被派遣服务人员的管理情况。建议可以通过咨询外包商以往客户的方式，对外包商服务进行了解。找出那些与所选的外包商已经建立若干年合作关系的单位，收集他们的成功或失败经验。成功的外包合作关系应当是经历过若干年的时间考验，依然继续合作的公司。

③ 外包商从业人员素质

外包商服务人员的专业水平和服务意识，直接关系到外包管理实施的规范与否，以及外包服务效果的好坏，同时也是在外包服务实施过程中根据组织实际情况及时提供人力资源解决方案、化解甲乙双方矛盾、杜绝服务争议的关键。

④ 外包商的规范化管理程度和手段

外包商应当有自己完善的管理制度，并具有流程管理和需求管理经验，因为具有需求管理经验的外包商可以准确地描述运维单位的运维期望，并根据期望提供相应的运维服务，同时运维流程也可以为外包商提供统一的行为标准。

⑤ 外包商的人才储备情况

在专业领域的高质量、高效率的服务，灵活的用工机制是选择外包商服务的重要目的。因此，外包商的人才储备情况十分重要。在选择外包商时，很多时候对这一方面的信息较难接触到，需要现场观察。

（2）评标打分

对各投标商的商务情况、财务状况、技术方案、价格状况等方面进行打分、汇总。

以某局评标标准设立为例，供组织参考。

① 财务状况对比表

见表 5-26。

表 5-26　财务状况对比表

投标方	资产负债率			损益			现金流量		
	2007 年	2008 年	2009 年	2007 年	2008 年	2009 年	2006 年	2007 年	2008 年
甲									
乙									
丙									

② 商务评分标准

见表 5-27。

表 5-27　商务评分标准

评分项	比重	评分标准
质量管理认证	5%	
财务状况	10%	0～60 分：差 60～85 分：良 85～100 分：优
最近三年已完成（或正在实施的）与招标内容相同项目	50%	
承担本项目主要专业技术人员情况	35%	

③ 技术评分标准

见表 5-28。

表 5-28　技术评分标准

技术服务内容	50%	技术运维方案的完整性	34%
		技术运维方案的合理性	33%
		技术运维方案的实用性	33%
培训服务内容	25%	培训方案的完整性	34%
		培训方案的合理性	33%
		培训方案的实用性	33%
服务级别要求	25%	对招标书中服务级别要求的满足度	100%

④ 价格评分标准

见表5-29。

表5-29　价格评分标准

投标单位	开标价（万元）	评标得分	备注
甲			
乙			
丙			

备注：综合评分法中的价格分统一采用标底接近优先法计算，即满足招标文件要求且投标价格最接近标底价格的投标报价为评标基准价，其价格分为满分，其他投标人的价格分统一按下列公式计算：
投标报价得分=（1-（|投标报价-评标基准价|/评标基准价））×0.4×100
如果投标报价得分小于零分，按零分计算。

⑤ 评分汇总表

见表5-30。

表5-30　评分汇总表

投标人	商务评分	技术评分	价格评分	总分
	（25%）	（35%）	（40%）	
甲				
乙				
丙				

3. 签订合同

在外包商选择的最终阶段，即与外包商签订合同。外包合同的签订至关重要，合同是对外包商进行控制、监督的核心环节。在双方签订的委托合同中，对以下方面进行明确约定。

（1）服务内容

即服务目录，是外包商的服务职责，以及每项服务的特点和具体情况的说明。

（2）辅助支持内容

即该外包商服务上下游交汇处的服务内容及职责的描述。该外包商对这部分服务有支持责任。

（3）服务级别协议（SLA）

① 什么是服务级别协议？服务级别协议是指提供服务的组织与客户之间所达成的双方共同认可的协议或契约，规定了服务需要达成的主要目标和双方具体责任。

② 服务级别协议的作用是什么？服务级别协议可以将服务引向一个可量化、可控制、可评论、可管理、可改进的境界，使服务不再模糊、不再只停留在非常内在的层面。

③ 服务级别协议的内容是什么？服务级别协议的内容包括但不仅限于：

A．服务方式：包括日常运维服务、特殊时期服务、应急响应服务，以及对服务形式、服务人员的要求等。

B．服务日历：需要提供 X×X 的服务响应期，如 7×24 小时、5×8 小时等。

C．服务标准：可用性、响应时间、解决时间等。

④ 怎样签订服务级别协议？在某种意义上说，服务级别协议的签订过程，也是甲乙双方博弈的过程。双方针对招标书中的服务级别要求，进行不断的沟通和协商。在必要的时候，甲方可能需要适当降低服务要求，乙方适当提高服务水平，以期最终达成一致，形成共同认可的服务级别协议。服务级别协议也是最终确定考核指标的重要依据之一。

A．考核方法与考核指标；

B．不合格项处理和纠正；

C．奖惩机制：

详细定义对外包商在什么情况下进行奖励，怎样奖励；在什么情况下惩罚，怎样惩罚（经济惩罚、淘汰等）等内容。

D．相应违约责任。

5.6.3.2　外包商使用

组织在外包商使用时，要建立外包管理的相关规范，从细节上掌握每个服务进程的内容，保证每个服务过程是可控的；同时，过程数据对后期的统计以及最终的决策都是非常有帮助的。

对服务过程管理好了，服务质量就有了保证。一个典型的、有效的外包服务过程管理方法包括了以下几个环节。

（1）报修

来自监控系统和人工的服务请求与报警形成报修信息，这是所有服务过程的发起端；报警信息通过与各外包服务人员职责对应，会传递到服务者和管理者手机或桌面或邮件中，服务者会立即响应；而服务台，作为用户和运维服务组织统一联系点，对人工电话或邮件发出的服务请求进行统一接收，此类服务请求由固定的服务台人员接听受理。

报修过程体现了一站式受理、答复、沟通、调度等工作过程，使客户方便简捷，使报修与维修及时响应。

（2）分配

同时服务台根据服务请求的内容和外包服务分工，进行服务人员的指派，以短信、邮件、电话等形式通知服务，同时产生服务派工单，比如事件工单、问题工单、变更工单等。

一站式的服务提供受理和派工一体化，节约时间，提高效率，单点对客户，提高方便性和满意度。

（3）记录

当外包服务者完成现场服务后，将使用统一的工单来记录所有的服务信息，包括什么资产坏了，换了什么配件，谁服务的，用了多长时间，哪个用户提出的，是什么问题，解决的步骤和方法是什么，是否转手服务，为什么等。这些信息是检查外包服务过程的依据，也是统计分析的数据来源，是绩效考核的参考数据。

工单记录项可包括以下内容，组织可根据自身需要，对工单内容进行增补。工单项见表 5-31。

表 5-31　工单记录项

创建人	指创建该请求的工程师
请求状态	Open：表示请求正在处理中
	On Hold：表示因为某些原因，请求的处理被暂停
	Resolved：表示请求已经解决，但是没有得到用户的确认
	Closed：表示请求已经结束且关闭。用户的请求已得到解决且用户已认可
模式	指该请求的来源，包括用户电话、监控报警、E-mail、自助平台、固定维护任务等
优先级	描述该请求的紧急和影响程度，事情越紧急影响越大，则优先级越高。优先级高就需要先被处理。优先级分为高、中、低 3 个等级
请求人姓名	
请求分类/子分类	
主题	
描述	
工作组	指当前处理该请求的工程师所在的工作组
技术员	指当前处理该请求的工程师
解决方案	
创建时间	
逾期时间	
完成时间	
花费时间	

（4）汇总

对所有工单进行分类汇总，对故障类型、故障数量、发生时间、解决时间、解决人、解决方案、使用了哪些备品备件、用户满意度等各类信息进行汇总和统计，使包括运维工作量、服务质量、故障趋势、设备状况、备品备件使用情况等很多结果、规律、趋势立即展现，为外包管理、评价、采购升级、绩效提供实时依据。

（5）决策

通过对运维工作量、服务质量、用户满意度等方面信息的统计和分析，可以为外包管理者在外包商服务评价、外包服务费用的调整和外包商的奖惩和选择等方面提供数据依据和决策支持；而通过对设备状况、故障趋势、备品备件使用情况等方面信息及时并确实的掌握，可以使运维管理者在运维整体规划、运维资金的申请和分配等方面的决策提供坚实的数据基础。

总之，通过对各类汇总表和统计数据的分析、判断，可以使外包管理由粗放到精细，由无数据到有数据，由不及时到及时。

以上的几个环节紧密相关，总体形成环环相扣的管理逻辑，保证了对服务过程管理的合理性和科学性。这种管理采用信息化工具加以固化后，将更加容易实现没有管理的管理。

另外，组织在使用外包商前，应与各外包商共同确定外包商在日常运维服务（包括巡检、值班等）、特殊时期服务、应急服务等方面的服务内容，明确其必须遵守的相关制度、规范和计划，并基于上述管理方法，将这些服务过程一并纳入其中，进行有效管理。

5.6.3.3　外包商考核

对于外包商考核，一是结果，二是过程。

外包商考核是完善外包管理、提高外包服务质量的有效途径。依据考核评价体系对外包商进行每季度、每半年、全年的工作考评，同时结合外包合同相关条款对外包商全年工作进行奖罚以及优化下一年度运维工作。

将外包商服务过程纳入事件、问题、变更、资产、知识库等管理流程，使他们的服务规范化和标准化。同时，服务过程中产生的工单，将作为翔实的过程原始数据为外包商考核提供依据，为下一阶段外包商的选择、优化、外包资金的使用提供数据支持。

外包商考核时注重以下问题：

① 依据合同中规定的运维服务级别（SLA）和组织对外包商管理制度，制定合理的绩效考核办法。

② 绩效结果与合同挂钩，用以促进运维工作质量的提高和效率的提高，以及服务商履约程度。

考核流程如图 5-18 所示。

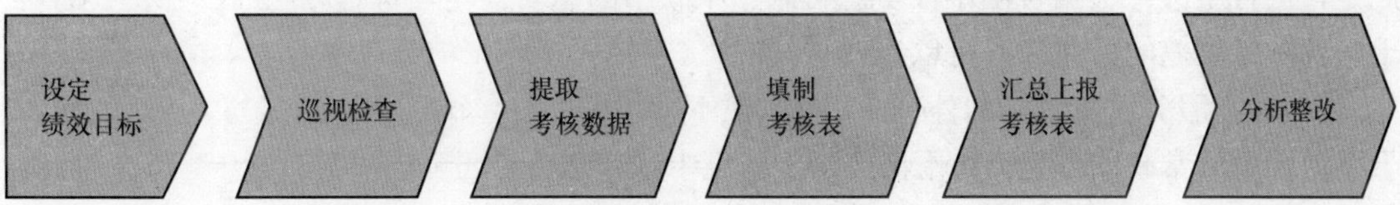

图 5-18　考核流程示意图

（1）设定绩效目标

管理者与外包商共同设定一个共识的绩效目标，为绩效考核做最充分的准备。

（2）巡视检查

不定期对外包商进行工作检查。

（3）提取考核数据

经常查看考核数据，按月提取考核数据。

（4）填制考核表

将巡查和提取的数据，填入考核表。

（5）汇总上报考核表

将各设备、各系统、各外包商等考核数据汇总上报。

（6）分析整改

分析考核结果，提出整改建议。

5.6.3.4 外包商优化

外包商的优化管理是外包服务生命周期的最后一个阶段，如图 5-19 所示。

通过对外包商服务过程和结果的考核，找到与之前设立的服务目标的差距。对没有达到服务目标的外包商根据实际情况实施惩罚方案，提出整改要求，或最终淘汰等方式进行处理；对服务质量非常高，超出服务目标的外包商，可以实施奖励措施进行鼓励。

通过外包商的优化管理，使外包服务生命周期轮转起来，真正实现外包商管理的 PDCA 循环，不断提高外包服务质量。

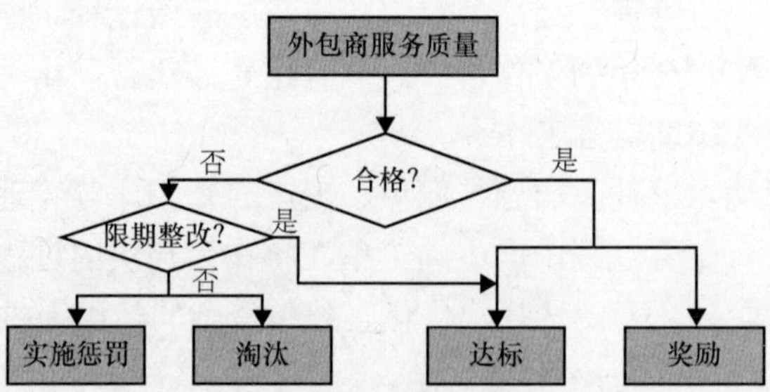

图 5-19 外包商优化

① 通过对外包商服务过程和结果的考核，与服务目标进行比较，真实客观的评价外包商服务质量是否合格。

② 对于不合格的外包商，根据与之签订的合同中“不合格项处理和纠正”条款的具体规定，进行整改；根据合同中“奖惩机制”条款中的惩罚规定，进行相应经济惩罚；而对于服务质量很差的外包商，可以选择将其淘汰。

③ 对于服务质量达标的外包商，可以在下一年度的外包商选择中继续与之合作；而对于服务质量非常高的外包商，不仅在下一年度中继续选择，还可以根据合同中“奖惩机制”条款中的奖励规定，对其进行相应经济奖励，以示认可和鼓励。

5.7 信息系统运维预算规划

通过运维外包服务商的选择和管理，我们已经建立起了一套较为完整的运维管理的实施方法体系。在此基础上，应当与分包模式相对应，按照分级科目体系建立运维预算的科目体系。目前，国内的运维预算体系尚不安全成熟，运维预算科目及相关计算标准、核定方法等还没有一个明确统一的标准。本节将结合笔者在运维管理过程中的一些经验，介绍在运维预算制定过程中的一些常用方法，最后还将对运维预算核算的管理流程进行简介。

5.7.1　信息系统运维预算体系规划

5.7.1.1　现行的运维预算编制审定方法

信息化运维预算是近年来在我国信息化预算体系，特别是电子政务预算编制体系中较为新兴的一个大类。就电子政务而言，运维预算的编制由各组织独立完成，但预算的审定一般由财政部门统一进行。因此，在明确运维预算体系的建设意义以及运维预算体系的建设方法前，有必要首先探讨财政部门对于信息化运维预算的计算和审定方式。

目前，传统的运维预算编制工作模式是在每年的下半年，组织根据往年运维预算编制和预算执行的情况，结合当前组织信息化资产的变动情况，编制运维费预算，在财政部门规定期限内上报，财政部门根据全市信息化运维的总预算统筹各部门预算。同时，财政部门会对运维预算的执行情况进行监督考核。

财政部门在计算组织的运维费预算时，大多采用的是资产比例系数法，即：信息化运维费=信息化分类资产数×分类系数。

在编制运维费预算时，一般将信息化资产按照“数据库、网络设备、系统软件、系统硬件、应用软件”分为 5 大类。财政部门根据支出和资产的核查，对组织提出的运维预算进行调整。

5.7.1.2　运维费预算体系规划的问题及意义

当前组织信息化运维费预算编制面临的问题主要包括如下方面：

① 缺乏标准化的信息化运维预算科目体系；

② 运维预算的口径很难统一；

③ 运维预算编制缺乏可靠的依据和可参照的标准；

④ 运维预算编制金额同实际执行金额偏差较大。大多数信息系统运维采用外包模式，运维预算基于信息系统建设合同的成交价，由于信息系统运维的技术复杂度强等因素，各组织的预算金额同实际执行金额偏差很大；

⑤ 运维预算的编制方法存在一定的不合理性。目前各组织很难明确自身信息化资产的总额，按现行的资产系数方法进行预算编制存在着一定的不合理性。

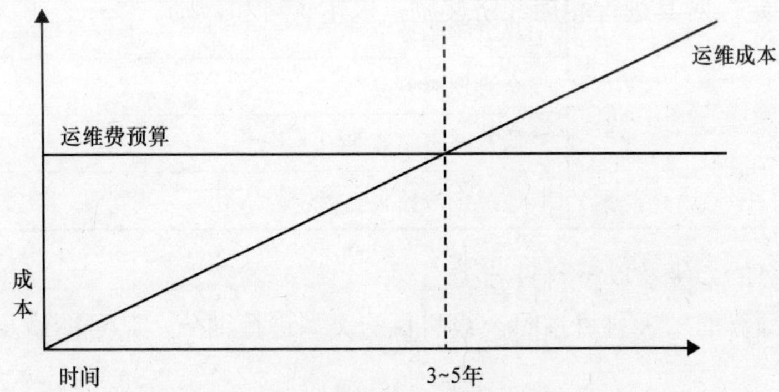

图 5-20　运维成本与运维时间的关系

如图 5-20 所示，在系统运维初期，设备、软件等故障和问题较少，所以运维商运维成本较低，此时采用固定的运维费存在一定的冗余。

在一定时期后，大概在 3～5 年，随着设备逐步老化，其维护和更换的需求量增大，导致设备运维成本增长；同时随着业务的不断发展，从业务优化、调整到业务扩充，都会带来运维直接成本的增加。此时，运维费与运维成本大致相当。

如果采用投资比例法继续计算运维费，那么在 5 年之后，如果没有进行大规模系统升级改造，那么运维费将低于运维成本。

运维预算体系设计的意义在于：统一预算口径，明确运维预算科目，采用运维工作量法计算运维费用，使预算编制更加科学化、合理化，从而有效利用运维预算，保障信息化运维工作正常开展。

5.7.1.3 运维预算体系的组成

信息化运维预算体系一般由以下两个部分构成：

（1）运维预算科目的构成；

（2）运维预算的计算方法。

1. 运维预算科目的构成

（1）运维预算的一级科目分类

信息化运维预算第一级科目一般由运维备品备件采购费用和提供软硬件系统、网络通信、信息资源服务、安全管理等技术维护服务所发生的人工费用两大类费用构成。具体见表 5-32。

表 5-32　　运维预算一级科目分类

一级科目类别	一级科目
采购费用	运维备品备件采购
人工费用	硬件设施运维服务费
	产品化基础软件维护服务费
	定制开发的业务应用软件服务费
	信息资源服务费
	安全管理服务费
	通信及网络服务费
	其他综合事务服务费

（2）运维预算的二级及以下科目分类

信息化运维预算的二级科目按照一级科目的类型进行细分，其可能涉及的大致设计内容见表 5-33。

表 5-33　　运维预算二级科目分类

一级科目	二级科目的设计内容	备注
运维备品备件采购	硬件、网络、通信等设备的备品备件采购	此部分仅涉及备品备件的采购本身，其费用也指备品备件的采购费用，不含备品备件的储存、管理和使用所需要的人工费
硬件设施运维服务费	为确保有形的信息化设备和物理环境（如路由器、主机、磁盘阵列等）在使用期内正常运行，所必需的维护、保养、更换部件等操作	
产品化基础软件维护服务费	为确保现有的软件系统功能的正常运行，所必需的一系列操作（如软件系统的运行状态监控、性能监测和调优、参数配置、文档等）	
定制开发的业务应用软件服务费	独立数据库的数据录入、编辑、管理、统计分析等政府网站内容信息服务业务相关的内容信息服务（如生成业务报表）	
信息资源服务费	网络接入类及通信类运维是指为保障网络（互联网、政府专网）正常接入和通信畅通所必需的运行维护操作，此部分运维基本上由专业公司（如移动、电信等）完成，政府以购买接入服务的形式支付费用	
安全管理服务费	安全管理服务运维是指在一定安全体系构架下，以保障安全为目的，进行有关系统安全工作的方针、决策、计划、组织、指挥、协调、控制等职能，合理有效地使用资源，为达到预定的安全防范目标而进行的活动	安全管理服务仅针对整体和全局的安全体系构建和政策规范制定，不包括： 对单台非安全硬件设备、单个非安全软件系统的安全相关操作；对单台安全硬件设备、单个安全软件的运维
通信及网络服务费		
其他综合事务服务费	指为保障运维工作的规范化、有序开展，所必需的一系列综合性的运维管理行为（如资产管理、流程管理、用户培训、知识管理、帮助台等）	

基于上述运维预算科目体系的设计方法，表 5-34 中给出一个运维预算科目体系细化到三级及部分明细科目的设计实例。

表 5-34　　运维预算三级及部分明细科目设计实例

一级科目	二级科目	三级科目	明细科目
备品备件采购			
硬件相关	网络系统	交换机	
		路由器	
		其他网络设备组件	
	主机系统	小型机	
		PC 服务器	
		主机系统设备组件	
	存储、备份系统	存储设备	
		备份设备	
	机房环境	机房专用精密空调	
		机房专用 UPS 不间断电源	
		机房环境设备组件	
	客户端	PC	
		笔记本	
		打印机	
		扫描仪	
	安全设备	硬件防火墙设备	
		入侵检测设备	
		漏洞扫描设备	
		身份识别设备	
		加密设备工具	
		其他安全设备	
软件相关	产品化基础软件	服务器端	操作系统
			数据库管理系统（DBMS）
			中间件
			安全软件
			网络与通信管理软件
			业务软件
			其他软件

续表

<table>
<tr><th>一级科目</th><th>二级科目</th><th>三级科目</th><th>明细科目</th></tr>
<tr><td rowspan="12">软件相关</td><td rowspan="7">产品化基础软件</td><td rowspan="7">客户端</td><td>操作系统</td></tr>
<tr><td>数据库软件</td></tr>
<tr><td>办公软件</td></tr>
<tr><td>地理信息系统软件</td></tr>
<tr><td>网络与通信管理软件</td></tr>
<tr><td>业务软件</td></tr>
<tr><td>其他软件</td></tr>
<tr><td rowspan="5">定制开发的业务应用软件</td><td>OA 及内部办公</td><td></td></tr>
<tr><td>政府网站</td><td></td></tr>
<tr><td>面向企业或组织的应用系统</td><td></td></tr>
<tr><td>面向公民的应用系统</td><td></td></tr>
<tr><td>城市管理类应用系统</td><td></td></tr>
<tr><td>内容信息类</td><td></td><td></td><td></td></tr>
<tr><td rowspan="2">网络接入与通信类</td><td>网络接入</td><td></td><td></td></tr>
<tr><td>通信</td><td></td><td></td></tr>
<tr><td rowspan="6">安全管理服务类</td><td rowspan="5">安全体系建设服务</td><td>风险分析</td><td></td></tr>
<tr><td>安全等级评估</td><td></td></tr>
<tr><td>执行策略服务</td><td></td></tr>
<tr><td>系统实施服务</td><td></td></tr>
<tr><td>实时响应服务</td><td></td></tr>
<tr><td>安全制度规范服务</td><td></td><td></td></tr>
<tr><td rowspan="6">综合事务类</td><td>资产管理</td><td></td><td></td></tr>
<tr><td>服务台</td><td></td><td></td></tr>
<tr><td>流程管理</td><td></td><td></td></tr>
<tr><td>知识管理</td><td></td><td></td></tr>
<tr><td>用户培训</td><td></td><td></td></tr>
<tr><td>其他综合事务</td><td></td><td></td></tr>
</table>

2. 运维预算的计算方法

运维费预算实际上也就是成本预算，从简单的数学角度上理解，它就是总数核算，根据上文的预算科目体系来讲，可以用下面的数学表达形式：

预算=运维成本+附加费用，其中：

（1）附加费用=管理费、水电费、场地费、税费、利润等其他必要支出，一般为可预见性定额；

（2）通常情况下，运维成本可以这样表述：运维成本=各分项运维成本的总和=基础环境运维费+应用系统运维费+安全管理运维费+其他类费用。

上述每类分项运维费符合以下计算方法：

① 基础环境运维费=驻场服务人工费+运维工作子项×数量×预算定额标准+第三方原厂服务；

② 应用软件运维费=驻场服务人工费+系统变更、改造、升级费；

③ 安全管理运维费=驻场服务人工费（指安全体系建设、系统加固与漏洞扫描等）+应用软件安全测试+信息安全等级保护相关服务。

在上述计算公式中，驻场服务人工费=核定级别的驻场人员单价×驻场人员数量×工作量；其中，驻场人员数量及工作量，应当依据上一年度/季度的运维工作统计数据，按照绩效考核所得出的评价性结论，结合本年度/季度的运维工作计划进行预估行核定；核定级别的驻场人员单价应当由业主单位与服务提供商按照固定的人员级别标准进行计算。

上述 3 项计算公式中，除“驻场服务人工费”的计算方法相对统一以外，每一项计算公式都具有代表其运维业务特性的成本组成部分，例如，应用软件运维费除包括驻场服务人工费以外还包括系统变更、改造、升级费用。以下小节将详细介绍关于应用系统变更、改造、升级费的计算方法。

5.7.1.4 应用软件调整和应用软件升级改造类预算的计算方法——功能点分析法

信息系统运维期的业务调整带来的系统变更和应用系统的升级改造，都可以视为一个个独立的小微型的应用软件建设项目。首先它具备应用软件开发项目的一切特征和必要因素：具有明确的目的、实施过程流程化和成果物的具体化。其建设周期也符合软件生命周期的过程要素：需求、设计、开发、测试、试运行、正式运行等内容。所以对应用软件调整与升级改造类的运维工作预算的编制方法也可以相同，在这里重点推荐一种传统的应用软件开发工作量核定的方法——功能点分析法。

简介：随着软件技术的发展，采用功能点分析法度量软件规模应运而生并逐步成熟。功能点分析法是一种度量软件规模的标准方法，能够较好地克服源代码行法的缺点。功能规模度量方法源自 20 世纪 70 年代由 IBM 公司提出的功能点分析（Function Point Analysis，FPA）[1~2]，此后，功能点分析方法逐渐受到了广泛的关注和接纳，陆续出现了很多不同的功能点分析方法。目前有 5 个标准（IFPUG 标准、COSMIC 标准、MARKⅡ标准、NESMA 标准、FISMA 标准）被国际标准化组织（ISO）确定为软件功能点度量标准。其中，IFPUG 出版了功能点计算实践手册 4.2 版[3]，定义了功能点分析包含的 5 个衡量组件：外部输入、外部输出、外部查询、内部逻辑文件及外部接口文件。根据对这 5 个组件的客观评估与计算，可以得到标准功能点数量，再根据功能点数量和目前行业工作能力平均数，即可计算出该软件的相对准确的人工工作量。下文是具体计算方法，当然任何方法都有局限性，下文的功能点法也会被更多的行业专家优化和改良，但可以相信，其核心思想还是不变的，在这方面希望读者能活学活用。

小提示：在成本计算上，12 个人工作 1 个月的成本与 1 个人工作 12 个月的成本可以认为是等同的，但在实施周期上，用运筹学的方法来看，1 个人工作 12 个月的成果很有可能不等同于 12 个人工作 1 个月。

1. 功能点法的总体流程

由于软件本身的复杂性、估算工具的缺乏以及一些人为错误，导致软件项目的投资估算往往和实际情况相差甚远。为了可靠地对软件项目进行估算，我们采用当前国际通行的系统功能点分析法，步骤如下：

第一步，估算项目规模，通过计算功能点完成；

第二步，估算项目所需工作量，本项目中以人月为单位计算；

第三步，估算项目进度，以自然月为单位计算；

第四步，估算项目成本。

功能点分析法是通过一种基于软件功能的估算模型，运用度量和估算的方法对软件工程实现定量分析，其中包括了对软件工程的项目规模、工作量、进度和投资成本的估算。功能点方式目前被广泛认可并应用在信息系统、数据库密集型、4GL 应用系统开发等。

2. 软件开发工作量的功能点估算流程

功能点是对软件功能和大小的间接度量单位，一般通过必须和用户交互的情况的数目来测算程序工作量的大小。其工作流程如下。

（1）确定计算范围：确定功能点的计算规范、划定应用程序的边界；

（2）功能点分析：识别和估算与软件数据和事务功能有关的各种要素及其数量；

（3）功能点计算（初步）：根据功能点均值和权值计算初步的功能点数 UFC；

（4）代码复用比率调整；

（5）确定技术复杂度调整因子 TCF；

（6）功能点调节：计算出调整后的功能点数 FP = UFC×TCF。

3. 功能点分析

功能点分析是从软件用户的角度来评估一个软件系统的功能，它将软件的功能分为 5 个基本要素。其中两个表示终端用户的数据需求：内部逻辑文件（Internal Logical Files）、外部接口文件（External Interface Files）；另外 3 个表示用户对数据的获取处理的事务功能：用户输入（External InPuts）、用户输出（External Outputs）、用户查询（External Inquiries）。它们的详细定义如下。

（1）内部逻辑文件（ILF）：是一个用户可识别的逻辑相关的数据组，它在应用程序边界内，由用户输入来维护。它可能是某个大型数据库的一部分或是一个独立的文件。

（2）外部接口文件（EIF）：是一个用户可识别的逻辑相关的数据组，但仅仅是起参考的作用，且数据完全存于软件边界之外，由另一个应用程序进行维护，是另一个应用程序的内部逻辑文件。

（3）用户输入（EI）：是来自于软件外部的数据输入，可以是控制信息，也可以是事务数据输入。如果是事务数据，它必须维护一个或多个内部逻辑文件。也就是说那些最后没有保存的中间计算结果和消息发送，都不算作数据输入单元。输入数据可来自于一个数据输入屏幕或其他应用程序。

（4）用户输出（EO）：是“经过处理”的数据，由程序内部输出到外部。这里“经过处理”是指其区别于用户查询数据，是将一个或多个 ILF、EIF 中取出数据经过一定的组合、计算、总结后得出的输出数据。

（5）用户查询（EQ）：是一个输入输出的组合过程，从一个或多个 ILF、EIF 中取出数据输出到程序外部。其中的输入过程不更新任何 ILF，输出过程不进行任何数据处理。

4. 功能点计算（初步值 UFC）

一旦估算出应用程序中每个功能要素的数量后，就可以将每个平均计数与权值（也称复杂度加权因子）相乘，最后进行合计，算出一个初步的系统功能点数 UFC。系统功能点数 UFC 是该系统所有功能点条目的总和（估计者根据对复杂度的判断，功能点数可以用乐观值、可能值或悲观值调整）。权值表（也称复杂度加权因子表）见表 5-35。

表 5-35　　功能要素权值表（Complexity Weights Factor）

复杂度 / 功能要素	低	平均	高
用户输入数 EI	3	4	6
用户输出数 EO	4	5	7
用户查询表 EQ	3	4	6
内部逻辑文件数 ILF	7	10	15
外部接口文件数 EIF	5	7	10

每个功能要素的复杂度可通过表 5-36 进行分析判断。

表 5-36　　功能要素复杂度判别表（Determine the Complexity-Level）

<table>
<tr><th colspan="4">ILF（内部逻辑文件）和 EIF（外部接口文件）</th><th colspan="4">EO（用户输出）和 EQ（用户查询）</th><th colspan="4">EI（用户输入）</th></tr>
<tr><th rowspan="2">记录单元</th><th colspan="3">数据单元</th><th rowspan="2">文件类型</th><th colspan="3">数据单元</th><th rowspan="2">文件类型</th><th colspan="3">数据单元</th></tr>
<tr><th>1～19</th><th>20～50</th><th>51+</th><th>1～5</th><th>6～19</th><th>20+</th><th>1～4</th><th>5～15</th><th>16+</th></tr>
<tr><td>1</td><td>低</td><td>低</td><td>平均</td><td>0 或 1</td><td>低</td><td>低</td><td>平均</td><td>0 或 1</td><td>低</td><td>低</td><td>平均</td></tr>
<tr><td>2～5</td><td>低</td><td>平均</td><td>高</td><td>2～3</td><td>低</td><td>平均</td><td>高</td><td>2～3</td><td>低</td><td>平均</td><td>高</td></tr>
<tr><td>6</td><td>平均</td><td>高</td><td>高</td><td>4+</td><td>平均</td><td>高</td><td>高</td><td>4+</td><td>平均</td><td>高</td><td>高</td></tr>
</table>

从表中可以看出，EI（用户输入）、EO（用户输出）和 EQ（用户查询）是由文件类型和数据单元的数量来决定的。而 ILF（内部逻辑文件）和 EIF（外部接口文件）则是由记录单元和数据单元来决定的。通过上面的两维表即可确定各个功能要素的复杂度是低、平均，还是高。

本项新需求/升级改造项目根据委托方提供的资料，经分析统计得出 UFC。其中，功能点数（UFC）=取整[（乐观值+可能值×4+悲观值）/6]×权值，系统功能点数（UFC）=Σ 功能点数。

表 5-37　　子系统改造功能点

子系统改造功能点					
信息域值	乐观值	可能值	悲观值	权值	功能点数 UFC
用户输入数 EI					
用户输出数 EO					
用户查询表 EQ					
内部逻辑文件数 ILF					
外部接口文件数 EIF					
系统 UFC					

5. 确定技术复杂度因子 TCF

算出系统功能点数 UFC 后，还需要乘以技术复杂度因子。技术复杂度一共考虑了 14 个调节参数，设 EM*i* 为根据 14 个方面的调节参数对软件系统的影响程度，从没有影响到要求极高，给出的一个 0～5 之间的数，见表 5-38。

表 5-38　　技术复杂度因子表

EM*i*	技术复杂度因子		参数
EM1	Data Communications	数据通信	
EM2	Performance	软件性能	
EM3	Heavily Used Configuration	可配置性	
EM4	Transaction Rate	事务效率	
EM5	Online Data Entry	实时数据输入	
EM6	End User Efficiency	用户界面复杂度	
EM7	Online Update	在线升级	
EM8	Complex Processing	复杂运算	
EM9	Reusability Ease	代码复用性	
EM10	Installation Ease	安装简易性	
EM11	Operations Ease	操作方便性	
EM12	Multiple Ease	跨平台要求	
EM13	Facilitate Change	可扩展性	
EM14	Distributed Functions	分布式数据处理	
合计			

技术复杂度因子：$TCF=0.65+0.01\times\sum_{i=1}^{14}EMi$

6. 计算调节后的功能点数 FP

计算得出经调节后功能点数：

$$FP=UFC\times TCF$$

7. 软件行业人月成本估算方法

软件人员的人月成本是指软件企业一个月平均需要的所有成本开销（包括工资、奖金、福利、办公成本、国家各种税费、管理费用等）及软件企业合理利润的总和，除以企业员工人数。其成本开销主要包括以下方面：

（1）工资：指软件企业需要支付给软件开发人员的工资的平均值，设该值为 B。

（2）国家规定的福利：按照国家政策的缴费基数缴纳的职工福利，其中公积金 8%~20%，医疗保险金 12%，养老金 22%，失业金 2%（即通常所说的四金），另外还有按工资总额计征的工伤保证金 0.5%，生育保证金 0.5%，残疾基金 1.6%，工会基金 2%，累计为 47.6%。

（3）奖金及各项物质奖励：指企业支付给企业的奖金及过年过节的一些物质奖励和基本福利。根据软件行业情况。

（4）办公成本：包括办公场地租赁费、水电费、差旅费、企业为项目顺利运作所支付的其他费用等各项。根据经验及研究，该项支出约占企业员工成本的三分之一。

（5）人力资源储备费：企业人员流动、人员储备及人员的学习、培养、知识更新，不能创造价值但需要支付成本，该项成本为 0.20B。

（6）基础设施建设、设备的购置、折旧费，各项开发平台、开发工具的购买等。

（7）国家税收和企业利润，根据经验和统计数据，约占企业员工成本的三分之一。

（8）管理费用：包括公司管理层，部门管理层，人力资源、行政、财务等人员的费用分摊。根据经验和行业通常计算方法，每 10 个软件人员配备两个管理人员，则管理费用计取的比例为前面 7 项总和的 20%。

综合以上因素，可得出软件人员的人月成本为：

人月成本=（工资＋福利＋奖金＋办公成本＋资源储备＋基础建设＋税收利润）×（1＋管理费率）

平均工资的取值以当地的行业工资水平为准。

虽然国家还没有对信息系统软件需求、设计、开发工程师相关费用标准，但推荐以《建设工程监理与相关服务收费管理规定》（发改价格【2007】670 号）、《信息系统工程监理及相关信息技术咨询服务取费计算方法》（中电企协监字【2013】01 号）中的部分内容作为参考。如果在执行过程中有切实困难的，可以定义工程师级别：初级、中级和高级。其初级人月单价以当地平均工资为基准，中级和高级给予一定比例的上浮。再根据下文内容计算出相对更加合理的评估费用。

8. 评估项目工作量和测算投资费用

采用 IBM 模型将软件项目规模转换成工作量。为了计算，我们需要利用逆向法将功能点转化成一个语言等价表来完成。

表 5-39　　应用系统调整和升级改造预算评估

应用系统调整和升级改造预算评估	
代码行 L	FP × SLOC =　（千代码行）
工作量 E	5.2 × L0.91 =　人月
文档量 DOC	49 × L1.01 =　页
开发费用 D	E × 3.23B =　万元
开发人员数量 S	0.54 × E0.6 ＝　人
项目持续时间 D	4.1 × L0.36 ＝　个月

5.7.1.5　驻场运维人员预算方法

1. 按实际发生工作量计算运维费

根据《信息系统运维预算定额参考标准》首先计算最低保底的基本运维费、计驻场运维人工费。

然后根据年度运维工作结束后，根据实际发生工作量进行评估，再加上实际发生的备件费、人工费等合成为相对准确的运维费。这种计算方法与实际发生费用吻合度高，但是在工作量统计和计算上需要大量数据作为支撑。

2. 按阶段平均投入计算运维费

第二种方法是根据一定运维阶段工作的考量，可对系统运维软硬件各方面的设备、人力投入进行统计（如总服务台、派工等），合理平衡运维实施单位的投入成本。在理论上，如果通过一个阶段的运维工作的绩效管理考核结果，分析 IT 系统运维各个层面实际的工作量，就可以有侧重的调整下阶段运维工作的重点。如某业务需要的现场运维平均工作量是多少、有多少业务系统的运维可以合并等。最后根据人工投入、备件投入的平均值来估算下年度运维费预算。

5.7.2　信息系统运维预算核算管理流程

信息系统运维预算核算管理流程的总体目标是为组织提供一套成熟的信息化运维预算和成本的管理方法，以健全运维预算和成本的控制，具体内容包括：

（1）为信息系统运维和所涉及的信息化资产和资源制定预算；

（2）为信息系统运维和所涉及的信息化资产和资源提供财务管理；

（3）识别、记录并解释服务成本支出，进行成本收益分析，帮助组织更多地从财务的视角进行信息系统运维规划；

（4）提供详细的与信息系统运维改进或变更有关的财务信息和案例分析，为管理层提供辅助信息化决策，以及从财务角度评价信息化活动和价值。

信息系统运维预核算管理活动的范围包括所有信息化成本及预算的组成部分：信息化资产、共享资源、组织管理费用、外部提供的服务、人员等。

5.7.2.1 运维预算管理的职责

信息系统运维预核算管理包括以下角色及职责。

1. 运维预决算经理

（1）负责所辖项目年度费用预算的初审；

（2）负责监控预算执行；

（3）负责信息系统运维成本核算管理工作；

（4）负责预算执行的定期回顾。

2. 信息系统运维成本分析员

（1）负责常规项目需求及年度费用需求信息收集；

（2）负责单项目年度费用预算的编制；

（3）负责核算变更管理主要变更的成本预测；

（4）负责跟踪预算的执行情况，向 IT 预决算经理提交预算变更信息和预算差异信息。

5.7.2.2 运维预决算管理过程

1. 运维预决算管理概要流程

为方便理解运维预决算管理过程，运维预决算管理过程将采用分级的方式进行表述。运维预决算管理概要过程主要从整体上描述供应商的处理过程，不会体现具体的细节和涵盖所有的人员。

（1）信息系统运维预算管理

信息系统运维预算管理的目标是通过有效的控制措施使实际预算执行与预算计划相匹配，确保当年的预算执行能够满足当年的服务级别需求。有效的预算计划和控制能够帮助组织准确预测每年提供信息系统运维所需的成本，并使得实际支出与预算计划相匹配，从而减少过度支出的风险。

（2）信息系统运维成本核算管理

信息系统运维成本核算管理的主要活动包括成本核算、成本记录和跟踪。信息系统运维成本核算管理的主要目标是帮助其准确记录其提供信息系统运维的所有支出，为组织下一年信息系统运维预算的制定提供决策依据，为运维预决算经理做好预算的计划和控制提供必要的数据支持。

2. 信息系统运维预算管理

（1）制定信息系统运维预算表

信息系统运维成本分析员根据信息系统运维成本核算结果，制定下年度信息系统运维预算表，并将预算表提交给运维预决算经理进行初步审核。

（2）预算变更申请

信息系统运维成本分析员跟踪表查看当前预算执行情况，如果存在预算差额，则根据情况申请追加预算，编写预算变更申请，提交给运维预决算经理进行初步审批。

预算变更申请包括因业务需求变化而产生的预算追加和合同变更，由于预算周期内计划的服务变更、预算需求超过可用资金导致的短期资金不足等。

（3）预算审批

运维预决算经理对信息系统运维成本分析员提交的新预算表（或预算变更申请）进行审核，如果预算需要修改，则发回修改，转到制定信息系统运维预算表（或预算变更申请）；如果预算符合要求，转到预算执行情况回顾。

（4）预算执行情况回顾

运维预决算经理定期回顾预算执行的情况，并在年度预算执行完毕后向管理层提交预算执行结果反馈——年度成本跟踪表，年度成本跟踪表可由信息系统运维成本分析员提供。

3. 信息系统运维成本核算管理

（1）收集并提交预算需求

信息系统运维成本分析员根据容量管理流程的需求调研与容量规划信息和服务级别协议，收集为满足容量规划和服务级别协议所需的预算需求。

信息系统运维成本分析员对搜集的预算需求进行整理，作为信息系统运维预算管理中制定预算表的输入。

（2）定期成本记录

信息系统运维成本分析员定期在系统中记录项目预算和费用预算的具体执行，并每月生成一份月成本跟踪表，详细列出该月的成本记录，提交运维预决算经理查看。

成本支出参考供应商款项支付信息和其他支付信息，除列出当前已支付数额外，同时列出当前项目完成进度，以体现过度和过少的支出/费用恢复，从而及时提出预警。

（3）成本核算

信息系统运维成本分析员根据定期的成本记录，进行成本核算，尤其是对变更管理流程提交的主要变更的成本预测进行成本核算，查看该变更的成本预测是否合理，如果不合理，则核算出合理的变更成本。

信息系统运维成本分析员整理已通过成本核算的变更请求，并向运维预决算经理传递预算变更信息。

（4）成本跟踪

运维服务成本分析员定期对预算的执行进行成本跟踪，成本跟踪以预算为基准对成本进行监控，查看当前预算执行情况以及项目完成情况。同时根据服务级别和服务成本的变更提交预算变更信息，以保障支持服务级别。若服务级别和服务成本未发生变更，预算与成本的差异较大，运维服务成本分析员如需对预算进行调整时，需要报送运维预决算经理进行初审，转到需要调整预算。

4. 信息化预决算管理流程与其他运维内容的关系

强相关过程是指，在运维预决算管理过程中，可能需要直接触发其他管理过程，或直接向某些过程获取必要数据。对于运维预决算管理过程没有直接影响的其他管理过程，则不在本过程中进行描述。

（1）容量管理

运维预决算管理评估容量管理流程提供的容量计划和容量设计，确定支持这些设计所需的合理成本。之后，运维预决算管理集成这些预测的成本和收入，形成预算。

（2）变更管理/配置管理

根据一个变更请求（RFC），信息化预决算管理管理将检查配置管理数据库（CMDB），根据此服务的组件（CI）配置关系，进行财务分析，评估这个设计的实施成本，检查和控制在合理的运维预算之内，并给变更管理委员会（CAB）提出相关意见和建议。

（3）服务级别管理

运维预决算管理提供给服务级别管理包括公司财务策略和基本的资源成本模型及计算方法等信息，服务级别管理根据客户服务水平需求，提供运维预决算管理所需运维人员和技术等信息，并以相关策略和方法作为进行各种协商的成本计算依据。

（4）服务商管理

对供应商的支付款项信息作为运维预决算管理中进行成本核算的重要输入。运维预决算管理为供应管理中合体款项支付提供依据。

5. 运维预决算管理流程的 KPI

为了保证运维预决算管理良好执行，定义以下关键指标：

（1）是否所有的运维成本都已被记录；

（2）超出预算的项目占所有项目的比例；

（3）预算计划的实际支出与预算计划之间差额数目的减少。

5.8 信息系统运维实施绩效考核

在信息系统运维过程中，为了持续提高运维服务质量，保证系统平稳运行，加强对日常运维工作的管理，进而优化系统运维成本与服务效果，需要进行绩效管理。

信息系统绩效管理体系的设计是信息系统运维管理咨询的重要组成部分，通过绩效管理可以客观评价信息系统运维期各个参与者（即管理团队和实施团队）的工作状态，不断促进其提高运维服务能力。

5.8.1 信息系统运维管理绩效管理的定义

1. 什么是绩效和绩效管理

绩效是“组织中个人（群体）特定时间内的可描述的工作行为和可测量的工作结果”与“组织结合个人（群体）在过去工作中的素质和能力，指导其改进完善，从而预计该人（群体）在未来特定时间内所能取得的工作成效”的对比情况。用通俗的语言表示就是投入产出情况。“投入”指的是人力、物力、时间等物质资源，“产出”指的是工作任务在数量、质量及效率方面的完成情况。

而绩效管理，在管理学中是指各级管理者和员工为了达到组织目标共同参与的绩效计划制定、绩效辅导沟通、绩效考核评价、绩效结果应用、绩效目标提升的持续循环过程，绩效管理的目的是持续提升个人、部门和组织的绩效。——来自百度词条。此定义对绩效管理的 3 个重要属性“目的、参与人、过程”进行了准确的描述。

（1）绩效管理的目的是为了实现组织的目标而持续提升绩效，即使投入和产出情况向良性方向发展；

（2）绩效管理的参与人是在组织中为了达成目标的所有参与人，包括各级管理者和执行者，每个参与人都是绩效管理中不可或缺的一部分；

（3）绩效管理的内容是绩效制定、辅导发布、考核实施、结果利用。绩效的制定是要保证绩效的合理性；绩效的辅导发布是为了保证参与人对绩效管理的理解和重视；绩效考核实施是对绩效过程的客观评价；绩效结果的利用（激励和惩罚机制）是为了提高参与者对完成绩效目标积极性的手段。

2. 信息系统运维绩效管理的定义

结合信息系统运维的目标和绩效管理在管理学中的定义，可以具体分析出信息系统运维绩效管理三要素的具体内容。

信息系统运维绩效管理的目的，是为了实现信息系统运维的目标“持续提高运维服务质量，保证系统平稳运行，加强对日常运维工作的管理，进而优化系统运维成本与服务效果。”

信息系统运维绩效管理的参与人包括信息系统运维管理单位和运维服务商的各级管理者和执行者。

信息系统运维绩效管理的过程包括：制定系统运维绩效考核方案，对运维商进行培训，执行绩效考核，根据绩效考核结果进行奖惩。

综上所述，信息系统运维绩效管理可以定义为“为持续提高运维服务质量，保证信息系统平稳运行，加强对日常运维工作的管理，进而优化系统运维成本与服务效果，为所有参与运维工作的组织和个人，进行绩效目标的制定、培训、考核和奖惩而进行的运维管理活动。

5.8.2　信息系统运维绩效管理的内容

信息系统运维绩效管理体系包括绩效体系设计、考核内容的培训、绩效考核过程和考核结果利用 4 个方面。

由于本书的内容是建立在如何帮助信息系统运维管理者更好地做好管理的基础之上的，因此以下描述的绩效考核体系设计思路和原则倾向于如何考核运维商的角度，至于对运维管理者的考核和系统运行状态的评价请读者根据实际情况另行分析，希望以下内容能有一些借鉴和帮助的作用。

5.8.3　绩效考核体系设计

5.8.3.1　绩效考核体系设计思路

信息系统运维绩效考核体系不同于其他类型的绩效考核体系，它注重的是客观、量化的考核方式，力争避免将更多的主观因素融合在里面，但这并不是意味着放弃全部主观考核指标项，事实上可以通过降低权重的方式来处理。

客观、量化的考核方式是指对于所有的考核项都能够用清晰的定义其内容，并有客观的参考值进行度量，进而通过规则运算得到对应的考核评分，考核评分的依据和结果不会因不同运维商或人员的服务内容和能力的区别而不同，换言之，客观、量化的绩效考核是对所有运维商及其人员在运维工作中所应达到的运维服务效果的要求。

绩效考核体系包括 5 项内容：考核指标（名称和定义）、指标权重、参考值、评分方法、考核周期。

绩效考核体系的设计应该符合 SMART 原则。

S：（Specific）——明确的、具体的，考核指标要清晰、明确，让被考核的运维商能够准确地理解目标；对含义比较广泛的指标项，要进行逐级分解，基层指标必须要做到明确、具体。

M：（Measurable）——考核指标是可量化的。类似“比较好、还不错”这种词都不具备可量化性，将导致标准的模糊，一定是要可以数字化的指标。

A：（Attainable）——可实现的目标。所有的考核指标都必须是能够实现的，符合合同要求的，既不过高也不偏低。

R：（Relevant）——现实的指标，而非假设的指标。现实性的定义是具备现有的资源，且存在客观性、实实在在的。

T：（Time bound）——有时限性的。目标、指标都是要有时限性，要在规定的时间内完成，无限期规定的指标在量化考核中是没有意义的。

1. *考核指标设计*

绩效考核指标是指运维商在运维服务过程中关键节点、事件或操作，对运维商在上述过程中的考核情况进行汇总就可以达到最终考核评价的目的。由此可见，绩效考核指标的设计是应该涵盖系统运维全过程（运维合同期内）和全部运维工作的。

设计一套全面的可量化可落地的绩效考核指标，至少包括以下 8 大类考核内容：日常管理考核、总服务台考核、派工服务考核、巡检服务考核、故障问题处理考核、运维文档考核、合同执行情况考核、用户满意度及特殊事件考核（具体内容参见下面章节），并对每类考核指标应根据实际情况进行分级，基层指标要求做到客观、量化和可执行。绩效考核体系的设计需达到以下目标：

（1）客观、量化评价运维商服务能力与工作成果；

（2）可通过绩效考核核定运维商工作量，为运维费的预算与决算提供数据支撑；

（3）为运维商的退出机制提供参考依据；

（4）除用户满意度及特殊事件考核外，其他 7 类考核指标均为扣分考核，目的是为了发现运维商工作中存在的问题，进而有针对性的引导和提高其服务能力。

考核指标的设计要注意以下内容：

（1）考核管理体系针对的对象；

（2）考核管理体系的通用考核项；

（3）针对各考核对象特点制定的专用考核项。

绩效考核管理体系的对象示意图如图 5-21 所示，考核对象为所有提供运维服务的厂商，包括总服务台、应用系统分包商、基础设施分包商和安全服务分包商，以及各个代码运维服务商。

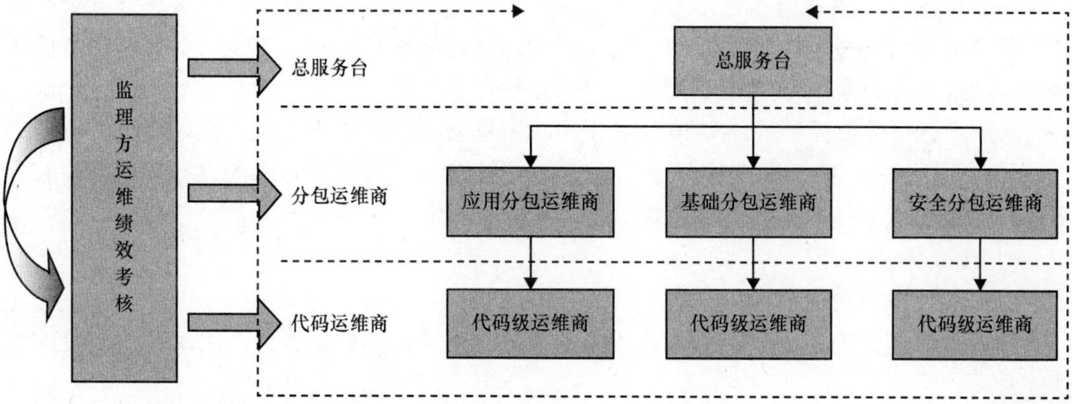

图 5-21　绩效考核管理体系的对象示意图

2. 指标权重设计

绩效考核指标权重是指一项考核指标对其上一级考核指标的重要（影响）程度，每一项非基层考核指标都是其下一级指标乘以权重后的和。比如二级指标 A 是由三级指标 N 和 M 通过权重计算而得出的，即 $A=\alpha N+\beta M$，那么 α 和 β 则分别是指标 N 和 M 的权重。

绩效考核指标权重的设计要根据考核内容的不同有所侧重，比如在日常管理考核中，考勤考核的权重就相对较大；在故障问题处理考核中，是否及时解决的权重相对较大；而在运维文档考核中，文档的准确性相对及时性权重较大。

有两种比较特殊的指标权重，一种是“权重为 0，但发生即扣分”，一种是“一票否决”。“权重为 0，但发生即扣分”是指一些并不是经常发生的考核项，但是一旦发生，而运维商没有达到考核要求，则在该项大类考核中直接扣分的方式。比如在日常管理中有“驻场人员更换—人员变更时间”这一考核项，它的考核含义是如果运维商某一驻场运维人员在驻场很短时间后即进行更换，那么这明显是对系统运维的一种不利行为，则应该给予相应的扣分。

“一票否决”是指当此项考核指标运维商没有达到的情况下，那么该运维商阶段考核的该类得分或总得分以 0 分计，这是对运维商绩效考核的一项严重的惩罚考核，通常这类权重都设定在非常关键的指标上。比如“日常管理—安全保障考核”中，如果系统发生重大安全事件，则触发“一票否决”评分条件，又或者“故障问题处理考核—一级故障处理考核”如果发生系统一级故障，且在规定时间内没有恢复或正常启动应急机制的，则绩效考核得分为 0。当然，“一票否决”的评分是需要严格的程序的（后文会提到），通常需要运维管理机构举证、会商后通知考核管理者执行。

3. 参考值设计

量化的绩效考核体系中，每一项绩效考核指标都有一个具体的参考值作为评分参考和依据，参考值可以是数字也可以是要求，但必须是唯一的要求。在满足参考值要求的情况下，该项考核指标评分为满分，不满足的情况下将按评分方法给予扣分。

参考值的来源有很多，可以为合同要求、国家、地方相关法规、行业经验或者以同系统往年平均值作为依据。不同运维商的同一项考核指标的参考值原则上应该一致，除非合同的要求有所区别。

很多情况下，参考值和评分方法是互动的。对某一项考核指标的参考值进行变更都可能导致评分方法的变更，反之亦然。比如“故障问题处理考核—按时完成率”这项考核指标，参考值可以设定成“80%”，那么评分方法可以为“按时完成率超过 80%为满分，低于 80%则按比例得分，低于 60%则该项得分为 0”；假如参考值为“60%”则评分方法应该为“高于 60%得满分，低于 60%则为 0”。这两种方法参考值和评分方法的设计难以分别哪种更好，完全受该项指标的权重和客观实际情况影响而定。

4. 评分方法设计

（1）绩效考核指标的评分方法

绩效考核指标的评分方法也就是计算方法，比较常用的有基线法、比率法、阶段计算法 3 种。

基线法是指设定考核指标参考值作为杠杆，满足即满分，不满足则扣分（可以多次，设置封顶）。特殊情况包括上文提到的“发生即扣分”和“一票否决”。

比率法是指运维商在该项考核指标中完成情况和参考值的比，当满足参考值条件时，考核分为满分，如果不满足参考值要求，则按完成的比例扣分。例如“考勤管理—迟到早退率”。很多情况下，比率法也应设置下限，即最低要求，如果运维商没有达到此项考核的最低要求，则应受到较严重的扣分。

阶段计算法通常是指设定考核指标的参考值为几个分段并定义每个阶段的评分，运维商完成情况符合哪个阶段的评分即得到该段设定的分值。阶段计算法是比率法的一种简化算法，更适合于对常规重复性工作的考核，如定义巡检完成率得分可采用以下方法：① 完成率 99%以上得 100 分；② 完成率 90%～99%得 90 分；③ 完成率 80%～89%得 60 分；④ 完成率低于 80%得 0 分。需要说明的是，在年终绩效考核总成绩中，可以反向使用阶段计算法，以“优良中差”的方式给出运维商年度运维成绩（在“绩效考核结果的利用”中有详述）。

（2）绩效考核汇总评分方法

在半年度、年度绩效考核汇总评分时，需要根据情况认真考虑，不同的汇总评分方式对总成绩的影响是很大的，如果没有一个让运维商信服的评分汇总方案，那么绩效考核结果的利用就会显得不公平或者难以执行。

绩效考核汇总评分方法有 3 种：平均法、加权平均法和任务量计算法。

平均法是指取运维商每个考核周期的绩效考核平均值作为阶段或年度绩效考核得分。这种方法相对简单而且普遍，适用于运行相对平稳或重要性不强的信息系统运维考核。平均法推荐以月度作为基础考核周期。

加权平均法是指首先根据每个考核周期系统平稳运行的相对重要性确定每个周期的运维考核权重，再对每个周期的评分进行加权后平均得出最终评分。这种方法适用于具有明显业务周期或高峰期的信息系统运维考核。每个考核周期的权重应根据业务周期或高峰期的具体情况区别设计，并事先与运维商做好沟通。

任务量计算法一般仅应用于最终考核结果的评分计算。它是指按照绩效考核的评分方法以最终考核周期为计算单元，重新计算考核得分。这种方法计算适用于信息系统非常重要、系统稳定性要求很高的情况，并且可以计算出真实的“系统可用性信息”。例如，在信息系统运维合同中通常会有类似“系统可用性不低于 99%”或“系统平稳运行时间不低于

99%”的要求，满足以上条件可以通过系统故障（停用）时间来计算。但是在系统业务高峰期发生的故障与业务量较少期的故障对系统业务运行的影响区别很大，仅从系统平稳运行时间不能准确衡量系统可用性，这种情况下，建议通过任务量计算法来衡量系统可用性。

5. 考核周期设计

信息系统运维绩效考核一般情况下应以月、季度作为基本考核，每半年进行阶段性汇总考核，每年度进行一次总结性考核。

相对于上文提到的 8 大类考核分类“日常管理考核、总服务台考核、派工服务考核、巡检服务考核、故障问题处理考核、运维文档考核、合同执行情况考核和、用户满意度及特殊事件考核”建议按如下周期进行考核。

日常管理考核与总服务台考核：每日进行信息收集，每周进行汇总，每月进行小结；季度和半年给出阶段考核评价，并有针对性的指出问题；年度进行考核汇总。

合同执行情况考核与用户满意度及特殊事件考核：一般用户半年和年度绩效考核。

总服务台考核、派工服务考核、故障问题考核与运维文档考核：每周进行信息收集，每月进行考核，以半年度为单位进行阶段评价；年度进行汇总评价。

6. 绩效考核指标的调整

绩效考核指标和权重将根据不同运维时期运维管理者需求的变化而调整，比如在系统运维比较稳定的时期更应注意日常管理方面的考核，而在系统运行故障多发期或业务量高峰期时更注重巡检和故障问题处理方面的考核。被调整的指标或权重在通过相关管理部门会议讨论通过后公布执行。一般情况下，绩效考核指标每年度进行一次调整，绩效考核指标的权重每半年进行一次调整。

5.8.3.2　日常管理考核

日常管理考核是对运维商日常工作、行为的考核，主要包括考勤、日常行为规范、安全管理考核三方面，具体见表 5-40 至表 5-44。

考勤是指为了保证项目的进度计划的顺利实现，考核各运维服务商的出勤及请假和销假情况，定时对各运维服务商的考勤情况进行统计汇报，以保证某个运维工作的人数达到计划的要求保证运维工作的顺利完成。考勤类考核的重要指标包括迟到早退情况、请销假管理、旷工和公出等情况。

日常行为规范是指运维商在日常工作中是否遵守运维管理制度，着装、沟通、卫生情况是否符合用户的要求。

安全管理考核是指运维商人员在系统运维工作过程中是否有违反安全管理制度，是否对保密的系统、信息、和物品做到妥善的处理，是否存在私自对系统进行操作等违规行为的考核。安全管理考核是非常重要的一项考核，通常设置为“权重为 0，发生即扣分”和“一票否决”的评分方法。

1. 考勤管理考核实例

表 5-40　考勤管理考核实例

序号	公司名称	驻场总人数	迟到/早退人次	缺勤人次	出勤率	公司扣分	得分
1	运维公司 1	9	8	0	99.57%	1	99

续表

序号	公司名称	驻场总人数	迟到/早退人次	缺勤人次	出勤率	公司扣分	得分
2	运维公司 2	8	0	0.5	99.93%	0	100
3	运维公司 3	2	0	0	100.00%	0	100
4	运维公司 4	4	1	2	98.64%	2	98
5	运维公司 5	4	13	2.25	95.24%	5	95
6	运维公司 6	5	1	0	99.83%	0	100

注：评分：出勤率=1-（迟到/早退人次+缺勤人次×2）/（驻场总人数×工作日）。迟到/早退 1 人次扣 1 分，缺勤 1 人次扣 2 分。公司扣分=100-100×出勤率。

表 5-41　　病（事）假请假统计

序号	公司名称	驻场总人数	请假总次数	请假总时间（小时）	扣分	得分
1	运维公司 1	9	6	53	0	100
2	运维公司 2	8	5	26	0	100
3	运维公司 3	2	0	0	0	100
4	运维公司 4	4	10	68	10	90
5	运维公司 5	4	10	72	10	90
6	运维公司 6	5	2	18	0	100

注：（1）此表中请假时间计算规则：请假半天按 4 小时计算。因公请假另行计算。

（2）评分：请假总时间小于驻场总人数×8（小时）→不扣分；请假总时间大于驻场总人数×8（小时），小于驻场总人数×12（小时）→扣 2 分；请假总时间大于驻场总人数×12（小时）→扣 10 分。

（3）请注意核实剩余请假总控时间。

2. 安全管理考核实例

表 5-42　　安全管理考核实例

涉及系统安全和保密	严重并产生后果的
	并非主观故意行为，导致信息泄露或可能影响系统安全
	重要数据、信息、物品遗失
违反运维制度流程	严重违反（不按既定制度、流程开展运维工作并造成不良影响）
	一般性违规（不按既定制度、流程开展运维工作并造成不良影响）
	特殊情况（在特殊或紧急的运维工作中，为提高效率而临时应变措施，由运维工作协调委员会判定）

5.8.3.3　总服务台考核

电话服务考核办法分为话务部分和业务部分两类，其中话务部分考察服务次数、服务及时率、问题解答率等；业务部分是对座席员处理的问题进行分类，以此统计和分析一段时期内哪个系统问题突出，进而分析原因，做修改或升级的准备。此项考核每周、每月进行评分。

表 5-43　　　　　　　　　　　　电话服务考核表

分类	序号	指标名称	咨询员 1	咨询员 2	咨询员 3	咨询员 4	咨询员 5
话务部分	1	呼入总次数	286	153	261	257	161
	2	接电次数	277	145	258	253	157
	3	来电未接总次数	9	8	3	4	4
	4	电话转出次数	35	28	46	82	50
	5	座席登录时长	35：58：31	40：25：21	40：39：59	42：14：10	40：31：27
	6	置忙总时间率	7%	4%	5%	4%	15%
	7	接电总时间率	35.08%	5.08%	18.94%	11.65%	6.56%
	8	空闲总时间率	70%	90%	77%	82%	82%
	9	座席使用率	23%	7%	19%	12%	15%
业务部分	10	（总/分）实际通话处理次数	277	145	258	253	157
	11	（总/分）电话解决问题次数	242	117	212	171	107
	12	电话派工次数	15	21	21	19	14
	13	电话派工解决次数/解决率	100.00%	100.00%	100.00%	100.00%	100.00%
	14	各系统问题次数	2	2	1	2	3
	15	各系统问题电话解决次数/解决率	87.00%	85.00%	88.00%	82.00%	85.00%
	16	各系统派工解决次数/解决率	10	8	11	9	7
	17	各应用系统上报问题数量	3	2	4	1	2
	18	电话投诉次数（电话服务和上门服务）	0	1	0	0	0
总包商考核	19	登录监听时间	3：20：15	4：02：21	4：03：01	4：05：5	4：01：03
	20	监听电话次数	10		11	12	9
	21	录音回放监听次数	28	14	21	25	16
	22	监听电话问题统计	9	8	8	10	8

表 5-44　　各运维商总服务台工作情况统计

序号	座席	登陆总时间情况（40%）			接电话总时间（15%）		接电次数（15%）		通话超时（10%）			电话转出（10%）		卫生情况（5%）		值班按时登录（5%）			总分
		登陆总时间/H	登陆时间率	得分	接电话总时间/M	得分	接电话次数	得分	超过5分钟通话次数	超时率	得分	转出次数	得分	不合格(次)	得分	次数	迟到次数	得分	
1	咨询员 1	91.2	95.0%	95	745.0	70.2	271	55.3	48	17.7%	82.3	96	100.0		100.0			100.0	85.1
2	咨询员 2	188.4	107.0%	100	2104.0	100.0	574	100.0	105	18.3%	81.7	195	100.0	0	100.0	7	3	57.1	96.0
3	咨询员 3	172.5	102.7%	100	337.0	31.7	306	62.4	2	0.7%	99.3	96	100.0	1	95.5	2	1	50.0	81.3
4	咨询员 4	174.8	99.3%	99	1512.0	100.0	648	100.0	84	13.0%	87.0	207	98.4	0	100.0	3	0	100.0	98.1
5	咨询员 5	174.4	99.1%	99	1068.0	100.0	635	100.0	34	5.4%	94.6	405	52.9	1	95.5	4	0	100.0	94.1
6	咨询员 6	187.6	106.6%	100	604.0	56.9	502	100.0	11	2.2%	97.8	163	100.0	2	90.9	3	2	33.3	89.5

注：

（1）登陆总时间得分=100×登陆时间率。

（2）接电总时间得分=100×接电总时间/本月接电话平均值；超出平均值的记 100 分。本月接电平均值为 1 061.7 分钟。

（3）接电次数得分=100×接电次数/接电次数平均值；超出平均值的记 100 分。本月接电次数平均值为 490 次。

（4）通话超时得分=100×（1-超时率）。

（5）电话转接得分=100×（1-超出均值次/（接电次数-转接均值次））；电话转接平均值为 200 次/每月。

（6）卫生得分=100×（1-不合格天数/22）。

（7）值班按时登陆得分=100×（1-迟到次数/值班次数）。

5.8.3.4　派工服务考核

统计所有派工工作信息，包括派工完成时间、投入工作量等，考核重点在于派工工作完成时间、完成率和用户评价。此项考核每月进行评分，具体见表 5-45。

表 5-45　派工服务考核

派工服务考核												
运维公司	派工完成情况（20%）				按时完成情况（40%）			验收意见（40%）				总分
	派工次数	完成次数	派工完成率	分数	未按时完成次数	按时完成率	分数	非常满意	其他	用户满意度	分数	
公司 1	35	35	100.0%	100	0	100.0%	100	33	2	94.3%	71	89
公司 2	33	33	100.0%	100	3	90.9%	55	33	0	100.0%	100	86
公司 3	28	27	96.4%	96	0	100.0%	100	27	0	100.0%	100	99
公司 4	30	30	100.0%	100	1	96.7%	83	27	3	90.0%	50	80
公司 5	31	29	93.5%	94	2	93.5%	68	29	0	100.0%	100	88

注：

（1）派工完成率=（派工完成次数/派工次数）×100%；分数=100×派工完成率。

（2）按时完成率=[（派工次数-派工未按时完成次数）/派工次数]×100%；分数=100×（按时完成率-0.8）/0.2。

（3）用户满意度=非常满意次数/完成次数×100%；分数=100×{1-[其他次数/（完成次数*0.2）]}。

（4）总分=按时完成情况分数×20%+按时完成情况分数×40%+验收意见×40%。

5.8.3.5　巡检服务考核

考核巡检计划和内容，评估巡检计划完成情况；检查巡检文档编制情况和巡检过程中发现的问题记录情况，保证巡检工作按计划执行，结果信息正确；考核当月巡检次数，与巡检计划比较评估巡检完成情况；同时也考核巡检发现的问题和运维期报告问题总数的比率。此项考核每周、每月进行评分，具体见表 5-46。

表 5-46　　日常巡检考核表

日常巡检考核表															
公司	日期		巡检计划		实际情况						发现问题情况				总分
			巡检次数	文档记录数	巡检次数	完成率	得分（35%）	文档记录数	完成率	得分（35%）	发现问题数量	运维期报告问题数	发现率	得分（30%）	
运维商1	6月2日	周一	2	2	2	100.0%	100	2	100.0%	100	0	1	0.0%	80	94
	6月3日	周二	2	2	2	100.0%	100	2	100.0%	100	1	1	100.0%	100	100
	6月4日	周三	2	2	1	50.0%	50	2	100.0%	100	2	6	33.3%	100	83
	6月5日	周四	2	2	2	100.0%	100	2	100.0%	100	0	3	0.0%	80	94
	6月6日	周五	2	3	2	100.0%	100	2	66.7%	67	0	3	0.0%	80	82
	6月7日	周六	2	2	1	50.0%	50	2	100.0%	100	1	4	25.0%	100	83
	6月8日	周日	2	3	1	50.0%	50	2	66.7%	67	2	2	100.0%	100	71
		周	14	16	11	78.6%	79	14	87.5%	88	6	20	30.0%	100	88
		月	60	70	55	91.7%	92	59	84.3%	84	30	80	37.5%	100	92
运维商2	6月2日	周一	3	3	2	66.7%	67	2	66.7%	67	0	1	0.0%	80	71
	6月3日	周二	3	3	2	66.7%	67	2	66.7%	67	1	2	50.0%	100	77
	6月4日	周三	3	3	2	66.7%	67	2	66.7%	67	0	1	0.0%	80	71
	6月5日	周四	3	3	3	100.0%	100	3	100.0%	100	0	1	0.0%	80	94
	6月6日	周五	3	4	2	66.7%	67	2	50.0%	50	1	3	33.3%	100	71
	6月7日	周六	3	3	3	100.0%	100	3	100.0%	100	0	1	0.0%	80	94
	6月8日	周日	3	4	3	100.0%	100	3	75.0%	75	0	1	0.0%	80	85
		周	21	23	17	81.0%	81	17	73.9%	74	2	10	20.0%	100	84
		月	60	70	50	83.3%	83	65	92.9%	93	12	55	21.8%	100	92

注：

（1）巡检次数完成率=（实际巡检次数/计划巡检次数）×100%；得分=完成率×100。

（2）文档记录完成率=（实际文档记录次数/计划文档记录数）×100%；得分=完成率×100。

（3）问题发现率=（发现问题数量/运维期报告问题数）×100%；得分计算：发现率超过 20%，记 100 分；发现率低于 20%，高于 10%，记 90 分；发现率低于 10%，记 80 分。

（4）总分=巡检次数得分×35%+文档记录得分×35%+问题发现率×30%

5.8.3.6　故障问题处理考核

考核当月发生故障次数和解决故障次数、及时率，本部门内部问题或常规性故障应在当月内解决；考核故障处理过程中投入人员情况；考核文档管理情况。此项考核每月进行评分，具体见表 5-47。

表 5-47　　故障/问题处理考核表

<table>
<tr><td>运维商</td><td>当月发生故障次数</td><td colspan="2">解决次数</td><td colspan="2">处理时间</td><td>及时率</td><td colspan="2">人工投入</td></tr>
<tr><td>运维商 1</td><td>3</td><td colspan="2">2</td><td colspan="2">3 天</td><td>100%</td><td colspan="2">2 人</td></tr>
<tr><td rowspan="2">事件</td><td rowspan="2">计划提交时间</td><td rowspan="2">计划提交数量</td><td rowspan="2">实际提交数量</td><td colspan="3">文档及时性</td><td colspan="2">文档全面性</td></tr>
<tr><td>准时</td><td>推迟</td><td>无</td><td>类别</td><td>内容</td></tr>
<tr><td>事件 1</td><td>2012.6.20</td><td>3</td><td>3</td><td>√</td><td></td><td></td><td>√</td><td>√</td></tr>
<tr><td>事件 2</td><td>2012.6.22</td><td>5</td><td>5</td><td></td><td>√</td><td></td><td>√</td><td>√</td></tr>
<tr><td>事件 3</td><td>2012.6.25</td><td>3</td><td>3</td><td></td><td>√</td><td></td><td>√</td><td>√</td></tr>
</table>

5.8.3.7　运维文档考核

运维进行过程中将产生大量的技术文档，这些文档是保障信息系统正常运行和维护的重要参照基础。技术文档管理不仅要求各运维服务商切实记录运维过程，保证运维文档的完整，而且要求业主方认真做好文档管理，以便保证各项相关活动的可追溯性。主要包括以下内容。

① 随着运维的逐步进展，相关运维服务商的总体及分阶段实施组织设计、分部设计/实施方案及其他专项方案等。

② 收集保管在参与实施的各相关运维服务商的资质资料等；

③ 进度信息的收集：维护项目的季、月的实施进度计划等；

④ 质量信息的收集：

⑤ 项目设计、实施方案；

⑥ 所有实施过程的各类设备、材料的质量保证资料；

⑦ 各分项的实施测试资料；

⑧ 不合格项目的资料、质量事故的处理报告及处理等资料。

各类文档从以下方面要求规范：

（1）文档的准确性。

（2）文档的详细程度。

5.8.3.8　合同执行情况考核

信息化运维项目的合同有别于信息化建设项目的合同。建设项目的合同内容多以明确的系统功能建设范围、建设进度时间要求等作为考量的依据和标准，而信息系统运维合同的主要特征在于对运维服务商所提供运维服务内容的明确性，以及对运维成果要求的可度量性。其中：

（1）运维服务内容的明确性表现为，合同中一般具体说明了运维服务商所提供服务的范围，以及具体的服务要求。例如，业主方在基础设施运维外包合同中规定，对于 Oracle 数据库基础软件的运维，必须提供 Oracle 原厂服务。

（2）运维服务的可度量性要求则表现为，对运维成果的考量多以具体的时间标准要求为准。例如，业主方在应用系统软件运维外包合同中规定，对于某核心业务系统的平均故障恢复时间不得超过 15 分钟；核心业务系统在正常工作时间的连续稳定运行率在 99%以上；年故障次数在 10 次以下等。这些指标正如 ITIL 中 SLA 所描述的服务级别协议事项，均可以进行明确的量化考核。

综上所述，结合运维合同的特点，在运维合同考核的执行当中应当注意以下考核事项。

（1）运维服务商是否完全满足了合同条款中明确性的服务要求

对所提供服务的团队及人员的资质水平、所采用的运维服务辅助工具的功能、所引入第三方服务的能力，与运维服务外包合同中的要求是否相一致。

（2）运维服务商对于服务级别协议中可度量的时间性要求的满足程度

这里需要说明的是，服务级别协议中的时间性要求应当具有明确的参照标准。

例如，应当明确“核心业务系统在何种时间段内，应当满足何种高标准的连续性运行时间要求”。就如财政业务系统中的预算编制系统，其业务高发期多处于每年政府预算的一上、二上时期（即 9 月、11 月左右），业务连续性周期相对固定，非业务高峰期与业务高峰期发生系统宕机的考核粒度标准必须体现出其倾向性，而不应当一概而论。

5.8.3.9 用户满意度及特殊事件考核

为了全面衡量运维商的工作能力，包括服务态度和特殊贡献等，在绩效考核体系中也应该包括用户满意度及特殊事件类的考核内容。

用户满意度考核是指在运维工作执行过程中，最终用户对运维商的工作效率、能力、沟通、培训、解决方式等条件的一个主观评价。

特殊事件考核是指在运维过程中，运维商的某一行为或者表现使最终用户在业务进行中或者事件解决中感到非常满意，并对此事进行公开表扬的事件。那么根据最终用户的要求，可以对运维商某阶段的考核成绩进行加分。需要强调的是，特殊事件考核是绩效考核体系中唯一的加分考核，在使用中，为使考核成绩可控，需要对加分累计上限进行规定，且其权重在总考核成绩中要慎重考虑，不宜过高。

5.8.4 绩效考核的培训

在绩效考核方案确定之后，应该就考核方案对被考核人进行沟通、培训和宣贯，达到考核的“全透明”，进而体现其公平、客观性。由于被考核人对考核内容、方式和标准的陌生，所以在考核过程中会不断有疑惑产生，那么就需要及时通过沟通解决。所以绩效考核的培训与沟通不是一次性的，而是要贯穿绩效考核全部过程的。

1. 第一次培训

在绩效考核体系设计完成之后，对被考核人的第一次培训是非常关键的。被考核人对考核可能带来的压力往往预估过大，所以都会有不同程度的抵触情绪，这需要在第一次培训的时候有针对性的解决。

首先，要向被考核人明确，考核不是为了惩罚，而是为了奖励和改进，对于做得好的，要有一个客观的依据证明它是好的，并且给予奖励；对于还需要改进的，需要用考核的方式进行问题的挖掘并帮助其改进。

其次，绩效考核不会增加被考核人的工作量。由于信息系统运维的绩效考核体系是遵循“客观、量化”的方法进行考核设计的，那么所有的指标都是通过客观数据计算出结果的。所以被考核人根本不会为此承担例如填表、定期汇报等工作量。

再次，要明确考核的要求。由于考核体系的设计就是针对运维工作中对流程、制度、操作规范、日常管理等内容，所以被考核人只需要按照既定的规则去执行每一项运维操作，考核成绩自然就会优秀。

最后，考核成绩出来后，任何被考核人对成绩中不理解或认为有误的内容都有可以申诉的渠道，确保被考核人的知情权。

2. 绩效日常反馈及沟通

在绩效管理过程中，绩效考评者在发现问题时，应及时与被考核人沟通，找到问题的根源，寻求解决的办法，使得绩效可以及时得以改善。这是需要坚持的避免考核结果恶化的有效行为。被考核人在发现自己的绩效出现问题时，也应该积极主动与考核人沟通，毕竟绩效考核是对自己的工作一种衡量。综上所述，绩效过程中经常沟通与反馈及时，就会使得考核双方对于绩效结果都感到正常合理，意料之中，规避了很多绩效纠纷。

3. 绩效考核结果面谈沟通

绩效考核结果出来后，考核双方要对考核结果进行沟通，避免引起纠纷或麻烦。只有双方通过全方位的沟通，对考核结果有了一致的认识，并对改进目标与方向达成共识，被考核人接受了考核结果，并准备朝着改进目标去努力，考核才真正有效。

4. 设置畅通的绩效沟通渠道

畅通的绩效沟通渠道非常重要，应建立被考核人的申诉机制和渠道，如果对绩效考评结果有异议，可提出申诉。在沟通渠道中，关键的人物是运维管理者，他们的公正往往是绩效管理公正推行最坚实的后盾。

5.8.5　绩效考核过程

1. 考核人设定

绩效考核的执行要确定考核人，即由什么角色执行绩效考核。考核人可以为运维管理单位的专职人员，也可以是由运维参建各方共同成立一个考核机构来执行，而推荐由独立的第三方进行考核，比如运维监理单位。

2. 考核过程设定

绩效考核的过程分为日常考核、过程考核和事后考核。

（1）日常考核是指各运维商在日常运维工作中的表现、包括人员资质、行为规范、考勤管理等。

（2）过程考核的重点是派工考核和故障/问题处理考核，对于一级以上的系统故障/问题处理过程进行全程跟踪考核，包括响应时间是否及时、处理方式是否得当等。

（3）事后考核是指单项运维工作结束后，考核执行机构对该运维工作总体完成情况进行统计并根据考核指标进行绩效考核，在必要的情况下考核执行机构也可对该工作服务对象进行回访，采集其对工作过程和成果的评价信息。回访是考核执行机构的独立行为，不受任何外界因素的影响，其结果将以参考信息的形式汇报信息处（信息中心）。

3. 运维监理考核

如果由监理单位进行考核有两方面好处，一方面是监理单位具备相应的专业技能和丰富的运维管理经验，可以将绩效考核以合适的方法贯彻实施；另一方面运维监理还可以为运维工作提供更多附加价值。主要内容如下。

（1）人员管理

监理单位负责对运维总承包商，应用系统分包商、基础设施分包商和安全服务分包商，以及各个代码服务商的运维派驻人员进行人员管理，主要从人员考勤管理，业主单位的信息化管理制度、规范、流程培训管理以及人员的资格管理进行考核。

（2）流程管理

监理单位负责对运维总承包商，应用系统分包商、基础设施分包商和安全服务分包商，以及各个代码服务商的运维制度及体系建设情况，以及运维流程执行管理情况进行考核。

（3）知识管理

监理单位负责对运维总承包商，应用系统分包商、基础设施分包商和安全服务分包商，以及各个代码服务商的运维过程中产生的各类知识管理工作进行考核，包括知识分类及其规范、各阶段技术文档、报告提交等内容。

（4）服务管理

监理单位负责对运维总承包商，应用系统分包商、基础设施分包商和安全服务分包商，以及各个代码服务商的服务管理工作进行考核，考察如服务次数、服务质量、服务水平、服务及时率、服务态度等内容。

（5）监测管理

监理单位负责对运维总承包商，应用系统分包商、基础设施分包商和安全服务分包商，以及各个代码服务商在运维过程中进行监管。

（6）制度和规范管理

为了使运维项目过程中一切服务环节的规范、流畅，保证良好的服务质量。监理单位负责按照信息化管理制度、规范、流程和表单，监督检查日常运维服务的合规性和相应运维工作的完成质量；通过完成运维项目绩效管理工作，进一步加强对总包商、分包商、代码级运维商日常工作督促和检查工作。

（7）技术文档审查

为了加强对运维工程质量的管理，监理单位负责审核总包商制定的运维管理制度、规范、流程和表单；审核各运维服务商的各类技术文档，并对审核的文档提出改进建议和要求。

（8）监督数据变更和系统变更

运维项目过程中数据变更和系统变更是正常的，为了减少由变更引起的损失，监理单位负责组织对代码级运维商的系统变更进行需求实现的功能验证，并提出监理专题报告；同时对代码级运维商工作成果进行监督和检查，并对工作量进行评估。

（9）管理体系评估

为了验证项目活动和有关结果是否符合计划的安排，确认管理体系是否被正确、有效实施以及管理体系内的各项要求是否有助于达成预期的方针和目标，并适时发掘问题，采取纠正与预防措施，以确保管理体系得到持续不断地改进和完善。监理单位以半年为期应定期对现行的各项运维管理制度、流程进行适用性评估，以日常考核为依据提出整体运维体系评估意见及完善建议。

5.8.6　考核结果利用

对运维服务质量的考核依据有运维合同、运维方案/计划、巡检方案/计划等。对运维服务质量的考核主要通过定期检查巡检执行情况、跟踪故障/问题处理情况、审核运维月报、审核运维过程文档等方式开展，通过编制《运维服务质量考核评估报告》，向运维各方汇报。

对运维服务质量的考核按照不同的考核周期可以分为每月定期评估和年度评估。

1. *每月定期评估*

每月定期评估是对当月运维情况进行评估，包括本月投入人员情况、出勤情况；IT 基础设施和应用系统运维服务有监控类服务，如异常报告及时率等；日常维护类服务，如维护作业计划的及时完成率、故障隐患发现率、问题解决率等；维修保障类服务，如服务响应及时率、故障修复及时率；内容信息服务，如检索成功率、响应及时率；网络接入服务，如平均响应时间、问题解决率等；安全管理服务，如漏洞扫描覆盖率、安全报告呈报及时率、安全事件次数等内容。

同时还要检查和评估《巡检报告》、《故障/问题记录单》、上门服务或电话支持服务记录统计表、设备升级记录、安全产品维修记录等运维的过程文档。

对每月运维情况的评估，可采取打分制，并及时通报当月考核结果，未达标的运维单位应在下一阶段进行整改。

考核执行机构每月第一个星期一完成上月份各运维商绩效考核的评分并公布。各运维商年度月平均分即年度考核得分。

当运维商在考核月中发生以下事件月度绩效考核评分采用“一票否决”制。

（1）运维商在一个月度考核周期内出现一级重大事故或两次以上二级事故并被相关部门判定为责任事故，则当月绩效考核评分为零。

（2）运维商在一个月度考核周期内出现 3 次或以上用户投诉并被相关部门核实为投诉成立的，月绩效考核评分为零。

（3）考核执行机构根据日常考核工作定期（每周、月、半年）编制绩效考核报告并向相关部门汇报。相关部门参考考核结果对参与运维工作的运维商进行必要的指导、表扬、批评或工作调整。

2. 年度评估

考核执行机构应在年度运维工作结束后汇总各运维商的年度考核数据，形成年终考核结果、评分并向相关部门汇报。

年度评审是在月度评审的基础上，综合考察运维单位在完成运维内容方面是否达标，运维效果和用户满意度是否符合预期，以此作为运维合同的一项依据。

绩效考核结果作为对各运维商全年工作成果评价的依据，对运维商全年服务质量、服务水平和合同履行等完成情况提供客观的分析数据；对各运维商下一年服务合同签订提供参考依据；为各运维商本年度工作量统计及服务费用支付的依据。

自国务院办公厅颁发《2006—2020年国家信息化发展战略》以来，我国电子政务建设进入了一个以强调应用、注重服务和实效为特征的新阶段。然而电子政务运维服务的普遍开展也为运维管理机构带来了许多管理上的困惑和难题。建立运行维护绩效考核指标体系和运维绩效量化评估机制利于运维各方及时掌握运维执行过程，有利于运维验收的量化考核，也能够为运维管理部门和运维承包商对运维工作量的评估、下一年运维预算的制定提供数据支持。

在不断提高运维质量和能力的同时，分析业务发展的需要，使信息系统和业务发展产生良性互动，适时提出系统运行评估报告，为用户单位信息系统升级改造提供参考。

3. 奖惩规则实例

如运维商的考核结果为不合格，或出现重大运维事件，按以下规则进行惩罚。

（1）对月度考核不合格的运维商给予通报批评，对于整改不力的运维商，将向其公司发通报批评函并扣罚人民币×××元。

（2）发生二级以上系统故障，相关部门论证认为是责任事故的，根据用户业务受影响的时间，承担责任的运维商按每天人民币×××元扣罚。

（3）运维商未能按相关要求按时完成系统更新、补丁修正、新需求开发上线等工作而导致业务处室的正常工作受到影响，经运维管理单位论证属于运维商责任的，承担责任的运维商按业务受到影响的时间，每周扣罚人民币×××元。

（4）运维商连续4个月考核不合格或累计7个月考核不合格或年度绩效评价不合格，则三年内取消参与本运维项目的资格。

年度运维工作结束后，运维管理单位将通过运维工作总结会按以下方式对年度运维工作表现良好的运维商进行表彰和奖励。

（1）全年度绩效考核结果均为良好及以上的运维商，向其公司发表扬函，并建议公司对该项目组进行表彰和奖励。

（2）运维商年度绩效评价为优秀，则依据相关法律及规定考虑可以直接续签下年度运维服务合同。

5.9　信息系统运维管理再评价

每年伊始，所有的组织都将总结过去一年中信息化应用的成败，并规划新一年信息化投资或建设计划，信息化运维管理也必在其中。组织的决策者经常会在制定新一年度信息化运维预算时向信息化部门管理者提出以下类似问题：去年全年的信息化管理水平是否有所提高，新年度运维管理的水平是否能够提高，信息化运维成本太高等。

许多信息化部门管理者被技术方面的挑战压得喘不过气来，根本没有时间做决策分析。为了摆脱信息化运维故障的困扰，使用了各种监控软件，信息化故障倒是少有发生了，可到了年末总结时，又感叹一年钱没少花，领导肯定要个说法。因为领导的决策需要数据的支撑，但在众多复杂的运维数据面前挖掘有价值的信息，给领导提供决策依据，这时候最好的方法是在年度末时重新引入运维管理咨询，实施运维管理年度末的再评价咨询工作，借助一年的运维过程中，运维监理所跟踪记录和积累的运维历史数据，使运维管理再评价咨询发挥出一个统计分析师的作用。

5.9.1　运维管理再评价咨询的作用

随着组织的发展，信息化运维管理精细化的需求日渐突出。由于日积月累的信息化运维数据已成为组织最宝贵的信息化资产，如何有效整合信息化资源为组织运营甚至战略决策提供有力的数据支撑，也是决策层最为关注的重点。在给领导一份决策分析之前，很多日常运维中的信息如果能够非常清晰，也可以有效引领信息化运维走向更加正确的目标。例如，业务软硬件的部署情况是否匹配，业务关键设备和瓶颈设备在哪里，业务构架是否需要优化等。

运维管理再评价咨询在决策分析中的作用在于，当信息化系统出现瓶颈，制约业务发展时；当业务用户数达到饱和，无法满足扩展需求时；当业务故障频繁发生，影响服务提供时，用事实统计数据为信息化运维部门的管理者提供结论性信息。使信息化部门管理者将钱花在点上，要钱要在明面上，省钱省在账上，把信息化运维管理提到更高的层面上。

5.9.2　运维管理再评价咨询的代表性内容

1. 信息化运维成效分析

信息化运维成效分析，即分析信息化运维对组织业务发展及利润收益的“贡献程度”，它是对信息化运维工作成果的最直接体现，也是信息化由“成本中心”转向“效益中心”的最直接体现。

曾经有一家委办局的高层领导在年末总结时，这样询问信息化部门的处长：“今年一年的运维费用没少花，但你们的运维工作给局里业务的发展带来了什么好处，我什么都没有看到。”出现以上问题的原因在于，无论运维管理团队通过多么辛苦的努力致使业务系统多么稳定的运行，但过去展示给高层领导的成果只能是“我们保障了业务系统连续多长时间的稳定运行”类似的数据或者结论。然而，非信息化专业出身的高层领导会认为：信息系统就不应该出问题，你们这些结论就是“医之好，治不病以为功”。更有甚者，一旦信息系统运行过程中出现了曾经让领导获悉的事件，领导更会认为是信息化部门无能，给了钱还办不好事情，明年应当削减预算。

因此，运维成效分析的核心目标就是要解决上述问题。为了体现信息化运维的贡献程度，一般应当重点关注以下3项时间维度的比值关系。

（1）信息化资产增长率与总资产增长率的比值

这项比值所反映的是信息化资产的利用率。其中，总资产的增长率是指组织本年度总资产额度相对上一年度总资产额度的增长率；信息化资产增长率是指组织本年度信息化资产额度相对上一年度信息化资产额度的增长率。二者之间的比值，反映的是组织在信息化投入方面与总资产增量的关系。

一般情况下，这项比值应当呈现出逐年下降的趋势，即用尽量少的信息化投入，支撑更多的组织业务运行，从而反映出信息化资产利用率的提高。而对信息化资产的优化分配即利用，恰恰是运维管理咨询的一项重要内容，如果利用率不足（例如，服务器所运行的业务系统过少造成资源浪费而导致的设备空跑，其维护使用费用还在持续），那么这项比值就会呈现出逐年上升的趋势。

（2）信息化资产增长率与总利润增长率的比值

这项比值主要反映信息化投入对业务发展的贡献度。总利润的增长率是指组织本年度总利润相对上一年度总利润的增长率。二者之间的比值，反映的是组织在信息化投入方面与业务发展增量的关系。

一般情况下，这项比值应当呈现出逐年下降的趋势，即用尽量少的信息化投入，支撑更多的组织业务量增长，即信息化支撑费用的增长率低于业务量的增长率。这也从一个侧面体现出信息化运维治理水平及信息化利用率的提升。

（3）运维费用增长率与信息化资产增长率的比值

这项比值主要反映信息化运维投入占信息化资产总投入的比重。运维费用的增长率是指组织本年度信息化运维费用相对上一年度信息化运维费用的增长率。二者之间的比值，反映的是组织在信息化运维管理方面管理水平的提升。

一般情况下，这项比值应当呈现出逐年下降的趋势，即信息化运维的支出成本相对信息化建设的蓬勃发展而言，相对很小。

综合以上比值因素，可以整体判断出信息化运维对组织信息化整体工作的支撑程度，以及信息化对组织业务的支撑程度，客观反映出信息化运维的工作成效。

2. 信息化运维再投资指导

信息化运维管理再评价咨询可以从日常监控、故障分析、决策分析3个管理方向提供完整的信息化运维管理再评价解决方案。为了能做到评定过去并且展望未来，历史数据分析、趋势分析和服务质量的改进等缺一不可。同时，还应提供各种运行分析和性能报告，SLA和业务决策报告、业务关联报告、绩效管理报告等。管理人员能根据这些报告准确评估整个信息化环境运行情况，及早发现故障隐患和评估威胁，为信息化投资决策提供参考依据。

以业务关联报告为例，信息化运维管理再评价咨询应提供关于设备、资源、业务的可用性，并根据性能数据分析报告对系统进行 Top*N* 排序。通过对历史数据的分析，聚焦未解决故障、重大故障次数、平均恢复时间、故障平均时间等方面，并且按照事件的严重级别和优先级进行分析统计。在此基础上，利用这些数据对业务趋势进行分析，由特定时间段内的历史数据进行分析预测。最终，通过业务运行率报告提供的业务系统运行分析和性能报告，为组织提供需要多少钱、在什么地方花钱和省钱的依据。

第三部分　运维监理服务实操篇

结合信息系统运维监理的“三控、五管、一协调”工作方法论，本部分针对信息系统运维过程中的 4 个方面核心工作的主要内容进行描述并给出监理实操重点，希望能对读者在具体工作实践中提供方便和帮助。

第 6 章 运维监理质量控制

信息系统运维的质量是运维监理工作的核心，是决定整个信息系统运维成败的关键，也是一个运维项目是否成功的最根本标志，质量控制要贯穿于运维监理工作的始终。

信息系统运维的质量控制与建设的质量控制类似，但又有区别，主要体现在以下两点。

一是质量目标有区别。信息系统建设的质量目标可以聚焦到最终成果上，只要在工期和成本准许的方位内，成果物的质量达成就意味着工程质量目标的达成。而运维工作的质量目标除了有成果性的（如升级、改造），还有过程性的，它要求在执行过程中都要保证某种要求的实现或不可突破。比如要求核心设备故障必须在 3 小时内解决、备品备件的更换事件不超过 12 小时、应用系统可用时间在 99%以上等条件，对于这些质量目标，需要以过程来体现。

二是质量控制方法有区别。在对常规的监理质量控制方法之外，运维监理工作的另一项重要的质量控制方法就是绩效考核。通过客观、量化的绩效考核执行，可以评价运维服务商的工作态度，也可以实时发现问题，督促运维服务商改进工作。关于监理工作绩效考核实施方面的内容，请参见本书效能管理部分。

本章包含的内容主要包括质量体系控制、不同运维工作类型的质量控制以及质量控制运维监理手段 3 个方面。

6.1 信息系统运维质量和质量控制的概念

6.1.1 信息系统运维质量的定义

运维质量是指“运维服务或过程满足规定或潜在要求（或需求）的特征和特征的总和”。对信息系统运维项目而言，运维服务就是对已建成的信息系统进行运行保证和持续改进的过程，质量要求就是对整个信息系统运行过程所提出的“满足规定或潜在要求（或需求）的特征和特征的总和”，即要达到的信息系统运维项目质量目标。

如果运维项目是在给定的时间、成本和质量等约束条件下完成，那么一个运维项目就是成功的。一般情况下，时间和成本是可以清楚地度量的，但是运维项目的质量却很难以简单的一个量化标准来理解和控制。每一个行业都有本行业的一套标准，不管是行为标准还是技术标准或者约定，这些标准也就是所谓的质量标准，运维项目的结果只有达到了相关的运维项目质量标准，运维项目的结果才是满足了质量要求。就信息系统运维项目来说，一般要从主动式运维服务、被动式运维服务、升级改造和系统运行保障程度等方面来考察其质量，但是最根本的还要看信息系统运维过程中是否满足用户对信息系统的使用要求(即可用性保持)。如果一个系统的可用性保持符合预期要求，并且用户可以提出适当的系统变更、升级等要求，使之更符合用户的使用要求，令用户感到满意，就可以说明它达到了一定的质量水准，如果一个信息系统在运行过程中，不适合用户使用，即使它从来没有停止运行过，那么也不能说它的质量达到了要求。信息系统运维质量具有如下特点。

（1）运维项目的总体质量目标的内容具有广泛性

信息系统的实体、功能和持续可用性的各方面都应当列入运维项目的质量目标范围。同时，对所有参与运维工作的单位和人员的资质、素质、能力和水平，特别是对其工作效率与质量的要求也是信息系统运维项目质量目标不可缺少的组成部分，因为他们的工作效率与质量直接影响运维服务的质量。

（2）运维项目的总体质量的形成具有明显的过程性

实现信息系统运维总体质量目标与形成质量的过程息息相关。每个独立的运维事件都对运维实施运维项目质量的形成起着重要的作用，对运维质量产生重要影响。运维实施的每个不同运维工作分类都有其具体的质量控制任务，运维监理工程师应当根据每个运维工作分类的特点，确定不同的控制的目标和任务，以便实行全过程的控制。

6.1.2　信息系统运维质量控制的概念

信息系统运维过程中的质量控制是指在力求实现信息系统运维项目总目标的过程中，为满足信息系统运维项目总体质量要求所开展的有关的监督管理活动。质量控制是一个系统过程，贯穿全过程，运维监理单位的质量控制主要包括运维实施过程的质量控制以及运维实施结果与服务的质量控制。质量控制就是运维监理工程师采取有效的措施，监督运维事件的实施过程以及具体的实施结果，判断是否符合有关的质量标准，并确定消除产生不良结果的方法。质量控制贯穿于运维监理的始终。

6.1.3　信息系统运维质量控制的原则

质量控制，贯穿于运维计划、实施、考核、验收等阶段，主要包括服务目录制定，运维商工作能力考核，运维事件过程跟踪及结果质量评价等。质量控制把握有如下原则。

1. 质量控制要与运维服务商对运维质量监督紧密结合

就信息系统运维的质量目标而言，质量目标特别受到用户运维项目管理部门的重视，因此，衡量信息系统运维项目质量是否达到预期标准和要求，需要运维监理单位及其运维监理工程师与用户的运维质量监督管理部门共同担负对信息系统运维项目的质量进行监督管理的任务。

2. 质量控制是一种系统过程的控制

运维项目的实施过程，也是其质量形成的过程，运维过程的每个运维事件解决过程的质量，都是运维工作总体质量的一个重要组成部分。要使信息系统运维项目的质量控制能够产生所期望的成效，信息系统运维监理单位及其运维监理工程师就要对信息系统运维项目的实施全过程不间断地进行质量控制。

3. 质量控制要实施全面控制

由于信息系统运维项目质量内容具有广泛性，所以信息系统运维项目需要实施全面的质量控制。对信息系统运维项目质量实施全面控制，要把控制重点放在各种干扰质量的因素上，做好风险分析和管理工作，预测各种可能出现的质量偏差，并采取有效的预防措施。运维监理单位工作重点是监督重要运维事件的处理过程和检查所有运维事件的处理结果，判定其是否符合预定的质量要求，最终对所有运维过程的工作状态运用绩效考核的方法量化加以评价。

（1）对于不同的运维工作分类，应采取不同的质量控制方法。

（2）以信息系统运维合同、SLA 等为依据，督促运维服务商全面实现运维合同约定的质量目标。

（3）对运维服务商的人员、设备、方法、环境等因素进行全面的质量监察，督促运维服务商的质量保证体系落实到位。

（4）对信息系统运维全过程实施质量控制，以质量预控为重点，做好运维服务流程控制、服务过程监督、服务成果评价及相关文档审查。

（5）确定运维项目质量控制的关键事件，进行重点控制，不仅运维监理工程师要严格把关，还要组织专家顾问组进行集体论证。论证通过后，方可通过质量审核。

（6）对运维服务的关键操作和重要运维事件过程进行跟踪参与，及时发现质量问题，并及时纠正，消除质量隐患。

6.1.4　信息系统运维质量控制的特点

信息系统运维的质量控制和其他运维的质量控制相比较，有其特殊性，只有对信息系统运维的特点以及质量影响要素有比较清楚的认识，我们对其质量的控制才能有针对性。下面举例说明信息系统运维特点以及质量影响要素。

（1）信息系统运维的实施过程是人的智力劳动过程，个人发挥的空间比较大，而且人员跳槽的现象比较普遍，因此要控制质量，首先要控制人。但是，运维监理单位对运维服务商的人员控制并不是人事权的控制，而主要通过审查运维项目主要负责人是否具有运维投标文件中承诺的人员资格证书，以保证运维项目经理的素质；审查运维服务商的运维项目过程质量控制体系，以保证运维项目能够在有序的状态下进行，最大可能减少个人的随意性；督促运维服务商建立有效的版本控制体系和文档管理体系，最大可能减小人员流动所带来的损失。

（2）定位故障比较困难。比如一个信息系统的性能问题可能是由网络性能、主机性能、数据库性能、中间件性能和应用软件性能共同决定的，某一部分出现故障，就会影响整体的性能，因此我们在进行质量控制时既要切实控制单体的质量，又要有全局的观念。

（3）改正错误的代价往往较大，并且可能引发其他的质量问题。比如在应用系统运维过程中，即使发现了软件的错误，也不能随意修改。因为修改一个问题，可能会引起更多的问题，因此在质量控制时要做好质量改进评估。

（4）质量认定的标准范围大。在信息系统运维过程的质量认定中，除了类似系统建设过程的质量要求，运维服务商的服务态度和服务效率也成为了质量认定的内容。

（5）能否选择优秀的运维服务商是质量控制最关键的因素。因为信息系统运维完成的主体是运维服务商，因此在招投标阶段对各运维服务商的选择非常重要，最好能选择既懂得系统技术开发，又了解用户业务体系，同时运维管理和执行经营都很丰富的成熟的运维商。

6.2 质量体系控制

6.2.1 质量保证体系的概念

质量保证体系是指为保证性能、过程或服务在质量上满足规定的要求或潜在的要求，由组织机构、职责、程序、活动、能力和资源等构成的有机整体。质量体系的结构是由领导责任、质量责任和权限、组织结构、资源和人员以及工作程序 5 个方面组成。这 5 个方面按其性质可分为规章制度和客观物质条件两大部分。一个客观存在的质量体系，首先要具备一定的客观物质条件，即人员、检测设备及能力等，然后通过设置组织机构，规定各级人员职责、工作程序、质量活动内容等规章制度，组成一个有机体，这样的体系才能经济、有效、协调地满足用户的需要。质量保证体系是和具体的业务方向相符合的，在信息系统运维过程中，总包方、运维监理单位和运维服务商要根据各自的特点建立相适应的质量保证体系。

1. 领导的责任

领导应对质量方针的制订与质量体系的建立、完善、实施和保持负全面的责任。这是搞好全面质量管理的关键。在信息系统运维项目中，运维主体三方的运维项目主管人员都需要建立其质量体系与组织，并担负质量体系有效运行的责任。

2. 质量责任和权限

确定为达到规定的质量水平所必须进行的质量控制活动，明确规定运维项目组织体系中各部门及人员在进行这些质量活动时应承担的责任。

明确规定从事各项质量活动人员的责任和权限，规定各项工作与流程式之间的衔接、控制和协调措施。

在一个机构完善且有效的质量体系中，其工作的重点是以实施全过程控制为主，实行预防与把关相结合，采取各种方法查明实际的或潜在的质量问题，并采取预防和补救措施。

3. 组织结构

组织结构是指企业内影响质量的组织系统中的组织体制、隶属关系及相互联系的方法。组织结构一般应包括各级质量机构的设置、明确各机构的隶属关系、各机构的职责范围、各机构工作衔接与相互关系、形成各级的质量管理工作网络等。

在开展全面质量管理中，一般分为以下 5 种质量组织形式。

（1）接收组织。从事进场物品接收、工序制造接收、运维服务接收等工作。

（2）预防组织。从事组织制订各类质量计划，预防质量缺陷，以便获得确定的质量水平的工作。

（3）质量改进组织。主要是针对功能和管理上发生的经常性缺陷，组织质量突破，把性能质量和质量管理提高到一个新的水平上。

（4）协调组织。主要是协调影响质量的有关部门的活动。

（5）质量保证组织。主要是组织对运维质量工作的审核，确保质量要求的实现，并保持稳定。

必须着重指出：上列 5 种质量组织不是都必须有 5 种对应的机构，而是这 5 个方面的质量活动在组织上应是落实的，可以根据运维项目的具体情况来进行设计。

为了使运维项目质量体系正常运行并不断完善，用户应设置综合质量管理部门，负责对运维项目关键点质量管理与监控工作，进行质量活动的组织、计划、协调、指导、检查和督促工作。运维服务商必须设置独立的质量控制部门，并能行使职权，严格检验，加强检测、把关和报告的职能。作为运维监理机构，除建立自己的运维项目质量管理体系，还需要协助运维服务商建立质控体系，监控运维服务商质量体系的建立与有效运行，并有效协调三方体系的协同运行，同时进行质量控制过程的绩效考核。

4. 资源和人员

资源和人员是质量体系的客观物质条件。质量保证能力主要反映在企业是否拥有能生产满足质量要求的资源条件、检测设备，并有一支经验丰富、训练有素的技术、管理队伍，这是质量体系的固有技术和物质基础。这些资源具体包括：

（1）人才资源和专业技能；

（2）实施工具及设备；

（3）检验和试验设备；

（4）仪器仪表和计算机软件、硬件。

为确保各类人员的工作能力适应和满足工作的要求，运维监理应对运维实施人员必须具备的资格、经验等基本素质以及需要进行的培训计划做出相应的具体规定。

5. 工作流程

“流程”是规定某一项活动的目的和范围，应做什么事，由谁来做，如何做，如何控制和记录，在什么时间以及采用什么材料、设备和文件等。也就是类似于全面质量管理提出的所谓“5W1H”（What、Who、When、Where、Why、How）。所以工作程序是质量管理工作的科学总结，也是实现质量控制的不可缺少的手段。

“程序”是通过文件形式来描述的，但不一定是独立的文件，一般可在规章制度或管理标准、工作标准中体现，具体参见本书关于运维流程、制度设计相关内容。质量体系应具备以下 3 个功能。

（1）应能对所有影响质量的活动进行恰当而连续的控制；

（2）应重视并采取预防性措施，避免问题发生；

（3）应具有一旦发现问题能及时做出反应并加以纠正的能力。

应制订和颁发质量体系各项活动的程序，并认真贯彻实施，变“人治”为法治，保持工作连续性和一致性，这是质量体系的重要内容。各项流程应做到简练、明确、易懂、相互协调、相互配合，而且都要对活动的目标采用的方法和工作质量做出相应的规定。

6.2.2 三方协同的质量控制

信息系统运维工作是由用户、运维服务商和运维监理单位共同完成的，三方的目标是一致的，那就是高质量地完成运维项目，因此，质量控制任务也应该由运维服务商、运维服务商和运维监理单位共同完成，三方都应该建立各自的质量保证体系，而整个运维过程的质量控制过程也就包括三方质量控制过程。

1. 运维项目的质量管理体系

运维服务商是运维实施的实施方，因此运维服务商的质量控制体系能否有效运行是整个运维项目质量保障的关键；用户作为运维实施的投资方，应该建立较完整的运维项目管理体系，这是运维项目成功的关键因素之一；运维监理单位是运维实施过程的监督管理协调方，既要按照自己的质量控制体系从事运维监理活动，还要对运维服务商的质量控制体系以及用户的运维管理体系进行监督和指导，使之能够在运维实施过程中得到有效的实施，因此，三方协同的质量控制体系是信息系统运维项目成功的重要因素。

用户的参与人员是用户为运维项目配备的质量管理人员，运维服务商的参与人员是运维服务商的质保部门的质量管理人员，运维监理单位的参与人员主要是质量运维监理工程师、总运维监理工程师和专家。

虽然运维服务商、运维服务商各有自己的质量保证体系，但是每一种体系在实际的运行过程中都不是完美无缺的，双方的理解也可能不尽一致，因此通过运维监理单位的协调控制，可以充分发挥各自质量控制手段和方法的长处，从而达到最优质量控制的效果。信息系统运维项目只有通过用户、运维服务商和运维监理单位既相互独立又紧密结合的共同的质量控制，运维项目的质量目标才有可能实现。

2. 运维项目的质量控制体系

运维项目的质量控制体系以用户的质量保证体系为主体，在运维项目开始实施之前由运维服务商建立，运维监理单位对组织结构、流程制度管理、质量目标等要素进行检查。运维监理单位监控质量控制体系的日常运行状况，包括设计质量控制、分项运维质量控制、质量控制分析、质量控制重点检测等内容；运维监理单位核定运维的中间质量，监督重大运维事件验收，并参与运维最终验收。

运维项目的质量控制体系运行的主要目的是对信息系统运维的各种质量进行监控和把握，发现质量问题及时采取措施进行更正，保证运维的过程质量达到预期要求的目标。本小节主要讲述运维服务商的质量控制体系，建立运维项目质量保证计划。

信息系统运维监理单位对运维服务商质量控制方面的作用是检查运维服务商质量保证体系的建立情况，并对计划的实施进行必要的监督和检查。运维服务商建立信息系统运维质量保证体系的原则是：

（1）在签订合同后，运维服务商应按合同要求建立运维质量保证体系，其重点是 SLA；

（2）运维服务商要满足用户的使用功能要求，并符合质量标准、技术规范及现行法规；

（3）质量保证体系要满足用户和运维服务商双方的需要。

在信息系统运维过程中，运维服务商针对不同的运维分类，在运维事件发生、分析、处理、测试、验收等不同阶段，其管理模式会有所不同，质量控制体系的内容也应该具有针对性。在信息系统运维的整个形成过程中，分析和实施是最关键也是最复杂的环节。运维监理将着重对运维服务商如何根据质量保证体系进行运维监理，运维服务商应结合实施运维项目的具体特点，制定一套行之有效的质量保证体系进行相应的运维监理工作。

监督、检查运维服务商质量保证体系的主要内容必须包括：

（1）制定明确的质量计划。根据合同要求的质量目标，用户应制定相应的质量计划，既要有提高运维质量的综合计划，又要有分运维项目、分部门的具体计划，形成一套完整的质量计划体系，并且有检查，有分析。

（2）建立和健全专职质量管理机构。它的作用在于统一组织、计划、协调、综合质量保证体系的活动，检查、督促各部门的质量管理职能，开展质量管理教育和组织质量管理活动。

（3）实现管理业务标准化，管理流程程序化。实施运维管理的许多活动都是重复发生的，具有一定的规律性。把这些重复出现的质量管理业务，按照客观要求分类归纳，并将处理办法订成规章制度，作为员工行动准则，使管理业务标准化。把管理业务处理过程所经过的各环节、各管理岗位、先后工作步骤等经过分析研究改进，定为标准的管理程序，使管理流程程序化，使企业全体职工都严格遵循统一的制度和工作程序。

（4）配备必要的资源条件。资源主要包括人力、设备和质量检测手段等。实施信息系统运维的运维监理，运维服务商的人力配备要制定一套科学、合理的人力资源计划，与运维项目实施计划配套，根据运维项目实施过程的不同，针对运维项目特点，合理地调配人员，确保运维实施的顺利进行。

设备和应用环境是保证运维项目进行的基础条件之一，可以根据运维项目合同要求，依据具体情况的不同，制定不同的策略计划。鉴于信息系统运维的特点，运维服务商可能无法构建与用户完全相同的设备和应用环境，如果一定要利用运维服务商的设备和应用环境进行调试或测试，必须在合同或协议中阐明相关内容。

（5）建立一套灵敏的质量信息反馈系统。运维质量的形成过程伴随着大量与质量有关的信息，这些质量信息是进行质量管理的依据。质量管理就是质量管理机构和有关部门根据质量信息，协调和控制质量活动的过程。没有信息反馈就没有质量管理。建立和健全信息反馈系统，一定要抓好信息的流转环节，注意和掌握运维实施过程的检测、收集、处理、传递和存储。信息运动的流动速度要快，效率要高。在运维实施结束后，要在短时间内，由运维监理工程师带领有关人员到最终用户那里进行调查访问，听取使用部门对运维质量的意见，并深入了解实际使用效果，从中发现运维质量存在的问题，分析原因，为进一步改进运维的实施质量提供依据。

6.3　分阶段质量控制的重点

6.3.1　质量控制点

1. 设置质量控制点的目的

所谓质量控制点，是指对信息系统运维项目的重点控制对象或重点实施过程，实施有效的质量控制而设置的一种管理模式。

在运维实施工作的不同分类中，依据运维项目的具体情况，可设置不同的质量控制点，通常情况下可分为不同运维工作分类的运维事件接收/分析质量控制点、实施阶段的质量控制点和验收阶段的质量控制点。其目的就是通过对控制点的设置，可以将运维质量总目标分解为各控制点的分目标，以便通过对各控制点分目标的控制，来实现对运维质量总目标的控制。

2. 设置质量控制点的意义

在信息系统运维过程中设置不同阶段的质量控制点，有以下几方面的重要意义。

（1）通过质量控制点设置，便于对运维质量总目标的分解，可以将复杂的运维质量总目标分化为简单分项的目标控制体系；

（2）设置质量控制点，有利于运维监理工程师和运维服务商的控制管理人员及时分析和掌握控制点所处的环境因素，易于分析各种干扰条件对有关分运维项目标产生的影响及其影响程度的测定；

（3）设置质量控制点，有利于运维监理工程师和运维服务商的控制管理人员监测分项控制目标，并有针对性的着重开展绩效考核工作；

（4）由于质量控制点目标单一，且干扰因素便于测定，有利于运维监理工程师和运维服务商的控制管理人员制定、实施纠偏措施和控制对策；

（5）通过对下层级质量控制点目标的实现，对上层级质量控制目标提供保证，直到运维质量总目标的实现。

3. 质量控制点的设置原则

进行控制点设置时，应遵守下述的一般原则。

（1）选择的质量控制点应该突出重点

质量控制点应放置在运维监理活动中的关键事件和关键操作，有利于控制影响运维质量目标的关键因素。比如对于一个应用软件运维运维项目，需求获取阶段关系到整个应用系统的成败，而这一部分工作往往做得不够细致，因此运维监理单位可以把需求获取作为一个质量控制点，制定详细的需求获取运维监理单位方案。

（2）选择的质量控制点应该易于纠偏

也就是说，质量控制点应设置在运维质量目标偏差易于测定的关键操作或重要事件处，有利于运维监理工程师及时发现质量偏差，同时有利于运维服务商控制管理人员及时制定纠偏措施。比如对于基础设施运维来说，可以把巡检工作中对数据库、中间件的巡检过程作为一个控制点，从巡检计划的制定、巡检内容方法的制定，到巡检的及时性，如果发现问题，可以立刻纠正。这一部分如果出现质量问题，没有做到，可能导致重大运维事件发生，事后解决的成本就会非常大。

（3）质量控制点设置要有利于参与运维实施的三方共同从事运维质量的控制活动

对于用户来说，由于主要是从宏观角度来从事运维质量控制，在运维实施的各个阶段和相对重要的实施成果都应设置控制点；对运维服务商来说，由于从事信息系统运维过程中的微观控制，其控制点设置可以按运维分类、运维服务要求、重要活动及重要实施资源供应等方面都应设置控制点；对运维监理单位来说，由于质量控制是其运维监理工作的重点，根据运维监理目标确定运维监理要检查的质量控制点：三方可以根据运维项目的具体情况，商定各个阶段的质量控制重点，并制定各自的质量控制措施。

（4）保持控制点设置的灵活性和动态性

对于一些大型系统信息系统运维项目，由于实施规模庞大，参与运维的运维商数量和服务人员数量较多，影响因素繁多，其质量控制点设置并不是一成不变的，必须根据运维工作的特点、业务系统的实际需求等客观情况进行因需而变的调整，对已设立的质量控制点应随时进行必要的调整或增减，使质量控制点设置具有相应的灵活性和动态性，以达到对运维质量总目标的全过程、全方位的控制。

下面分阶段说明一下各类运维工作质量控制的重点，这里的重点也许和读者的工作实际情况存在差异，请有取舍的使用。

6.3.2　基础设施运维的质量控制重点

信息系统基础设施运维的质量控制重点主要体现在核心设备监控与巡检、备品备件的准备、系统优化 3 个方面。

1. 核心设备监控与巡检

信息系统核心设备的监控与巡检相关内容请参考本书其他部分，运维监理在此类运维工作的质量控制要点有：

（1）审查运维商巡检计划及内容，在计划方面，要重点分析对业务高峰期和特殊业务保障时期的巡检安排；在内容方面，要详细审查对数据库、中间件的巡检内容是否足够详细，阈值设定是否合理，巡检内容与业务系统的匹配是否完全；

（2）抽查监控人员工作状态，在业务高峰期或业务重点保障期的监控人力保障是否到位等情况；

（3）审查运维商巡检报告，对照故障报告、故障日志等信息，还原故障发生过程，进而评定巡检工作是否认真执行或者巡检内容是否存在疏漏。

2. 备品备件的准备

备品备件的准备是信息系统基础设施运维的核心支撑资源，毕竟事前能够发现的故障只是所有故障中的一部分，对于突然发生的设备故障，需要有强大的备品备件库进行支撑，才能保证及时更换。在备品备件准备中，运维监理应该注重注意以下几点：

（1）需要预先采购的备品备件其数量、型号是否符合合同要求；

（2）重要设备的备品备件是否为正品、是否已经被使用过；

（3）合同中明确的替代设备、应急设备是否准备齐全；

（4）在运维期内，运维监理人员应当不定期抽查备品备件库，以防有缺失导致隐患。

3. 系统优化方案的审查

基础设施运维服务商有义务对目前基础环境、设备、数据库等内容进行优化，但是必须提前向运维监理及用户提交系统优化方案，在得到用户批准同意后，才可以实施。在系统优化方案的审查方面，运维监理应该注意以下重点。

（1）对基础环境的优化要注意审查 UPS 和电源的设计，保证电力供应满足需要；UPS 进行测试、优化、扩容和更换要考量到实施过程中的突发情况，UPS 的支撑系统满负荷运转的时间是否满足业务要求；

（2）对设备优化方面要注意一定要以保证业务系统平稳运行为前提，参考业务系统的设计方案，了解业务系统对资源使用的最优化要求，才能很好地完成对设备优化的工作。在对存储扩容的设计方面，要根据近几年业务的增速和近期开展的新业务数量对存储的预估为出发点，争取做到一次投资可以满足 2 年以上系统要求。防火墙、入侵检测等设备的更换和优化一定要注意业务系统的需要（比如数据库的长连接和短连接等），不能盲目使用默认配置。

（3）对操作系统、数据库、中间件等“软”设备进行优化是审查的重点，因为一旦考虑不周将可能对业务系统运行带来严重影响，一般在业务系统运行效率或需求不能被满足时才进行这方面调整。操作系统、辅助软件的升级和补丁需要有安全运维商负责参与和审核；数据库中间件的优化要遵从业务系统运行的实际需要，使用许可的购买要根据业务发展的需要认真考虑。

（4）对基础设施进行优化的内容涉及很多方面，本书很难全部概括，读者可以在实际应用中因地制宜的考虑。作为监理工程师，只要把握住“一切为业务系统的需要为目标”的原则，就可以很好地完成系统优化方案审查的工作。

6.3.3 应用系统运维的质量控制重点

应用系统运维的质量控制与信息系统建设过程中的相应质量控制类似，升级改造的工作相当于新建应用系统，而软件修正完善相当于新建应用系统中的测试修正环节，增加的内容只是对信息系统软件的监控。因此，本书在此部分借鉴了信息系统建设监理工程师的一些做法。

1. 协助运维服务商完善运维过程中阶段性质量控制

应用系统运维的质量是在实施运维中逐渐形成的。应用系统运维中各阶段的质量控制是实施质量控制的核心，只有严格控制好每个阶段的运维质量，才有可能保证运维项目的实体质量。运维监理工程师应该协助运维服务商完善阶段性质量控制，及时检查和审核运维服务商提交的质量统计分析资料和质量控制图表。

应用系统运维各阶段实施中质量控制主要包括实施中每个阶段的运维实施和阶段实施结果两方面的质量控制。

（1）运维实施条件的控制

运维实施条件是指运维项目在各阶段的工作内容要素及实施环境条件。其基本控制内容包括人员、运维服务、设备、程序及方法和环境条件等。控制方法主要可以采取检查、测试、评审、跟踪监督等方法。

（2）运维项目阶段性实施结果的质量控制

应用系统运维阶段性实施结果的质量控制主要反映在阶段性运维服务的质量特征和特性指标方面。对阶段性实施结果的质量控制就是控制阶段性运维服务的质量特征和特性指标是否达到技术要求和实施标准。阶段性实施结果的质量控制一般属于事后质量控制，其控制的基本步骤包括：

① 测试或评审。指测定阶段性实施结果的有关质量特征和特性的指标值。

② 判断。判断阶段性实施效果是否达到设计质量和运维项目需求所规定的质量标准要求。

③ 认可或纠偏。若阶段性实施结果的质量特征和特性指标达到有关标准的要求，对该过程实施质量进行认可，并验收签证，才允许运维下一流程或阶段开工；否则，对该阶段实施结果进行必要的纠正。经纠偏后，应重新检查，达到质量标准要求才予以认可。

现场运维监理人员，应自始至终地把对实施阶段性质量控制作为对运维项目质量控制的工作重点，并应详尽深入地分析影响阶段质量的因素，分清主次，抓住主要关键，开展对阶段性质量的全面控制。

2. 关键过程质量控制的实施要点

（1）制定阶段性质量控制计划，是实施阶段性质量控制的基础。

阶段性质量控制计划包括：确定控制内容，技术质量标准，检验方法及手段，建立阶段性质量控制责任制和质量检查制度。

（2）进行阶段分析，分清主次，抓住关键是阶段性运维结果质量控制的目的。

运维各阶段分析是指从众多影响运维质量的因素中，找出对特定运维阶段重要的或关键的质量特征特性指标起支配性作用或具有重要影响的主要因素，以便在运维实施中对那些主要因素制定出相应的控制措施和标准，开展对运维实施过程中关键质量的重点控制。

（3）设置阶段性质量控制点，实施跟踪控制是运维质量控制的有效手段。

质量控制点是实施质量控制的重点。在实施过程中的关键过程或环节及隐蔽运维；对后续运维实施或后续阶段质量和安全有重大影响的工序、部位或对象；实施中无足够把握的、实施条件困难或技术难度大的过程或环节；在采用新技术应用的部位或环节等处都应设置质量控制点等。

3. 协助运维服务商对严重质量隐患和质量问题进行处理

在必要的情况下，运维监理单位可按合同行使质量否决权，在下述情况下，运维总监理工程师有权下达停工令。

（1）实施、运维实施中出现质量异常情况，经提出后运维服务商仍不采取改进措施者；或者采取的改进措施不力，还未使质量状况发生好转趋势的。

（2）对已发生的质量事故未进行处理和提出有效的改进措施就继续进行的。

（3）擅自变更设计及运维实施方案自行实施的。

（4）未经技术资质审查的人员进入现场参与运维实施工作的。

运维监理工程师遇到运维中有不符合要求情况严重时，可报总运维监理工程师下达停工令。运维开工和停工后的复工，均应严格遵照规定的管理流程进行。

4. 质量控制的其他方法

组织定期或不定期的现场会议，及时分析、通报运维质量状况，并协调有关单位之间的业务活动等。坚持运维监理质量日志的记录工作。

6.4　质量控制手段

6.4.1　评审

评审的主要目的是本着公正的原则检查运维项目的当前状态，运维项目评审一般是在重要的运维时间解决或重要的运维工作接近完成时进行。通过评审，可以及时发现重大问题，并给出处理意见。

1. 评审依据

（1）国家和行业的相关标准、技术规范及其他有关规定；

（2）运维监理工程师搜集的运维监理信息。

2. 评审的范围

（1）运维事件的需求分析；

（2）运维服务商的质量控制体系和质量保证计划；

（3）运维服务商的运维实施方案；

（4）运维服务商有关应用软件运维的重要过程文档；

（5）各阶段验收方案；

（6）其他需要会审的重要方案。

6.4.2 测试

测试是应用系统运维质量控制最重要的手段之一，只有通过实际的测试才能知道，因此测试结果是判断应用系统运维质量最直接的依据。

在整个质量控制过程中，可能存在用户、运维监理单位、运维服务商和公正的第三方对运维进行测试，运维服务商的测试是为了保证运维质量，运维监理单位的测试是检查和确认运维质量，用户的测试是验证是否满足业务需求，公正第三方测试是给应用系统运维一个客观的质量评价，包括应用系统安全方面是否达标。虽然他们的工作重点不同，但是目的都是为了更好地控制运维项目质量。

1. 运维监理单位主要工作内容

就运维监理单位而言，主要进行以下 3 个方面的工作。

（1）监督评审运维服务商的测试计划、测试方案、测试实施以及测试结果

主要包括以下内容：

① 督促运维服务商建立运维项目测试体系，成立独立的测试小组。

② 督促运维服务商制定全过程的测试计划，从运维项目需求分析阶段开始直到运维实施结束，要进行不间断的测试，并且随着运维项目的进展，制定分系统的测试计划和详细的测试方案。

③ 对测试方案和测试计划进行审核，对运维服务商选择的测试工具的有效性进行确认。

④ 对测试结果的正确性进行审查。

⑤ 对测试问题改进过程进行跟踪。

（2）对重要环节运维监理单位要亲自进行测试

主要包括以下内容：

① 现场抽查测试。当现场运维监理工程师发现质量疑点时，要进行现场抽查测试。

② 运维监理单位要对重要的功能、性能、安全性等进行模拟测试，以判断阶段性运维实施成果是否满足质量要求，并且要作为进度控制以及绩效考核的依据。

（3）对委托的第三方测试的结果进行评估

在发布阶段，有需要的情况下要请专业的第三方测试机构对运维项目进行全面的测试。

运维监理单位的主要工作包括：

① 协助运维服务商选择权威的第三方测试机构，一般要审查第三方测试机构的资质、测试经验以及承担该运维项目测试工程师情况。

② 对第三方测试机构提交的测试计划进行确认。

③ 协调用户、运维服务商以及第三方测试机构的工作关系，并为第三方测试机构的工作提供必要的帮助。

④ 对测试问题和测试结果进行评估。

⑤ 如果第三方测试由运维项目中的安全运维商负责，以上内容可以裁剪。

2. 测试依据

测试依据根据不同的测试阶段和测试对象有所不同，主要包括：

（1）应用系统升级改造/问题分析需求说明书；

（2）应用系统通过验收后的设计说明书（应参考配置管理的内容）；

（3）行业标准；

（4）国家标准。

6.4.3　绩效考核

绩效考核是通过旁站记录完成的，是运维监理工程师对运维质量的签认资料。旁站记录必须做到：

（1）记录内容要真实、准确、及时。

（2）对旁站的关键部位或关键工序，应按照时间或工序形成完整的记录。

（3）记录表内容填写要完整，未经旁站人员和施工单位质检人员签字不得进入下道工序施工。

（4）记录表内施工过程情况是指所旁站的关键部位和关键工序施工情况。例如，人员上岗情况、材料使用情况、实施技术和操作情况、执行实施方案和强制性标准情况等。

（5）旁站记录的内容应按照绩效考核标准进行执行，定期汇总考核信息，对运维服务商的实施过程给予考核评价。

运维监理人员应对旁站记录进行定期整理，并报用户审阅。一份好的旁站记录不仅可以使用户掌握运维动态，更重要的是使用户了解运维监理工作，了解运维监理单位的服务宗旨与服务方向，树立企业的良好形象，同时运维监理人员也可从中听取用户的意见，及时改进运维监理工作，提高服务质量。

第7章 运维监理费用控制

7.1 运维费用控制概述

信息系统运维费用是对信息系统运维费预算的实际执行，信息系统运维费用控制是为了科学的使用、监督、评价运维费。

信息系统运维费主要有两种表现形式：比较常见的是固定运维费，发生在大多数运维合同中；比较特殊的是预算加决算的运维费（即不固定运维费），一般发生在基础设施运维合同方面。

通过本书运维费预算部分的内容来看，信息系统运维费预算的主要构成是基础设施运维费和应用系统运维费，这其中应用系统运维费预算的数字相对是准确的；而基础设施运维费的计算可以概算也可以精算，概算则是按照财政部门的惯例，采用10%（因区域不同可能有所差异）；精算则是根据将基础设施每部分进行细分，逐一根据实际情况需要进行测算汇总得来，精算的目的是为了在运维费预算编制过程中，形成针对该部分预算的详细测算依据，从而为后续运维预算执行过程的精细化管理提供依据。

而费用控制的目的就是根据运维工作进展的实际情况，结合运维服务商的绩效考核结果，对运维费的支付进行调整和控制，以达到节省用户费用、控制运维商的服务效果。

7.2 费用控制的原则

信息系统运维项目进行费用控制时，应遵循以下基本原则。

1. 费用最优化原则

信息系统运维项目费用控制的根本目的，在于通过各种费用管理手段，在保证运维工作质量的前提下不断降低信息系统运维项目费用，从而实现目标费用最优化的要求。在实行费用最优化原则时，应注意降低费用的可能性和合理的费用最优化。一方面挖掘各种降低费用的能力，使可能性变为现实；另一方面要从实际出发，制定通过主观努力可能达到合理的最优费用水平。

2. 全面费用控制原则

全面费用管理是所有运维服务商、项目参与人员和全过程的管理，亦称“三全”管理。

项目费用的全员控制有一个系统的实质性内容，包括用户、运维服务商、运维监理单位等的责任。项目费用的全过程控制要求费用控制工作要随着项目的各个阶段连续进行，既不能疏漏，又不能时紧时松，应使信息系统运维项目费用自始至终置于有效的控制之下。

3. 动态控制原则

信息系统运维项目的实际费用费用理论上是不可预控的，尤其是基础设施的运维工作，突发性、偶然性比较大，所以要注意在运维工作实施过程中，动态控制费用。这不是说预算的费用不够，那么有些需要应该支出的费用就不再支出，而是在说，在预算费用有限的前提下，优先支持哪些资源，保证哪些业务系统平稳运行是最重要的。

在监理过程中，不能简单地把费用控制仅仅理解为将信息系统运维项目实际发生的费用控制在计划费用的范围内，而应当认识到，费用控制是与质量控制是同时进行的，它是针对整个信息系统运维项目目标所实施的控制活动的一个组成部分，在实现费用控制的同时需要兼顾质量目标。

4. 责、权、利相结合的原则

在运维项目实施过程中，用户、运维服务商和监理单位在肩负费用监督控制责任的同时，享有费用监督控制的权力，同时监理单位要对各小组在费用控制中的业绩进行定期的检查和考评，实行有奖有罚。只有真正做好责、权、利相结合的费用控制，才能收到预期的效果。

7.3　费用控制要点

（1）费用控制的要点与绩效考核结果是息息相关的，通过对绩效考核结果的分析，可以找到运维服务商工作中的重要不足，通过费用控制促进其进行改变；

（2）在没有突发意外的情况下，项目实际费用不超过项目计划费用；

（3）应十分重视运维费预算阶段的费用控制工作，做到考虑周全，尽量把有限的预算合理化分配；

（4）以动态控制原理为指导进行费用计划值与实际值的比较；

（5）有必要进行计算机辅助费用控制，尤其是对绩效考核的奖惩，功过不相抵是指导原则。

7.4　信息系统运维费用控制方法

对于信息系统运维项目的费用控制仅依靠经验、直觉、审查的手段是远远不够的，还需要掌握一些先进的技术和方法，只有这样才能更有效地做好费用控制工作。

7.4.1　信息系统运维费用控制

费用控制主要关心的是影响改变费用线的各种因素，确定费用线是否改变以及管理和调整实际的改变。

项目费用控制工作是在项目实施过程中，通过项目费用管理尽量使项目实际发生的费用控制在预算范围之内的一项监理工作。项目费用控制涉及对于各种能够引起项目费用变化因素的控制（事前控制）、项目实施过程的费用控制（事中控制）和项目实际费用变动的控制（事后控制）3 个方面。

费用控制不能脱离技术管理和进度管理独立存在，相反要在费用、技术、质量三者之间做综合平衡。及时、准确的费用及进度和技术跟踪报告，是项目经费管理和费用控制的依据。费用控制就是保证各项工作要在它们各自的预算范围内进行。费用控制的基础是事先就对项目进行的费用预算。

7.4.2 费用控制方法

费用控制的基本方法是规定各运维服务商定期上报其费用报告或阶段支付申请，再由监理工程师对其进行费用审核，以保证各种支出的合法性，然后再将已经发生的费用与预算相比较，分析其是否超支，并采取相应的措施加以弥补。

项目费用控制方法包括两类，一类是对固定运维费的控制方法，另一类是对不固定运维费的控制方法。

1. 固定运维费的控制方法

如果运维合同签订的是固定运维费，那么监理工程师应当跟踪合同执行全部过程，分块评价运维服务商对每部分合同内容的执行情况，根据合同的条款，判断是否应该支付运维服务商的阶段费用。如果有不建议支付的情况出现，应该给用户单位提交专题监理报告，说明原因，同时约请用户与运维服务商面谈，指出问题，要求整改，在整改完成后再行评价该阶段运维费可否支付。

在固定运维费的控制过程中，要与绩效考核相结合起来。为什么说绩效考核可以起到促进运维服务商提高服务能力，关键是实施了费用控制。

2. 不固定运维费用控制

不固定的运维费用是指在运维合同中有约定发生某种运维事项或工作时，运维服务商按何种标准进行服务，服务单价为多少；而用户按何种标准计算工时，如何支付该项运维服务费用。在这个过程中，监理单位作为第三方独立机构，应该公平、合理、合规的提出核算过程与结论。

不固定运维费的核算一般是由单价乘以数量（工作量）得来的。监理单位可以通过全过程的质量控制、效能管理等方式，对运维服务商的实际有效工时进行记录，进而计算此运维费用。同时，运维监理还应该严格进行绩效考核工作，对全过程进行跟踪监控，如果考核过程发现问题运维服务商未能整改或者绩效考核结果很差，则应该根据绩效考核相关规定进行惩罚。所以，在运维费用支付时，服务商的合同不固定费用的总值应该是计算值与绩效考核奖惩结果的和。

7.4.3 费用控制的依据

① 运维服务合同及其配套文件；

② 运维绩效考核管理办法；

③ 监理单位出具的服务内容证明文件及绩效考核奖惩结果；

④ 运维服务商提供的相关工作文档。

7.4.4　费用控制的监理工作与措施

1. 监理费用控制的主要工作任务

（1）参与运维项目总费用目标的分析、论证、审核。

（2）对运维项目总费用切块、分解规划结果进行审核、确认、监督。

（3）审核运维服务商编制的项目实施各阶段、各年、季度等阶段性执行情况总结。

（4）在运维工作实施过程中，按阶段（每月、季、年）提交各种费用控制监理报表和报告。

（5）对运维服务商的设计、实施、开发方法、器材和设备等多个方面作必要的技术经济比较，以能够提出有效的建议，从而挖掘节约费用、提高项目经济效益的潜力。

（6）审核招投标文件和合同文件中有关费用的条款。

（7）审核各类工程付款单。

（8）计算、审核各项索赔金额。

（9）总监理工程师应依据运维合同及其补充协议，审核运维服务商提交的工程阶段性报告和付款申请。满足付款条件时，总监理工程师签发付款意见，送至用户。

在具体项目的监理工作中，监理工程师应以监理单位与用户签订的监理合同为依据履行自己的职责，不一定完全覆盖上述工作任务。

2. 价款结算方法与工程付款控制

运维费用的结算，应根据信息系统运维工作的特点，既保证运维服务商及时补偿实施工作耗费，满足正常资金周转的需要，又要适当简化手续，故应采取适当的价款结算办法。运维费用价款的结算及付款控制方法常用的有以下几种。

（1）按运维工作标志性任务完成结算

这种运维费用价款结算方法，是根据信息系统运维的特点，按标志性任务或阶段来支付结算。信息系统运维中多以升级改造完成、重大业务期保障工作完成等里程碑式任务作为结算条件。

（2）按月（或分次）预支，完工后一次结算

一般情况下，运维费用支付可以分次或分月预支，运维工作完成后一次结算的方法。采用这种办法时，应注意使分次（月）预支的款额大体同合同期已度过的时间相适应。

为促使运维服务商保质保量地完成建设任务，不论采用何种运维费用结算办法，都应保留一定比例的尾款，待运维工作结束后凭竣工结算单据作最后结算。

分包单位应及时上报已完成工作内容统计资料给总包单位。总包单位按阶段须将实际的施工进度情况，报监理工程师和用户审查确认，并作为控制施工拨款的依据。

7.4.5 运维费用支付流程

用户支付运维服务商运维费用须按一定的程序进行。运维服务商应通过项目有关管理人员要求用户支付运维费用。当到期支付运维服务商运维费用时，项目有关管理人员应向用户提供相应的证明文件和材料，用户收到监理工程师的证明文件和材料后，再决定是否支付运维服务商运维费用。

如果监理单位认为为达到运维服务要求或绩效考核存在严重问题，监理单位将驳回运维服务商要求支付运维费用的请求，并由监理单位出具拒付报告交运维服务商和用户。

当按月/季支付运维费用时，运维服务商须向监理人员提交月报表，监理人员审查运维服务商提交的月/季报表后。向用户发出付款证书。

按月/季支付运维费用（包括工程进度款、设计变更及洽商款、索赔款等）时，运维服务商应根据监理工程师审批的工程量，按运维合同的规定（或工程量清单）计算运维费用，并填写《月/季付款报审表》、《月/季支付汇总表》报项目监理部审核；监理工程师依据合同有关定额进行审核，确认应支付的工程进度款、设计变更及洽商款、索赔款等，在此输入《月/季支付汇总表》的主要内容，项目内容填写付款款项；监理工程师审核后，由项目总监理工程师签发《运维费用支付意见》，报用户。

不固定运维费用需要专门报审。由运维服务商填写《运维增量服务费用报审表》报监理单位，运维监理工程师进行审核后，总监理工程师签字并交用户确认；经过用户确认的并经监理工程师验收合格后，应按正常的支付程序办理增量运维费用的支付手续。

第 8 章 运维监理安全控制

8.1 信息系统运维安全概论

8.1.1 信息系统运维安全定义与认识

1. 定义

在信息系统运维中，信息系统运维安全涵盖了人工和自动信息处理的安全。网络化和非网络化的信息系统运维安全，泛指一切以声、光、电信号、磁信号、语音以及约定形式为载体的信息的安全。

（1）信息系统运维安全

定义是确保以电磁信号为主要形式的、在信息网络系统进行通信、处理和使用的信息内容，在各个物理位置、逻辑区域、存储和传输介质中，处于动态和静态过程中的保密性、完整性和可用性，以及与人、网络、环境有关的技术安全、结构安全和管理安全的总和。

在信息系统运维安全定义中，人是指信息系统应用的主体，包括：

① 各类用户；

② 支持人员；

③ 技术管理人员；

④ 行政管理人员等。

（2）网络

指以计算机、网络互联设备、传输介质以及操作系统、通信协议和应用程序所构成的物理的和逻辑的完整体系。

（3）环境

是系统稳定和可靠运行所需要的保障体系，包括：

① 建筑物；

② 机房；

③ 电力；

④ 保障与备份；

⑤ 应急与恢复体系等。

总的来说，信息系统运维安全就是要保证信息系统的用户在允许的时间内、从允许的地点、通过允许的方法，对允许范围内的信息进行所允许的处理。

2. 从不同角度看待信息系统运维安全

信息系统运维安全的具体含义和侧重点会随着观察者的角度而不断变化。个人用户的角度来说，最为关心的信息系统运维安全问题是如何保证涉及个人隐私的问题。从企业用户的角度来说，是如何保证涉及商业利益的数据的安全。这些个人数据或企业的信息在传输过程中要保证其受到保密性、完整性和可用性的保护，如何避免其他人，特别是其竞争对手利用窃听、冒充、窜改、抵赖等手段，对其利益和隐私造成损害和侵犯，同时用户也希望其保存在某个网络信息系统中的数据，不会受其他非授权用户的访问和破坏。

从网络运行和管理者角度说，最为关心的信息系统运维安全问题是如何保护和控制其他人对本地网络信息的访问、读写等操作。比如，避免出现漏洞陷阱、病毒、非法存取、拒绝服务和网络资源非法占用和非法控制等现象，制止和防御网络“黑客”的攻击。

对安全保密部门和国家行政部门来说，最为关心的信息系统运维安全问题是如何对非法的、有害的或涉及国家机密的信息进行有效过滤和防堵，避免非法泄露。机密敏感的信息被泄密后将会对社会的安定产生危害，对国家造成巨大的经济损失和政治损失。

从社会教育和意识形态角度来说，最为关心的信息系统运维安全问题则是如何杜绝和控制网络上不健康的内容。有害的黄色内容会对社会的稳定和人类的发展造成不良影响。

目前，信息系统运维在企业和政府组织中得到了真正的广泛应用。许多组织对其信息系统不断增长的依赖性，加上在信息系统上运作业务的风险、收益和机会，使得信息和信息系统运维安全成为企业和政府组织管理中越来越关键的部分。我们同时也要注意到，对于信息化的不同应用，安全的策略和安全管理的目的也有所不同。

8.1.2 信息系统运维安全的属性

信息系统运维安全属性分为 3 个方面：可用性、保密性和完整性。任何对于信息可用性、保密性、完整性的破坏与攻击事件，都有可能会引起信息系统运维安全事故或者事件。

1. 可用性

（1）可用性的定义

可用性是信息系统运维能够在规定条件下和规定的时间内完成规定的功能的特性。可用性是信息系统运维安全的最基本要求之一，是所有信息网络系统的实施和运行目标。可用性是指信息及相关的信息资产在授权人需要的时候，可以立即获得。例如，通信线路中断故障会造成信息的在一段时间内不可用，影响正常的商业运作，这是信息可用性的破坏。

（2）可用性的表现

可用性主要表现在硬件可用性、软件可用性、人员可用性、环境可用性等方面。

硬件可用性最为直观和常见。软件可用性是指在规定的时间内，程序成功运行的概率。人员可用性是指工作人员成功地完成工作或任务的概率。人员可用性在整个系统可用性中扮演着重要角色，因为系统失效的大部分原因是人为差错造成的。人的行为要受到生理和心理的影响，受到其技术熟练程度、责任心和品德等素质方面的影响。因此，对工作人员的教育、培养、训练和管理以及合理的人机界面是提高可用性的重要手段。环境可用性是指在规定的环境内，保证网络成功运行的概率。这里的环境主要是指自然环境和电磁环境。

以信息网络系统为例，可用性还体现在：

① 抗毁性，是指系统在人为破坏下的可用性。比如，部分线路或节点失效后，系统是否仍然能够提供一定程度的服务。增强抗毁性可以有效地避免因各种灾害（战争、地震等）造成的大面积瘫痪事件。

② 生存性，是在随机破坏下系统的可用性。生存性主要反映随机性破坏和网络拓扑结构对系统可用性的影响。这里，随机性破坏是指系统部件因为自然老化等造成的自然失效。

③ 有效性，是一种基于业务性能的可用性。有效性主要反映在信息系统的部件失效情况下，满足业务性能要求的程度。比如，信息系统部件失效虽然没有引起连接性故障，但是却造成质量指标下降、平均延时增加、线路阻塞等现象。

不同类型的信息及相应资产的信息系统运维安全在保密性、完整性及可用性方面关注点不同，如组织的专有技术、市场营销计划等商业秘密对组织来讲保守机密尤其重要；而对于工业自动控制系统，控制信息的完整性相对其保密性重要得多。

2. 保密性

（1）保密性的定义

保密性是信息不被泄露给非授权的用户、实体或过程，信息只为授权用户使用的特性。信息的保密性是针对信息被允许访问对象的多少而不同，所有人员都可以访问的信息为公开信息，需要限制访问的信息一般为敏感信息或秘密，秘密可以根据信息的重要性及保密要求分为不同的密级。例如，国家根据秘密泄露对国家经济、安全利益产生的影响（后果）不同，将国家秘密分为秘密、机密和绝密 3 个等级，组织可根据其信息系统运维安全的实际，在符合《国家保密法》的前提下将其信息划分为不同的密级。对于具体的信息的保密性有时效性，如秘密到期解密等。

保密性是在可用性基础之上，保障网络信息系统运维安全的重要手段。

（2）常用的保密技术

常用的保密技术包括：

① 防侦测，使对手侦测不到有用的信息。

② 防辐射，防止有用信息以各种途径辐射出去。

③ 信息加密，在密钥的控制下，用加密算法对信息进行加密处理。即使对手得到了加密后的信息也会因为没有密钥而无法读懂有效信息。

④ 物理保密，利用各种物理方法，如限制、隔离、掩蔽、控制等措施，保护信息不被泄露。

3. 完整性

（1）完整性的定义

完整性定义为保护信息及其处理方法的准确性和完整性。信息完整性一方面是指信息在利用、传输、存储等过程中不被删除、修改、伪造、乱序、重放、插入等，另一方面是指信息处理的方法的正确性。不适当的操作，如误删除文件，有可能造成重要文件的丢失。完整性与保密性不同，保密性要求信息不被泄露给未授权的人，而完整性则要求信息不致受到各种原因的破坏。

（2）保障信息网络系统完整性的主要方法

保障信息网络系统完整性的主要方法，有以下几种：

① 协议，通过各种安全协议可以有效地检测出被复制的信息、被删除的字段、失效的字段和被修改的字段。

② 纠错编码方法，由此完成检错和纠错功能。最简单和常用的纠错编码方法是奇偶校验法。

③ 密码校验和方法，抗窜改和传输失败的重要手段。

④ 数字签名，保障信息的真实性。

⑤ 公证，请求网络管理或中介机构证明信息的真实性。

8.1.3 信息系统运维安全控制的重要性

1. 从系统本身存在的问题认识

任何一个信息系统运维都是一套非常复杂的多环节架构，它的安全措施不完整性隐患或安全漏洞可能渗透到该系统的所有地方，其中的一些隐患可能连系统的设计者、实现者和使用者都不一定非常清楚地知道它的存在。因此，系统的不安全因素总是存在的，所以我们说没有绝对的安全，只有相对的安全。

既然信息系统的不安全总是存在的，我们所关注的是如何做到防范。针对于此，首先，信息系统运维安全不是要做到滴水不漏的完美，而是要根据系统的特性订出系统所需的安全度，如果一味强调安全本身而加上诸多不合现实的限制，只会导致工作人员更多的反感。其次，针对某一种情况制定真正合适的规范，是必须先评估自己所能承担的风险，将攻击的系统的成本提高到让想破解的人都认为不合乎成本，从而不愿意花工夫去攻击你的系统，俗话说“赔钱的生意没人做”。

同时，从另外一个层面来说，要加强对信息系统运维安全的管理。信息系统运维安全管理是一项包含技术层面、管理层面、法律层面的社会系统运维，它不是运维服务，是一个完整的过程，由人、技术、流程 3 个部分组成。这些组成部分匹配得越好，过程进展得就越顺利，对信息系统运维安全的保障作用的发挥就越重要。

2. 当前政府和企业对信息系统运维安全的重视

鉴于信息系统运维安全在当前信息系统运维的重要性，不论是政府、企业的应用者，还是信息系统运维安全的运维服务商，包括设计单位、实施单位和运维监理，对信息系统运维安全重视程度正在日益提高。

我国政府主管部门以及各行各业已经认识到了信息系统运维安全的重要性。政府部门开始出台一系列相关策略，直接牵引、推进信息系统运维安全的应用和发展。由政府主导的各大信息系统运维和信息化程度要求非常高的相关行业，也开始出台对信息系统运维安全技术运维服务的应用标准和规范。国务院信息化领导小组颁布的《关于我国电子政务建设指导意见》强调指出了电子政务实施中信息系统运维安全的重要性；中国人民银行在加紧制定网上银行系统安全性评估指引，并明确提出对信息系统运维安全的投资要达到总投资的 10%以上，而在其他一些关键行业，信息系统运维安全的投资甚至已经超过了总预算的 30%～50%。

目前，政府和各行各业对信息系统运维安全的重要性有了认识，相关的规定标准在形成，投资力度在加大，安全技术、运维服务、市场在发展，多数企业机构正在制定符合不同业务信息系统和网络安全等级需要的综合性安全策略和计划。那么，到底需要什么样的方法或机制来管理或治理信息系统运维安全呢?从长远的角度看，关键是要建立一套能够涵盖组织信息系统运维安全的制度，包括管理措施和制度，即如何能将信息系统运维安全从机制和结构上提升到一个新的层面；如何通过建立和维护一个和相关法律和规范一致的框架来保证信息系统运维安全战略和组织的业务目标。

8.2　架构安全管理体系

信息系统运维安全的总体目标是物理安全、信息基础设备安全、网络安全、数据安全、信息内容安全的总和，目标是确保信息的可用性、保密性和完整性，确保信息系统运维的主体，不仅是用户，还包括组织、社会和国家对于信息资源的控制。

从信息系统运维安全管理目标来看，其中的网络安全、数据安全、信息内容安全等可通过开放系统互连安全体系的安全服务、安全机制及其管理实现，但所获得的这些安全特性只解决了与通信和互连有关的安全问题，而涉及与信息系统运维的构成组件及其运行环境安全有关的其他安全问题（如物理安全、系统安全、人员安全等）还须从技术措施和管理措施两方面结合起来。为了系统地、完整地构建信息系统的安全体系框架，信息系统运维安全体系应当由技术体系、组织机构体系和管理体系共同构建。

8.2.1　技术体系

技术体系是全面提供信息系统运维安全保护的技术保障系统。该体系由两大类构成。

1. 物理安全技术

一类是物理安全技术，通过物理机械强度标准的控制使信息系统的建筑物、机房条件及硬件设备等条件，满足信息系统的机械防护安全；通过对电力供应设备以及信息系统组件的抗电磁干扰和电磁泄漏性能的选择性措施达到两个安全目的，其一是信息系统组件具有抗击外界电磁辐射或噪声干扰能力而保持正常运行，其二是控制信息系统组件电磁辐射造成的信息泄露，必要时还应从建筑物和机房条件的设计开始就采取必要措施，以使电磁辐射指标符合国家相应的安全等级要求。物理安全技术运用于物理保障环境（含系统组件的物理环境）。

物理安全技术包括机房安全和设施安全。

（1）机房安全

是信息系统主要设备的物理存放的位置，主要是保证机房场地的安全。主要包括机房环境、温度、湿度的控制，电磁、噪声、静电、震动和灰尘的防护，同时要有防火灾、防雷电以及门禁等安全措施。

（2）设施安全

主要是考虑各种硬件设备的可靠性问题，所有的设备应当更具不同安全级别的信息系统运维，同时要保证通信线路物理上的安全性。

2. 系统安全技术

另一类是系统安全技术，通过对信息系统运维安全组件的选择，使信息系统运维安全组件的软件工作平台达到相应的安全等级，一方面避免操作平台自身的脆弱性和漏洞引发的风险，另一方面阻塞任何形式的非授权行为对信息系统运维安全组件的入侵或接管系统管理权。

系统安全技术包括平台安全、数据安全、通信安全、应用安全和运行安全。

（1）平台安全

泛指操作系统和通用基础服务安全，主要用于防范黑客攻击手段，目前市场上大多数安全运维服务均限于解决平台安全，包括以下内容：

① 操作系统漏洞检测与修复，包括 UNIX 系统、Windows 系统、网络协议。

② 网络基础设施漏洞检测与修复，包括路由器、交换机、防火墙等。

③ 通用基础应用程序漏洞检测与修复，包括数据库、Web/ftp/mail/DNS/其他各种系统守护进程。

④ 网络安全运维服务部署、平台安全实施需要用到市场上常见的网络安全运维服务，主要包括防火墙、入侵检测、脆弱性扫描和防病毒运维服务。

⑤ 整体网络系统平台安全综合测试/模拟入侵与安全优化。

（2）数据安全

目标是防止数据丢失、崩溃和被非法访问，为保障数据安全提供如下实施内容：介质与载体安全保护、数据访问控制、系统数据访问控制检查、标识与鉴别、数据完整性、数据可用性、数据监控和审计、数据存储与备份安全。

（3）通信安全

目标是防止系统之间通信的安全脆弱性威胁，为保障系统之间通信的安全采取的措施有：通信线路和网络基础设施安全性测试与优化、安装网络加密设施、设置通信加密软件、设置身份鉴别机制、设置并测试安全通道、测试各项网络协议运行漏洞。

（4）应用安全

是保障相关业务在计算机网络系统上安全运行，应用安全脆弱性有可能给信息化系统带来最大损失的致命威胁。以业务运行实际面临的威胁为依据，为应用安全提供的保证措施有：业务软件的程序安全性测试、业务交往的防抵赖测试、业务资源的访问控制验证测试、业务实体的身份鉴别检测、业务现场的备份与恢复机制检查、业务数据的唯一性/一致性/防冲突检测、业务数据的保密性测试、业务系统的可靠性测试、业务系统的可用性测试。

（5）运行安全

是保障系统的安全稳定。为运行安全提供的实施措施有：应急处置机制和配套服务、网络系统安全性监测、网络安全运维服务运行监测、定期检查和评估、系统升级和补丁提供、跟踪最新安全漏洞及通报、灾难恢复机制与预防、系统改造管理、网络安全专业技术咨询服务。运行安全是一项长期的服务，包含在网络安全系统运维的售后服务包内。

8.2.2 组织机构体系

组织机构体系是信息系统的组织保障系统，由机构、岗位和人事 3 个模块构成。

（1）机构

本书曾描述过，一个良好的运维管理组织体系设置包括决策层、管理层和执行层。决策层是信息系统运维单位中决定信息系统运维安全重大事宜的领导机构，由有保密职能的部门负责人及信息系统主要负责人参与组成。管理层是决策层的日常管理机关，根据决策层的决定，全面规划并协调各方面力量，实施信息系统的安全方案，制定、修改安全策略，处理安全事故，设置安全相关的岗位。执行层是在管理层协调下，具体负责某一个或某几个特定安全事务的一个逻辑群体，这个群体分布在信息系统的各个操作层或岗位上。

（2）岗位

岗位是信息系统运维安全管理机关根据系统安全需要设定的负责某一个或某几个安全事务的职位，岗位在系统内部可以是具有垂直领导关系的若干层次的一个序列，一个人可以负责一个或几个安全岗位，但一个人不能同时兼任安全岗位所对应的系统管理或具体业务岗位。因此，岗位不是一个机构，它由管理机构决定，由人事机构管理。

（3）人事

人事机构是根据管理机构设定的岗位，对岗位上在职、待职和离职的员工进行素质教育、业绩考核和安全监管的机构。人事机构的全部管理活动在国家有关安全的法律、法规、政策规定范围内依法进行。

8.2.3　管理体系

管理是信息系统运维安全的灵魂。信息系统运维安全的管理体系由法律管理、制度管理和培训管理 3 部分组成。管理安全设置的机制有：人员管理、培训管理、应用系统管理、软件管理、设备管理、文档管理、数据管理、操作管理、运行管理和机房管理。

（1）法律管理

法律管理是根据相关的国家法律、法规对信息系统主体及其与外界关联行为的规范与约束。法律管理具有对信息系统主体行为的强制性约束力，并且具有明确的管理层次性。与安全有关的法律法规是信息系统运维安全的最高行为准则。

（2）制度管理

制度管理是信息系统内部依据必要的安全需求制定的一系列内部规章制度，主要包括：

① 安全管理和执行机构的行为规范。

② 岗位设定及其操作规范。

③ 岗位人员的素质要求及行为规范。

④ 内部关系与外部关系的行为规范等。

制度管理是法律管理的形式化、具体化，是法律、法规与管理对象的接口。

（3）培训管理

培训管理是确保系统安全的前提。培训管理的内容包括：

① 法律法规培训。

② 内部制度培训/位操作培训。

③普遍安全意识和岗位相关的重点安全意识相结合的培训。

④ 业务素质与技能技巧培训等。

在信息运维监理中，可以根据信息系统有关的所有人员进行分层次培训。

8.3 安全控制中运维监理人员的主要工作内容

运维监理人员在信息系统运维安全管理的主要工作如下。

（1）保证运维服务商在信息系统运维监理过程中，保证信息系统的安全在可用性、保密性、完整性与信息系统运维的可维护性技术环节上没有冲突；

（2）在成本控制的前提下，确保信息系统运维安全设计上没有漏洞；

（3）督促运维服务商的信息系统运维应用人员在安全管理制度和安全规范下严格执行安全操作和管理，建立安全意识；

（4）监督运维服务商按照技术标准和实施方案施工，检查运维服务商是否存在设计过程中的安全隐患行为或现象等，确保整个运维监理过程中的安全实施和安全应用。

8.3.1 运维监理督促运维服务商进行信息系统运维安全管理的教育

为了保证信息系统运维安全，我们要防范计算机犯罪，需要从技术、法律、管理和教育等几方面着手。信息系统运维安全教育是运维服务商或运维服务商保证信息系统运维安全的重要组成部分，是信息系统运维安全体系实施不可缺少的一项重要工作内容。

安全观念先行，抓好安全教育是增强人们安全意识、提高人员安全素质的有效方法，是做好信息系统运维安全的基础。众所周知，信息系统是人建造的，是为人服务的，除了少数难以预知和抗拒的天灾，很多灾害都是人为的。人，始终是信息系统运维安全工作的核心因素。所以，增强对人的信息系统运维安全意识教育是信息系统运维安全体系中的重中之重。

8.3.1.1 教育的特点和对象

1. 信息系统运维安全教育的特点

（1）信息系统运维安全教育涉及自然科学和社会科学等多学科。

目前其教育所涉及的主要有：计算机硬件、计算机软件、电磁泄漏和屏蔽、通信、密码学、电磁材料、运维生理学、管理学、社会心理学、法学、审计学和安全保卫等。

（2）信息系统运维安全教育是一种特殊教育。

人们很容易忽视下列现象：对计算机病毒的分析、防治，病毒的制造与传播，同时对于病毒在技术上并无确定界限；会加密，同时也具备破译的条件；掌握加密技术的人员给信息系统运维安全管理工作增加了一份力量；反过来，也可以认为是多了一份信息系统运维安全的潜在威胁。由此决定了信息系统运维安全教育不能是任何单位与个人都可以进行的，必须在有关部门统一管理下，目标明确，有领导、有组织、有计划、有步骤地开展。包括在教育的形式上，如安全技术专业的设置、课程的开设、培训班的开办等。一哄而上，良莠不分，会给社会信息系统运维安全体系增加极大的潜在威胁。

2. 信息系统运维安全教育的对象

凡是与信息系统运维安全有关的所有人员都可以列为信息系统运维安全教育的对象。

（1）领导与管理人员；

（2）计算机运维人员，包括研究运维实施人员和维护应用人员；

（3）计算机厂商的有关人员；

（4）一般用户；

（5）计算机安全管理部门的工作人员；

（6）法律工作人员；

（7）其他有关人员。

8.3.1.2　教育的主要内容

信息系统运维安全教育的内容比较多，主要包括法规教育、安全基础知识教育和职业道德教育。

1. 法规教育

在现代社会中，计算机的社会化程度正在迅速提高。一方面，大量与国计民生、国家安全有关的重要数据信息迅速地向信息系统集中，并被广泛地用于各个领域；另一方面，计算机系统又处在高科技下非法的以致敌对的渗透、窃取、篡改或破坏的复杂环境中，面临着计算机犯罪、攻击和计算机故障的威胁。事实上，计算机的脆弱性所导致的诈骗犯罪，已经给信息化发达国家和公众带来严重损失和危害，成为社会关注的焦点。因此，许多国家在走过一段弯路后，都纷纷采取技术、行政和法律措施，加强对计算机的安全保护，至今已有许多国家制定了计算机安全法准则。

法规教育是信息系统运维安全教育的关键环节。无论是作为一名计算机工作人员，还是国家公务员，都应该接受信息系统运维安全法规教育并熟知有关章节的要点。因为法规是我们保证信息系统运维安全的准则。

2. 安全基础知识

安全基础知识教育包括网络安全教育、运行安全教育、实体安全教育、安全技术基础知识等。

（1）安全技术教育：熟练掌握使用一般的安全工具；了解计算机的硬件参数与软件参数、一般信息系统的薄弱点和风险等。

（2）网络安全教育。熟练掌握计算机网络安全方法学、可信网络指导标准、网络安全模型、计算机网络安全设计方法。

（3）运行安全教育。保障信息系统功能的实现，提供一套安全措施来保护信息处理过程的安全。运行安全教育应该了解：信息系统的安全运行与管理、计算机系统的维护、机房环境的监测及维护、随机故障的维修、风险分析、应急、恢复与备份。

（4）实体安全教育。保护信息、系统设备、设施以及其他媒体免遭地震、水灾、火灾、有害气体和其他环境事故破坏的措施。实体安全教育应该了解计算机机房的安全技术要求、实体访问控制、计算机系统的静电防护等。

3. 职业道德教育

道德是社会意识形式之一，是一定社会条件下，调整人与人之间以及个人和社会之间的关系的行为规范的总和。

道德属于形态范畴，它是人们的信念或信仰，也是规范行为的准则。全社会良好的道德规范是文明社会的标志之一。道德与法律不同，法律对人们行为的判定只有违法和不违法，而不违法的行为视为正确。法律适合于每一个人，是强制执行，尽管某人可能不同意某一法律工作条文，但必须按照法律的要求去做。法律不可能规定所有符合社会的准则，也不可能处理所有不符合社会行为的事件。而道德是一种人们行为正确和错误的客观标准，社会根据伦理道德标准，规定可接受的行为准则并由社会舆论来监督执行职业道德。首先，应尊重事实，任何不确定的情况应首先了解清楚；其次，所遵循的职业准则应包括诚实、努力工作、适当补偿、尊重隐私权等内容；最后，种种道德准则在特定的情况下会有冲突，有时需要比较、分析而坚持最合理的准则。计算机人员要加强思想道德修养教育，提高其思想认识水平；树立为客户服务，为社会做贡献的思想观念。

法律虽然规定了对社会公物破坏者行为的制裁，但仅仅依靠法律的力量不是唯一的解决办法。重要的是信息系统运维的行业人员和社会都能普遍地认识到安全管理的重要性。从事信息系统运维和应用的企业或政府部门要鼓励其员工培养认真、负责的职业作风，道德标准和责任心问题必须寓于教育体系中，尤其在计算机安全教育课程中加以强调。

8.3.2 运维监理督促运维服务商进行信息系统运维安全规划

运维监理工程师有义务建议运维服务商在信息系统运维安全管理上有应对的措施和规划，在制定信息系统运维安全规划方面，应建议运维服务商从以下几个方面进行。

1. 人员安全管理

任何系统都是由人来控制的，除了对于重要岗位的工作人员要进行审查之外，建立严密的管理制度对于系统的安全尤为重要。在制度建立过程中，运维监理工程师要建议运维服务商遵循以下原则。

（1）授权最小化。只授予操作人员为完成本职工作所必需的最小授权，包括对数据文件的访问、计算机和外设的使用等。

（2）授权分散化。对于关键的任务必须在功能上进行划分，由多人共同承担，保证没有任何个人具有完成任务的全部授权或信息。

（3）授权规范化。建立申请、建立、发出和关闭用户授权的严格的制度，以及管理和监督用户操作责任的机制。

2. 物理与环境保护

对于物理与环境保护，运维监理工程师要建议运维服务商主要从以下几个方面考虑。

（1）物理访问控制。在重要区域限制人员的进出。重要区域不仅包括机房，也应包括能够接触到内部网络的区域，供电系统备份介质存放的地点等。

（2）建筑物安全。要考虑建筑物防火、地震、漏水等造成的风险。

（3）公用设施的保证。为了使系统能够不间断地提供服务及硬件设备不受损害，评价供电、供水、空调等设施的可用性，并提出相应的措施。

（4）数据安全。数据泄露一般有 3 种途径：直接获取，在传输中截获，通过电磁辐射泄露。对这 3 种风险要加以充分评估。特别应当注意对便携式计算机建立安全保管制度，如果其中保存了敏感数据应进行加密，避免丢失或被盗时造成数据泄露。

3. 输入/输出控制

运维监理工程师要建议、提醒运维服务商对系统的输入/输出信息或介质必须建立管理制度，只有经过授权的人员方可提供或获得系统的输入/输出信息。

4. 制定突发事件的应急计划

运维监理工程师要建议、提醒运维服务商必须针对不同的系统故障或灾难制定应急计划，编写紧急故障恢复操作指南，并对每个岗位的工作人员按照所担任角色和负有的责任进行培训和演练。

5. 应用软件维护控制

在应用软件的维护过程中，运维监理工程师要建议、提醒运维服务商需要对所使用的商业软件的版权、来源，应用软件的文档在维护过程是否修改，测试数据的产生与测试结果，是否对留有软件测试所建立的后门或热键等问题进行规划和评估。

6. 数据完整性与有效性控制

数据完整性与有效性控制要保证数据不被更改和破坏。运维监理工程师要建议、提醒运维服务商需要规划和评估的内容包括：系统的备份与恢复措施；计算机病毒的防范与检测制度；是否有实时监控系统日志文件、记录与系统可用性相关的问题，如对系统的主动攻击，处理速度下降和异常停机等。

7. 文档管理

运维监理工程师要建议、提醒运维服务商文档管理对信息系统运维安全管理文档的协同性的重要，文档是信息系统运维安全管理的一部分。文档在安全管理中用于说明系统的工作机制，并且规范系统的安全与操作的特定过程。系统文档包括软件、硬件、政策、标准、过程的描述，以及相关的应用系统和支持系统的描述。同时文档中还应包括备份措施、突发事件对策以及用户和操作员的操作说明等内容。重要应用系统的文档应当与公共支持系统和网络管理的文档进行协调，以保证运行管理与操作的一致性。

8. 安全教育与培训

运维监理要建议、提醒运维服务商必须建立定期进行信息系统的安全教育与培训的制度，对于与重要应用系统相关的工作人员还应以多种方式，针对特定系统进行安全教育与培训。

8.3.3　安全管理制度与运维监理实施

通常情况下，信息系统运维安全管理的有关制度包括：

（1）信息系统运维操作环境出入管理制度；

（2）信息系统运维各工作岗位的工作职责、操作规程；

（3）信息系统运维升级、维护制度；

（4）信息系统运维工作人员人事管理制度；

（5）信息系统运维安全检查制度；

（6）信息系统运维应急制度：

（7）信息系统运维信息资料处理制度；

（8）信息系统运维工作人员安全教育、培训制度；

（9）信息系统运维工作人员循环任职、强制休假制度等。

这里，不但要意识到制度的重要性，更要意识到制度的执行和执行程度的重要性。制度本身具备约束、限制的作用，但在执行过程中如何坚决的执行制度，这需要运维服务商、运维监理、运维服务商三方人员共同遵照执行，而不只是运维服务商制定出来就万事大吉。执行到什么程度，是否严格地遵照各个条款做到位了，是保证信息系统运维过程中，乃至应用过程中安全管理成功实施的关键所在。

作为信息系统运维监理，在进行信息系统运维安全管理方面，要树立这样一个思想：运维监理不但有责任协助运维服务商制定安全管理制度，也有义务建议运维服务商遵照制度执行，并养成一种职业习惯，确保整个运维监理实施和应用过程中的信息系统运维安全；同时，运维监理也要严格自律，在运维监理过程中，按照运维服务商的有关制度和规章要求，遵照执行；另外，运维监理也要协助运维服务商，严格要求运维服务商和其他有关单位或人员，在运维监理过程中，按照运维服务商的有关制度和规章要求，遵照执行。只有三方共同遵守制度的要求做到位了，才能保证信息系统运维的安全管理工作的有效成果。这个意识要让运维服务商理解，更要让运维服务商知道，同时，运维监理自己一定要以身作则。

8.4 信息系统运维安全控制分析与对策

在信息系统运维中，运维监理工程师对信息系统的安全体系评估主要从逻辑访问的风险分析与安全管理、协助运维服务商架构安全的信息网络系统、对应用环境的风险分析与安全管理、对物理访问的风险分析与安全管理等方面进行，并协助运维服务商建立、健全、完善各项管理制度和措施。

8.4.1 物理访问的安全控制

1. 物理访问的定义

物理访问控制是设计用于保护组织防止未授权的访问，并限制只有经过管理阶层授权的人员才能进入。有些授权可能是明显易见的，例如管理阶层授权你拥有锁门的钥匙；有些可能是隐含性的授权，例如在工作内容中说明你必须访问敏感性的报表及文件。

2. 物理访问的风险来源

物理访问的风险原因可能会来自有意或无意的违犯，这些风险包括：

（1）未经授权进入；

（2）毁损、破坏或窃取设备、财产或文件；

（3）复制或偷看敏感或有著作权的信息；

（4）变更敏感性设备及信息；

（5）公开敏感的信息；

（6）滥用数据处理资源；

（7）勒索；

（8）盗用。

3. 可能的错误或犯罪

运维监理工程师要使运维服务商认识到可能的错误或犯罪的情形包括有：

（1）员工经授权或未经授权的访问；

（2）离职员工；

（3）有利害关系的外来者，如竞争者、盗窃者、犯罪集团、黑客等；

（4）无知造成的意外，某些人可能在无知情况下犯下错误（可能是员工或外来者）。

4. 运维监理安全管理注意事项

物理访问控制的风险大多可能来自那些恶意或犯罪倾向的行为。在安全运维监理中值得注意的问题如下：

（1）硬件设施在合理范围内是否能防止强制入侵；

（2）计算机设备的钥匙是否有良好的控制以降低未授权者进入的危险；

（3）智能终端是否上锁或有安全保护，以防止电路板、芯片或计算机被搬移；

（4）计算机设备在搬动时是否需要设备授权通行的证明。

物理访问的风险基本是可以事先得到控制的，关键就是怎样落实和实施，也就是制度的管理与落实。这不是运维监理一方的责任心到位就可以了的，还要运维服务商和业主单位在认识上非常重视，齐抓共管才能达到目的。如果其他方没有认识到，运维监理工程师一定要提出建议和要求。

8.4.2　应用环境的安全控制

应用环境控制可降低业务中断的风险。监控的运维项目包括电源、地面及空间状态。

1. 应用环境的风险来源

环境风险的主要来源是自然发生的意外灾害，然而，适当的控制可以降低这些风险。一般情况下，应用环境的安全风险来源可能有：

天灾：地震、火山爆发、台风、龙卷风、雷电、洪水等；

停电、电压突变；

空调故障、设备故障；

水害，甚至在有高架地板的建筑物中，水害仍是一项危机，因为可能发生水管爆裂的情况；

炸弹威胁与攻击，恐怖活动或战争；

计算机设备电源供应是否能适当控制在制造商的规格范围内；

计算机设备的空调、湿度、通风控制系统是否能维持适当温度和湿度，以符合在制造商规格范围内；

计算机设备是否提供静电保护，如防静电地毯、抗静电喷雾器；

计算机设备是否保持防尘、防烟及其他特殊物品，如食品；

是否明文规定禁止在计算机设备旁就餐及吸烟；

是否提供避免一些因素危害备份磁盘及磁带的措施，如极端温度的损害、磁场的影响、水的侵害等。

2. 运维监理安全管理策略概要

对于应用环境的运维监理，可以从以下几个方面来进行。

（1）火灾的控制

火灾可能从信息处理设施的内部或外部引起，因此防火控制系统必须设置在机构中的所有地方，以提供适当的防护。运维监理应监督运维服务商采取的安全管理措施有手提式灭火器、触动式火灾警报器、烟雾探测器、灭火系统（二氧化碳、水、干管）等。

（2）水灾探测器

运维监理应提醒运维服务商注意，计算机室即使已经有高架地板设备，水灾探测器仍必须设置在高架地板下与排水孔附近。设备储存设施必须装置水灾探测器，这些警报器不仅可保护设备，同时也可保护人员免遭电击。当警报启动时，声响必须足以让安全及控制人员听到，水灾探测器在高架地板下的位置，必须做记号以便识别及维护。听到警报声后，必须有专人负责调查其原因并采取适当行动，其他工作人员必须知道触电的危险。

（3）计算机机房

运维监理工程师在信息系统运维过程中，对各种建造过程中的计算机机房，应该提醒、建议运维服务商关注的要点有：

① 机房所在楼层，不可在地下室，3、4、5、6 层为最佳；
② 门禁系统及出入日志管理，单一出入口；
③ 摄影监控；
④ 警报系统；
⑤ 机房实施使用具有防火的建材，如防火墙、地板、天花板等；
⑥ 电流脉冲保护装置；
⑦ 备份电力系统；
⑧ 紧急断电装置；
⑨ 不间断电源/发电机；
⑩ 设施中的电线是否配置在防火板槽里；
⑪ 湿度/温度控制设备；
⑫ 防静电、防尘设施；
⑬ 防雷措施；
⑭ 禁止在信息处理场所就餐和吸烟规定；
⑮ 疏散计划的书面文件及测试；
⑯ 计算机终端设备锁定；
⑰ 不公开敏感性设施的位置；
⑱ 文件公用柜的保护；
⑲ 访客的出入控制与陪同制度等。

8.4.3 辑访问的安全控制

在逻辑访问控制方面，运维监理工程师应着重分析并评估运维监理过程中的信息系统策略、组织结构、业务流程及访问控制，以保护信息系统及数据，避免非法访问泄漏或损坏的发生。

运维监理在逻辑访问风险分析与安全管理上，主要的原则有：

① 了解信息处理的整体环境并评估其安全需求，可通过审查相关数据，询问有关人员，个人观察及风险评估等；

② 通过对一些可能进入系统访问路径进行记录及复核，评价这些控制点的正确性、有效性。这种记录及复核包括审核系统软、硬件的安全管理，以确认其控制弱点或重要点；

③通过相关测试数据访问控制点，评价安全系统的功能和有效性；

④分析测试结果和其他审核结论，评价访问控制的环境并判断是否达到控制目标；

⑤ 审核书面策略，观察实际操作和流程，与一般公认的信息系统运维安全标准相比较，评价组织环境的安全性及其适当性等。

1. 逻辑访问问题与风险分析

不适当的系统访问控制会使技术及运营风险方面造成的损失增加。这种损失可能只是对用户访问造成不便，也有可能使主机宕机或系统瘫痪，并造成某些业务运营中断。

（1）技术性风险分析

技术性产生的风险包括利用“暗藏程序”直接或间接修改计算机内数据及执行程序。

在技术上有多种现象，现举例如下。

① 数据篡改。在原始数据输入计算机之前被篡改。由于这种方法容易实现并在安全技术管理范围之外，故被广泛采用。

② 特洛伊木马。特洛伊木马是指将一些带有恶意的、欺诈性的代码置于已授权的计算机程序中，当程序启动时这些代码也会启动。典型的例子是在对方的系统中放置木马，自动监控或获取对方的个人信息。特洛伊木马攻击的表现形式对被攻击者来说并不直观，甚至被攻击者根本不知道已经被入侵，因而它是一种危害性很大的网络攻击手段。

③ 去尾法。将交易发生后计算出的金额（如利息）中小数点后的余额（如分）删除并转入某个未经授权的账户，因为金额微小而往往不被注意。

④ 色粒米技术。这是一种类似去尾法的舞弊行为，不同的是将余额切分成更小金额，再转入未授权账户。这种方法与去尾法的差异是：去尾法是去除掉分，例如，若交易金额为$1 235 954.39，去尾法的金额为$1 235 954.35；而色粒米技术是将尾数去除或进位，如上述问题，色粒米技术金额为$1 235 954.30 或$1 235 954.40，其计算方法是由程序设计来决定的。

⑤ 计算机病毒。计算机病毒是指人为的且故意置入计算机的程序，它可自行复制并感染其他计算机中的程序，通过计算机磁盘的共用，通信线路数据的传输（如电子邮件）或对软、硬件的直接操作，都有可能感染病毒。

计算机病毒有良性病毒和恶性病毒。良性病毒并不直接破坏计算机的软硬件，对源程序不做修改，一般只是进入内存，侵占一部分内存空间，消耗 CPU 资源等，对系统的危害较小。而恶性病毒则会对计算机的软硬件进行恶意的攻击，使系统遭到不同程度的破坏。恶性病毒又分为两类，一类是依赖于主程序的病毒，另一类是可独立存在的病毒。

⑥ 计算机蠕虫。蠕虫是一种破坏性程序，可以破坏计算机内数据或是使用大量计算机及通信资源，但不像计算机病毒那样能自行复制。比如近几年危害很大的“尼姆达”病毒

就是蠕虫病毒的一种。这一病毒利用了微软视窗操作系统的漏洞，计算机感染这一病毒后，会不断自动拨号上网，并利用文件中的地址信息或者网络共享进行传播，破坏用户的大部分重要数据。蠕虫病毒的一般防治方法是使用具有实时监控功能的杀毒软件，并且注意不要轻易打开不熟悉的邮件附件。

⑦ 逻辑炸弹。逻辑炸弹是在满足特定的逻辑条件时按某种不同的方式运行，对目标系统实施破坏的计算机程序。在正常条件下检测不到这种炸弹，但如果特定的逻辑条件出现，则破坏计算机功能或数据。与计算机病毒不同，逻辑炸弹体现为对目标系统的破坏作用，而非传播其具有破坏作用的程序。但不像病毒或计算机蠕虫，逻辑炸弹一般不容易在其发作之前被发现，比较类似于计算机舞弊，可能会造成各种直接或间接的损失。

⑧ 后门。将未经授权的非法出口置入程序中，以执行恶意的指令。比如数据处理时，可以检查某些数据，这种特殊逻辑也允许未经授权的非法入侵。

⑨ 异步攻击。在计算机多进程处理过程中，数据在线路上以异步方式传输，因此数据往往在排队等候传输，在等待过程中受到未授权的入侵称为“异步攻击”。这种攻击也通过硬件入侵计算机中，其中有多种异步攻击方法，由于技术复杂，通常很难察觉，必须由网络管理员或网络运维师协助进行检查。

⑩ 数据失窃。计算机数据被非法盗用，如将计算机文件拷贝出来以窃取数据或偷窃计算机磁盘、磁带等。

⑪ 口令入侵。任何可以完成口令破解或者屏蔽口令保护的程序都称为口令入侵。网络攻击者往往把用户口令的破解作为对目标系统攻击的开始。几乎所有的用户系统都利用口令来防止非法登录，但却很少有人严格地执行口令安全策略。网络黑客经常利用有问题的且缺乏保护的口令进行攻击。黑客并不一定能够解开任何口令，实际上，只要用户制定口令时满足口令的复杂性要求，绝大多数口令破解程序就不可能正确破解。

⑫ 网络窃听。不进行直接的网络攻击，但借助网络窃听器的软件或硬件，掌握对方的重要信息，如账号、密码等，它意味着高级别的泄密，对网络安全造成极大的威胁。

⑬ 拒绝服务攻击（DOS）。DOS 攻击行为表现在使服务器充斥大量要求响应的信息，消耗网络带宽或系统资源，导致网络或系统不胜负荷，以至于瘫痪而停止提供正常的网络服务，是目前最为常见的网络攻击方法。

（2）病毒控制

计算机病毒是当前计算机面临的最严重威胁现象之一。目前预防、侦测病毒感染的方法主要有两种：一种是建立规范严谨的管理策略与管理程序；另外一种是采用技术方法，如防病毒软件。

① 管理控制的策略

安装正版软件；

计算机开机时，切记使用磁盘的写保护功能；

凡是未在单机中做病毒扫描的磁盘不允许在网络环境中使用；

随时更新病毒代码库；

对可能感染病毒的文件做写保护；

安装新软件前先进行杀毒处理；

新磁盘使用时做病毒检测；

确保在网络环境中安装、使用已更新的防病毒软件；

文件加密和使用前解密；

授权方可更换必要的设备，如路由器、交换机等；

在网络中不使用外单位的设备，如做商务演示时；

备份数据的杀毒处理；

定期教育、检查制度的执行情况等。

② 技术控制方法

对病毒的控制，在硬件架构处理上可以采用使用无软驱的工作站、远端执行开机程序、利用硬件方式的密码、使用磁盘的写保护功能等。

防病毒软件是目前最好的软件工具。防病毒软件的主要功能有扫描、动态监控、完整性检查、行为阻断等。

（3）计算机及网络犯罪

这是针对利用计算机和网络系统，通过非法操作或其他手段，对计算机和网络系统的完整性或正常运行造成危害后果的行为，它的对象是计算机系统或网络内部的数据，如计算机程序、文本资料、运算数据、图形表格等存在于计算机内部的信息。所谓非法操作，就是指一切没有按照操作规程或是超越授权范围而对计算机系统进行的操作。非法操作是对计算机系统造成损害的直接原因。

一般而言，计算机及网络犯罪对政府或企业造成的威胁有以下几方面。

① 财务损失。表现为直接损失如电子资金被盗用，间接损失如改善措施的花费。

② 法律责任。在制定安全策略及规范时必须考虑其他相关法律及规定。因为法律保护受害者，但也会保护犯罪。在没有适当安全策略及规范的情况下，若有重大违反安全事件发生时，也可能导致运维服务商受到投资方的控告。

③ 信誉损失或竞争力丧失。许多运维服务商特别是政府、银行或投资公司为保持其竞争力或在行业中的地位，必须维持良好的信誉及公信力。不良访问安全问题会对这种信誉造成重要伤害，并导致企业形象受损并失去客户，重大的安全事故还有可能动摇公众信心。

④ 勒索。机密数据一旦被入侵，可能会被勒索付款以换回此数据。

⑤ 恶意破坏。有些罪犯作案并不是为了财务利益，他们只是想单纯造成破坏、报复或出于自我满足心理。

因此，对于各种形式的计算机及网络犯罪必须运用法律手段进行打击和惩处。而对于政府部门和企事业单位，应该认真研究和学习如何对出现的入侵事件采取相应的法律程序来维护自己的合法权益，减少由此带来的损失。

2. 协助运维服务商制定完善的安全策略

为使得安全管理落到实处并持续改进，关于信息系统运维安全管理策略的设计及目标包含以下各点。

（1）来自领导的重视

通过对安全观念的宣传与贯彻，管理层必须表现出对安全策略支持到底的决心，尤其针对不了解其重要性的某些部门主管，更要加强培训，确保安全策略的全面整体落实。

（2）控制原则

系统数据的访问应该建立在“业务需要”的基础上，也就是有业务上需要者才能访问信息系统，并且只能访问应该使用的数据。

（3）访问控制的授权与核准

为方便用户访问信息系统，负责系统信息正确使用及报告的主管应提供给用户书面授权及使用方法。主管人员应该将此授权直接交给系统安全管理员，以避免此项授权被误用或篡改。

（4）访问授权的核准与审查

同其他控制点一样，访问控制应该定期审查以确定其有效性。组织结构或人员的改变，恶意破坏，甚至单纯人为疏忽均足以对访问控制的功能造成负面的影响。因此，安全管理员通过相关人员的协助应该定期（至少每年一次）检查评估访问控制规则，任何系统或数据访问超越“业务需要”的原则，均应禁止。

（5）安全认知及宣传

应通过培训，签订保密协议，安全规定明示，定期检查等对运维服务商或运维服务商的员工包括管理人员，持续宣传安全的重要性，牢固树立“安全第一”的意识。

（6）要让每一位涉及信息系统运维安全的员工切实认识到以下内容

熟知安全管理规定；建立安全意识，提高安全警觉，发现违反规定的可疑事件，主动报请安全管理员处理；将登录账号及密码放置在安全的地方，不得转借给他人使用；维持良好的安全管理习惯，如出门上锁，不随意泄露门锁号码，妥善保管钥匙，主动询问可疑的陌生人等。

（7）运维监理工程师还要提醒运维服务商

非本单位员工接触有关的信息系统时也必须遵守安全管理规定，包括运维服务商的服务人员、程序员、系统分析员、软硬件维修人员和服务厂商的人员等。同时还要注意不应泄露安全数据，提供给员工的安全策略手册不应刊登敏感度高的安全数据，如计算机密码文档名、技术安全架构、基础设施安全措施或系统软件上的盲点等内容。

3. *建议运维服务商设立安全管理员并明确其职责*

设立专职或兼职的安全管理员，是为了确保系统日常的系统安全，管理员的任务就是负责建立、监控并执行安全管理规定。安全管理员的主要职责和权利有：

（1）必须充分了解系统配置、系统组件本质的安全弱点与安全政策，针对潜在的威胁，安全管理员必须发现可能对系统造成影响的脆弱点。

（2）口令管理，包括其保护、分发、存储、字符长度与有效期。

（3）必须分配有足够的系统资源，以便能监控到包括操作系统更新及任何可能违反安全的行为。

（4）在安全策略的指导下，通过口令、用户无法改变的安全标记、会话控制、屏幕锁、软件与操作系统补丁更新，以及安全管理等机制建立或运行一个安全系统。

（5）必须通过监控正确的文档与站点及时掌握系统的潜在弱点，接受已发布的操作系统补丁与计算机应急响应组的建议。

（6）鉴于职责划分的原则，安全管理员不应负责或介入应用系统的运维实施与维护，也不应是系统用户、程序员、系统分析员或计算机操作员。

4. 访问控制软件

计算机技术的发展已使信息系统能够储存和管理大量重要数据，增加资源共享的能力，允许单一计算机模拟数台计算机形成虚拟系统的运转，允许很多用户通过终端设备和通信设备访问系统。

目前许多因失误或未经授权的数据访问而遭受损失，原因可能在于即使采用了高度复杂的安全防护软件，但其系统安全管理员依然不能掌握系统安全潜在的漏洞；虽然系统安全软件可与操作系统、应用软件及系统软件相互配合，然而这些配合并不会自动生效；即使这些配合经启动生效后，也不能保证系统的安全控制机制能被不间断地实施。

访问控制软件可以解决上述问题。系统安全软件的功能在于禁止未经授权的数据访问，系统功能的调用及程序的使用、修改或变更，察觉或防范未经授权使用系统资源的企图。系统安全软件与操作系统互相配合，扮演所有系统安全的中心控制角色，在操作系统之上运作，提供管理数据访问的功能。

（1）系统安全软件通常执行的工作

① 对用户身份的验证；

② 授权使用预先定义的资源；

③ 限制用户从特定终端设备访问数据；

④ 报告未经授权访问数据及程序的企图。

（2）访问控制软件可以提供的功能

① 用户在网络和子系统层面的登录验证；

② 用户在应用程序和交易类别的验证；

③ 用户在数据库中的验证；

④ 用户在子系统数据层面的验证。

（3）授权运维项目的分类

授权是访问控制软件的最重要部分，有关授权的运维项目可以分为下列几类：

① 建立登录账户和用户授权使用的机制；

② 限制某些特殊账号只能从某些特定的终端设备登录；

③ 在预定时间内的访问；

④ 从预先定义授权程序库中调用程序执行特定任务：

⑤ 建立访问的规则；

⑥ 建立个人账户管理和日志审计机制；

⑦ 数据文档和数据库变更的记录；

⑧ 登录事件的记录；

⑨ 记录用户的活动；

⑩ 记录数据库异常访问活动，监控违规事件；

⑪ 报告生成及事件通知的功能。

系统安全软件针对访问的处理方法有：用户必须向访问控制软件提供身份验证，如名字或账号。用户同时必须向系统安全软件验证是其本人。身份证明首先由系统安全软件确定用户是否合法，然后通过相关信息的验证来确定是其本人。认证的信息有记忆性信息，如名字、账号和密码；可识别的如识别卡和钥匙；个人特征如指纹、声音和签名。

逻辑访问控制应该保护的计算机文件和场所有：数据、应用程序（包括测试版本和正式发布版本）、远程通信线路、程序库、密码库、临时的介质上存储的文件（U盘、磁盘、光盘、磁带等）、系统软件、访问控制软件、交易日志文件、旁路标签、操作员系统出口、拨号链路、数据字典或数据目录等。

5. 逻辑安全的处理方法

运维监理工程师在对运维服务商提出逻辑安全的处理方法建议时，主要考虑以下因素。

（1）验证技术，即身份认证的方法，设定的基本原则是：只有你知道的事情，如账号和密码；只有你拥有的东西，如身份证、工作证；只有你具有的特征，如指纹、声音、虹膜等；

（2）账号和密码，双层控制；

（3）访问日志；

（4）在线日志记录；

（5）生物特征安全访问控制；

（6）终端设备使用限制；

（7）控制拨号访问的回拨技术；

（8）限制并监控系统的安全旁路；

（9）数据保密分级；

（10）保密数据的防护，通过逻辑或物理访问控制来避免未授权人阅读或修改；

（11）设定访问控制的命名规则；

（12）安全测试等。

8.4.4 系统网络的安全控制

运维监理工程师在审议运维服务商的信息系统运维网络安全设计方案时，依据运维服务商的实施需求，根据有关信息系统网络安全的规范或标准对其评估和审计，并向运维服务商提出具体的技术分析意见。在实施方案中，架构完整的安全支撑平台主要的关键性技术解决方案由以下几种安全方案或选型的组合而成。

1. 局域网的安全 VLAN

局域网提供特定群体共同使用程序和数据的存储及获取。局域网的软件和操作必须提供这些程序及数据的安全。不幸的是，多数网络软件过于强调系统功能而忽视提供安全功能。

（1）需要关注的风险要点

在运维监理工程师审议运维服务商的局域网技术方案时需要关注的风险要点有：

① 由于未授权的变更导致数据和程序的完整性受损；

② 由于无法维护版本控制而缺乏对现有数据的保护；

③ 由于缺少对用户有效的访问验证而带来的潜在的威胁（如通过拨号连接非法访问局域网等）；

④ 病毒感染；

⑤ 由于没有遵守“需要知道”的授权原则，而导致数据存在不适当的暴露风险；

⑥ 侵犯软件版权（如使用盗版或使用超过许可用户数的软件）；

⑦ 非法进入（如模仿或伪装成一个合法的局域网用户）；

⑧ 内部用户的非法窃取（Sniffing）；

⑨ 内部用户的电子欺骗（Spoofing）；

⑩ 登录的资料被破坏。

（2）有效的网络管理

对于局域网安全，较多依赖于软件运维服务、产品的版本及软件的安全实施。有效的网络安全管理有：

① 声明程序、文件及储存介质的所有权；

② 限制访问时只能执行写保护；

③ 运维监理记录及文件锁定以防同时更新；

④ 强制用户执行账号与密码登录程序，包括密码长度、格式和定期更换的规则等。

因此，运维监理必须对局域网的构架有通盘的了解和掌握，具体的要点有：

① 局域网的拓扑结构及网络设计；

② 确认网络管理员的职责；

③ 了解网络用户的业务功能与网络安全有无冲突；

④ 协助运维服务商建立网络的用户群；

⑤ 协助运维服务商建立网络所使用的各种应用系统的整合设计与实施，确认与网络设计、技术支持、命名原则、数据安全等方面有关的工作程序及标准等。

2. 应用系统架构安全

无论是 B/S 或是 C/S 架构系统，在数据访问和处理上都有很大风险。在主机的应用程序中，集中式的处理技巧要求用户采取特定的路径利用所有的资源；而在分布式的环境中，存在多个访问路径，因为应用数据可能在服务器上，也可能在客户端，因此，必须个别检验这些路径以及相互的关系，以确保任何路径都被检查过。

（1）运维监理工程师审核应用系统架构安全的有关方面

为加强应用系统环境的安全，运维监理工程师应从以下几个方面审核架构的安全。

① 禁止使用软驱，以保护应用系统的数据或应用程序的安全。这种方式可以防止访问控制软件被突破，即无法做未经授权的访问。自动开机的批处理文件可以防止未经授权的用户突破登录访问安全管理。

② 网络监控装置可用以侦查已知或未知用户的活动，这些装置可以辨别客户端的地址，做出相应的选择，如主动结束会话或找出未经授权的访问活动以供调查。然而，保障环境安全的方法是否有效主要取决于负责监控的管理者，由于这是一种检测性控制，如果网络管理员并没有负责任地对这些装置进行监控或维护，则完全无法对付未经授权的黑客。

③ 数据加密技术可帮助保护敏感性或重要数据不会被未经授权访问。

④ 通过认证系统可以在整个环境及逻辑设施中进行用户鉴别。其他方式如系统智能卡，使用智能型手持设备和解密技术去解开由 C/S 架构系统所产生的加密。智能卡显示一个由系统产生的临时识别码，用户在登录后若要在 C/S 架构系统中访问，则必须重新输入

该临时识别码。

⑤ 使用应用系统访问控制程序，并将用户分为各个功能群组，限制用户只能执行其职责所需的功能，这将有利于访问控制管理。

（2）应用系统架构风险及相关问题

运维监理工程师还应该提醒运维服务商应用系统架构风险及问题要从如下的方面予以考虑：

① 如果网络管理员未设定密码定期更新规则，则环境本身存在访问控制弱点。

② 无论是自动或手动的变更控制和变更管理程序都可能会是弱点，主要原因是环境的变更控制工具复杂，而经验不足的人员不愿意使用这些工具以免自曝短处。

③ 网络服务中断可能会对企业有严重的影响。

④ 网络组件（硬件、软件、通信设备）过时。

⑤ 未经授权地使用调制解调器（同步或非同步）连接到其他网络。

⑥ 网络连接到公共电话交换网。

⑦ 不正确、未经授权或未经核准的改变系统或数据。

⑧ 未经授权访问机密数据、未经授权修改数据、业务中断及数据不完整或不正确的风险。

⑨ 在运维实施时往往不考虑应急计划。对于十分重要的系统，缺乏详尽的灾难备份和恢复计划。

3. 互联网的威胁和安全

互联网的本质特征导致它极容易受到攻击。互联网可以使公共的或私人的各种不同网络与其他网络进行连接。互联网最初的设计目的是提供自由快速交换信息、数据文档的途径。然而，这种自由的代价就是黑客和病毒制造者企图可以攻击互联网及和互联网相连接的计算机，破坏者想侵犯他人的隐私，企图窃取含有敏感信息数据等。因此对于信息系统运维监理来说，了解必要的风险及安全因素并进行相关控制就变得尤为重要。信息系统运维监理工程师必须评估以下几项以决定是否存在足够互联网安全控制：

① 组织的互联网安全策略和程序；

② 防火墙的安全控制；

③ 入侵检测系统的安全控制。

（1）数据安全控制

将数据加密可以减少数据在储存和传输时的风险。加密后，公司数据在互联网或其他网络上传输时是安全的。即使黑客窃取数据或数据落入未经授权者手中，但因为无法解密，没有任何意义。

（2）攻击类型

来自互联网上的安全问题主要分成两大类：主动式攻击（Active Attacks）和被动式攻击（Passive Attacks）。

主动式攻击是指攻击者通过有选择的修改、删除、延迟、乱序、复制、插入数据等以达到其非法目的。主动式攻击可以归纳为中断、篡改、伪造 3 种。被动式攻击主要是指攻击者监听网络上传递的信息流，从而获取信息的内容，或仅仅希望得到信息流的长度、传输频率等数据。这两种攻击方式是各有所长，被动式攻击往往很难检测出来但很容易预防，而主动式攻击很难预防但却很容易检测出来，所以攻击者攻击时一般同时采取两种方式。

被动式攻击一般采用网络分析（Network Analysis）和窃听（Eavesdropping）来收集信息。

当收集到足够的信息后，黑客就会对目标系统发起攻击，意欲获取足够的控制权，这包括对数据或程序的未经授权的修改、进行拒绝服务攻击扩大取得的权限或窃取个人的敏感性信息。主动式攻击会影响到信息的真实性、身份的验证及网络安全参数的设定。

通用的主动式攻击方法有暴力破解、假冒、互联网或 Web 服务的未授权访问、拒绝服务攻击、电子邮件炸弹与垃圾邮件攻击、电子邮件欺骗等。

（3）互联网的安全管理

为了建立一个有效的互联网安全控制，组织必须运维实施具有可操作性的信息系统运维安全管理框架。框架详细描述了公司的安全策略，安全程序及遵循的原则。例如，互联网资源的使用原则，它规定只有"业务需要"才有互联网资源使用权；确定哪些信息对外部用户有效；组织内部和外部哪些是可信网络，哪些是不可信网络；另外，还应该定义一些控制的支持过程。

运维监理工程师协助运维服务商并监督运维服务商进行互联网的安全管理包括如下一些原则：

① 对基于互联网的 Web 应用的运维实施与设计应该定期进行风险评估；

② 员工安全意识的养成与培训；

③ 运维实施和实施防火墙安全体系架构；

④ 运维实施和实施入侵检测系统；

⑤ 控制通过内部局域网拨号访问互联网；

⑥ 意外事件的发现、响应、遏制和修复；

⑦ 当发生变化时，安全控制指南的变更管理；

⑧ 员工办公环境的控制；

⑨ 监测未授权使用的行为，并通知用户事件的发生。

4. 采用加密技术

（1）加密的定义

加密是把数据（普通文本）变换为不可读形式（加密文本）的过程。这个变换过程按照一定的算法通过各种各样的替换和移位对信息进行加密。数据加密对网络通信或数据存储有很重要的意义，它能起到数据保密、身份验证、保持数据完整性、确认事件发生等作用。

① 数据保密的意义是确保只有特定的人员能够得到那些数据。对数据进行加密是最常见的保密法，只有掌握解密方法的人才能读出加密数据。

② 身份验证是证明某人与他人所称的身份是否符合的过程，只有在对方提供了足够证据的情况下，我们才能确认和相信他就是我们要找的人。

③ 数据完整性的含义是数据没有在传输或保存期间被别人修改。常见的数据完整性检查手段是信息分类法。

④ 确认事件发生的含义是通过发现非法解密行为，确认针对何种数据存在非法获取或破坏行为，以及何种数据在哪些时间段，被哪些非法行为主体试图获取或破坏等。

（2）加密算法、加密密钥和密钥长度

加密算法是加密用于进行加密/解密数据的运算规则。加密算法中使用的信息以确保加密或解密过程的唯一。

与密码相似，用户需要使用正确的密钥访问或解密信息，错误的密钥不能解密信息。

密钥规定了长度或位数。处理密钥所需要的开销和资源会随密钥长度的增加而迅速加大。

5. 网闸

网闸，即安全隔离与信息交换系统，是新一代高安全度的企业级信息系统运维安全防护设备，它依托安全隔离技术为信息网络提供了更高层次的安全防护能力，不仅使得信息网络的抗攻击能力大大增强，而且有效地防范了信息外泄事件的发生。

安全网闸适用于政府、军队、公安、银行、工商、航空、电力和电子商务等有高安全级别需求的网络，在电子政务中的典型应用是安装在政务外网和 Internet 之间或者是在政务内网划分不同的安全域，或者是安装在政务内网和其他不与 Internet 相连的网络之间。当然网闸也可用来隔离保护主机服务器或专门隔离保护数据库服务器。

6. 防火墙

防火墙是指设置在不同网络（如可信任的企业内部网和不可信的公共网）或网络安全域之间的一系列部件的组合。它是不同网络或网络安全域之间信息的唯一出入口，能根据运维服务商的安全政策控制（允许、拒绝、监测）出入网络的信息流，且本身具有较强的抗攻击能力。它是提供信息系统运维安全服务，实现网络和信息系统运维安全的基础设施。

防火墙在物理上基本上是一台具有网关或路由功能的计算机或服务器。在逻辑上，防火墙完成了网络通信的限制、分离和分析功能，有效地监控了内部网和 Internet 之间的任何活动，保证了内部网络的安全。

防火墙作为主要的安全运维服务来说，技术比较成熟，运维服务较多，对于防火墙的分类方式比较繁杂，基本上有以下几种。

① 按照采用的防御技术方式分类，可以分为包过滤防火墙、应用网关防火墙和复合防火墙。

② 按照防火墙存在形式分类，可以分为硬件防火墙、软件防火墙和软硬结合防火墙。

③ 按照应用对象分类，可以分为企业级防火墙和个人防火墙。

④ 按照支持网络吞吐能力分类，可以分为百兆防火墙和吉比特防火墙。

7. 入侵检测系统

入侵行为主要是指对系统资源的非授权使用，可以造成系统数据的丢失和破坏、系统拒绝服务等危害。

入侵检测通过对计算机网络或计算机系统中的若干关键点收集信息并进行分析，从中发现网络或系统中是否有违反安全策略的行为和被攻击的迹象。进行入侵检测的软件与硬件的组合就是入侵检测系统。

入侵检测系统执行的主要任务包括：

① 监视、分析用户及系统活动，审计系统构造和弱点；

② 识别、反映已知进攻的活动模式，向相关人士报警；

③ 统计分析异常行为模式；

④ 评估重要系统和数据文件的完整性；

⑤ 审计、跟踪管理操作系统，识别用户违反安全策略的行为。

（1）入侵检测步骤

入侵检测一般分为 3 个步骤：信息收集、数据分析和响应。

信息收集的内容包括系统、网络、数据及用户活动的状态和行为。入侵检测利用的信息一般来自系统日志、目录以及文件中的异常改变、程序执行中的异常行为及物理形式的入侵信息。

数据分析是入侵检测的核心。它首先构建分析器，把收集到的信息经过预处理，建立一个行为分析引擎或模型，然后向模型中植入时间数据，在知识库中保存植入数据的模型。数据分析一般通过模式匹配、统计分析和完整性分析 3 种手段进行。前两种方法用于实时入侵检测，而完整性分析则用于事后分析。可用 5 种统计模型进行数据分析：

操作模型、方差、多元模型、马尔柯夫过程模型和时间序列分析。统计分析的最大优点是可以学习用户的使用习惯。

入侵检测系统在发现入侵后会及时做出响应，包括切断网络连接、记录事件和报警等。响应一般分为主动响应（阻止攻击或影响进而改变攻击的进程）和被动响应（报告和记录所检测出的问题）两种类型。主动响应由用户驱动或系统本身自动执行，可对入侵者采取行动（如断开连接）、修正系统环境或收集有用信息；被动响应则包括告警和通知、简单网络管理协议（SNMP）陷阱和插件等。另外，还可以按策略配置响应，可分别采取立即、紧急、适时、本地的长期和全局的长期等行动。

（2）入侵检测系统的分类

基于主机的入侵检测系统，其输入数据来源于系统的审计日志，一般只能检测该主机上发生的入侵。

基于网络的入侵检测系统，其输入数据来源于网络的信息流，能够检测该网段上发生的网络入侵。

分布式入侵检测系统，能够同时分析来自主机系统审计日志和网络数据流的入侵检测系统，系统由多个部件组成，采用分布式结构。

另外，入侵检测系统还有其他一些分类方法。如根据布控物理位置可分为基于网络边界（防火墙、路由器）的监控系统、基于网络的流量监控系统以及基于主机的审计追踪监控系统；根据建模方法可分为基于异常检测的系统、基于行为检测的系统、基于分布式免疫的系统；根据时间分析可分为实时入侵检测系统、离线入侵检测系统。

（3）入侵检测系统的检测方法

静态配置分析通过检查系统的当前系统配置，诸如系统文件的内容或者系统表，来检查系统是否已经或者可能会遭到破坏。静态是指检查系统的静态特征（系统配置信息），而不是系统中的活动。

异常性检测技术是一种在不需要操作系统及其防范安全性缺陷专门知识的情况下，就可以检测入侵者的方法，同时它也是检测冒充合法用户的入侵者的有效方法。但是，在许多环境中，为用户建立正常行为模式的特征轮廓以及对用户活动的异常性进行报警的门限值的确定都是比较困难的事，所以仅使用异常性检测技术不可能检测出所有的入侵行为。

基于行为检测方法是通过检测用户行为中哪些与已知入侵行为模式类似的行为、哪些利用系统中缺陷或间接违背系统安全规则的行为，来判断系统中的入侵活动。

基于行为的入侵检测系统只是在表示入侵模式（签名）的方式，以及在系统的审计中检查入侵签名的机制上有所区别，主要可以分为基于专家系统、基于状态迁移分析和基于模式匹配3类。这些方法的主要局限在于，只是根据已知的入侵序列和系统缺陷模式来检测系统中的可疑行为，而不能检测新的入侵攻击行为以及未知的、潜在的系统缺陷。

8. 漏洞扫描

安全漏洞扫描通常都是借助于特定的漏洞扫描器完成的。漏洞扫描器是一种自动检测远程或本地主机安全性弱点的程序。通过使用漏洞扫描器，系统管理员能够发现所维护信息系统存在的安全漏洞，从而在信息系统网络安全保卫工作中做到“有的放矢”，及时修补漏洞，构筑坚固的安全长城。

按常规标准，可以将漏洞扫描器分为以下两种类型。

（1）主机漏洞扫描器（Host Scanner），指在系统本地运行检测系统漏洞的程序，如著名的COPS、tripewire、tiger等自由软件。

（2）网络漏洞扫描器（Network Scanner），指基于网络远程检测目标网络和主机系统漏洞的程序，如Satan、ISS Internet Scanner等。

9. 病毒防范

病毒是一种具有自我复制能力的程序。目前，许多计算机病毒都具有特定的功能，而远非仅仅是自我复制。其功能（常称为PAYLOAD）可能无害，如只是在计算机的监视器中显示消息；也可能有害，如毁坏系统硬盘中所存储的数据，一旦被触发器（如特定的组合键击、特定的日期或预定义操作数）触发，就会引发病毒。

建立多层病毒防御体系。通常情况下，信息网络系统中采取的安全措施主要考虑外部网络安全性，但由于病毒的极大危害及特殊性，网络用户可能会受到来自于多方面的病毒威胁，包括来自Internet网关上、与各级单位连接的网段上，为了免受病毒所造成的损失，在内部网络部署防病毒系统也是必要的，即多层的病毒防卫体系。所谓多层病毒防卫体系，是指在运维服务商的每个工作站上，即客户端都要安装反病毒软件，在服务器上要安装基于服务器的反病毒软件，在Internet网关上要安装基于Internet网关的反病毒软件。

病毒防范是一项综合性的防护措施。运维监理工程师可以根据具体的实施情况和运维服务商具体应用要求加以分析和审核，并提出有针对性的具体建议。

8.5 数据备份与灾难恢复的安全控制

8.5.1 数据备份与灾难恢复的意义

许多事件都可能造成业务中断，从系统内部故障和操作错误到各种环境灾难等，由此引起的损失也是屡见不鲜，因此需要定期进行严格的数据备份工作和相应的灾难恢复计划。

1. 数据备份的意义

分析网络系统环境中数据被破坏的原因，主要有以下几个方面：

（1）自然灾害，如水灾、火灾、雷击、地震等造成计算机系统的破坏，导致存储数据被破坏或完全丢失；

（2）系统管理员及维护人员的误操作；

（3）计算机设备故障，其中包括存储介质的老化、失效：

（4）病毒感染造成的数据破坏；

（5）Internet 上“黑客”的侵入和来自内部网的蓄意破坏等。

近几年来，国内网络系统的规划和设计不断推陈出新，在众多网络方案中，通常对数据的存储和备份管理的重要性重视不够，至少在方案中提及不多，甚至忽略。当网络建成运行后，缺乏可靠的数据保护措施，等到出现事故后才来弥补。可以说，网络设计方案中如果没有相应的数据存储备份和恢复的解决方案，就不能算是完整的网络系统方案。计算机系统不是永远可靠的。

2. 灾难恢复的意义

（1）降低风险，保证在发生各种不可预料的故障、破坏性事故或其他灾难情况下，能够持续服务，确保业务系统的不间断运行，降低各种损失。

（2）在遇到灾难袭击时，最大限度地保护数据的实时性、完整性和一致性，降低数据的损失，快速恢复系统的操作、应用和数据。

（3）提供各种恢复策略的选择，尽量减少数据损失和恢复时间。

8.5.2　数据备份的策略与方式

1. 备份策略的选择

备份与恢复是一种数据安全策略，通过备份软件把数据备份到磁带上。在原始数据丢失或遭到破坏的情况下，利用备份数据把原始数据恢复出来，使系统能够正常工作。

（1）备份策略

① 全备份，将系统中所有的数据信息全部备份；

② 差分备份，只备份上次备份后系统中变化过的数据信息；

③ 增量备份，只备份上次完全备份后系统中变化过的数据信息；

④ 备份介质轮换，避免因备份介质过于频繁地使用，以提高备份介质的寿命。

理想的备份系统是全方位、多层次的。例如，使用硬件备份来防止硬件故障；如果由于软件故障或人为误操作造成了数据的逻辑损坏，则使用软件方式和手工方式结合的方法恢复系统。这种结合方式构成了对系统的多级防护，不仅能够有效地防止物理损坏，还能够彻底防止逻辑损坏。理想的备份系统成本太高，不易实现。在设计备份方案时，我们往往只选用简单的硬件备份措施，而将重点放在软件备份措施上，用高性能的备份软件来防止逻辑损坏和物理损坏。

（2）数据备份与恢复技术

① 存储设备：磁盘阵列、磁带、光盘、SAN 设备。

② 存储优化：DAS、NAS、SAN。

③ 存储保护：磁盘阵列、双机容错、集群、备份与恢复。

④ 存储管理：文件与卷管理、复制、SAN 管理。

⑤ 备份与恢复技术。

2. 备份方式的选择

（1）硬件备份

硬件备份是指用冗余的硬件来保证系统的连续运行。比如磁盘镜像、磁盘阵列、双机容错等方式。

① 磁盘镜像。简单地讲，磁盘镜像（Mirroring）就是一个原始的设备虚拟技术，它的原理是：系统产生的每个 I/O（输入/输出）操作都在两个磁盘上执行，而两个磁盘看起来就像一个磁盘一样。有 3 种方式可以实现磁盘镜像：运行在主机系统的软件、外部磁盘子系统和主机 I/O 控制器。第一种方式是软件方式，而后两种主要是硬件实现方式。

② 磁盘阵列。磁盘阵列（Disk Array）分为软阵列（Software Raid）和硬阵列（Hardware Raid）两种。软阵列即通过软件程序并由计算机的 CPU 提供运行能力所成。由于软件程序不是一个完整系统，它只能提供最基本的 RAID（Redundant Array of Independent Disks，独立磁盘冗余阵列）容错功能。硬阵列是由独立操作的硬件提供整个磁盘阵列的控制和计算功能，不依靠系统的 CPU 资源。由于硬阵列是一个完整的系统，所有需要的功能均可以做进去，所以硬阵列所提供的功能和性能均比软阵列好，而且，如果你想把系统也做到磁盘阵列中，硬阵列是唯一的选择。

冗余是采用多个设备同时工作，当其中一个设备失效时，其他设备能够接替失效设备继续工作的体系。在 PC 服务器上，通常在磁盘子系统、电源子系统采用冗余技术。

③ 双机容错。双机容错是计算机应用系统稳定、可靠、有效、持续运行的重要保证。它通过系统冗余的方法解决计算机应用系统的可靠性问题，并具有安装维护简单、稳定可靠、监测直观等优点。当一台主机出现故障，双机容错软件可及时启动另一台主机接替原主机任务，采用智能型磁盘阵列可保证数据永不丢失，采用双机容错软件可保证系统永不停机，保证数据永不丢失和系统永不停机，保证了用户数据的可靠性和系统的持续运行。它的基本架构共分两种模式：双机互备援（Dual active）模式和双机热备份（Hot Standby）模式。

硬件备份的方式具有以下特点：如果主硬件损坏，后备硬件马上能够接替其工作，这种方式可以有效地防止硬件故障，但无法防止数据的逻辑损坏。当逻辑损坏发生时，硬件备份只会将错误复制一遍，无法真正保护数据。硬件备份的作用实际上是保证系统在出现故障时能够连续运行，更应称为硬件容错。

（2）软件备份

软件备份是指将系统数据保存到其他介质上，当出现错误时可以将系统恢复到备份时的状态。由于这种备份是由软件来完成的，所以称为软件备份。当然，用这种方法备份和恢复都要花费一定时间。但这种方法可以完全防止逻辑损坏，因为备份介质和计算机系统是分开的，错误不会复写到介质上。这就意味着，只要保存足够长时间的历史数据，就能够恢复正确的数据。

（3）人工备份

人工级的备份最为原始，也最简单和有效。但用手工方式从头恢复所有数据，耗费的时间过长。

8.5.3　灾难恢复的策略

灾难恢复方案主要包括灾难备份计划和灾难恢复计划。一方面要采用先进的备份软、硬件，保证快速、有效地进行数据备份，另一方面还应该制定方便、快捷的灾难恢复措施。

灾难有时是不可避免的，关键是在灾难发生时如何有效地恢复系统。灾难恢复系统可根据操作方式分为以下 3 种，其达到的效果各有所不同。

（1）全自动恢复系统

它配合区域集群等高可靠性软件可在灾害发生时自动实现：主应用端的应用切换到远程的副应用端，并把主应用端的数据切换到远程的副应用端。它在主应用端修复后，把在副应用端运行的应用，返回给主应用端，操作非常简单。在灾害发生时全自动恢复系统可达到不中断响应的切换，很好地保证了重要应用的继续性。这种方法的优点是，大大地减少了系统管理员在灾害发生后的工作量。缺点是，一些次要因素，如服务器死机、通信联络中断等，也随时有可能引发主生产系统切换到副应用端的操作。

（2）手动恢复系统

在这种应用中，如果主应用端全部被破坏掉，在副应用端利用手动方法把应用加载到服务器上，并且手动完成将主应用端的数据切换到远程的副应用端的操作，以继续开展业务处理。这种方法的优点是，整个系统的安全性非常好，不会因为服务器或网卡损坏而发生误切换。缺点是，会产生一段时间的应用中断。

（3）数据备份系统

在这种系统中，系统将主应用端的数据实时地备份到远地的存储器中。这样，一旦主应用端的存储设备遭到损坏时，远程的存储器中会保留事故发生前写入本地存储器的所有数据，使丢失数据造成的损失降到最低点。当主应用端的存储器恢复正常，并将远地存储器的数据回装入本地存储器之后，应用可恢复到故障前的状态。这个时间差异取决于服务器的缓存中丢失了多少数据。与上述两种相比，此方法恢复系统正常应用所用时间最长，但成本最低。

8.5.4　运维监理在数据备份与灾难恢复中的主要工作

1. 建议运维服务商制定灾难恢复计划

为有效进行灾难恢复，需要编制灾难恢复计划。有效地制定灾难恢复计划必须和商业优先权以及现有的 IT 基础及预算相配合。灾难恢复计划的目的是能够保证在灾难发生时，迅速安装计算机系统，尽快恢复操作，重新开展业务。此外，由于系统安装的资源通常不断更新，如运维过程实施了新的应用、现有系统的改进、人员的离职、新硬件的获取等，也要求恢复计划随之更新。维护恢复计划的目的是减少灾难恢复过程中决策的不确定性，也减少对灾难恢复团队人员的依赖。灾难恢复计划应该是书面材料，它包括如下内容：

① 鉴别关键应用，确定灾难恢复计划的使命；
② 数据的备份（全部备份、差分备份或增量备份）；
③ 热站、冷站或温站；
④ 灾难恢复计划的测试或培训；
⑤ 指定灾难恢复计划负责人；
⑥ 操作系统、设施和文件的备份；
⑦ 紧急电话号码列表；
⑧ 保险；
⑨ 通信计划；
⑩ 信息系统和操作文档；
⑪ 替代工作站点的雇员配置计划；
⑫ 水与食品的供应；
⑬ 关键人员职位的备份；
⑭ 软硬件清单；
⑮ 采用手工部分对自动步骤进行备份；
⑯ 与员工签订协议。

2. 灾难恢复计划的运维监理工作

在对灾难恢复计划进行运维监理时，需要强调以下几点。

① 获得管理层的支持。这一点非常重要，因为所有的资金投入都要得到高级管理层的通过。高级管理层的介入可以确保灾难发生时能够从他们那里得到想法和财政上的支持。

② 召开一次解决方案研讨会，设计组织独有的恢复解决方案并提出运维项目实现计划，探讨如何实施在解决方案研讨会中所提出的运维项目计划。

③ 选定负责人。潜在的人选包括业务主管、数据中心主管甚至是基础设施管理人员。

④ 进行业务影响分析，鉴别关键的业务过程，评估重要恢复点和恢复时间目标以及IT环境。并围绕组织所有的关键部分制定计划，包括人员、设备、连通性、数据、应用、访问等。

⑤ 评定保持业务持续性的战略。这项评定包括公司内部有代表性的远程站点和外部供应商提供的冷站。

⑥ 进行恢复功能测试和灾难恢复模拟，保证在组织所规定的时间内完成恢复，并进行评审。

⑦ 一旦计划制定，组织全体人员都应熟悉此项计划，便于灾难发生时，每个人都能迅速各司其职。

⑧ 提供全面的备援中心设施，包括UPS、备份设备、消防系统以及烟雾/水探测系统。并确保备援中心的安全，提供进入机房的身份鉴定、安全保卫措施，并确保备援中心的可用性和现场操作支持。

⑨ 灾难恢复计划应以文档记录，在工作人员之间共享，并应该进行灾难计划的测试以及升级。保证计划在灾难发生时必须是易于访问和执行。

⑩ 在系统上装载和运行必需的工具来衡量恢复解决方案的要求。

⑪ 保证解决方案中的所有硬件、软件和网络部件的可用性。

⑫ 提供可扩展的容量来满足组织的预期工作负荷。

8.6　涉密信息系统安全管理

国家秘密信息是国家主权的重要内容，关系到国家的安全和利益，一旦泄露，必将直接危害国家的政治安全、经济安全、国防安全、科技安全和文化安全。没有国家秘密信息的安全，国家就会丧失信息主权和信息控制权，所以国家秘密信息的安全是国家信息安全保障体系中的重要组成部分。

8.6.1　涉密信息系统的级别划分

涉密信息系统分级保护的对象是所有涉及国家秘密的信息系统，重点是党政机关、军队和军工单位，由各级保密工作部门根据涉密信息系统的保护等级实施监督管理，确保系统和信息安全，确保国家秘密不被泄露。因为不同类别、不同层次的国家秘密信息，对于维护国家安全和利益具有不同的价值，所以应当合理平衡安全风险与成本，采取不同强度的保护措施，这就是分级保护的核心思想。

涉密信息系统安全分级保护根据其涉密信息系统处理信息的最高密级，可以划分为秘密级、机密级和机密级（增强）、绝密级 3 个等级。

（1）秘密级

信息系统中包含有最高为秘密级的国家秘密，其防护水平不低于国家信息安全等级保护三级的要求，并且还必须符合分级保护的保密技术要求。

（2）机密级

信息系统中包含有最高为机密级的国家秘密。属于下列情况之一的机密级信息系统应选择机密级（增强）的要求。

① 信息系统的使用单位为副省级以上的党政首脑机关，以及国防、外交、国家安全、军工等要害部门；

② 信息系统中的机密级信息含量较高或数量较多；

③ 信息系统使用单位对信息系统的依赖程度较高。

（3）绝密级

信息系统中包含有最高为绝密级的国家秘密，其防护水平不低于国家信息安全等级保护五级的要求，还必须符合分级保护的保密技术要求，绝密级信息系统应限定在封闭、安全可控的独立建筑内，不能与城域网或广域网联网。

8.6.2　涉密信息系统的管理要求

当前，包括云计算、3G 应用与移动网络、手机移动支付、RFID 技术应用与安全、面临破解挑战的某些国外商业密码技术、国家和公众对网络的安全与信息净化的要求等一系列信息化应用新概念、新技术、新应用、新问题相继出现，给信息安全产业不断提出新的挑战。这其中，涉密信息系统的信息内容安全问题作为信息安全的重要组成部分越来越受到各级政府、企事业单位信息安全管理部门的高度重视。信息化条件下的保密管理要做到“集中管控，终端不存，个人不留”，这已经成为涉密信息系统重要的安全保密标准之一。即要求建立在应用安全理念基础上，实现集中存储、集中计算、集中管理 3 个层次的安全，将数据及处理数据的应用集中部署于服务器端，实现应用程序集中处理秘密信息及敏感信息，处理后的数据保存在服务器端。用户终端通过网络隔离与访问控制设备和服务器端隔离，通过虚拟技术访问应用及数据，秘密信息的存储和计算均在服务器端进行，终端没有秘密信息。

1. 涉密信息系统分级保护的管理过程

涉密信息系统分级保护的管理过程分为以下 8 个阶段：

（1）系统定级阶段；

（2）安全规划方案设计阶段；

（3）安全工程实施阶段；

（4）信息系统测评阶段；

（5）系统审批阶段；

（6）安全运行及维护阶段；

（7）定期评测与检查阶段；

（8）系统隐退终止阶段等。

在实际工作中，涉密信息系统的定级、安全规划方案设计的实施与调整、安全运行及维护 3 个阶段，尤其要引起重视。

涉密信息系统要按照分级保护的标准，结合涉密信息系统应用的实际情况进行方案设计。设计时要逐项进行安全风险分析，并根据安全风险分析的结果，对部分保护要求进行适当的调整和改造，调整应以不降低涉密信息系统整体安全保护强度，确保国家秘密安全为原则。当保护要求不能满足实际安全需求时，应适当选择采用部分较高的保护要求；当保护要求明显高于实际安全需求时，可适当选择采用部分较低的保护要求。对于安全策略的调整及改造方案进行论证，综合考虑修改项和其他保护要求之间的相关性，综合分析，改造方案的实施及后续测评要按照国家的标准执行，并且要求文档化。在设计完成之后要进行方案论证，由建设使用单位组织有关专家和部门进行方案设计论证，确定总体方案达到分级保护技术的要求后再开始实施；在工程建设实施过程中注意工程监理；建设完成之后应该进行审批；审批前由国家保密局授权的涉密信息系统测评机构进行系统测评，确定在技术层面是否达到了涉密信息系统分级保护的要求。

2. 涉密信息系统安全运行的隐患与防范

运行及维护过程的不可控性及随意性，往往是涉密信息系统安全运行的重大隐患。必须通过运行管理和控制、变更管理和控制，对安全状态进行监控，对发生的安全事件及时响应，在流程上对系统的运行维护进行规范，从而确保涉密信息系统正常运行。通过安全检查和持续改进，不断跟踪涉密信息系统的变化，并依据变化进行调整，确保涉密信息系统满足相应分级的安全要求，并处于良好安全状态。由于运行维护的规范化能够大幅度地提高系统运行及维护的安全级别，所以在运行维护中应尽可能地实现流程固化、操作自动化，减少人员参与带来的风险。还需要注意的是，在安全运行及维护中保持系统安全策略的准确性及与安全目标的一致性，使安全策略作为安全运行的驱动力及重要的制约规则，从而保持整个涉密信息系统能够按照既定的安全策略运行。在安全运行及维护阶段，当局部调整等原因导致安全措施变化时，如果不影响系统的安全分级，应从安全运行及维护阶段进入安全工程实施阶段，重新调整和实施安全措施，确保满足分级保护的要求。当系统发生重大变更影响系统的安全分级时，应从安全运行及维护阶段进入系统定级阶段，重新开始一次分级保护实施过程。

第 9 章 运维监理合同管理

信息系统运维过程实际上就是运维合同的执行过程。运维合同是运维监理人开展监理工作的主要依据之一。合同管理是信息系统运维合同得到有效履行的有力保证，它贯彻于运维监理活动的始终。

作为运维监理工程师，应该熟悉合同管理（包括知识产权保护管理）的基本内容和要求，掌握完成合同管理运维监理工作的技能。

运维合同管理与信息系统建设监理合同管理的方法类似，只是具体执行标准存在区别。

9.1 信息系统运维合同的概念

信息系统运维合同是运维服务商进行信息系统运维，信息系统所有人（用户）支付价款的合同。在《中华人民共和国合同法》（以下简称《合同法》）中分别将他们称为承包人与发包人。信息系统运维合同是一种承诺合同，合同订立生效后双方应当严格履行；信息系统运维合同也是一种义务、有偿合同，当事人双方在合同中都有各自的权利和义务，在享有权利的同时必须履行义务。

9.2 信息系统运维合同的分类与内容

信息系统的运维包括管理与实施两方面主要工作，根据不同的管理要求与实施范围，可以组合成多种类型的运维合同。下文对运维合同的主要几种分类构成进行分析。

根据信息系统运维的不同工作内容，可以分为信息系统运维总承包合同、系统运维服务合同、运维分包合同、第三方服务合同。用户将该信息系统运维项目全部内容发包给一个运维服务商的合同即为运维项目总承包合同，执行运维总承包合同的运维服务商称为运维总服务商，运维总服务商也可以是只承担一部分运维服务工作，但具有管理该运维项目所有运维商的权力并为运维项目的成败负总体责任。用户或运维总服务商将该信息系统运维的设计、实施等的部分内容分别发包给其他运维服务商的合同即为运维服务合同，如果有运维总服务商参与运维，那么运维服务商应该服从运维总服务商的管理。经合同约定和运维服务商认可，将运维服务合同中部分运维工作（一般是特殊、专业或涉密的运维工作）

进行专业分包而订立的合同即为运维项目分包合同。第三方服务合同是指用户将一些必须独立执行的运维工作发包给服务商的合同，该运维服务商仅向用户直接负责，运维管理咨询、监理合同属于第三方服务合同。

1. 总承包合同

运维服务商以总承包的方式与运维服务商签订的信息系统运维合同称为总承包合同。所谓信息系统运维的总承包，一般是指运维总服务商将信息系统运维的咨询、信息系统基础环境运维、信息系统网络运维、信息系统软件运维、信息系统安全运维等全部运维任务及其管理一并发包给一个具备相应的总承包资质条件的运维服务商，由该运维服务商负责运维项目的全部管理实施工作，直至运维项目最终完成，该合同也可约定由运维总承包商承担或部分运维实施工作。这种承包方式有利于充分发挥那些在信息系统运维方面具有较强的技术力量、丰富的经验和组织管理能力的大承包商的专业优势，保证运维项目的质量和效率要求。

2. 运维服务合同

用户或运维总包商将信息系统运维中的信息系统硬件实施、信息系统网络实施和信息系统软件实施不同工作任务，分别发包给不同的运维服务商，并与其签订相应的合同称为运维服务合同。在有总运维服务商的情况下，各签订运维服务合同的运维商要服从总运维服务商的协调和管理。

怎样确定信息系统运维是否应当由一个承包人完成，这还需要根据实际情况做出具体分析和论证。一般地讲，一种性质或一个整体的信息系统实施运维项目应当由一个承包人来完成，如一个信息系统运维的网络和硬件，或一个信息系统运维的软件系统。不同性质或不同整体的信息系统运维，运维服务商就可以根据情况分别发包给几个运维服务商。《合同法》禁止的是签订不合理的肢解合同。

3. 运维分包合同

运维分包合同是指由于运维工作的需要，运维服务商将自己承担的运维服务工作中的一部分，分包给子运维服务商，与其签订的运维合同即为运维分包合同。这里有两个合同法律关系，一个是运维服务商与用户的承包合同关系，另一个是承包与分包合同关系。运维服务商在原承包合同范围内向用户负责，子运维服务商在分包合同范围内向运维服务商负责。因分包的运维项目出现问题，运维服务商既可以要求运维服务商承担责任，也可以直接要求子运维服务商承担责任。

（1）签订分包合同应当同时具备两个条件

① 运维服务商只能将自己承包的部分运维项目分包给具有相应资质条件的分运维服务商。

② 分包运维项目必须经过用户同意。

（2）分工合同禁止性规定

分包合同管理时也有相应的禁止性规定，这些禁止性规定包括：

① 禁止转包。所谓转包是指运维服务商将其承包的全部信息系统运维倒手转让给第三人，使该第三人实际上成为该实施运维项目新的运维服务商的行为。运维服务商也不得将其承包的全部实施运维项目肢解以后以分包的名义分别转包给第三人。

② 禁止将运维项目分包给不具备相应资质条件的单位。所谓相应的资质条件是指，一有符合国家规定的注册资本；二有相应的专业技术人员；三有相应的技术装备；四有从事此项运维服务的特殊资质，五是符合法律、法规规定的其他条件。

③ 禁止再分包。运维服务商只能在其承包运维项目的范围内分包一次，分包人不得再次向他人分包。

④ 禁止分包主体结构。信息系统运维主体结构的实施必须由运维服务商自行完成，不得向他人分包，否则签订的合同属于无效合同。

虽然运维监理单位并非信息系统运维合同中的当事人，但作为介入信息系统运维项目的第三方机构，运维监理工程师都应当对整个运维项目合同有一个全面的了解，了解一些信息系统运维中有关合同知识，因为这些合同对信息系统运维项目的运维监理工作有着直接的影响。

9.3 信息系统运维合同的作用

运维合同的科学性、公平性和法律效力，规范了合同各方的行为，使信息系统运维活动有章可循，具体有如下作用。

（1）合同确定了信息系统运维实施和管理的主要目标，是合同双方在运维中各种经济活动的依据

运维合同在信息系统运维实施前签订，确定了该信息系统运维所要达到的目标以及和目标相关的所有主要的细节问题。合同确定的信息系统运维目标主要有以下 3 个方面。

① 信息系统运维工期。包括运维项目开始、运维项目结束的具体日期以及运维项目中的一些主要活动持续时间。

② 信息系统运维质量、运维项目范围。包括详细而具体的质量要求、技术保障和负责运维的软硬件范围等方面的要求。

③ 信息系统运维服务价格。包括运维服务总价格、各分项运维服务的单价和总价等，由运维服务工作量报价单、中标函或合同协议书等定义。这是运维服务商按合同要求完成运维服务责任所应得的报酬。

（2）合同规定了双方的经济关系

合同一经签订，合同双方便形成了一定的经济关系。合同规定了双方在合同实施过程中的经济责任、利益和权利。签订合同，则说明双方互相承担责任，双方居于一个统一体中，共同完成合同。合同中确定了各方在整个运维项目中的基本地位，明确了各方的权利与义务。

（3）合同是运维监理工作的基本依据

利用合同可以对运维进行质量、成果等内容进行把控。

9.3.1 信息系统运维合同的主要内容

信息系统运维合同包括如下主要内容。

（1）甲、乙双方的权利与义务是合同的基本内容

为体现公平、公正，合同双方的权利与义务应该是对等的，也是相互呼应的。决不应该使合同成为明显偏向一方的“不平等”合同，或“霸王”合同。

（2）运维服务商有关实施标准、服务承诺

这是运维服务商提交的实践上的要求。

（3）运维项目的质量要求

运维项目的质量要求十分重要，它是判断运维项目的实施是否合格的重要依据，也是运维服务商工作的核心目标，更是运维监理工作的主要依据。因此，质量要求条款应准确细致地描述运维项目实施的整体运行及维护要求，用明确的指标进行限定。运维项目质量目标主要体现在 SLA（服务级别协议）中。

（4）运维服务商的运维服务期限

运维服务期限首先是要说明服务的周期时间；其次，要明确当前运维服务商与之前、之后的运维服务商的交接时间；最后要明确交接期的重大运维事件三方如何解决。

（5）运维服务费用及付款方式

运维项目款的交付方式一般采用按时间段分期交付，常用的为两期或三期支付。三期以上支付项目款的合同，需要注意是否增加按期的考核、满意度调查和验收等作为支付条件。

（6）运维项目变更的约定

运维项目变更的范围应包括资金、需求、期限、合同等变更，对变更的范围进行约定，并明确每一种变更以何种方式何种程序处理。对范围外的变更，可注明另行协商并再补签合同。

（7）双方的其他协作条件

其他协作条件是指双方当事人为了保证运维项目顺利完成应当履行的相互协助义务。运维服务商的主要协作义务是提供必要的工作条件和生活条件，以保证其正常开展工作。运维服务商主要协作义务是合理安排运维项目计划并严格执行，在运维项目中尽量满足运维服务商的合理要求。

（8）违约责任

合同当事人双方应当根据国家的有关规定约定双方的违约责任。

信息系统运维不但对其本身的从业人员专业性要求高，而且对承担信息系统运维监理工作的运维监理人员专业技术水平也要求较高。他们不仅要具有丰富的实践经验和快速掌握先进技术的能力，还要知识面宽，通晓国家标准和行业规范。信息系统运维的合同管理有着一定的艰巨性，从事信息系统运维监理的单位也须自身不断发展，不但应该以运维服务商的应用需求为根本出发点，探索不同行业信息系统运维的特点，更要结合自身情况，总结出一整套与信息系统运维相适应的合同管理方法。

9.3.2　信息系统运维合同签订的注意事项

信息系统运维合同是以后解决纠纷的重要依据，因此有关重要事项都应当在运维项目合同中明确规定。例如，信息化运维项目的硬件环境、软件运维服务的标准体系等技术性内容，都应当写在合同中。运维项目合同中最重要的内容，是对委托方和被委托方在信息化过程中的权利和义务的界定。从这一点来说，运维项目合同是确定“委托方—被委托方”

双方合作关系的一份关键的商务文件。

信息系统运维监理暂时还没有统一的合同示范文本，如果运维项目的运维服务商与运维服务商在合同订立时对合同的内容考虑不足，就会导致合同条款不详尽、内容不完整、不严谨等问题，在运维项目实施过程中就可能产生合同争议与纠纷。

在运维项目合同中，对于下面一些容易产生纠纷的事项，合作的双方都应当认真对待，也是运维监理单位审查合同的重点，不但需要明文规定，而且应当特别仔细地考虑所有条款是否严密、规范。

（1）质量验收标准

质量验收标准是一个关键的指标。如果双方的验收标准不一致，就会在系统验收时产生纠纷。比如“保证系统平稳运行时间达到 99%以上”这样的条款其实并不明确，在业务高峰期系统宕机 1 小时和在晚上业务较少的时候宕机 1 小时用户承担的损失并不等量。为避免此类情况的发生，更清晰地规定质量验收标准对双方都是有益的。

（2）验收时间

运维服务商按期完成了运维实施工作，需要按期进行验收，因此验收期限也是合同必须明确规定的内容。

（3）工作交接期

运维服务商在与运维项目前后都可能与其他系统建设或运维单位进行交接，那么对交接时间、交接期的约定也应在合同中明确。一般情况下，交接期不超过一个月。

（4）保密约定

运维服务商不得泄漏用户的业务和技术上的秘密，为了提高保密意识，最好是双方另行签订一个《保密合同》。关于保密的期限应当特别规定：在信息化运维项目履行完后若干年或长期继续有效。

（5）技术标准及运维依据

对合同中质量条款应具体注明规格、型号、适用的标准等，避免合同订立后因为适用标准是采用国家、地方、行业还是其他标准等问题产生纠纷。

（6）合同附件

运维合同最主要的附件就是 SLA。

9.4 信息系统运维合同管理的内容与基本原则

9.4.1 合同管理的概念与意义

合同管理，是指对依法签订的运维项目合同进行管理的一种活动与制度。信息系统运维监理工作的合同管理就是指对运维的设计、实施有关的各类合同，从合同条件的拟定、协商、签署，到执行情况的检查和分析等环节进行组织管理的工作，以达到通过双方签署的合同实现信息系统运维的目标和任务，同时也维护用户与运维服务商及其他关联方的正当权益。

信息系统运维从招投标、实施到运维最终验收，可能涉及多个单位。如何使信息系统运维各方建立起有机联系，使之相互协调、密切配合，共同实现信息系统运维的质量目标，一个重要的措施就是利用合同手段，运用经济与法律相结合的方法，将信息系统运维所涉及的各个单位在平等合理的基础上建立起相互的权利义务关系，以保障信息系统运维目标任务的顺利实现。

合同管理是信息系统运维监理的重要内容之一，它贯穿于信息系统运维的全过程，本着客观、公正、合理的原则，监督各方履行合同的行为，目的在于确保合同正常履行，维护合同各方的正当权益，全面实现信息系统运维目标的完成。因此，用户、运维服务商、运维监理单位及其他合同各方都必须树立起强烈的合同意识，严格履行合同，按合同约定做好信息系统运维的一切工作。合同管理做得好，可以避免双方责任的分歧，是约束双方遵守合同规则的武器。

9.4.2　合同管理的主要内容

合同管理的工作内容包括：

① 拟定信息系统运维的合同管理制度，其中应包括合同草案的拟定、会签、协商、修改、审批、签署、保管等工作制度及流程；

② 协助用户拟定信息系统运维合同的各类条款，参与用户和运维服务商的谈判活动；

③ 及时分析合同的执行情况，并进行跟踪管理；

④ 协调运维服务商与运维服务商的有关索赔及合同纠纷事宜。

归纳起来，运维监理工作在合同管理中的主要内容由 3 部分组成，即合同的签订管理、合同的档案管理和合同的履行管理。

1. 合同的签订管理

合同的签订管理是指运维监理协助用户与运维服务商等各方之间的各种合同进行分析、谈判、协商、拟定、签署等。

合同分析是合同签订中最重要的内容和环节，是合同签订的前提。运维监理工程师应对合同条款、法律条款分别进行仔细的分析解释。同时也要对合同条款的更换、延期说明、投资变化等事件进行仔细分析。合同分析和运维项目检查等工作要与其联系起来。合同分析是解释双方合同责任的根据。

运维监理工程师在订立合同的过程中要按条款逐条分析，如果发现有对用户风险较大的条款，要增加相应的抵御条款。要详细分析哪些条款与用户有关、与运维服务商有关、与运维项目检查有关、与运维工作执行的标准有关等，分门别类地分析各自责任和相互联系的关联要素，做到一清二楚，心中有数。

信息系统运维合同是用户向运维服务商支付价款的依据，其客体是信息系统运维项目。信息系统运维合同的签订管理就其外在形式来看，应当确保其采用书面形式。

根据《中华人民共和国合同法》（以下简称《合同法》）的规定，信息系统运维合同应当采用书面形式，如果采用口头合同，一旦发生纠纷则难以举证，不易分清责任。采用书面形式，一方面可以使合同双方权利义务固定化，从而减少纠纷，便于合同的履行；另一方面如果合同双方发生纠纷，也便于人民法院分清是非，进而确定责任。所以，根据《合同法》的规定，信息系统运维合同应该属于要式合同，只能采用书面形式。

信息系统运维合同应尽量做到内容完整，条款详尽，表述明确、严密。为此，合同谈判人员要在合法、依法、平等原则的基础上，通过对信息系统运维信息的调研与反馈，制定出严密、周详、可行的谈判方案。

2. 合同的履行管理

合同的履行管理是指运维监理工程师对合同各方关于合同约定的工期、内容、服务标准和费用、争议解决及索赔处理等工作的管理。

（1）履约管理的依据——合同分析

合同分析是从执行的角度分析、补充、解释合同，将合同目标和合同规定落实到合同实施的具体问题上和具体事件上。

① 分析合同漏洞，解释争议内容。信息系统运维实施的情况是千变万化的，再标准的合同也难免会有漏洞，找出漏洞并加以补充，可以减少合同双方的争执。另外，合同双方争执的起因往往是对合同条款理解的不一致，分析条文的意思，就条文的理解达成一致，才能为索赔工作打开通道。

② 分析合同风险，制定风险对策。界定和确认运维项目所承担的风险是什么、风险影响程度的大小，才能找到对策和措施去控制、规避风险。

③ 分解合同并落实合同责任。主要是加强合同的交底工作，运维项目运维监理部对所有的合同均进行交底，以会议与书面相结合的形式向运维监理人员介绍各个合同的承包范围、各方的责任与义务、合同的主要服务指标、合同存在的风险、履约中应注意的问题，将合同责任进行分解，具体落实到用户和运维服务商。同时，设置专职合同管理人员，对运维项目各部门的履约情况进行管理、分析和协调各部门的联系，这样可加大合同管理的力度，提高全员合同管理的意识。

（2）履约管理的方式——合同控制

合同控制指为保证合同所约定的各项义务的全面完成及各项权利的实现，以合同分析的成果为基准，对整个合同实施过程的全面监督、检查、对比、引导及纠正的管理活动。

合同的控制方法分为主动控制和被动控制。主动控制是预先分析目标偏离的可能性，拟订和采取预防性措施，以保证目标得以实现；被动控制是从合同的执行中发现偏差，对偏差采取措施及时纠正的控制方式。

合同控制的首要内容是对合同实施情况进行追踪，追踪的对象包括：

① 具体的合同事件，尤其是运维服务过程的质量。

② 运维服务商的工作。对运维服务商的运维项目缺陷提出意见，提出警告，责成他们改进。

A．用户是否及时下达命令，做出答复，及时支付运维项目款项。

B．总体情况，如整体运维项目的秩序如何，已完成运维工作是否通过验收或评价，有无大的运维事故，计划和实际成本有无大的偏差等。

通过追踪收集、整理，能反映出实际状况的各种资料和数据，如进度报表、质量报告、成本和费用收支报表等，将这些信息与运维目标、合同文件进行对比分析，对偏差进行处理和调整。偏差处理和调整可以采取管理措施，如派遣得力的管理人员，也可以采取技术措施，如采取更有效的实施方案或新技术，也可以采取经济措施对工作人员进行经济激励。

在各种补救措施都无法达到目的时，最有效的措施是合同措施，包括找出运维服务商或运维服务商的责任，建议通过索赔降低受损方的损失。

（3）履约管理的保证——合同监督

合同监督就是要对合同条款经常与实际实施情况进行比对，以便根据合同来掌握运维项目的过程。保证运维实施的精确性，并符合合同要求。合同监督的另一个重要的内容是检查解释双方来往的信函和文件，以及会议记录、用户指示等，因为这些内容对合同管理是非常重要的。合同的监督管理具体工作有体现在如下几个方面。

① 建立合同及信息管理制度，各方对运维项目的所有指令、批复、报告均以书面形式进行，并全部归档。

② 跟踪检查合同的执行情况，督促各方严格履行合同。

③ 严格按规定的程序和时限对合同工期的延误和延期进行审核确认。

④ 严格按规定的程序和时限对合同变更、索赔等事宜进行审核确认。

⑤ 根据合同约定，审核运维服务商提交的支付申请，签发付款凭证。

⑥ 对运维项目质量、数量、内容任何形式的变动，均须经总运维监理工程师审核同意，并报用户批准后，运维项目变更通知书方能生效。

⑦ 及时、详尽记录不可抗力发生时的现场情况。

⑧ 协调、处理合同争端，及时记录和纠正运维服务商的违约行为。

（4）履约管理的重点——运维项目索赔管理

在信息系统运维市场中，竞争非常激烈。由于信息系统运维的高技术特性，许多用户对信息技术的了解有限，合同在实施过程中的不确定性多，对信息系统运维的合同理解很容易出现争议，这些因素造成合同履行困难。

索赔管理是信息系统运维合同管理工作中的最后一个环节，它包括索赔和反索赔。由于索赔和反索赔没有一个明确的标准，只能根据实际情况为依据进行实事求是的评价分析，从中找出索赔的理由和条件。如果档案管理得不好，索赔工作就很难开展。

运维项目索赔是在合同的履行过程中，合同一方因对方不履行合同所设定的义务而遭受损失时，向对方提出的赔偿要求。索赔的内容包括：根据权利而提出的要求；索赔的款项；根据权利而提出法律上的要求。

运维项目索赔遵循索赔程序，在索赔证据确凿的条件下，都可以根据合同向用户或运维服务商提出索赔并得到损失的补偿。因而，合同管理是索赔管理的依据，依据合同条款明确而清楚的说明，运维项目索赔才能成立。

运维监理工程师在信息系统运维合同管理的过程中，应弄清各类合同中的每一项内容，因为合同是运维项目的核心，特别是大型运维项目，因覆盖内容广泛，一定要用文件记录代替口头协议。运维项目细节文件的记录应包括下列内容：信件、会议记录、运维服务商的规定、指示、更换方案的书面记录及特定的现场情况等。

在信息系统运维实施过程中，运维项目监理部合同管理人员要认真研究合同条件，关注信息系统运维动态，在合同履行出现困难时，积极找寻索赔依据，计算出索赔费用，及时提出合同索赔建议，做好索赔的协调工作。在分包合同履行中，运维项目监理部也应加强合同管理，积极进行合同交底及合同履行的跟踪管理工作，在施工过程中注意正确履行运维监理的责任，严格控制索赔和反索赔事件的发生。

总之，随着市场经济的不断发展，信息系统运维的市场不断规范，信息产业不断发展，国家质量管理和意识的不断增强，合同管理的水平将不断提高和完善。有效的合同管理能使妨碍双方关系的事件得到很好的解决，才能更好地实现信息系统运维项目监理工作的目标。

3. 合同档案的管理

合同档案的管理，也即合同文件管理，是整个合同管理的基础。所有与合同有关的文件都是重要的文字依据，合同管理人员必须及时填写并妥善保存经有关方面签证的文件和单据，并建立合同档案数据库，以免在合同履行中发生纠纷时缺少有关的文字根据。

信息系统运维合同包含各方面的文件，概括起来主要有：

① 用户负责提供的运维实施所需的技术资料、数据及图纸等：

② 运维服务商负责供应的设备、材料、软件及服务的规格、数量、质量情况的备忘录；

③ 质量事故（如有的话）鉴定证书及其采取的处理措施记录；

④ 运维项目中间环节各类派工、故障、升级改造工作交工的验收文件；

⑤ 与运维项目质量、与结算等有关的资料和数据；

⑥ 用户、运维服务商代表和总运维监理工程师定期会谈的记录，用户或总运维监理工程师的书面指令，用户、运维服务商双方与运维监理单位的来往信函，包括与合同有关的各种实施进度报表等。

合同档案的管理包括两个类别的合同，即用户与运维监理单位之间签订的运维监理合同管理，以及用户与运维服务商签订的业务合同管理。下面叙述的合同档案管理方法，如果没有特别说明适用于这两类合同的管理。

（1）建立运维监理工作的合同档案管理体系

合同管理体系，就是运维监理单位从上向下建立起一支专业管理队伍，实行系统的合同管理。作为独立法人的运维监理单位，建立合同档案专门的管理机构，是内部管理机构。各运维项目监理部也设立专职合同管理人员，在业务上隶属于企业合同档案管理的专门机构。

运维监理单位在建立合同档案专门管理机构的同时，应制定合同档案管理办法，将合同档案管理系统的职责、权利和分工，用内部管理规定的形式确立下来。

合同档案的管理是一个非常细致的工作，在制定合同档案管理实施细则时，需要对合同档案的管理目的、管理范围、管理方式进行规定，进而进一步规定合同档案的管理体制、合同档案的管理机构与人员责任、文件材料的形成和归档方式、合同档案的整理、合同档案的保管、合同档案的鉴定与统计等内容。

（2）制定运维监理工作的合同档案管理制度

除了有专门的合同档案管理机构外，运维监理单位还必须建立一套完善的、可行的、合理的合同档案管理制度。这些制度包括：

① 合同的审查批准制度。针对运维监理合同的管理，运维监理单位在运维监理合同签订前还应实行审查、批准制度。即在各业务部门会签后，送交合同专门管理机构或法律顾问审查，再报请法人代表签署意见，明确表示同意对外正式签订合同。通过严格的手续，

使合同签订的基础更加牢靠。

② 印章管理制度。针对运维监理合同的管理，运维监理合同专用章是代表企业在经营活动中对外行使权力、承担义务、签订合同的凭证。因此，企业对合同专用章的使用、保管要有严格的规定，要建立合同使用登记记录，合同专用章要由合同管理人员专门保管、签印，实行专章专用，尤其不准在空白合同上加盖印章。凡外出签订合同应由合同专用章的管理人员与办理签约的人一同前往签约。如合同专用章管理人员利用合同专用章谋取个人私利，应追究其行政或法律责任。

③ 合同的统计考察制度。合同统计考查制度就是利用科学方法、利用统计数字反馈合同订立及履行情况。通过对统计数字的分析：总结经验，找出教训，为系统运维工作提供重要的依据。

具体内容可参见本书绩效考核部分中合同执行情况考核相关论述。

④ 合同的信息管理制度。运维监理工作涉及的合同由于种类多，数量大，变更频繁，人为管理效率低，可能还会出错，必须借助先进的手段建立计算机信息系统来管理，才能达到档案化、信息化。计算机信息系统能保证正确分析合同管理情况，适应我国经济的发展趋势。

（3）运维监理工程师必须掌握合同管理的知识

运维监理工程师是运维项目运维监理的实施者，信息系统运维监理的主要依据在于合同，掌握合同管理的有关知识是顺利开展信息系统运维监理工作必备的素质。

（4）合同档案管理的具体工作

① 收集、整理、统计、保管运维监理工作在各项活动中形成的全部档案，清点库存。

② 按有关规定做好档案留存与销毁的鉴定工作。鉴定工作由运维监理单位有关负责人、资产清算机构负责人、主要业务部门负责人和档案部门负责人等组成的鉴定小组主持，对档案进行直接鉴定。

③ 对拟销毁的档案建立销毁清册，经运维监理单位负责人和企业资产清算机构负责人审核，运维服务商主管部门批准，方可销毁。销毁档案须两人以上监督销毁，并在销毁清册上签字。销毁清册永久保存。

④ 按照档案的去向分别编制移交和寄存档案的目录。

9.4.3　合同管理的原则

合同管理的原则是指运维监理单位在信息系统运维监理过程中针对各类合同的管理须遵循的宗旨，贯穿合同管理的全过程，包括：事前预控原则、实时纠偏原则、充分协商原则和公正处理原则。

1. 事前预控原则

事前预控的目的是进行运维项目风险预测，并采取相应的防范性对策，尽量减少运维服务商提出索赔的可能。

（1）熟悉设计图纸、设计要求、标底，分析合同构成因素，明确运维项目实施中最难以完成和保障的部分和环节，从而明确控制质量控制的重点。

（2）预测运维项目风险及可能发生索赔的诱因，制定防范对策，减少索赔的发生。

（3）按照合同规定的条件，如期提供实施现场，使其能如期交接、正常实施、连续实施，不要违约造成索赔条件。

（4）按合同要求，如期、如质、如量地供应由运维服务商负责的材料、设备到现场，不要违约造成索赔条件。

（5）按合同要求，及时提供设计图纸等技术资料，不要违约造成索赔条件。

2. 实时纠偏原则

是指运维监理单位在实施过程中，应及时纠正发现运维服务商错误和不当的做法及一些违反信息系统运维合同约定的行为。如运维服务有质量缺陷等问题，应实时向相关方提出意见和建议，必要时可向业主方提出依据合同对相关方进行处罚。

3. 充分协商原则

在合同管理过程中，如果合同双方因合同的履行发生争议，如运维项目内容变更、服务质量问题的提出，合同一方提出索赔要求等，运维监理工程师应认真研究分析报告，充分听取用户和运维服务商的意见，主动与双方协商，力求取得一致同意的结果。这样做不仅能圆满处理好双方争端，也有利于顺利履行和完成合同。当然，在协商不成的情况下运维监理工程师有权做出运维监理决定。

4. 公正处理原则

运维监理工程师在进行合同管理时，应恪守职业道德，本着客观、公正的态度，以事实为依据，以合同为准绳，做出公正的决定。诸如在索赔过程中，合理的变更与索赔应予以批准，不合理的变更与索赔应予以驳回。

合同管理的这几项原则，贯彻合同管理的整个过程。当然，在实际运维监理工作中还会遇到更多、更复杂的问题有待处理，每个运维监理人员都应本着实事求是的态度，遵循合同管理的基本原则，做好运维监理工作。

9.5 关于合同管理的其他内容

关于合同管理还包括索赔的处理、合同争议的调节、合同违约的管理。这些内容请读者参考信息系统监理工程师教程等有关书籍，在运维监理项目中，这方面工作与建设项目合同管理的要点和技巧是一致的。

第 10 章 运维监理配置管理

信息化运维监理的配置管理主要包括配置管理和配置变更及发布管理两部分，本章将结合上述两部分的管理内容，介绍运维监理在管理过程中的主要内容。信息化运维的整体配置管理包括变更、发布、配置 3 项流程，运维监理方应当紧密结合上述科学化流程，对全过程实施监督管理。

10.1 配置管理

运维监理通过配置管理过程，督导并核实相关的信息化基础架构的配置项记录的准确性并维护准确的信息，使其能够为其他的服务管理过程提供支持（如事件管理、问题管理、变更管理和发布管理）。运维监理重点关注以下方面配置管理的目标和方向：

① 向客业主方提供的服务内容和 SLA（服务级别协议）能够与 CI（配置项）相关联；

② 供应商所提供的服务内容和 SLA 能够与 CI 相关联；

③ 事件/问题/变更等历史信息能够与 CI 相关联；

④ CI 整个生命周期的信息（上线/变更/运行/下线）等历史记录；

⑤ CI 信息变更和修改的历史记录；

⑥ CI 的信息和 CI 之间的关联关系，能够体系系统的构成。

配置管理程序所管理的范围包括（根据与客户签订的合同要求）组织需要承担系统管理和维护职责的信息化运行环境。

10.1.1 配置管理的职责监督

运维监理在实施配置管理的监理工作时，应当监督检查运维实施方在配置管理方面职责设置，这些职责设置可以参考如下方面。

1. 配置经理

（1）确定配置管理过程的计划；

（2）对配置项进行识别和控制；

（3）判断配置项的修改与更换，并与变更管理委员会保持紧密沟通；

（4）确保配置管理过程在整个组织内得到良好的传达和沟通；

（5）组织配置审计工作。

2. 配置管理员

（1）收集和记录配置信息；

（2）维护 CI 信息，确保 CI 信息是最新的。

3. 配置审核员

定期对 CI 的一致性和准确性进行核查。

10.1.2 配置管理过程

1. 监理配置管理概要流程

一般情况下，可以将配置管理过程分解以下 4 个一级过程，形成配置管理过程的概要过程。对该 4 个过程所包含的活动，将在后续的章节中做进一步的细化和说明。图 10-1 是配置管理概要流程图。

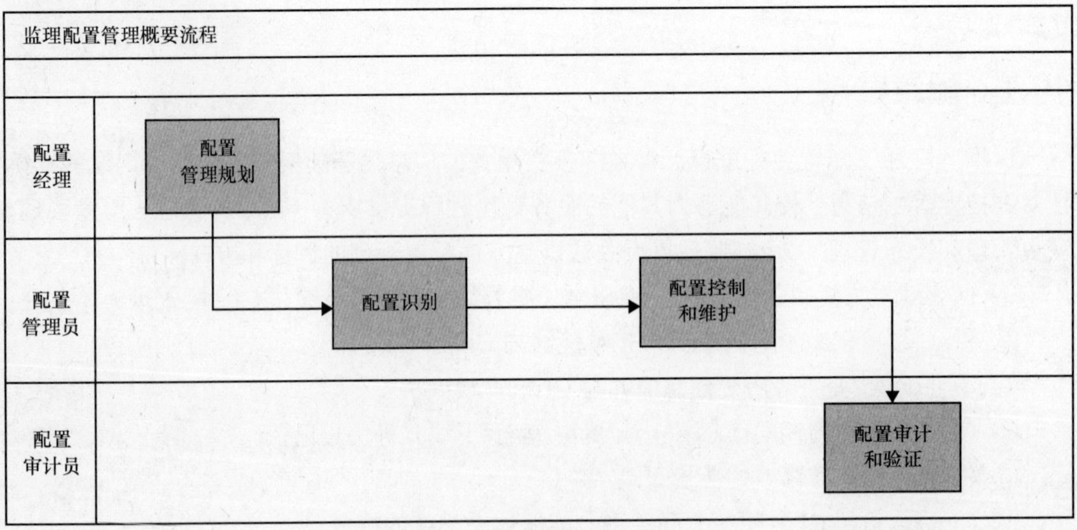

图 10-1 监理配置管理概要流程图

（1）配置管理规划

对 CI 的范围、审核和关系及命名规范进行确定和计划。

（2）配置识别

对 CI 的信息进行识别和收集的审定。

（3）配置控制和维护

督导以下内容的实现：输入/更新 CI 的具体属性，并将 CI 与配置基线、供应商相关联，创建 CI 的管理人员。对变更的配置项进行维护，更新 CMDB（配置项数据库）中所记录的 CI 信息。

（4）配置审核和验证

确保 CMDB 中 CI 的准确性和一致性。

2. 配置管理规划

运维监理配置管理的一般性角色职责、管理内容和工作程序如图 10-2 所示。

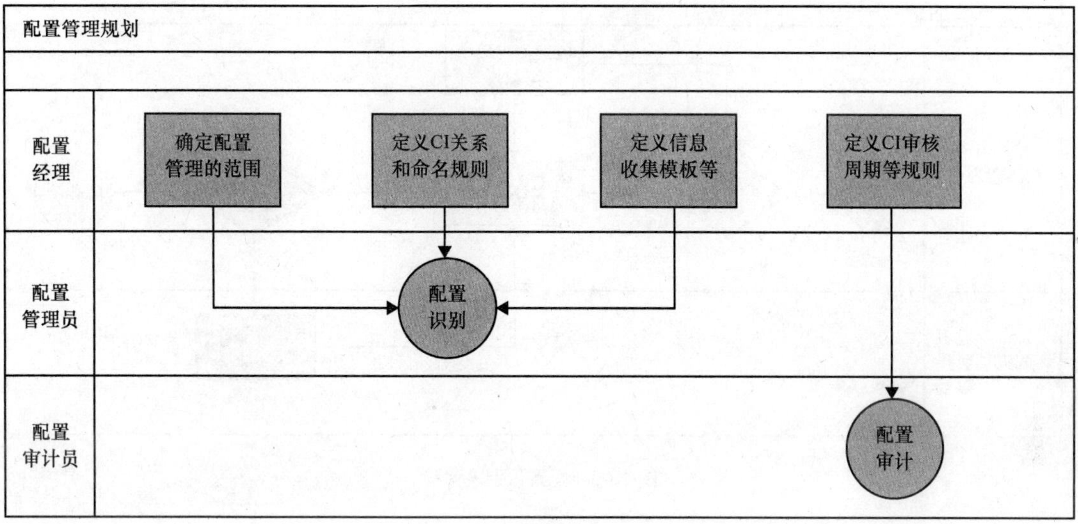

图 10-2　配置管理规划流程图

（1）确定配置管理范围

在建立 CMDB 时，需要确定 IT 基础架构的哪些部分需要纳入配置管理的控制。

（2）定义 CI 关系和命名规则

督导并明确 CI 之间的关系，定义 CI 的命名规则，以协助管理配置结构中 CI 的层次关系。

（3）定义信息搜集模板

督导信息收集模板的定义，使对 CI 信息的收集具有统一的收集方式，以更好记录并维护 CI。

（4）定义 CI 审核周期等规则

审定运维实施方为相关的 CI 制定一个合适的审核周期以确保 CI 信息的一致性和准确性。

3. 配置识别

在配置管理计划的基础上，督导对配置项进行识别和收集的过程，参见图 10-3 的配置识别流程图。

（1）初始化 CMDB

判断是否第一次启用 CMDB，如果是第一次启用 CMDB，则按收集/发现原始 CI 数据。如果不是第一次启用 CMDB，则按直接创建新的 CI 记录。

（2）收集发现原始 CI 数据

如果是第一次启用 CMDB，则按所设计的收集模板，进行信息收集。

（3）创建一个新的 CI 记录

配置项初次识别后，有新 CI 加入 CMDB 时，则更新 CMDB。

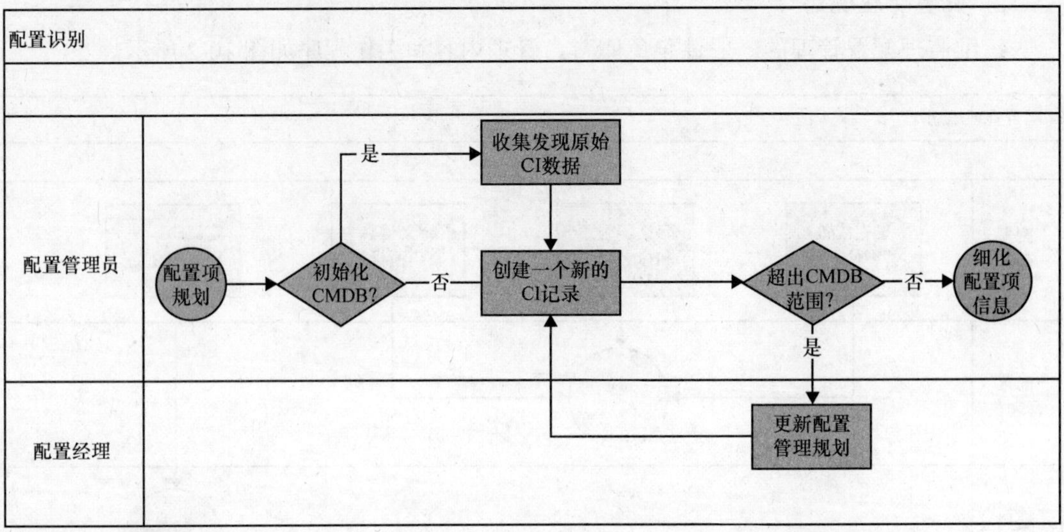

图 10-3 配置识别流程图

该过程应当记录以下信息：

① CI 名称；

② CI 编号；

③ CI 类别；

④ CI 描述（该配置项的必要描述）。

（4）超出 CMDB 范围

如果配置管理规划中所定义的命名规范目录和配置项的分类（和属性）不能满足所要建立的 CI 时，则应更新《配置管理规划》。

否则，则完成 CI 记录的创建，并应细化配置项信息。

（5）需要配置管理规划方案

如果需要更新《配置管理规划》，则按《文件控制程序》的要求申请修改《配置管理规划》，按《文件控制程序》管理过程来完成命名规范目录的更新。

4. 配置项控制和维护

细化配置信息是配置识别后对配置信息进行细化的过程，运维监理应当参见图 10-4 细化配置信息流程。

（1）更新属性和状态

CI 在与配置基线关联之后，需要监督对其属性和状态进行及时更新。配置项的状态定义应参见业主单位具体的信息化资产配置规划。

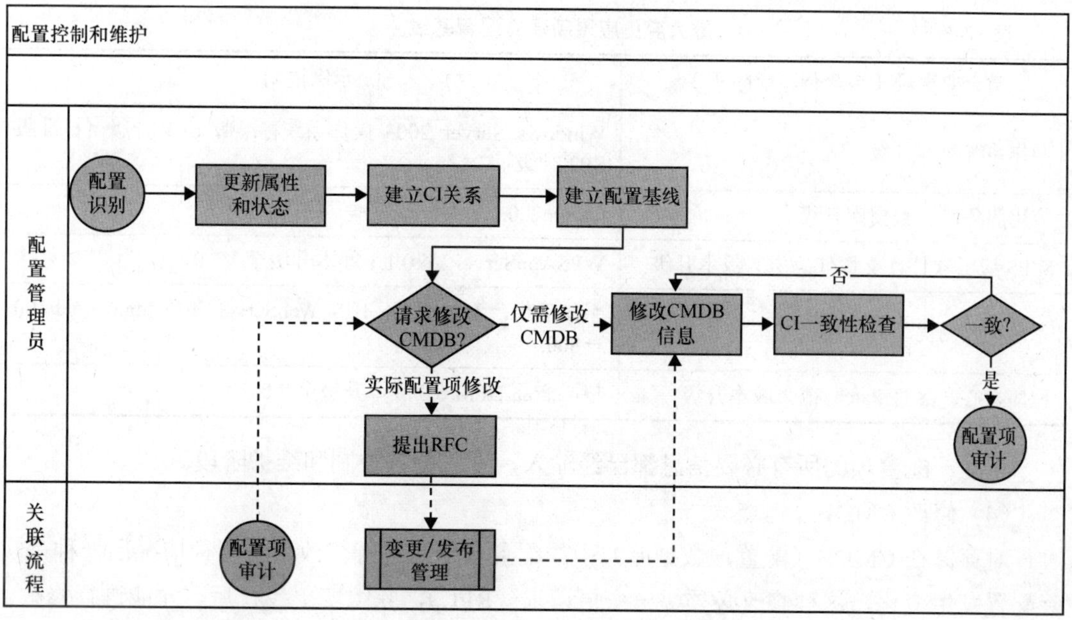

图 10-4　配置项控制和维护流程图

本阶段应当记录以下信息：

① 状态；

② 相关属性。

（2）建立 CI 关系

CI 与客户/供应商相关联，在客户发送故障处理请求时就可以查看相关的 CI 项，在故障无法修复或者问题无法处理时可更快捷地由相应的供应商提供服务。

本阶段应当记录以下信息：

① 业主方信息（从客户列表中选择）；

② 供应商信息（从供应商列表中选择）；

③ 服务级别信息（供应商服务级别和客户服务级别列表中选择）。

除此之外，还应按配置规划方案中所定义的 CI 间的关系进行 CI 关联。CI 具体关联类型参见业主单位具体的信息化资产配置规划。

（3）建立配置基线

在配置项基线的建立方面，运维监理应当重点关注以下内容：

① 配置基线首次建立时间：当所有配置信息都初次输入完毕，将已识别的配置项的当前状态设置为配置基线状态。

② 配置基线的更新：配置项发生重大变更，且配置项稳定后，需重新建立新基线。

例如，包含以下信息的重大变更应重新建立配置基线，见表 10-1。

表 10-1　　重大变更应重新建立配置基线

重大变更项（包含但不仅限于）	示例说明
操作系统版本升级	Windows Server 2003 操作系统标准版 SP1 升级至标准版 SP2 升级
应用服务器、数据库升级	Oracle 9.0.1.1 数据库版本升级至 9.2.0.1
WPS 应用软件（支撑代码层）版本升级	WPSAppServer V6.0.1.1 版本升级至 V7.0.1.1
系统参数调优	系统调优，参数变更，IHS WebServer 参数 MaxClient:100→800
程序核心产品打 Patch 或大版本升级	核心产品 BPM 6.0 版本升级至 7.0

至此，配置项的所有必要信息都已经输入，进入配置控制和维护阶段。

（4）修改 CMDB

对存储在 CMDB（配置项数据库）中的配置项信息进行修改，有两种情况：一种是实际配置发生变化，这种修改必须提出变更请求（RFC），获得变更授权后，才能进行修改，转到提出 RFC 请求；另一种是，因配置审计发现的 CMDB 中记录的信息与实际配置不一致，需要更新 CMDB 信息，可以直接由配置管理员进行配置库更新，转到由配置管理员修改 CMDB 信息。

（5）提出 RFC 请求

如果是实际基础设施配置发生变化，则需要执行变更，提出 RFC，走变更管理流程。例如，在设备维护/升级等过程中可能会要求更换 CI，则通过变更管理过程更换 CI；另如果某一 CI 长期不用，配置项责任人可以考虑撤销，则通过变更管理过程撤掉旧 CI。

（6）修改 CMDB 信息

如果 CI 实体正确，而 CMDB 信息不准确时，可直接修改 CMDB 信息。对需要走变更管理流程完成对物理配置项进行修改的 CI，完成变更后，根据变更请求修改 CMDB 信息。

（7）CI 一致性核查

对更新后的 CI 进行核查。核查实际配置信息与 CMDB 中记录的信息是否一致，如果一致，转到由配置经理组织定期进行配置项审计，如果不一致转到重新修改配置项信息。

5. 配置审核和验证

为了确保 CMDB 中所包含的配置信息能够完全真实地反映 IT 基础架构中 CI 的存在及变更情况，运维监理应当督导配置管理人员对 CI 和 CMDB 进行必要的审核和验证。参见图 10-5 中的配置审核和验证。

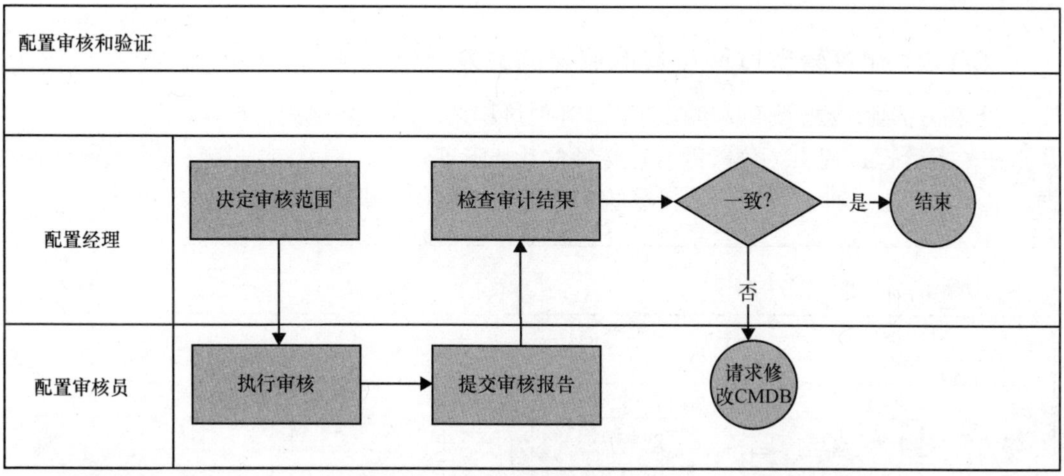

图 10-5　配置审核和验证流程图

（1）决定审核范围

为了验证配置信息的一致与准确，需要进行定期审核。

审核范围的划分应当由配置经理来决定。

（2）执行审核

配置审核员执行配置经理制定的审核。可以通过扫描、远程登录、发现工具、手动获得信息这几种方式来进行配置信息的审核。

（3）提交审核报告

配置审核员将本次审计结果形成报告，提交给配置经理，报告中必须标明如下信息：

① 本次审核的数量；

② 本次审核中具体配置信息；

③ 本次审核占总体配置项的比重；

④ 未匹配的配置项数量等信息；

⑤ 后续的更新计划。

（4）检查审计结果

审核执行后，配置经理对审核结果进行评审。如果审核中发现不一致则应修正相关信息，否则形成审核报告，结束审核。

配置项审核状态见表 10-2。

表 10-2　　配置项审核状态表

审核状态	描　述
已审核	CI 成功通过审核
待审核	CI 尚未完成审核
不匹配	当审核时发现 CI 的信息与实际不符，则标记为“不匹配”
丢失	审核时发现实际环境中找不到对应的 CI，则 CMDB 中该 CI 标记为“丢失”

10.1.3　配置管理过程与其他流程的关系

图 10-6 所示为配置管理过程与运维其他过程之间的“强相关”过程。“强相关”过程是指在配置管理过程中，可能需要直接触发其他管理过程，或直接向某些过程获取必要数据。对于在配置管理过程没有直接影响的其他管理过程，则不在本过程中进行描述。

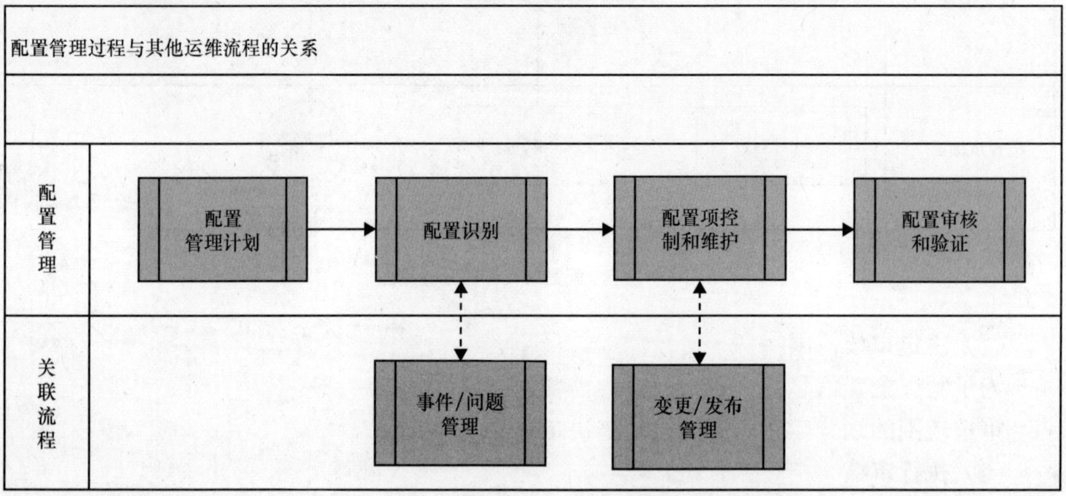

图 10-6　配置管理过程与其他流程的关系

（1）事件管理

记录事件时，事件管理需要获取关于 CI 的信息，如确定 CI 的位置及其所有人，与 CI 相关的已知错误。

（2）问题管理

问题管理将问题、已知错误和 CI 相对应，以此来分析和解决问题。

（3）变更管理

变更管理根据 CMDB 来确定将要实施的变更的影响，它还负责批准相关配置项的变更。

10.1.4　配置管理过程的 KPI

为了保证配置管理的良好执行，运维监理需要督导运维实施方定义以下关键指标，配置经理应根据实际情况，进行周期性审核（一般情况下每季度应审核一次）。

基于管理过程的持续改进，将 KPI 指标设置为初级、中级、高级目标，分级实现。

（1）没有成功通过配置审核的配置项比例（%）

可以为相关人员的绩效考核做参考。

（2）增加的新配置项的数量及其趋势

考察信息化环境的变化及趋势。

（3）报废的配置项的数量及其趋势

考察信息化环境的变化及趋势。

（4）修改的配置项的数量及其趋势

考察信息化环境的变化及趋势。

（5）因 CI 变更不当而导致的事故和问题的数量

可以看出哪些事故和问题是由 CI 的变更而引起的，今后可以在这方面设置影响度分析。

（6）因配置项信息不准确而导致服务失败比例（%）

对于此类服务的相关 CI，应当频率较多地进行审核，以确保 CI 信息的准确。

10.2　配置变更及发布管理

信息化运维监理通过变更及发布管理流程，可以确保以受控的方式评估、批准、实施和评审所有的变更。

变更管理的范围主要包括信息化技术资源（包括信息化基础设施、系统、软件、硬件等）的相关变更。

变更管理的范围不包括：

（1）制度的变更

流程及管理制度的变更。

（2）软件开发过程的变更

软件开发过程中的各种变更。

（3）项目变更

项目进度与项目管理相关的变更。

10.2.1　变更及发布管理的职责监督

运维监理在实施配置变更及发布管理的监理工作时，应当监督检查运维实施方在配置变更及发布管理方面的职责设置，这些职责设置可以参考如下 5 个方面。

1. 变更请求人

（1）负责记录和提交变更请求单（RFC）；

（2）确保 RFC 具有充分、准确的信息；

（3）初步评价变更的风险/影响，给变更请求设定适当的影响度；

（4）协助变更主管解决变更请求信息不完整、不一致之处。

2. 变更主管（变更受理人）

（1）从审批的角度及时检查每一个送来的变更请求；

（2）评估构建变更；

（3）批准变更请求；

（4）负责协调各小组在变更中的配合；

（5）关闭变更。

3. 变更经理

（1）确保日常工作符合流程及相关工作流的规定；

（2）检查和评估变更流程的执行情况；

（3）定期分析变更、发布管理信息报表；

（4）负责组织召开变更管理委员会（CAB）会议；

（5）负责组织对于变更的回顾。

4. 变更管理委员会（CAB）

对于重大变更，由变更经理接受RFC，根据具体变更请求成立特定的CAB/ECAB，成员包括对该变更的评估和批准提供应有附加价值的技术人员和管理人员，审阅工作包括变更的风险、对现有服务的影响、实施计划、回退计划和配置项更新计划等，并做出批准与否的决定。如为紧急变更，则快速完成以上评估、审批。

5. 变更实施人

（1）确保按时实施变更；

（2）变更验证；

（3）尽量解决在实施过程中出现的问题；

（4）如果变更实施失败，执行回退方案；

（5）更新变更记录单状态。

10.2.2 变更及发布管理流程

10.2.2.1 变更及发布管理概要流程

变更及发布管理的一般性角色职责、管理内容和工作程序如图10-7所示。

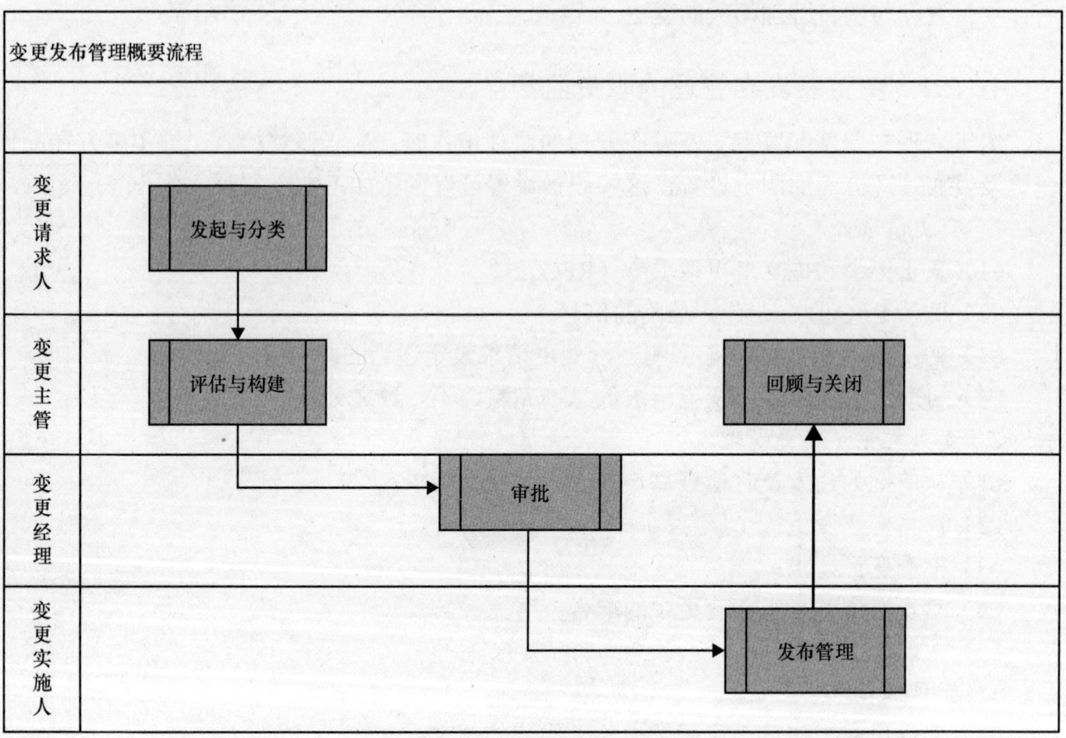

图10-7 变更发布管理概要流程图

（1）发起与分类

变更管理流程的起点，包括收集变更请求的必备信息，并分辨变更类型，创建 RFC，如图 10-8 所示。

（2）评估与构建

从信息化和业务的角度来评估和检查变更请求，确保实施变更时，既能满足业务的要求，同时确保对服务造成的影响最小；同时还应完成变更的测试，准备回退计划，以及任务的安排和指派。

（3）审批

由变更经理和变更管理委员会对变更进行实施前的审批，审批内容包括变更影响、计划、实施人、变更失败后的回退计划。

（4）发布管理

在生产环境中实施，如果实施不成功，必须按照回退方案恢复到原来状态。

（5）回顾与关闭

确定变更执行的结果，以及总结改进流程，同时关闭变更。

1. 发起与分类

如图 10-8 所示。

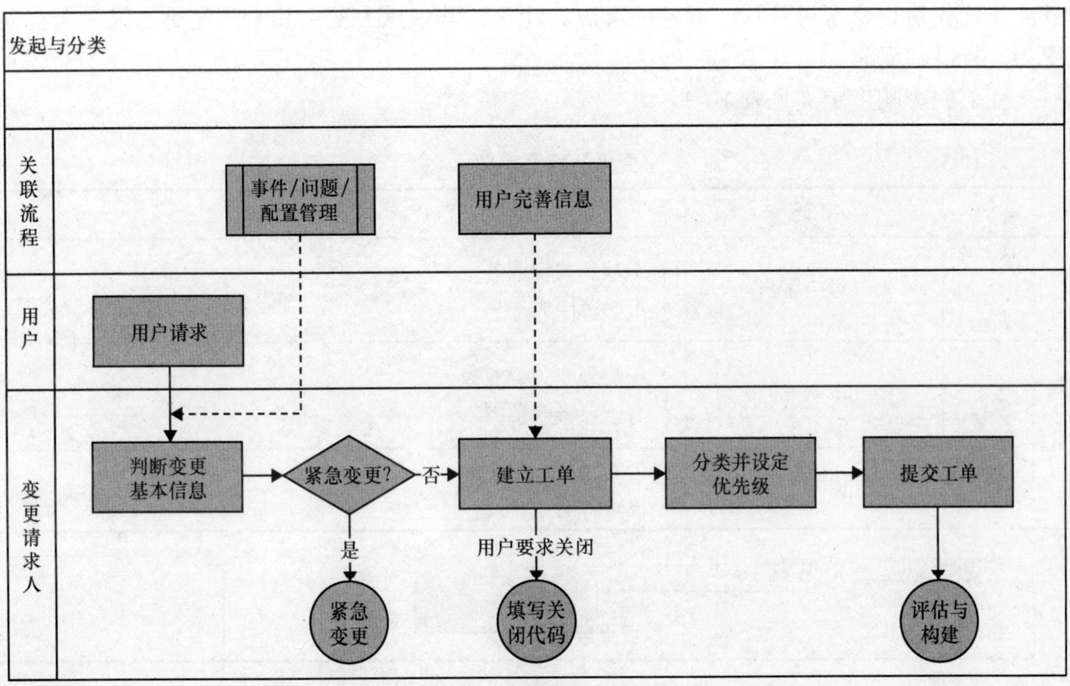

图 10-8　变更受理流程图

（1）判断变更基本信息

变更请求人根据变更内容来判断是否为紧急变更（4 小时内要求完成变更），如果是则按紧急变更处理过程进行处理，否则按非紧急变更来进行处理。

（2）建立工单

变更请求人根据变更内容，记录 RFC 的变更信息包括：

① RFC 编号；

② 变更请求人及联系方式；

③ 变更地点；

④ 创建时间；

⑤ 要求完成时间；

⑥ 变更主题；

⑦ 变更描述；

⑧ 关联事件、问题信息；

⑨ 关联 CI；

⑩ 变更状态（已登记）。

（3）分类并设定优先级

变更请求人根据以下变更准则对变更进行分级，以便变更按照相应的过程进行处理。

变更分类是针对变更所属的专业类型进行划分的，通过变更分类可以定位实施变更的人，并针对变更分类进行分类统计，变更分类参见事件分类。

变更优先级是变更主管评估与构建变更的参照标准，对于优先级别高的变更，变更主管应该优先协调资源进行这些问题的解决。注意：其中重大变更和紧急变更的优先级自动置为“1（极高）”。

变更的影响度定义见表 10-3。

表 10-3　变更影响度定义

编号	代码	描述
1	高（影响客户）	• 影响到关键业务 • 影响范围大
2	中（影响部门）	• 影响到非关键业务 • 有一定影响范围
3	低（影响个人）	• 影响到非关键业务 • 没有影响

变更紧急度定义见表 10-4。

表 10-4　变更紧急度定义

紧急度	级别描述
急迫	如果不进行变更，会立即或正在严重影响业务运行，要求在 4 小时变更
紧急	VIP 用户请求，要求变更时限不超过 8 个小时
普通	要求变更时限不超过 16 个小时
低	要求变更时限不超过 24 个小时

紧急度、影响度与变更优先级的对应关系见表 10-5。

表 10-5　　　　　　　　　　变更优先级定义

变更优先级	影响度：高	影响度：中	影响度：低
紧急度：急迫	1（最高）	2（高）	3（中）
紧急度：紧急	2（高）	3（中）	4（一般）
紧急度：普通	3（中）	4（一般）	5（低）
紧急度：低	4（一般）	5（低）	5（低）

（4）提交工单

变更请求人根据变更类型，将变更单提交给相应的变更主管，记录的信息包括：

① 变更主管组；

② 变更主管/变更受理人；

③ 变更状态（已登记）。

2. 评估与构建

如图 10-9 所示。

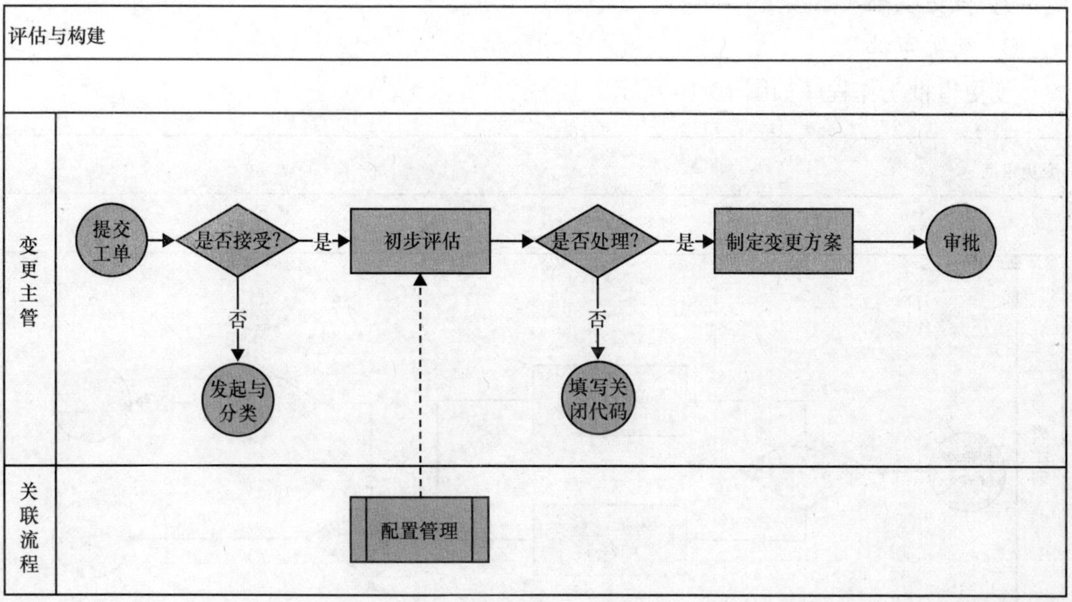

图 10-9　评估与构建流程图

（1）初步评估

变更主管根据变更描述判断是否接受分派，如果拒绝该变更分派，则应重新提交。

变更主管对变更信息进行检查。

变更主管对变更可能带来的影响及风险进行初步评估，以判断是否接受变更请求。

变更主管根据变更的必要性判断是否接受变更请求，如果拒绝该变更请求，则应说明理由后应进行关闭。如果接受 RFC，则应制定变更方案。

此阶段需要记录的信息包括：

① 变更风险评估；

② 影响时间；

③ 变更状态。

（2）制定变更方案

变更主管根据变更请求描述，制定详细的变更方案。

变更方案应至少包括变更实施时间、变更实施人、变更详细内容及安排、变更失败后的回退计划。

在该阶段应记录或更新的信息包括：

① 变更实施人；

② 变更计划开始时间；

③ 变更计划完成时间；

④ 变更方案/回退方案；

⑤ 验证方案；

⑥ 变更状态（已接受）。

3. 变更审批

变更审批工作程序如图 10-10 所示。

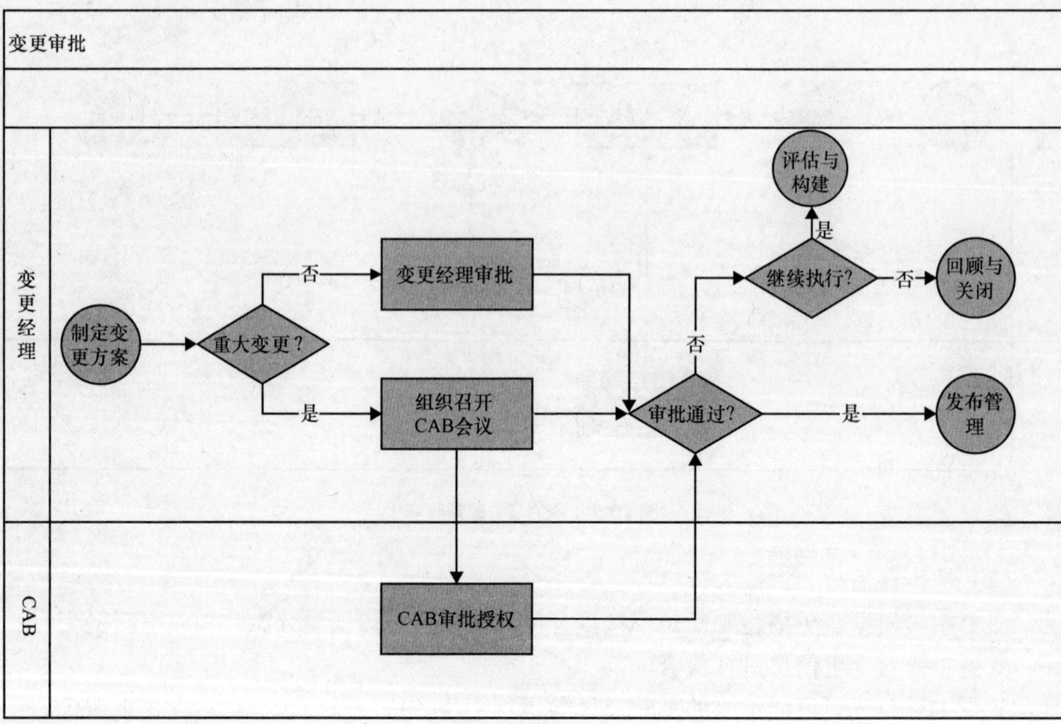

图 10-10 变更审批流程图

（1）重大变更

变更类型是变更经理判断是否需要召开 CAB 会议的参考标准，对于一般变更，只需变更经理进行审批，对于重大变更，必须由变更经理组织召开 CAB 会议，由 CAB 审批通过后方可执行。是否重大变更的判定原则参考表 10-6。

表 10-6　变更类型定义

考虑项目	一般变更	重大变更
对系统或应用的影响	1 个相关系统或应用	多个相关系统或应用
回退难度	有回退措施，较易执行	很难或不可能回退
对业务的影响	对业务有较大影响	对业务有重大影响
变更的难度	比较容易，有一定经验	难，新技术，无经验

该阶段记录的基本信息主要为变更类型。

（2）变更经理审批

对于一般变更，变更经理根据所设计的方案、测试的结果和风险程度判断是否批准该方案。如果批准的话，则进入发布管理；如果没有批准，则应判定是否继续执行变更。

在该阶段应记录或更新的信息包括：

① 审批时间；

② 审批意见；

③ 变更状态（已批准）。

（3）召开 CAB

变更经理根据变更信息判断是否是重大变更。如果是的话，则变更经理负责召开变更管理委员会（CAB）审批；否则按一般变更来处理。

（4）CAB 授权审批

变更管理委员会根据所设计的方案、测试的结果和风险程度判断是否批准该方案。如果批准的话，则转入发布实施；如果没有批准，则应判定是否继续执行变更。

在该阶段应记录或更新的信息包括：

① CAB 审批人；

② 审批时间；

③ 审批意见；

④ 变更状态（已批准）。

（5）继续执行

变更经理对审批未获得通过的变更单进行审阅，判断是否继续执行变更，如果继续执行，则由变更主管重新构建变更，提交变更经理审批；如果不继续执行，则应回顾并关闭，关闭变更请求。

4. 发布管理

变更发布工作程序如图 10-11 所示。

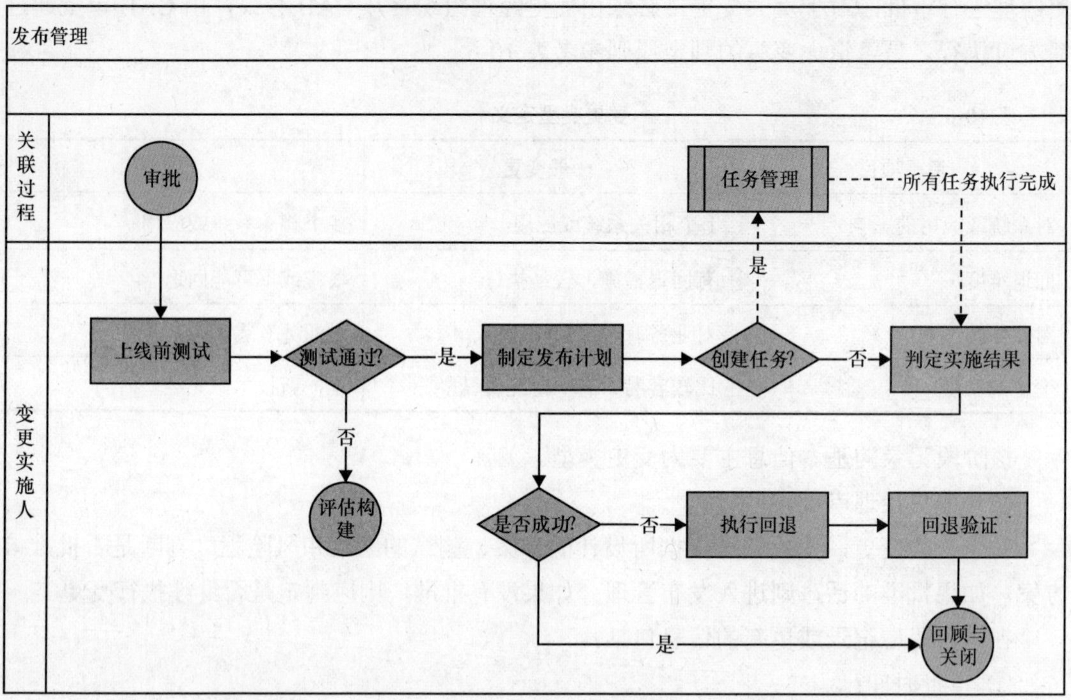

图 10-11 实施验证流程图

（1）上线前测试

变更实施人在实施变更前，需要依据变更方案，进行上线前的测试，预估在变更实施过程中可能存在的问题，及早预防。

对变更的测试，最好在与生产环境类似的模拟环境中进行，如无模拟环境，可组织相关人员，如需要可包括供应商、客户等对变更实施过程进行讨论，模拟实施过程。如果测试通过，转到制定发布计划；如果测试未通过，由变更主管重新构建变更，修订变更方案，重新提交审批。

此外，变更实施人在实施变更前还应进行其他一些准备工作，例如备件的申请、配置环境信息收集、核对配置信息等。

（2）制定发布计划

变更实施人制定发布计划，发布计划应获得客户、用户或具体操作人员的认可。发布计划应包括发布时间、发布任务的分解（如存在）、发布的类型、发布失败的回退计划（变更回退计划）等。

发布类型包括：

① 德尔塔发布（Delta Release）：德尔塔发布是一种局部发布，它只包括那些发生变更的硬件和软件组件。

② 全发布（Full Release）：全发布指同时对发布单元内的所有组件进行构建、测试和

分发，包括那些无需变更的组件。

③ 包发布（Package Release）：包发布是指由一组相关的应用系统和基础设施的全发布和（或）德尔塔发布组成。

（3）创建任务

变更实施人在实施变更时，则进入任务管理流程实施变更。

创建任务请求需要记录的信息包括：

① 变更实际开始时间；

② 创建任务单；

③ 变更状态（实施中）。

（4）判断实施结果

变更实施人在实施完成变更后要根据验证方案对所变更结果进行判断。如果变更所有任务实施成功，则进入回顾与关闭；否则应执行回退。

该阶段需要在系统中记录的信息主要包括变更状态（实施中）。

（5）执行回退

变更实施没有成功后，则对变更进行回退，确保达到实施前的状态。变更实施人应记录变更失败信息，并按照回退方案执行回退。

该阶段需要在系统中记录的信息包括：

① 处理时间；

② 回退内容。

（6）回退验证

变更实施人对回退后的变更，要进行验证测试，保证达到实施前的状态。

该阶段需要在系统中记录的信息主要包括回退验证结果。

5. 回顾与关闭

变更回顾与关闭工作程序如图 10-12 所示。

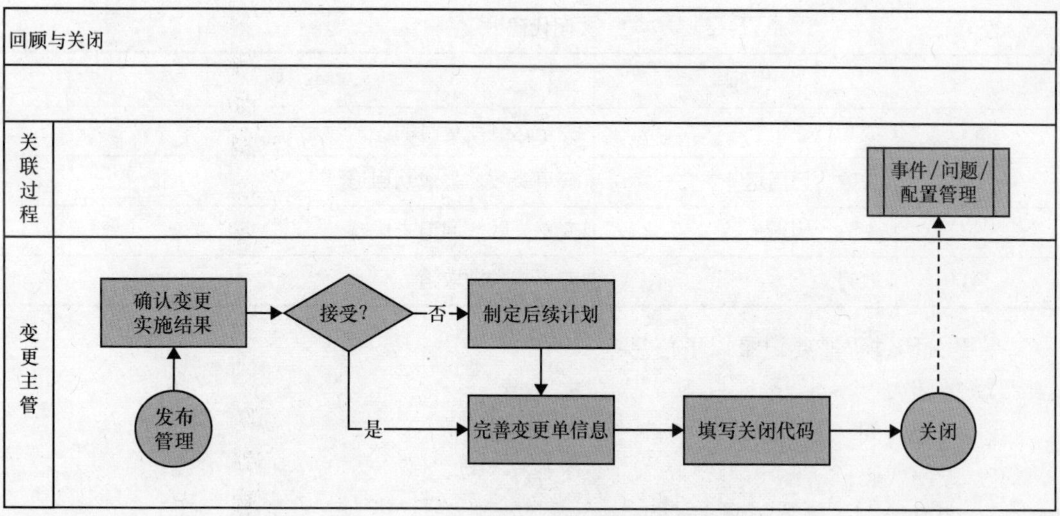

图 10-12　回顾与关闭流程图

（1）确认变更实施结果

变更主管对变更结果确认后，如果可以接受，则进入完善变更单信息；否则应制定后续计划。

该阶段需要在系统中记录的信息包括：

① 变更结果；

② 变更状态（预关闭）。

（2）制定后续计划

变更主管认为变更结果没有达到预期的结果，需要重新制定变更方案，再次安排实施变更。

在该阶段应记录或更新的信息包括：

① 变更实施人；

② 变更计划开始时间；

③ 变更计划完成时间；

④ 变更方案/回退方案/风险评估结果；

⑤ 验证方案；

⑥ 变更状态。

（3）完善变更单信息

变更主管在变更成功实施后，需要完成变更单信息。

该阶段应该在系统中记录的信息包括：

① 实际变更完成时间；

② 变更处理描述；

③ 变更状态。

（4）填写关闭代码

变更回顾完成后，统一由变更主管来关闭变更。关闭代码见表 10-7。

表 10-7　　关闭代码

序 号	代 码	说 明
1	成功	完全达到变更目的
2	失败，已回退	变更失败，被成功回退
3	失败，回退失败	变更失败，回退未成功
4	取消	变更请求被取消

变更关闭过程需要记录以下信息：

① 关闭人；

② 关闭时间；

③ 关闭代码；

④ 变更状态（已关闭）。

6. 紧急变更

紧急变更工作程序如图 10-13 所示。

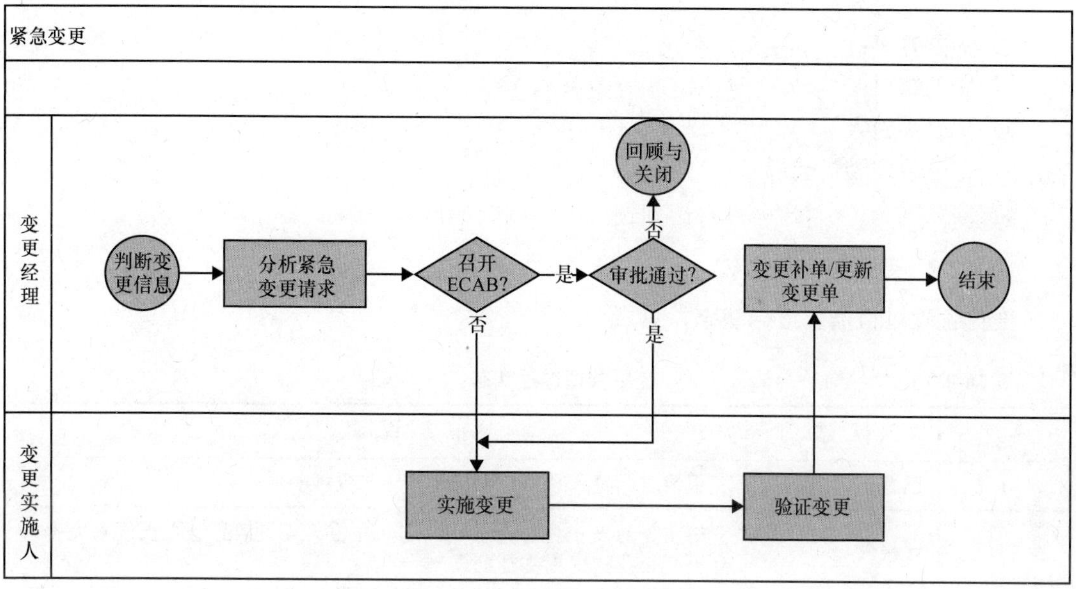

图 10-13　紧急变更流程图

（1）分析紧急变更请求

紧急变更指的是如果不进行变更，会立即或正在严重影响业务运行、导致严重影响服务等级或者带来重大影响的变更。紧急变更的实施往往无法获得足够的相关人员的参与和充分的测试，因此针对紧急变更发布需要采取特别的紧急处理过程。

变更经理根据变更情况，判断是否需要召开变更管理委员会（CAB）会议，如果需要则变更管理委员会审批紧急变更；否则安排变更实施人实施变更。

（2）实施变更

通知变更实施人开始实施变更，变更实施人在接到变更主要的通知后，要马上准备开始实施变更，保证紧急变更能顺利完成。

（3）验证变更

变更实施人在实施完成变更后，要验证变更是否成功，是否达到预期的目的。

（4）变更补单/更新变更单

紧急变更成功实施后，变更主管要补变更单或更新变更单。

该阶段应该在系统中记录的信息包括：

① RFC 编号；

② 申请日期；

③ 变更汇报人及联系方式；

④ 变更地点；

⑤ 变更请求人及联系方式；

⑥ 创建时间；

⑦ 变更实际开始时间；

⑧ 变更实际完成时间；
⑨ 变更描述；
⑩ 关联事件号；
⑪ 变更方案；
⑫ 变更结果；
⑬ 变更实施人；
⑭ 变更管理委员会；
⑮ 变更状态。

10.2.2.2 变更过程的状态

变更管理过程需要遵循状态，见表 10-8。

表 10-8 变更管理过程状态

序 号	状 态	说 明
1	已登记	变更请求已登入系统，变更主管还未受理
2	已接受	变更主管对变更进行评估和计划，并检验变更信息是否正确和完整，会提交必要的变更文档列表
4	已批准	变更单得到批准
5	实施中	变更实施者开始真正实施变更
6	变更预关闭	变更的所有实施工作全部完成，进入变更监测期
7	已关闭	变更关闭，关闭变更时需指定变更的结束代码（成功，失败，已取消）

10.2.3 变更发布管理流程与其他流程的关系

图 10-14 所示为变更发布管理流程与其他过程之间的“强相关”过程。“强相关”过程是指，在变更管理流程中，可能需要直接触发其他管理过程，或直接向某些过程获取必要数据。对于在变更管理流程没有直接影响的其他管理过程，则不在本过程中进行描述。

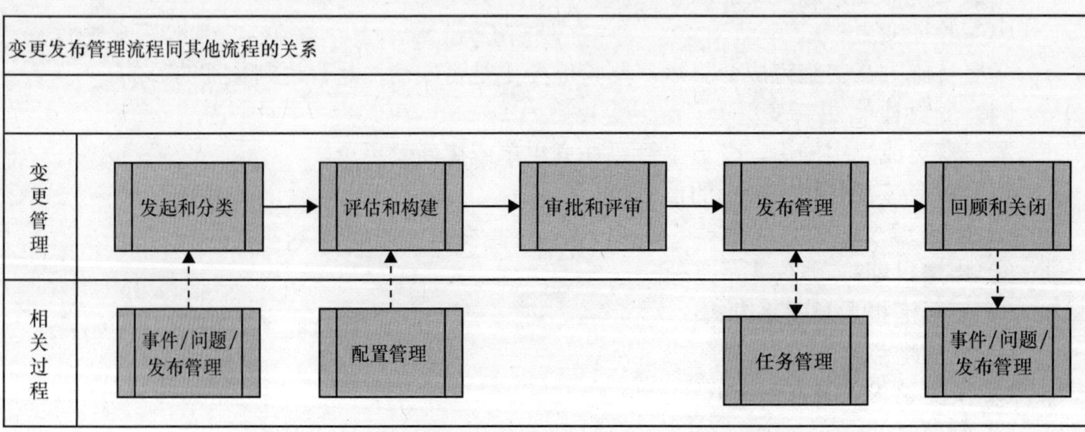

图 10-14 变更发布管理流程与其他过程的关系图

1. 事件管理

事件管理流程中在事件解决和恢复的过程中有可能会触发变更，同时如果是事件引起的变更要把结果返回事件管理。

而变更的解决实现过程可能通过事件来管理。

2. 问题管理

问题管理流程中在问题解决的过程中有可能会触发变更，同时如果是问题引起的变更要把结果返回问题管理。

而变更的解决实现过程可能通过问题来管理。

3. 配置管理

变更管理会引起配置的变化，包括配置项（CI）、配置关系和基线，原则上所有的配置变更都必须由变更流程触发。

10.2.4　变更及发布管理流程的 KPI

为了保证变更及发布管理流程的良好执行，运维监理方应当督导运维实施方定义以下关键指标，变更管理委员会要定期举办一次会议。

（1）因变更不当而导致的事故比例（%）和问题的比例（%）

可以看出哪些事故和问题是由变更而引起的，可以采取适当措施来减少相关事件、问题的产生。

（2）被拒绝的 RFC 的数量所占比例（%）

可以了解失效的、不合理的 RFC 数量。

（3）方案被拒绝的比例

（4）变更处理平均时长

（5）按类别/级别的变更数量

第 11 章 运维监理文档管理

11.1 信息系统运维与文档管理

11.1.1 运维文档

信息系统运维文档是对参与各方主体（包括运维总包服务商、运维分包服务商、运维监理等）从事信息系统运维实施及运维管理提供决策支持的一种载体。在信息系统运维过程中，能及时、准确、完善地掌握与信息系统运维有关的大量信息，处理和管理好各类运维实施信息，是信息系统运维管理的重要工作内容，也是运维监理单位监督管理的重要内容。信息系统运维文档具有如下特点。

（1）真实性

真实性是信息系统运维文档的最基本性质。如果信息失真，不仅没有任何可利用的价值，反而还会造成实施决策失误。

（2）实时性

实时性反映了信息系统运维文档具有突出的时间性的特点。某一信息对某一目标是适用的，但随着运维周期的推进，该信息的价值将逐步降低或完全丧失。因此，文档的实时性是反映信息现实性的关键，对决策的有效性起着重大的影响。

（3）复杂性

信息系统运维过程的信息量大，形式多样，相互关系复杂；对不同运维主体在不同的运维阶段所需的信息量和信息的类型也不尽相同。

（4）共用性和增值性

对某些信息系统运维文档能为多种运维主体所共有、所共用；但对各运维主体的运维支持，其价值有所不同。共用性和增值性是信息系统运维文档的又一大特点。

11.1.2 运维文档管理

文档管理是各运维任务之间联系的凭证。大多数信息系统运维通常被划分成若干个任务包（运维分包），并由不同的单位去完成。运维服务商组织学科方面的专家建立运维分包项目，运维监理控制运维项目各层面的实施情况、包括质量、费用、安全等。

这些单位间的信息沟通是通过文档资料的复制、分发和引用等方式而实现的，因而任务之间的联系是文档的一个重要功能。大多数系统运维实施方法为任务的联系规定了一些正式文档。服务台事件管理员向系统运维分析工程师提供事件报告，系统运维分析工程师向变更控制委员会提供故障问题分析报告以及故障修复变更解决方案等。

11.1.3　运维监理的运维文档管理

1. 运维监理在信息系统运维文档管理中的作用

运维承包单位对信息系统运维信息的收集和管理很重要，但在实际的运维中并没有引起承包单位足够的重视。承包单位实施过程的资料不齐全、内容不翔实等是在信息系统运维中普遍存在的现象。

运维监理进行文档管理的目的是促使运维承包单位通过有效的运维文档规划及其组织管理活动，使参与运维实施的各方能及时、准确地获得有关的运维实施信息，以便为运维监理全过程或各阶段提供实施决策所需要的可靠信息。另外，通过对信息系统运维监理过程的信息的采集、加工和处理，为运维监理工程师的决策提供依据，对运维的投资、质量、安全等进行控制，同时也作为确定索赔的内容、金额和反索赔提供确凿的事实依据。因此，文档管理是运维监理工作的一项重要内容。

2. 信息系统运维文档管理对监理的重要性

（1）文档是信息系统运维监理不可缺少的资源

信息系统运维的实施过程，实际上是人、财、物、技术、设备等资源投入的过程，而要高效、优质、低耗地完成运维实施任务，必须通过信息的收集、加工、处理和应用实现对上述资源的规划和控制。运维监理的主要功能就是通过文档的管理来规划及调节上述资源的数量、方向、速度和目标，使上述资源按照一定的规划运动，实现运维实施的质量、费用、安全目标。

（2）文档是运维监理实施控制的基础

监督控制是信息系统运维监理的主要手段。监督控制的主要任务是将计划目标与实际目标进行分析比较，找出差异和产生问题的原因，采取措施排除和预防偏差，保证运维监理目标的实现。

为了有效地控制运维项目的目标，运维监理工程师应当掌握运维监理的质量、费用、安全目标的计划值和实际值。只有掌握了这些方面的信息，运维监理工程师才能实施控制工作。因此，从控制角度讲，如果没有信息，运维监理工程师就无法实施正确的监督。

（3）文档是进行运维决策的依据

信息系统运维监理决策的正确与否，将直接影响信息系统运维监理总目标的实现，而影响决策正确与否的主要因素之一就是文档。如果没有可靠、正确的文档作依据，运维监理工程师就不能做出正确的决策。比如，运维监理工程师只有在掌握有关运维合同规定及实际运维实施状况等信息后，才能决定是否支付合同款项或支付多少等。因此，文档是运维项目正确决策的依据。

（4）文档是运维监理工程师协调运维各参与单位之间关系的纽带

信息系统运维涉及众多的单位，如上级主管政府部门、运维服务商、运维监理单位、设计单位、实施单位和设备供应单位等，这些单位都会对信息系统运维目标的实现带来一定影响。要使这些单位协调一致，就必须通过文档将它们组织起来，处理好各方面的关系，协调好它们之间的活动，实现实施目标。

总之，文档渗透到信息系统运维监理工作的各个方面，是运维监理活动不可缺少的要素。同其他资源一样，文档是十分重要和宝贵的资源，必须充分利用。

11.2 运维监理的文档管理方法

11.2.1 信息系统运维文档的划分

为了便于建立信息系统运维监理文档管理体系，对信息系统运维文档可以按运维实施信息的性质、用途、载体等划分文档类型。

1. 按运维实施信息的性质划分

（1）引导信息

引导信息是用于指导服务团队的正确行为，以便有效地从事运维中的各种技术活动。引导信息包括运维实施方案、运维实施组织设计、各种技术经济措施，以及运维中变更操作规范、技术标准和规程等。

（2）辨识信息

辨识信息是用于指导服务团队正确认识运维中各类对象的性能、特征和效果，如软件环境、硬件环境、设备等的出厂证明书、技术合格证书、试验检验报告等。

对运维中的某些信息，如运维技术实施方案等既属于引导信息，又属于辨识信息。

2. 按运维实施信息的用途划分

信息系统运维文档可以划分为质量控制信息、费用控制信息、合同管理信息、沟通协调信息及其他用途的信息等。

（1）质量控制信息

质量控制信息包括：信息系统运维实体的质量信息，如质量检查、测试数据、验收记录、时间问题处理报告，以及技术验证单等；信息系统运维项目的功能及使用价值信息，如有关标准和规范，质量目标指标，运维方案文件、资料、说明等；信息运维的工作质量信息，如质量体系文件、质量管理工作制度、质量管理的考核制度、质量管理工作的组织制度等。

（2）费用控制信息

费用控制信息包括：运维费预算规划信息；实际费用信息，如各类费用支出凭证、运维变更情况、运维结算签证，以及物价指数、人工、软件环境、硬件设备等市场价格等；费用控制的分析比较信息，如费用的历史经验数据、现行数据、预测数据及经济与财务分析的评价数据等。

（3）合同管理信息

合同管理信息包括：合同管理法规，如招标投标法、经济合同法等；信息系统运维合同文本，如总包合同、分包合同、监理合同等；合同实施信息，如合同执行情况、合同变更、签证记录、运维索赔等。

（4）沟通协调信息

沟通协调信息包括：运维项目实施过程中的指令、各单位间往来文件；运维实施合同变更及其协议书；政府及主管部门对运维过程中的指令、审批文件；信息系统运维有关的法规及技术标准。

（5）其他用途的信息

其他用途的信息是除上述用途的信息外，对信息系统运维监理决策提供辅助支持的某些其他信息。

3. 按运维实施信息的载体划分

信息系统运维文档包括：文字信息、语言信息、符号及图表信息、视频信息等。

4. 按实施阶段信息划分

运维实施文档包括：前期的运维方案设计信息、招标投标信息、运维实施阶段的信息等。

通过对信息系统运维文档的分类，有利于充分、合理、有效地利用各种运维实施信息，以便对信息系统运维项目管理或运维项目监理提供可靠的决策支持。

11.2.2　运维监理文档管理方法

运维监理资料包含文书、档案、往来信息等原始或电子材料。运维监理文档是运维监理工作信息的重要载体，也是运维监理的工作成果之一，对运维监理单位和运维服务商都有重大作用。

1. 文档管理是运维服务商的需要

首先，对文档进行有效管理，是运维服务商的需求。运维服务商需要实时关注运维的实施情况，而能够使其对运维进展情况了解得比较清楚的媒介之一，就是运维文档。

其次，高效的文档管理，也是运维监理单位自身的需要。一是为了成功对运维进行监理，必须有一套严谨的文档分类管理办法，这样，运维的详细情况才可能被运维监理准确掌握，从而也为运维服务商所准确掌握；二是运维监理单位需要对运维监理人员的工作情况进行考核，而这些最主要的依据，则是运维监理的文档；三是运维监理文档本身就是运维监理工作经验最好的总结，是运维监理工作最好的培训资料，从培养人员的角度上来说，一套完善的文档管理体制非常必要。

文档管理工作应由运维监理承当，应选配思想素质高、责任心强的运维监理工程师进行档案管理，负责做好以下各方面的档案的收集、整理、立卷、保管工作。档案的管理由运维监理人员负责，承包单位也必须保存与之相关的文档副本。送档的资料应做到格式规范、内容完备、条理清楚，手写的应用碳素墨水工整书写。所有资料必须分期、分区、分类（如同行业信息、素材、样盘、合同、协议等）管理，时刻保证资料与实际情况的统一；负责文档管理人员必须遵守保密原则，确保各方技术信息不流失。做好运维监理日志及运维大事记；做好合同批复等各类往来文件的批复与存档；做好运维协调会、技术专题会的会议纪要；管理好实施期间的各类技术文档；提交最终完成文档清单，并且检查文档的合格性。

2. 文档管理过程的注意事项

（1）文档的格式应该统一。最好能够结合运维监理单位自身管理信息系统和运维监理的项目管理软件来统一定义文档格式，这样做的好处是便于统一管理。

（2）文档版本的管理。新的版本出来后，旧的版本应该进行相应的改变，同时彻底从管理库中清除，以保持文档版本的统一。

（3）关于文档的存档标准。文档的存档标准是指某一类型的文档究竟应该保存多长时间，这个问题应该由运维监理单位根据国家档案管理相关的要求，统一进行规定。

3. 运维监理工程师在归集运维监理资料时的注意事项

（1）运维监理资料应及时整理、真实完整、分类有序；

（2）运维监理资料的管理应由总运维监理工程师负责，并指定专人具体实施；

（3）运维监理资料应在各阶段运维监理工作结束后及时整理归档；

（4）运维监理档案的编制及保存应按有关规定执行。

4. 建立运维监理档案的原则

运维监理资料归集后，应该对运维监理档案进行管理，运维监理单位对运维监理档案的管理原则如下。

（1）为了进一步提高实施运维监理工作水平，促进运维监理工作的程序化、规范化、科学化，为以后贯标工作做好基础工作，运维监理单位应该要求各单位认真做好运维资料的管理工作；

（2）运维监理档案应与运维实施同步建立，按类别及时整理归档，要求真实齐全、纸张统一，编有检索目录，便于查询；

（3）全面推广计算机辅助管理，实现运维监理信息处理的规范化，提高运维监理工作效率和管理水平。

运维监理单位严格要求信息系统运维人员完成文档编制，并且在策略、标准、规程、资源分配和编制计划方面给予支持。

5. 运维监理单位对文档工作的责任

运维监理单位要认识到正式或非正式文档都是重要的，还要认识到文档工作必须包括文档计划、编写、修改、形成、分发和维护等各个方面。

运维监理单位对文档工作的支持。运维监理单位应为编写文档的人员提供指导和实际鼓励，并使各种资源有效地用于文档运维实施。

运维监理单位的主要职责：

（1）建立编制、登记、出版、分发运维文档的各种策略；

（2）把文档计划作为整个运维实施工作的一个组成部分；

（3）建立确定文档质量、测试质量和评审质量的各种方法的规程；

（4）为文档的各个方面确定和准备各种标准和指南；

（5）积极支持文档工作以形成在运维实施工作中自觉编制文档的团队风气；

（6）不断检查已建立起来的过程，以保证符合策略和各种规程并遵守有关标准和指南。

6. 运维监理单位在运维实施前应决定的事项

（1）要求哪些类型的文档；

（2）提供多少种文档；

（3）文档包含的内容；

（4）达到何种级别的质量水平；

（5）何时产生何种文档；

（6）如何保存、维护文档以及如何进行通信；

（7）如果一个运维合同是有效的，应要求文档满足所接受的标准，并规定所提供的文档类型、每种文档的质量水平以及评审和通过的规程。

11.2.3　运维监理制定文档编制策略

文档策略是由运维监理单位主持制定的，对其他单位或运维实施人员提供指导。一般说来，文档编制策略陈述要明确，并通告到每个人且理解它，进而使策略被他们贯彻实施。支持有效文档策略的基本条件有：

（1）文档需要覆盖整个运维项目生命周期

文档在贯穿信息系统运维的整个过程中必须是可用的和可维护的。

（2）文档应是可管理的

运维监理单位应制定文档可靠性、资源、质量保证和评审规程的详细计划及大纲。

（3）文档应适合于它的读者

读者可能是运维监理单位人员、运维服务商人员、无 IT 经验的人员、维护人员、文书人员等。根据任务的执行，他们要求不同的材料表示和不同的详细程度。针对不同的读者，运维监理单位应负责设计不同类型的文档。

（4）文档效应应贯穿到整个运维实施过程中

在信息系统运维的整个过程中，应充分体现文档的作用和限制，即文档应指导全部运维实施过程。

（5）文档标准应被标识和使用

应尽可能地采纳现行的标准，若没有合适的现行标准，必要时应研制适用的标准或指南。

（6）应规定支持工具

工具有助于运维实施和运维服务，包括文档，因此所使用的工具应是经济、可行的。

11.3　信息系统运维监理相关文档分类

11.3.1　按运维参与单位分类

信息系统运维监理相关文档分类按运维项目参与单位可分类为运维服务商文档、运维监理单位文档。

运维服务商文档：运维服务商文档是指运维服务商在运维中发送给有关单位的指令、通知，以及计划、方案、报告、请示等与运维有关的所有文档。

运维监理单位文档：运维监理文档是指运维监理在运维中，收集、产生、记录、整理的所有与运维监理工作有关的文档。

11.3.2 按运维监理角度分类

信息系统运维文档从运维监理的角度来分类主要分为以下 4 种。

1. 运维监理总控文件

（1）运维合同及附件；

（2）运维监理合同；

（3）运维监理规划；

（4）运维监理实施细则；

（5）其他。

2. 运维监理实施文件

（1）运维监理月报；

（2）运维监理会议纪要；

（3）运维监理专题报告；

（4）运维监理通知单；

（5）最终完成总结；

（6）运维变更文件；

（7）运维监理安全控制文件；

（8）运维监理质量控制文件；

（9）运维监理费用控制文件；

（10）运维监理日志；

（11）运维监理周报、月报、季报；

（12）其他。

3. 运维监理回复意见

（1）总体运维监理意见；

（2）服务总包运维监理意见；

（3）服务分包运维监理意见；

（4）其他运维监理意见。

4. 运维监理内部文件

（1）内部决议；

（2）内部控制文档；

（3）其他。

11.4 运维监理在文档管理中的主要文档

运维监理单位的文档管理工作是指收集并整理本运维项目的运维监理信息，作为信息系统运维监理信息的一部分；督促承包单位建立以信息系统运维项目作为目标的管理体系，在运维的各个阶段，对所产生的、面向信息系统运维管理业务的信息进行收集、传输、加工、储存、维护、使用和整理；协助运维服务商建立文档管理制度，接收信息系统运维资料，对这些资料进行归整、保管和使用。

11.4.1　总控类文档

总控类文档是指承包合同、总体方案、运维项目组织实施方案、技术方案、运维项目计划、质量保证计划、资金分解计划、运维监理规划及实施细则等文档。其他文档逻辑上都是从总控文档派生出来的或者说是该文档的上层文档。

11.4.2　运维监理实施类文档

运维监理实施类文档（运维作业记录）主要包括：运维项目变更文档、进度运维监理文档、质量运维监理文档、质量回归运维监理文档、运维监理日报、运维监理月报、专题运维监理报告、验收报告、总结报告等。

1. 运维变更监理文档

所有已评审通过的文件，包括评审运维项目实施计划书、需求分析说明书、数据维护需求说明书、设计说明书、用户手册、操作手册、运维实施卷宗、测试方案、测试计划、测试分析报告、运维实施进度月报、运维实施总结报告等，如果在实际运维实施过程中需要变更某项内容，须经运维监理对其提出的变更内容和变更方案进行评审，并提出运维监理意见，经三方确认后实施。

2. 运维质量监理文档

运维质量监理文档是按照运维质量过程控制和测试技术，进行运维质量控制的主要手段。控制依靠检测、分析、评审、回归修改、再测试的循环来实现。检测技术是进行过程控制的基础。运维质量监理文档主要包含两部分：质量运维监理和回归情况运维监理。如果运维监理意见认为存在质量缺陷，则必须包含回归情况运维监理。

在质量运维监理过程中，总运维监理工程师组织对检测情况进行评审和分析，并提出质量运维监理意见。

在运维监理过程中发现质量问题，经三方确认运维监理意见后由服务商进行修改。运维质量回归运维监理主要对修改结果和修改过程进行审核，如仍未达到计划目标，则还应继续提出修改措施。

3. 运维监理日报

运维监理日报由运维监理工程师根据实际需要每日编写，主要针对近期的运维费用、运维质量、合同管理及其他事项进行综合、分析，并提出必要的意见。

4. 运维监理月报

运维监理月报由总运维监理工程师组织编写，由各相关专业运维监理工程师参加，对本月的运维进度、运维质量、合同管理及其他事项进行综合、分析，总结本月运维监理结论，并提出下月的运维监理计划。一般来说，运维监理月报应含以下几个要素。

（1）运维概况：包括本月进行的运维情况，如有运维外包，则包括相应的承包单位情况；

（2）运维监理工作统计：统计本月的运维监理情况，包括运维监理会议、运维监理实施等情况；

（3）运维质量控制：综合本月的质量控制情况，包括测试结论、质量事故、模块修改过程等；

（4）沟通协调：综合本月的合同管理、综合协调情况，包含有无新签合同、合同履行情况、合同纠纷、双方工作关系情况等；

（5）运维监理总评价：对本月运维质量、费用、协调的各方面情况进行综合性评价，并提出存在的问题和建议；

（6）下月运维监理计划：对下月运维监理工作提出计划，指导各运维监理工程师工作。

5. 运维监理验收报告

运维监理验收报告是信息运维项目验收阶段产生的主要运维监理文件，此阶段的主要运维监理工作是监督合同各方做好最终完成准备工作，组织三方对运维系统进行验收。验收采用定量或定性分析方法，针对问题进行分析和研究，最后提出运维监理报告，因此运维监理验收报告的主体应该是验收结论与分析，必须包含以下几个要素。

（1）运维最终验收准备工作综述

评估服务商准备的技术资料、文档、基础数据等是否准确、齐全，其他最终完成准备工作是否完备。

（2）验收方案与规范

组织三方确定验收方案等。

（3）验收结论

分析各项运维指标是否达到运维规划要求并做综合性说明，对运维中存在或可能存在的问题进行分析和归纳。

6. 运维监理总结报告

运维监理总结报告由总运维监理工程师组织编写，由各相关专业运维监理工程师参加，综合各运维月报和所有的运维监理资料，对运维费用、运维质量、合同管理及其他事项进行统一的综合分析，总结出整体运维监理结论。运维监理总结报告应重点包含以下几个方面的内容。

（1）运维概况

运维的整体运维情况，包括相应的承包单位、运维实施背景等情况。

（2）运维监理工作统计

统计所有的运维监理情况，包括运维监理会议、运维监理实施等情况。

（3）运维质量综述

综合分析质量控制情况，包括质量事件事故、变更修改过程等。

（4）沟通协调综述

综合分析合同管理、综合协调情况，包含有无新签分包合同、合同履行情况、合同纠纷、双方工作关系情况等。

（5）运维监理总评价

对整体的运维质量、费用、协调的各方面情况进行综合性评价，并提出存在的问题和建议。

11.4.3　运维监理批复类文件

运维监理回复类文件是指运维监理单位在收到运维服务商的运维文档时，由运维监理单位负责回复或批复意见的文件。

运维监理的主要回复文件可分为：总体运维监理意见、服务总包运维监理意见、分包运维监理意见、专题运维监理意见、其他运维监理意见、提交资料回复单等。

第 12 章 运维监理应急管理

应急管理是指信息系统运维监理工程师为预防、监控、处置和管理运维服务应急事件所采取的措施和行为。

12.1 应急管理概述

12.1.1 什么是应急事件

信息系统运维应急事件是指导致或即将导致信息系统设施运行中断、运行质量降低、应用系统或数据库系统发生重大或需要实施重点时段保障的事件。当出现跨越预定的应急响应阈值的重大事件，或由于政府部门发出行政指令或对运维对象提出要求时，应当启动应急处理程序。

应急响应是针对每个应急事件而采取的解决行动，它是信息系统运维中的一个重要组成部分，针对突发公共事件，国家和地方政府出台的各项总体预案和专项预案，从整体或专业角度，对预防与应急准备、监测与预警、应急处置与救援、事后恢复与重建等方面进行了规定。但在信息技术运维领域，与之相对应的应急响应规范刚刚建立起来。

应急响应的管理是为了避免无序运维，提升应急状态下运维响应能力，提前发现和解决问题，降低突发事件造成的不良影响，以合理的投入创造更大的效益。

应急响应过程包括应急准备、监测与预警、应急处置和总结改进 4 个主要环节，每个环节中包括若干重点任务，这些任务覆盖了日常工作、故障响应和重点时段保障等不同类型的活动。运维监理工程师应该在以下方面作为重点工作内容开展监理工作。

12.1.2 应急准备

应急准备包含以下工作。

1. 监督、配合用户与运维商建立应急管理的组织和制度

建立应急管理组织，确保组建合适的组织以满足日常运维和应急响应的服务要求，明确应急响应组织中的角色及关系。应急管理组织建立后对应的应急管理制度包括负责制定应急响应方针（应急响应原则、范围等），明确应急响应的范围、要求、等级等。

2. 进行风险评估与改进

风险评估与改进的目的是系统地识别运维服务对象及运维活动中可能出现的风险并提前改进，包括风险识别与评估、风险应对。

3. 敦促运维人员从系统的角度识别风险要素，如运维对象、运维内容、组织及流程接口等

根据风险要素，应急响应组织按照一个确定的方法和流程来实施风险评估，明确其在运维过程中的关键活动、所需资源、限制条件及组织面临的各种威胁，明确当威胁演变为应急事件时所产生的影响和后果，以及业务中断可能带来的损失。分析评估后应形成《风险评估报告》，报告应包括与服务水平目标相比较的运维要求，现状及趋势信息，风险要素，不符合项及问题等，并据此提出纠正措施建议，确认后的《风险评估报告》将作为风险应对预案。

运维监理应监督各运维服务商对于识别出的各种风险，制定明确的应对策略，包括风险规避、风险转嫁、风险降低、风险接受等。根据《风险评估报告》，形成《系统改进方案》以降低风险，包括低风险转变为应急事件的可能性，缩短应急事件的持续时间，限制应急事件的影响范围。

4. 预案制定

预案制定的目的是提供应对运维应急事件的操作性文件。

根据风险评估和事件级别划分制定《应急响应预案》。预案可以分为总体预案和针对某个核心系统的专项预案及其附则；预案中应该考虑到各种应急资源的调配和预置，主要包括人员、备品备件、资金、系统工具等。《应急响应预案》的内容包括应急响应预案的编制目的、依据和适用范围，具体的组织体系结构及人员职责，应急响应的监测和预警机制，应急响应的启动，应急响应的处置，应急响应的总结，应急响应的保障措附则等。

经过评审确认的应急响应预案，由责任者或授权管理者负责预案的分发，同时建立预案的版本控制。

5. 组织、参与应急培训与演练

运维监理需要协助运维服务商进行应急培训并组织相关人员参与，将应急响应预案作为培训的主要内容。培训应使得相关组织及人员明确其在应急响应过程中的责任范围、接口关系，明确应急处置的操作规范和操作流程。

应急响应演练的目的，一是为了验证预案是否能够真正满足实际的需求，二是为了检验应急响应小组成员之间相互配合的默契程度和对运维事件应对步骤的熟练程度。演练的方式分为工具测试演练和场景模拟演练。

为了检验预案的有效性，同时使相关人员了解运维预案的目标和流程，熟悉应急响应的操作规程，应急响应的演练应做到：预先制定演练计划，在计划中说明测试工具或演练的场景；演练的整个过程有详细的记录，并形成报告；演练不能对业务运行造成负面影响；按照约定周期，进行完整演练（可以有被委托的第三方机构参与），周期建议可以设定为季度、1 年或 3 年。

12.1.3 监测与预警

监测与预警包含以下内容。

1. 日常监测与预警

日常监测与预警负责保障运维服务的可用和连续，及时发现运维服务应急事件并有效预警。结合运维服务级别协议和应急响应预案，开展日常监测与预警活动，主要包括设立服务台并保持运营，确定监测项、监测时间间隔与阈值，确定人员、角色和职责。可以采用运维工具与人工相结合的方式开展日常监测与预警活动。

2. 记录与报告

建立监测、预警的信息登记和报告制度。对日常监测的结果进行记录，发现运维服务应急事件时，应提交单独的报告，报告内容应包括故障或预警发生及发现的时间和地点、表象及影响的范围、原因初步分析、报告人等。对运维应急事件要保持持续性跟踪。

3. 核实与评估

核实与评估负责对出现的运维服务应急事件进行有效识别。其中核实是指接到报告的责任者应对报告内容进行逐项核实，以判别运维服务应急事件是否属实；事件级别评估是指责任人应参见应急准备活动中的事件级别划分，确定应急事件所对应的事件级别，同时将事件级别置于动态调整控制中。

4. 预案启动

确保以规定的策略和程序启动预案，并保持对应急事件的跟踪。建立、审议预案启动的策略和程序，以控制预案启动的授权和实施。对预案启动可能造成的影响进行评估，在相关方之间就启动何种类型预案达成一致，过程包括一旦事件升级，与之相对应的预案调整的方式，同时记录预案启动的过程和结果。

信息通报内容包括预案启动的原因；事件级别；事件对应的预案；要求采取的技术应对或处置的目标；实现目标所应采取的保障措施，如人员、物资、环境、资金等；对应急处置过程及结果的报告要求，如报告程序、报告内容、报告频率等；信息通报的方式可以是电话、邮件、电视、广播和文件等。相关方对收到的通报信息进行确认和反馈。

12.1.4 应急处置

应急处置包含以下内容。

1. 应急调度

在应急调度中明确应急调度手段，规范应急调度过程；在调度安排下，相关人员实施应急处置，责任者根据应急处置要求，对应急处置经费、应急处置人员、应急处置设施等统一调配和管理，并完成调度明细说明的整理和归档。应急调度的工作流程包括在规定时间要求内，迅速组织人员勘察、分析；通过网络、媒体、广播等多种手段快速获取应急事件的相关信息；及时组织并协调相关部门及人员召开应急处置工作会议；根据应急处置要求，对涉及应急处置组织下达调度命令；组织人员保护可追查的相关线索。

2. 排查与诊断

排查与诊断是基于已经启动的预案而开展的，在排查与诊断中，应建立多渠道的应急处置支持模式，如建立由用户、监理单位、运维服务商、第三方服务商构成的应急处置支持模式。故障排查与诊断的流程包括：应急处置责任者调配处置人员进行现场故障排查；现场处置人员进行故障排查和诊断，必要时可寻求外协人员以现场或远程方式进行支持，在此过程中可借助各类排查、诊断、分析工具，如应用软件、电子分析工具、故障排查知识库等；现场处置人员应随时向处置责任者汇报故障排查情况、诊断信息、 故障定位结果等；将排查与诊断的过程与结果信息进行整理与归档。

在实施应急处置过程中，运维监理要与各级责任者、各相关利益方进行沟通，沟通的内容主要包括应急处置故障点、造成故障的原因、排查诊断等。及时完成对沟通信息及对应组织人员的核实与确认，同时对确认信息完成归档、上报、审批等事项。

3. 处理与恢复

负责对故障进行有效、快速的处理与恢复。应基于预案和知识库进行故障的处理与恢复，处理与恢复的原则应在满足相应服务级别协议要求的前提下，尽快恢复服务；采用的方法、手段不应造成新的事件发生。必要时可启用备品备件、灾备系统等。对过程及结果信息进行记录，并及时告知相关方面及人员。责任者应组织对处理与恢复的结果进行初步确认。

4. 升级与信息通报

应急响应组织通过实施有效评审，实现对应急处置的升级与通报；故障处置责任者应组织相关人员对故障处置过程及结果情况进行评审；在评审中，参考服务级别协议中对事件处置内容情况的设定，同时结合应急故障处置的现场情况进行分析和比较。当应急故障现场处置的情况超过原应急预案中的事件处置级别要求时，应作为应急事件升级；建立、审议应急事件升级的策略和程序，以控制应急事件升级的授权和实施，就应急事件升级可能造成的影响进行评估；升级过程包含预案调整、人员调整、资金调整及相关设施调整，需要对应急事件升级的过程和结果信息进行整理与归档。信息通报内容包括事件升级的原因；事件升级后的级别；事件升级后与之对应的预案；根据升级事件处置的要求和目标，确定所需的技术应对措施；实现目标所应采取的保障措施，如人员、物资、环境、资金等；对升级事件处置过程及结果的报告，如报告 程序、报告对象、报告内容、报告频率等；信息通报的范围和涉及接受者，信息通报的方式有电话、邮件、电视、广播和文件等形式。

5. 持续服务与评价

在完成对应急事件故障处置后，应组织运维人员提供持续性服务，同时应对持续性服务的效果进行评价。

6. 事件关闭

规范并明确应急处置的关闭流程，即关闭申请、关闭核实、关闭通报。

关闭申请：建立、审议事件关闭的策略和程序，以控制事件关闭的授权和实施；对应急事件处置的过程文档和各评审/评价报告进行整理，由明确的责任者或授权管理者提出事件关闭申请，并提交相关文档资料。

关闭核实：接到事件关闭申请的责任者应逐项核实报告内容，以判别应急事件处置过程和结果信息是否属实。

关闭通报：建立、审议应急事件关闭通报制度，应急事件关闭的责任者向相关利益方通报信息，内容应包括应急事件的级别；事件对应的预案信息；应急事件处置的过程情况；事件的调整升级情况；持续性服务状况信息；事件处置评价信息；事件关闭申请的处理意见；关闭通报的范围和涉及接受者。

12.1.5 总结改进

总结改进包含以下内容。

1. 应急事件总结

在事件关闭之后，组织相关人员对本次事件的原因、处理过程和结果进行分析，总结经验教训，并采取必要的后续措施。事件总结应包含事件发生的原因分析、应急事件的处理过程和结果；评估应急事件造成的影响；降低事件发生频率、减轻损害和避免再次发生的方法。

监理单位应进行调查和收证：当一个事件涉及责任认定、赔偿或诉讼时，应收集、保留和呈递证据。证据可用于内部问题分析；用做有关可能违反合同或规章要求的法律取证；与供应商或其他组织谈判赔偿事宜。

2. 监督运维服务商对应急体系的维护

为保证应急体系的有效性和时效性，需要对应急体系进行不定期及定期的维护和审核，以确保组织具有足够的应急响应能力。

体系维护：主要是指当组织战略、业务流程、客户要求等发生重大变化的时候，对现有的应急体系，尤其是风险评估和应急预案进行修改。体系维护应该是不定期进行的，是由事件驱动的。

体系审核：主要是指对组织当前的应急响应能力和管理模式进行评审，相关责任者按照预定的时间间隔对应急管理体系进行审核，一方面确保它们符合预定的标准和要求，另一方面确保体系具有持续的适用性和有效性，同时明确组织在应急响应方面的主要不足和改进方向。体系评审应该是定期进行的，应该至少 1 年进行一次体系审核。体系审核的结果应当正式存档并通知给相应责任者。

体系维护计划：组织建立明确的应急体系维护计划，确保任何影响到组织应急管理的重大变更都能被识别出来，同时采取必要的措施对这些变更进行分析，并对应急管理体系做出相应调整，这种调整可能涉及应急管理的方针策略、流程、应急预案和资源配置。

体系维护计划的执行结果应包括关于应急体系维护活动的文档记录；确保应急响应的相关人员都已经明确应急体系的调整内容，并接受必要的培训；当需要对风险评估、组织架构、人员配备进行调整时，保留必要的文档记录。

3. 监理单位应监督应急准备工作的改进

应急事件总结、体系维护和体系审核的结果将作为应急准备阶段的重要输入信息，组织应根据应急事件总结报告中给出的建议项和体系评审结果来调整应急准备及风险应对策略。

12.2　应急事件处理

12.2.1　应急事件处理目标

紧急故障应急措施应以快速恢复应用系统使用为目标，第一时间将应用系统运行状态恢复到正常，避免或尽量减少因故障而导致的损失。

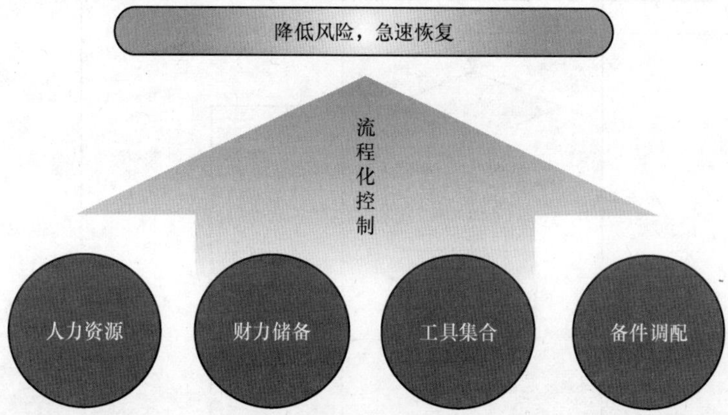

图 12-1　应急事件处理目标

12.2.2　应急事件处理监理工作内容

1. 启动应急流程

当运维监理收到应急信息，并判断该问题属于应急范围时，则启动应急处理流程。包括以下几种情况：

① 大范围系统中断；

② 区域性系统崩溃；

③ 关键业务中断；

④ 大范围病毒爆发；

⑤ 系统严重破坏；

⑥ 数据严重破坏。

根据重大事故的紧急程度和状态不同，运维监理可采取以下方式启动应急流程，如图 12-2 所示。

报给部门领导，以及向总服务台说明事件发生的状况。如需其他部门协助，需要请求相关

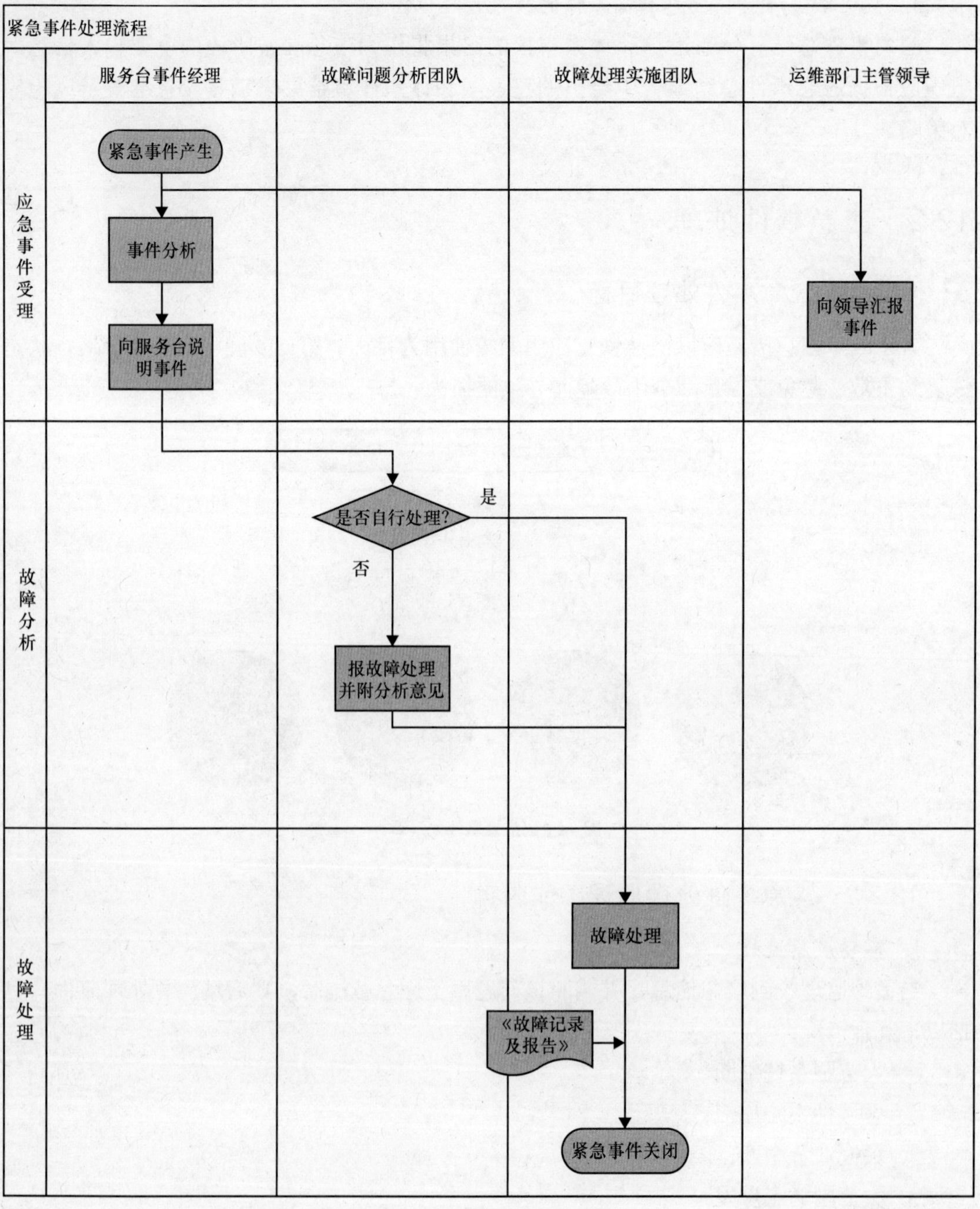

图 12-2　紧急事件处理流程图

当紧急事件发生时，运维监理与相关运维服务商首先要进行故障分析，确定故障的范围和程度，确认为紧急故障的，在查找原因和解决问题的同时，要同步将故障解决情况通报给部门领导，以及向总服务台说明事件发生的状况。如需其他部门协助，需要请求相关部门共同尽快解决故障。

2. 成立应急小组

《启动应急流程申请单》获批准后（包括口头批准），由信息主管部门负责组建应急小组。应急小组由多方人员组成，信息中心代表、运维监理，相关运维厂商及总服务台负责人等。

应急小组对发生的重大事故进行讨论分析并制定应急处理方案。

运维监理会根据实际人员需求情况从公司本部调配足够人员加入到应急小组。

3. 应急处理过程

运维监理根据应急小组制定的应急处理方案监督具体实施，并将实施过程和结果记录在《应急处理过程记录》中。涉及客户现场服务的应取得客户的签字确认。

所有应急处理活动均应记录在《应急处理过程记录》中。

4. 应急处理结果评估

应急处理过程完成后，各实施单位向应急小组提交应急处理过程相关表单，包括《启动应急流程申请单》、《应急处理过程记录》、《资源申请单》、《变更请求表》、《变更日志》等。运维监理配合应急小组对应急处理结果进行评估和确认，并在《应急流程评估单》中填写评估意见。

如果应急小组评估意见为达到要求（即问题得到解决并恢复服务），则应急流程结束。

5. 统计和报告

由运维监理每月或每季度对应急流程情况进行统计，形成《应急流程管理报告》，并提交给用户。《应急流程管理报告》内容包括：启动应急流程次数（不同类别的次数）、原因分析、影响分析、完成情况、所需时间、各项资源利用情况、费用情况、意见和建议等。

第 13 章 运维监理效能管理

信息系统运维监理工作与建设监理工作最大的区别在于增加了效能管理。

效能管理是指对运维服务商进行绩效考核与能力管理。运维服务商的绩效考核是一种对服务态度、质量、效率的综合性客观评价，通过绩效考核达到促进运维商提成运维服务能力的作用，当然也作为运维验收，运维费用支付的重要参考依据。能力管理指的是对运维服务商的整体能力和其安排的运维服务人员的个人能力的一种管理手段，通过能力管理促使运维服务商及其人员能够始终保持足够的能力来开展运维服务工作，对能力支持不够的时候，如果通过培训还不能达标，就需要考虑是否更换运维服务商/人员。

本章将从绩效考核的实施与能力管理两方面内容阐述。

13.1 绩效考核的实施

为加强信息化运维工作的管理，保证信息化运维工作的质量，充分调动运维人员的服务积极性、主动性，鼓励先进，增强团队协作能力、组织实施能力，持续提高运维工作的效率，应开展信息系统运维绩效考核，并且最好由运维监理负责绩效考核的执行。

1. 制定绩效考核管理办法

首先要制定《信息化运维绩效考核管理办法》。根据本书关于流程制度体系设计的内容，绩效考核管理办法是制度“丛林”体系中的一个重要部分，通过它才能规范执行信息化运维绩效考核工作，保证信息化运维绩效考核工作的质量。

绩效考核办法的执行要参考各运维服务商的招投标文件、合同、承诺书、补充协议等其他文件，并遵从用户运维管理制度体系的其他规定。

绩效考核的总体原则坚持“争先创优、激励为主、科学评价”的原则和“鼓励先进为主、惩罚为辅”的方法，全面科学地对各被考核对象的各项工作表现进行综合考评。

2. 明确绩效考核内容

根据本书相关内容，建议信息系统运维绩效考核包括九大类内容：日常管理考核、电话服务考核、巡检服务考核、故障/问题处理考核、派工服务考核、文档审查、合同执行情况考核、用户满意度与特殊事件考核。

（1）日常管理：考核各运维服务商是否按合同要求执行运维工作；考核各运维服务商驻场维护人员资质和能力；考察人员出勤情况，保证现场有足够的技术支持，保证各种特殊情况的发生都能配备充足合理的人员；考核重点在合同审查、人员资质审查与考勤管理。

（2）巡检情况：考核巡检计划和内容，评估巡检计划完成情况；检查巡检文档编制情况和巡检过程中发现的问题记录情况，保证巡检工作按计划执行，结果信息正确。

（3）故障/问题处理：考核每月发生故障次数和解决故障次数；发生故障/问题后是否按合同规定时间响应和解决；故障处理过程中投入人员情况和文档管理情况。

（4）派工服务：考核派工完成情况，投入工作量等。重点在于派工工作完成时间、完成率和用户评价。

（5）电话服务考核：电话服务考核办法分为话务部分和业务部分以及总服务商考察 3 类。话务部分考察服务次数、服务及时率、问题解答率等；业务部分是对坐席员处理的问题进行分类，分析原因，更新知识库；总服务商部分考察总服务商对总服务台座席员的工作质量监控情况。

（6）文档考核：考核运维过程中产生的技术文档。考核内容包括：总包商定制的运维管理制度、规范、流程和表单；各运维服务商在运维过程中产生的各类一般性技术文档的准确性、详细程度、格式和构成。

（7）合同执行情况考核：运维服务商是否完全满足了合同条款中明确性的服务要求，对所提供服务的团队及人员的资质水平、所采用的运维服务辅助工具的功能、所引入第三方服务的能力，与运维服务外包合同中的要求是否相一致。

（8）用户满意度与特殊事件考核：用户满意度考核是指在运维工作执行过程中，最终用户对运维商的工作效率、能力、沟通、培训、解决方式等条件的一个主观评价。特殊事件考核是指在运维过程中，运维商的某一行为或者表现使最终用户在业务进行中或者事件解决中感到非常满意，对此事进行公开表扬的事件，借此应对该运维商的考核结果进行调整，以资鼓励。

3. 明确考核执行的组织结构

绩效考核组织结构由考核管理机构、考核执行机构、被考核对象 3 部分组成。一般情况下，绩效考核管理机构为用户单位，负责监督、指导考核执行机构的日常绩效考核工作；执行机构为用户聘请的第三方服务商，即监理单位，监理单位本着公正、公开、公平的原则，定期（周、月、半年、年度）将考核结果向考核管理机构汇报。考核对象包括所有参与信息化运维工作的安全、基础设施、应用系统、代码级服务分包商、总服务商及进入准运维期的服务商。被考核对象应配合监理单位，及时提供考核需要的真实信息。

4. 明确考核方法

绩效考核采用日常考核、过程考核和事后考核方法。

（1）日常考核是指各运维服务商在日常运维工作中的表现、包括人员资质、行为规范、考勤管理等。

（2）过程考核的重点是派工考核和故障/问题处理考核，对于一级以上的系统故障/问题处理过程进行全程跟踪考核，包括相应时间是否及时、处理方式是否得当等。

（3）事后考核是指单项运维工作结束后，考核执行机构对该运维工作总体完成情况进行统计并根据考核指标进行绩效考核，在必要的情况下考核执行机构单位也可对该工作服务对象进行回访，采集其对工作过程和成果的评价信息。回访是考核执行机构的独立行为，不受任何外界因素的影响，其结果将以参考信息的形式汇报用户。

5. 绩效考核指标

绩效考核指标是指监理单位开展工作考核的基本点，所有绩效考核指标均可量化。每个考核类均定义了四级考核指标，并根据历年的信息统计制定各项指标量化的参考值。

考核指标如有特殊情况需要说明，示例："绩效考核指标中有部分指标仅针对特定运维服务商。如：巡检考核仅针对基础环境运维服务商和安全包运维服务商；电话服务考核的第二级指标总包商工作考核，文档考核中的第二级指标总服务商文档考核仅针对总服务商。具体内容见附件"。

绩效考核指标和权重将根据不同运维时期用户需求的变化而调整。被调整的指标或权重在通过运维工作协调会议讨论并公布后执行。一般情况下，绩效考核指标每年度进行一次调整并公布，绩效考核指标的权重每半年进行一次调整。

6. 绩效考核的流程

监理单位根据考核指标进行数据采集，定期形成考核意见，具体时间点和流程如下。

（1）日常管理。运维服务商新增或更换人员时应立即通知考核执行机构；各运维服务商应遵守考勤制度，监理单位每天收集数据、汇总审查。

（2）巡检考察。运维服务商每月月底提交下月巡检计划，监理单位审核通过后执行；每周一上午提交巡检完成情况汇总，监理单位不定期抽查、核对巡检完成情况。

（3）故障/问题处理。发生故障/问题后相关运维服务商应立即向监理单位提交解决计划，如发生二级（含以上）系统故障，绩效监理单位将全程跟踪运维服务商处理过程。运维服务商在故障/问题解决后 3 个工作日内向监理单位提交问题分析报告和下一步整改方案。

（4）派工服务。绩效监理单位根据《信息系统运维总服务台管理办法》考核派工的制定、执行和结果，不定期抽查完成情况。每周一由总服务商向监理单位提供上一周已归档的派工单，由监理单位进行统计与评分。在派工执行中如遇特殊情况无法按时完成工作，需将派工单延期的，应由用户相关部门领导签字确认。

（5）电话服务考核。热线服务人员每天向总服务商提交当日问题记录单；总服务商应有专人监督咨询员每日工作情况；每周一由总服务商向监理单位提交问题记录单汇总以及总服务台对咨询员的日常监督考核评分；监理单位每周一通过后台管理软件的数据对上周咨询员的工作状态进行考核评分。

（6）文档考核。运维服务商应认真按时编写系统运维工作各类文档，其范围、内容与格式参考相应国标（ITSS）执行。根据实际情况，运维服务商每周或每月向监理单位提交相应文档，由监理单位进行考核评分。

（7）监理单位随时进行合同执行情况、用户满意度及特殊事件考核，运维合同期满时进行统一评分。

7. 绩效考核评分

监理单位通过多项绩效考核指标和参考值的对比，按照既定规则及权重比例计算后得到一段时间内被考核对象的绩效考核汇总评分。监理单位应该在完成数据收集后两个工作日内进行汇总评分，发现异常情况与被考核对象核实。

监理单位在评分汇总结束后向考核管理机构汇报考核结果。得到确认后即向被考核对象公布考核结果。

具体操作建议：监理单位根据日常考核工作定期（每周、月、半年）编制绩效考核报告并向用户汇报。用户参考考核结果对参与运维工作的被考核对象进行必要的指导、表扬、批评或工作调整。

监理单位应在年度运维工作结束后汇总各被考核对象的年度考核数据，形成年终考核结果、绩效考核总评价并向用户汇报。

8. 考核结果的利用

监理单位每月第一个星期一完成上月份各被考核对象绩效考核的评分并公布；考核得分和评价等级对应关系见表 13-1。各被考核对象年度月平均分即年度考核得分。

表 13-1　考核评价结果

考核得分	评价等级	奖惩办法
90 分以上	绩效优秀	
80～90 分	绩效良好	
60～79 分	绩效合格	
60 分以下	绩效不合格	
一票否决或其他重大事故	终止运维服务合同	

监理单位可以在月度考核中采用一票否决制，比如：

（1）被考核对象在一个月度考核周期内出现一级重大事故或两次以上二级事故并被运维工作协调委员会判定为责任事故，则当月绩效考核评分为零。

（2）被考核对象在一个月度考核周期内出现三次或以上用户投诉并被运维工作协调委员会核实为投诉成立的，月绩效考核评分为零。

绩效考核结果作为用户对各信息化运维服务商全年工作成果评价的依据，为用户对各运维服务商全年服务质量、服务水平和合同履行等完成情况提供客观的分析数据；为用户对各运维服务商下一年服务合同签订提供参考依据；为用户对各信息系统运维服务商本年度工作量统计及服务费用支付的依据。

对于考核结果为不合格的运维服务商依据签订的服务合同进行相应的处罚，对于考核结果为优秀的运维服务商给予相应的奖励。

（1）按照考核得分排列各被考核对象名次，按月发布考核情况通报。

（2）月度考核结果为不合格的被考核对象给予通报批评，整改不力的向其公司发通报批评函。

（3）绩效考核结果是被考核对象确定年度“优秀”服务商的重要依据。

（4）绩效考核结果作为进入准运维期的服务商的合同尾款支付参考。

（5）如被考核对象年度绩效评价为优秀，则依据相关法律及规定考虑可以直接续签下年度运维服务合同；如连续 4 个月考核不合格或累计 7 个月考核不合格或年度绩效评价不合格，则 3 年内取消此用户参与运维项目的资格。

如运维服务商的月度考核结果为不合格，或出现重大运维事件，按以下规则进行惩罚：

（1）月度考核不合格的运维服务商，每次扣罚 20 000 元。

（2）发生二级以上系统故障，经运维工作协调委员会论证认为责任事故的，根据用户业务受影响的时间，承担责任的运维服务商按每天 5 000 元扣罚。

（3）未能按用户要求按时完成系统更新、补丁修正、新需求开发上线等工作而导致业务处室的正常工作受到影响，经运维工作协调委员会论证属于被考核对象责任的，承担责任的运维服务商按业务受到影响的时间，每周扣罚 20 000 元。

（4）被扣罚的基金作为年度运维工作总结会上表彰先进的奖励基金，具体分配和使用方式由运维工作协调委员会商议决定。

对全年度绩效考核结果无良好以下且考核结果为优秀 8 次以上的运维服务商可享受奖励基金。

（5）年度工作结束后，对全年度绩效考核结果无良好以下的被考核对象，由用户向其公司发表扬函，建议公司对该项目组进行表彰。

9. 绩效考核结果的申诉

被考核单位如对月度或年度绩效考核评分持有异议，可在评分公布之日起一个自然月内向用户提出有明确证据的申诉。用户将通过运维工作协调委员会调查和论证，在 10 个工作日内公布最终评分。

10. 年度绩效考核的评价流程

各方职责：

（1）总服务商：对各运维服务商的年终总结进行初审，并给出评价意见。

（2）用户：负责审核各运维商、总服务商提交总结和评价报告的真实性。对运维监理单位提交的绩效考核评估报告进行审查，对重要扣分项开展合理性专门审查。

（3）运维监理：负责汇总产出各运维服务商的年度考核数据，并根据实际表现情况和总服务商的评价报告，计算出每家运维服务商的最终绩效考核评分，同时提出需整改的问题和建议。在最终考核成绩通过运维工作协调委员会讨论通过后，向各运维单位发布绩效考核评估报告。

（4）运维工作协调委员会：负责讨论、审核和批准运维监理提交的各运维厂商绩效考核评估报告，对重大考核事项进行合理性审查，最终批准评估报告的发布。

年度绩效考核执行流程：

（1）监理单位汇总年度绩效考核数据；

（2）各运维服务商提交年度运维工作总结，完成自评价；

（3）系统运维总服务商针对各运维商年度工作情况，提出评价意见；

（4）用户对以上自评及总服务商评价意见进行审核，确认内容真实和准确后交付监理单位；

（5）监理单位根据各运维服务商、总服务商的年度绩效考核数据，结合自评、总服务商评价意见，计算出各运维服务商的年度绩效考核分数、评级和奖惩后，向用户汇报；

（6）中心运维管理部经审阅各运维商的年度绩效考核成绩后，提交运维管理协调委员会讨论；

（7）经运维管理协调委员会讨论通过的各运维服务商年度绩效考核成绩，由监理单位最终形成完整正式的绩效考核评估报告发布给各运维服务商；

（8）对该绩效考核评估报告内容有疑问的运维服务商，可向运维管理部咨询；不认可评价结果的运维服务商可以直接向运维协调委员会提出申诉；

（9）被运维服务商认可的年度绩效考核评估报告作为各运维商年度运维费结算的重要依据，也是续期下年度运维工作的重要参考。

13.2　运维服务商能力管理

信息系统运维是一个长期的过程，是一个逐步提高的过程。通过系统自身不断优化、流程不断优化，对运维服务商及其服务人员的能力的需求也在不断提高。为保证运维服务商的能力能够时刻满足运维工作的需要，运维监理人员应该进行能力管理。

运维服务商能力管理是由监理单位负责执行，用户与运维服务商共同配合执行的，主要分 3 部分工作：能力考察、知识库完善与培训、运维工具改进。这三者形成一个循环互动的能力提升闭环，只要运维服务商依据此循环不管提升服务能力满足运维服务需要，信息系统运维效率的持续提升将得到保障。反之，运维服务商可能面临被淘汰。

13.2.1　能力考察

运维监理应该定期开展运维商及人员的能力考察工作，运维商能力考察是建立在人员能力考察的综合评定上的。能力考察应该把握住考察内容和考察方式两方面。

1. 考察内容

考察内容包括管理协调能力、技术能力、业务能力、应急事件执行能力和日常行为规范遵守能力 5 个方面。

（1）管理协调能力考察：管理协调能力考察仅适用于运维服务商的项目管理者，也可具体为项目经理或执行项目经理工作的人员。管理协调能力的高低将会影响团队的效率，对资源的合理利用，以及与其他合作团队的配合。管理协调能力考察可以通过对日常运维事件的绩效考核得到结果，比如某运维团队的执行时间总是较差，与其他运维团队的配合总是有偏差，与运维工作各方的沟通有一定的障碍，在向公司争取运维资源（包括人员）的时候经常落实不到位，那么作为该团队的项目经理可能就是不称职的。

（2）技术能力考察：监理人员应该考察运维实施人员对所负责工作的应该具备的技能熟练程度，以保证运维工作实施过程中的技术支撑能力足够。技术能力考察首先要对被考察人的资质进行审查，确认资质的真伪，资质与运维商投标文件的吻合度。其次要制定有针对性的技术测试。这种技术测试既要有广度，又要有深度，而且还需要切合项目实际。比如对应用系统运维工程师的技术测试要紧靠该公司业务系统的开发，从系统架构、开发语言、接口实现等方面入手。技术能力考察还要重视对运维工作使用能力的考察，比如基础设施运维工程师对各种监控工具的使用，对各种报错、异常情况的判断是否熟练等内容。技术能力是运维人员入场就需要具备的。

（3）业务能力考察：每个运维人员都应该对用户的所有业务熟知，而无论是应用系统运维工程师还是基础设施运维工程师。业务能力的高低首先会影响各类运维问题的解决效率；其次，在发生重大运维事件时，运维工程师应该可以根据业务重点流程，重点环节进行优先的排查和解决，进而最大程度的保障业务系统的可用性。运维监理对业务能力的考察重点不仅要包括重要业务流程，还要注重各业务系统之间的接口、设备连接关系、数据库使用关系等内容。当然，业务能力考察是需要监理在运维人员学习和锻炼的基础上的，并不是一入场就要求必须达到某种水平。

（4）应急事件执行能力考察：在应急方案和应急演练的基础上，运维监理要组织运维商人员在应急事件处理方面的能力考察。应急事件考察包括应急流程、应急措施的熟练程度，对应急方案的理解程度，在应急演练时，运维人员的执行能力。应急事件能力考核是一个长期的考核，与应急演练紧密配合，同时要借此增强应急事件处理能力。

（5）日常行为规范遵守能力考察：日常行为规范考察包括运维服务人员的考勤、行为举止、沟通以及安全意识。着重指出的是安全意识考察是建立在监理日常巡检工作上的，应该立足与发现运维服务人员对设备的管理、使用是否存在安全漏洞，对系统、网络安全操作规范执行是否合格等方面。

2. *考察方式*

能力考察的方式分为定期与抽查方式。

定期考察主要针对技术、业务考察两项内容。技术考察开始与运维人员入场审查，可以以谈话和试卷两种方式。在通过最初的考察后，每半年应有一次类似的技术考察。特别的，如果业务系统进行了升级改造或者大型调整，那么就应该对此进行一次相应的技术考察。业务考察可以开始在运维服务人员入场培训和学习一段时间后开始，并每半年重新进行一次考察。

其他的考察都为抽查或者随时进行的方式。项目经理的管理协调能力通常每半年应该评价一次，如果考察结果发现能力有欠缺，可以由监理单位指出并给予 3 个月整改和观察期。应急能力考察可伴随应急方案的修订和应急演练的开展进行。

13.2.2 知识库完善与培训

要保证运维实施人员能力的提高，监理单位应该促进信息系统运维工作相关知识库的完善，并为运维实施人员安排有针对性的培训。

1. *知识库的完善*

运维服务是一项长期、持久的技术维护性工作，运维服务团队技术服务能力的提升，很大程度上取决于运维知识的积累、传递、共享、应用，以及再积累的循环往复过程，而建立这一过程体系的最佳实践方案便是完善运维知识库。

运维知识库的完善，能够快速提高运维服务团队的整体服务水平与能力，降低运维人才培养的成本和时间，是提高运维响应速度和质量不可或缺的要素。运维监理至少应当从以下方面督导运维服务商知识库体系的落实。

（1）运维知识分类体系的落实

直接、高效地对运维知识进行组织和分类是非常重要的，运维技术支持有一个统一的出口，即服务台。服务台人员对核心业务可能比较熟悉，但当业主单位存在几十个系统，包括大量的外围系统和管理系统时，服务台人员有时根本搞不清这些系统的服务内容、二线由谁支持等，于是往往在事件解决不了时，不知应该把任务分派给谁，这个二线拒绝了，再转给另外一个二线，转来转去，非常影响效率。因此，需要对知识库进行组织和分类。例如，把知识按类别分为四级，一级分为应用系统、业务操作、系统软件、网络通信、硬件设备、信息安全、其他 7 类；然后在一级之下分三级子类别逐步细化；在此基础上，按知识用途分为故障解决类、经验总结类、日常操作类。这样，就能在最短的时间和最小的范围内找到合适的知识，少走弯路。

（2）运维知识积累过程的管理

在运维知识库的管理中，所有可以为处理事件和问题、排查日常工作中遇到的潜在隐患提供有效帮助的信息，以及与运维服务台、二线和三线支持人员日常工作相关的有效信息，都可以提交到知识库当中。具体步骤如下。

首先定义知识库管理的流程。一般按照“提交知识→审核知识→发布知识”的流程完成。

其次定义知识管理的角色和职责。可将角色定义为知识提交人、知识库负责人、知识库协调人。针对每个角色，详细定义其对应的职责。同时，要明确具体运维工程师在参与和执行知识库管理流程时所对应的角色和职责。根据实际情况，赋予每个员工不同的权限，允许不同的用户建立新知识，及时将新的问题和答案放入知识库中。

定义知识对象。包括创建知识库数据库和信息采集对象及方法。

将知识库分为临时与正式。经审核过的知识从临时库转移到正式库中，使一线工程师使用时搜索到正式知识库。

（3）运维知识积累的考核

在知识库积累的初期时，很多人都嫌麻烦，由于每个人的工作方式和习惯的不同，并不是每个人都愿意及时进行知识库的更新和维护。通过定期对正式知识库中知识提供人所提交的知识进行统计，来实现知识库管理的关键绩效指标，督促运维服务商按时完成。慢慢地，习惯成自然，形成及时更新和维护知识库的良好习惯。

最终，通过对知识库的管理和持续维护更新，我们实现了知识的传递、共享和转化，避免了知识流失，提高了运维响应速度和质量，通过挖掘、分析知识库应用信息，使信息化部门发现潜在问题、进行趋势分析，并为工作量的考核提供参考依据。

2. 人员技能培训

人员技能培训包括能力考察的所有内容，并不局限于针对知识库方面的培训。从提高全员运维服务能力水平，人员技能培训应该有用户、监理单位和运维服务商共同进行。

首先要保障的是培训时间。无论是在运维现场组织的专门的技术、业务培训，或者由运维服务商公司内部组织的各种培训，每年度各运维实施人员都应该保证得到不少于 10 天的培训。在绩效考核中，运维监理应该对人员技能培训的时间给予考虑。在培训期间，运维监理要注意离场时间的选择与控制离场人员数量，培训是为了运维工作需要，但是首先要保证运维工作需要。

其次要注意安排培训的内容，培训内容要事先经过用户也运维监理的审核。内容要有针对性，一方面要提高培训人员的技术能力和水平，另一方面要结合运维系统的实际情况进行具体的分析，做到学以致用。

最后运维监理要考察培训的效果。可以通过试卷和对话的方式跟踪培训效果，对于培训参与不积极、培训效果差的运维商或者运维人员，要给予提醒和批评，多次培训均未能较好完成培训任务的要在绩效考核——日常管理规范中给予扣分惩罚。如果某运维商的培训效果非常好，运维监理应将该培训推荐给用户，建议在全体运维团队中再进行培训，一方面可以让所有人员相应能力有所提高，另一方面也能激励其他运维商按此标准准备培训内容。

运维监理在运维期内，应该定期调查各运维商的培训需求，尤其是针对用户业务的相关培训。对于需求比较强烈，内容比较重要的培训，可以建议用户组织专业人员专门进行培训。

3. 运维工具改进

运维工具是信息系统运维不可或缺的重要组成部分。运维工具的好坏直接影响到运维团队服务能力和效率。运维工具主要包括各类系统监控工具、故障排查工具、软件测试工具等，它可以是硬件设备也可以是软件程序。

运维工具的引入和使用也是一个不断优化的过程，每个运维服务商使用的运维工具都将根据信息系统的变化而变化，随着管理的需要不断的优化升级。如果一个运维团队的运维工具在使用多年后都未进行升级和优化，那么它对系统平稳运行的支撑将是让人担忧的。

运维监理应该考察和督促运维工具的改进，主要包括下面两方面主要内容。

（1）运维管理工具（平台）

运维管理工具（平台）是应用程序，它是运维管理流程、规范的应用实体。运维管理工具（平台）要涵盖所有运维管理流程、制度、办法，并集成或通过结构的方式兼容所有运维操作工具，包括总服务台的系统、知识库、项目库和第三方工具（运维监理工具）。

运维管理工具（平台）要兼顾全面性、易维护性、开放性和前瞻性，确保任何运维操作工具的改变和优化都能够与其紧密融合，确保任何运维流程、规范、制度的改变都能够简易的进行调整和配置。

（2）运维操作工具

运维操作工具包括各类运维检测设备、软件、开发工具、监控工具。运维操作工具要有专业性和实用性。专业性要体现在技术层面可以支持信息系统运维工作的所有需要，实用性要体现在该工具的具体操作与被运维的信息系统技术需要的匹配，不能有缺失，否则可能出现系统问题/故障解决的不顺畅。

运维操作工具应该随着运维工作的开展，系统的调整而进行改良，不能满足运维工作需要的应该停止使用，更换为更好的其他工具。运维操作工具的优化与变更要考虑到与运维管理工具（平台）的统一与结合。两者形成一种良性互动，将会为信息系统运维的实际工作带来事半功倍的效果。

第 14 章 运维监理组织协调

组织协调与目标控制密不可分，以保证运维服务商运维项目成功实施为目标，是实现运维项目目标控制不可缺少的方法和手段，是重要的运维监理措施之一。

组织协调涉及与运维服务商、承包单位等多方关系，它贯穿于信息系统运维的全过程，贯穿于运维监理活动的全过程。作为运维监理工程师，应该熟悉组织协调的基本内容和要求，掌握完成组织协调运维监理工作的技能。

14.1 组织协调的概念与内容

14.1.1 组织协调的概念

所谓协调，就是指联结、联合，调和所有的活动及力量。在运维项目管理中，将协调或协调管理称为“界面管理”，即为主动协调相互作用的若干系统间的能量、物质和信息交换，以实现系统目标的活动。把信息系统运维项目作为一个系统来看，组织协调的对象可分为系统内部的协调和系统外部的协调两大部分。系统外部的协调又可分为具有合同因素的协调和非合同因素的协调。

1. 组织协调包括多方的协调问题

例如，当设计方案的概算结果超过投资估算结果时，运维监理单位要与运维服务商沟通，也要与承包单位进行协调，既要满足运维服务商对运维项目功能和使用要求，又要力求费用不超过限定的投资额度；当运维实施进度延迟，运维监理单位就要与承包单位进行协调，或增加人员投入，或修改实施计划，或调整进度目标，确保运维项目的如期完成；当发现承包单位的管理人员不称职，给信息系统运维控制目标造成影响时，运维监理单位要与承包单位进行协调，调整力量。

2. 组织协调包括运维监理单位内部之间的协调

例如，总运维监理工程师与各专业运维监理工程师之间、各专业运维监理工程师之间的关系，运维监理单位与运维监理人员之间的协调。

14.1.2 系统内部的协调

所谓系统内部的协调，系指一个信息系统运维项目内部各种关系的协调，如内部的人际关系、内部的组织关系、内部的需求关系以及其他的关系等。系统内部关系协调主要包括以下几个方面。

1. 系统内部人际关系的协调

如何提高每个人的工作效率，这在很大程度上取决于人际关系的协调程度，所以运维监理工程师首先应注意做好人际关系的协调工作，充分调动系统内部各个组成部分的积极性，这样才能保证运维项目的顺利实施。

任何协调工作都表现为人与人之间的往来，而良好的人际关系可以使双方相互信赖，相互支持，容易沟通，同时人际关系的渗透和扩散性反过来能更加提高运维监理工作的效率。和谐的人际关系是做好运维监理工作的基础。

2. 系统内部组织关系的协调

这里说的组织，是指运维项目中若干个运维项目组对应完成各个子系统组织关系的协调，使这些运维项目组都能从整个运维项目的质量、进度和投资控制的目标出发，并积极主动地完成本组的工作，使整个运维项目处于有序的良性状态。组织关系的协调，可以通过经常开一些工作例会、业务碰头会，会议后应有会议纪要以及采用信息传递卡的方式来沟通信息，这样可使局部的单位了解全局，消除误会，服从并适应全局的需要。

通过及时有效地对组织关系的协调，可以避免资源的浪费，节省人力、物力和财力。

3. 系统内部需求关系的协调

系统内部需求关系的协调是指在运维项目实施中，对人员需求、材料需求、硬件设备和软件需求、其他资源需求进行的协调，达到内部需求的平衡。实现内部资源的合理配置。

14.2 合同因素的协调

所谓系统外部的协调，是指信息系统运维项目整个活动过程以外的关系协调，其中又以是否具有合同关系为界限，而划分为具有合同因素的协调和不具有合同因素（即非合同因素）的协调。组织协调是应该全面的。具有合同因素的协调主要是运维服务商与承包单位（即实施、运维实施方）、运维服务商与设计单位（某些运维项目可能存在的必要设计过程需求），以及运维服务商与相关运维服务的供货商等关系协调，他们之间的关系可能均具有合同性质，也可能是间接合同性质。

对于系统外部关系中合同因素的协调，主要是协调运维服务商与承包单位的关系。由于双方签订合同后，在整个实施与运维实施过程中必然会产生各种矛盾，运维监理工程师作为信息系统运维的第三方，应该本着公正原则进行协商，正确协调好各种矛盾。在不同的阶段，需要协调的内容也不尽相同。如招标阶段的协调、实施和运维实施准备阶段的协调、实施和运维实施阶段的协调、交工验收阶段的协调、总包与分包商之间关系的协调等。

此外，还有运维服务商与供应商关系的协调，以及运维服务商与设计单位关系的协调。在这里，我们讨论广义的沟通与协调，将合同因素中的协调分为运维监理所涉及的合同事务方面的协调和信息流向沟通。

14.2.1 非合同因素的协调

在信息系统运维过程中，运维服务商与承包单位签订合同或修改合同期间，所进行的大量磋商只是组织协调工作的一部分。但是，要做好全面的运维监理组织协调工作，除了合同方面的组织协调外，还有许多被称为非合同因素或非合同活动的组织协调工作。

非合同因素协调与合同因素协调相比，涉及的范围更广，可能遇到的问题更多，运维监理单位的协调工作量更大、更复杂，而这些往往不是事先签好合同就可以进行约束的。

非合同因素协调工作涉及社会团体、新闻媒体、服务单位、金融机构、社会团体等机构。虽然在信息系统运维项目中，与运维服务商和承包单位无合同关系，但它们的作用不可低估，对运维监理的某些方面、某些场合起着一定的控制、监督和支持的作用，甚至起着很大的决定性作用。例如，运维监理的资金运转离不开银行，运维服务商和承包单位均须通过它们的开户银行结算各种款项，正常的手续是将运维项目的合同副本报送开户银行备案，经开户行审查同意后作为拨付运维款的依据。若遇到开户银行的不配合，就将耽误运维款的拨付。

因此，如果这方面的关系协调得不好，就会影响信息系统运维监理的进度。而这方面的协调工作仅靠运维监理单位是难以有效进行的，需要各有关管理部门和运维服务商的大力配合。

14.2.2 各方关系的协调

1. 社会团体内部关系

社会团体是一个人际关系系统，它包括上下级之间、同级之间、同一部门内部职员之间以及不同部门之间的职员之间的关系。

（1）上下级关系系统

上级是同一组织系统中等级较高的组织或人员，下级是同一组织系统中等级较低的组织或人员。这里的上下级关系系统是领导者与被领导者之间的关系系统，包括上级部门与下级部门、同一部门内领导者与被领导者之间的关系。这种关系是一种双重结构的纵向关系。从角色角度看，它既是上下有序、层次分明的等级关系，又是相互尊重、人格平等的非等级关系。从工作角度看，它既是下级服从上级的关系，又是鼓励下级自主自强、开拓创新关系。上下级关系在社会团体起着传递信息监督控制、协调关系等功能。

这些功能与社会团体行政机关的工作效率密切相关。在现代社会，纵向的上下级关系仍是一种不可忽视的人际关系。

（2）领导者之间的关系系统

这是同一组织中担任领导职务的人之间的关系系统，其中包括该组织中不同部门的领导者之间的关系。如果把领导者视为一个权力群体，那么他们之间的关系具有影响社会团体目标的能力；而如果把他们视为一个地位阶层，那么他们之间的关系可以影响社会团体内部其他各方面的关系。

（3）同事之间的关系系统

同事关系有广义和狭义之分，广义的同事关系是指一个工作单位里所有成员之间的关系，包括上下级关系和同级关系。狭义的是指担负非领导职务的人员之间的关系。这里所论之同事关系是指社会团体中担负非领导职务的人员间的关系，包括不同部门和本部门非领导者之间的关系。任何单位或部门，总是领导者占少数，被领导者占多数，被领导者之间的交往更普遍。因此，社会团体中的同事关系也应予以重视并处理好，良好的素质有助于交往双方建立良好的人际关系。另一方面，在交往中形成的人际关系，通过相互影响和各自的情感体验，直接在思想道德和科学文化方面作用于参加交往的每一个人。

2. 主要特征

社会团体人际关系与其他单位人际关系相比，其特征既有共性方面又有个性方面。总体而言，社会团体人际关系的主要特征有如下几个方面。

（1）权力交往关系

社会团体担负着实施一定的目的职能。要有效地行使这些职能，就必须在社会团体行政机关内部进行合理的事权划分。因此，社会团体行政机关的人员尽管所处的职位各不相同，但都拥有一定的权力。当人们在社会机构中占据权势地位和支配地位时，他们就有了权力，一旦他们占据这种地位，不管他们有所作为还是无所作为，都会使人感到权力的存在。在这个意义上说，社会团体内部是一个权力系统。由于工作的需要，居于这个系统中的人必然发生权力交往关系，这种以权力交往为内容的人际关系体现着社会团体人员之间那种特定的支配与被支配、管理与被管理、领导与被领导的纵向社会关系以及分工与合作的横向平行关系。

（2）多重交往关系

从组织角度看，社会团体存在着多种多样的人际关系，除了上下级关系、领导者之间的关系、同事关系外，还有同学关系、同乡关系、战友关系、朋友关系、亲属关系等。这些关系概括起来可分两类：一是正式组织意义上的关系，包括等级关系和职业关系：二是非正式组织意义上的关系，包括平等关系和情感关系。前类是工作关系，是非情感性的；后类是私人关系。在社会团体行政机关中，这两类关系常常交织在一起，使得社会团体行政机关人际关系呈现纷繁复杂的特性。从个人方面看，由于一个人往往同时具有多种角色，如政治角色、职务角色、男女角色等，这些角色便构成了一个人的角色集。所以，社会团体人际关系就不是一种单一的关系，而是角色集间的多重关系。如在两个具有上下级关系的人员之间。可能同时还存在着同乡关系、亲属关系、代际关系等其他关系。

（3）隐秘交往关系

这是就社会团体中人际关系的透明度而言的。人际关系透明度是人际关系的性质特点和交往特性为人们所清楚认识的程度，它分为内在和外在两个方面。内在透明度是人际关系交往双方对其关系的性质特点和交往特性，以及对对方的个人特点和个人行为方式的认识程度。外在透明度是人际交往双方的关系和交往特点为他人所了解的程度。人际关系透明度不足或缺乏透明度，就构成了人际交往的隐秘性。

14.3 组织协调的基本原则

组织协调的基本原则包括以下几点。

1. 公平、公正、独立原则

在运维监理活动中体现公平、公正、独立的原则，就是在解决运维服务商与承包单位可能发生的意见不统一或纠纷时，绝不能因为运维监理单位是受运维服务商的委托而故意偏袒运维服务商，一定要坚持“一碗水端平”，该是谁的责任就由谁来承担；该维护哪方的权益，就维护那方的权益。这样做既会得到运维服务商的理解和支持，也会得到承包单位的拥护和欢迎。

公平、公正、独立原则体现在：

（1）运维监理单位应是独立的第三方，不能同时既做信息系统运维的运维监理，又做服务总包业务。否则，在做运维监理工作时，可以很方便地获得其他承包单位的关键技术或思路，若在其他的运维项目总包中得到应用，显然是不公平的，甚至可能是违法的；如果是做系统总包未果，转而做运维监理，用自己的总包思路和技术水平要求承包单位做这做那，显然不合理，更也是不公平的。

（2）运维监理单位在处理事务时，敢于坚持正确观点，实事求是，不唯上级领导和运维服务商的意见是从。同时也要坚持对问题的分析，敢于亮明观点，对承包单位的不合理或不科学的要求，坚决提出改进意见。

（3）运维监理单位在处理实际运维监理事务的过程中，要有全局观，要全面地分析和思考，保持对问题的综合分析能力，不要被表面现象或局部问题所干扰。

（4）信息系统运维涉及的技术一日千里、变化快，运维监理工程师要在不断提高个人的专业技能并在实践中不断丰富个人的从业经验的同时，也要不断提高对相关知识的综合应用能力，对事物熟练的判断能力和处理能力，更要学会把专业知识和相关的技术规范、法规、法律等运用到运维监理实践活动中。

从事信息系统运维监理活动，应当遵循守法、公平、公正、独立的原则。因此，运维监理单位在信息系统运维中处理任何运维监理事务都要遵照这个原则。对于运维监理人员在个人行为规范上，更要有“守法、诚信、公正、科学”的意识，并作为个人行为准则，因为你是代表运维监理单位这个集体来行使运维监理责任的，而不仅仅是个人的行为。

2. 守法原则

对于任何一个具有民事行为的单位或个人，起码的行为准则就是遵纪、守法，依法经营，依法办事。在信息系统运维监理活动中，“守法”的具体体现是：

（1）运维监理旨在核定的业务范围内开展相应的运维监理工作；

（2）与运维服务商的运维监理合同具备法律效力，一旦生效就要严格的遵照执行和践约，不得无故或故意违背承诺，否则可能将是违法行为，要承担相应的责任；

（3）自觉遵守运维服务商所在地政府颁布的有关信息系统运维的法律、法规要求，并主动接受当地有关部门的指导和监督管理；

（4）遵守运维服务商的有关行政管理、经济管理、技术管理等方面的规章制度要求。

3. 诚信原则

诚信就是忠诚老实，为人做事守信用。诚信是做人的基本品德，也是考核任何一个单位信誉的核心内容。

4. 科学的原则

所谓科学的原则，就是在运维监理实践中，要依据科学的方案（如运维监理规划），运用科学的手段（如测试设备或测试工具软件），采取科学的办法（如收集数据），并在运维项目结束后，进行科学的总结（如信息归纳整理）。运维监理要用科学的思维、科学的方法对核心问题有预先控制措施上的认识，凡事要有证据，处理业务一定要有可靠的依据和凭证，判断问题时尽量用数据说服运维服务商或承包单位，必要时，一定以书面材料（如专题运维监理报告）说明立场和观点。

14.4 组织协调的运维监理单位法

组织协调工作的目标是使运维项目各方充分协作，有效地执行承包合同。进行组织协调的运维监理单位法主要有运维监理会议和运维监理报告。

只有进行有效的组织协调，运维项目协调内各子系统、各专业、各项资源以及时间、空间等方面才能实现有机的配合，才能确保运维项目成为高效运行的整体。

14.4.1 运维监理会议

14.4.1.1 一般组织原则

会议是把运维项目有关各方的负责人或联系人团结在一起的重要机制。会议不仅可以使得运维监理有关信息全方位地畅通与流转，而且提供了某种程度上的社会联系，它有助于提醒出席会议的人认识到“每一个人都是运维项目团队的一员”。

1. 会议成功的关键

举行会议成功的关键原则是：确保每个人到场，议程和领导。为了保证每个人都出席，要把会议作为每个人日程的固定运维项目。如果没有讨论的议题就取消会议。开好会议要把议程的运维项目保持在所需的最低数量，以确保每一个人都掌握最重要的事件、议题和问题的最新动向。作为会议的组织者，要确保在概括会议议程时尽可能地精炼，没有必要的长会其效果将适得其反。领导的与会作用是保证会议的结果得到落实的重要保证。

2. 确保会议成功的措施

召集或主持会议可以采取多种措施以确保会议有效。包括以下具体的措施。

（1）会前的准备措施

① 确定会议目的。该会议是为了交流信息、计划、收集情况或意见、制定决策、说服或宣扬、解决问题，还是为了评估运维项目进展情况。

② 确定谁需要参加会议，说明会议目的。参加会议的人数应是能达到会议目的的最少人数。

③ 事先将会议议程表分发给参加会议者。议程表包括会议目的、包含的主题（应按重要性大小列出）。

④ 每个主题事件的分配及谁将负责该主题、发言或主持讨论。议程表应附有参与者在会前需要评审的文件和资料。

（2）会议过程把握的原则

① 按时开始会议。

② 指定记录员。详细的记录方便以后的查阅。

③ 评论会议的目的和议程表。

④ 督促而不能支配会议，应保证会议在计划时间内顺利进行。

⑤ 会议结束时总结会议成果，并确保所有参加者对所有决策和行动运维项目有一个清楚的了解。

⑥ 必要超过会议计划时间。与会者可能有其他约会或者其他系列会议。如果没有讲完所有议程，最好让涉及这些细目的人另开一个会议。

⑦ 评价会议进程。会议结束时，应评价会议进程，公开讨论发生了什么，并决定是否做些调整，以提高以后会议的有效性。

（3）会议结果的落实原则

① 在会后 24 小时之内公布会议成果。

② 总结文件应该简洁，应明确所做出的决定性意见，并列出行动细目，包括谁负责、预计完工时间和预期的交付物等。

14.4.1.2　运维监理例会

运维监理例会是履约各方沟通情况，交流信息，协调处理，研究解决合同履行中存在的各方面问题，由运维监理单位总运维监理工程师组织与主持的例行工作会议。

运维监理例会的参加单位及人员通常包括：总运维监理工程师、总监代表、有关运维监理工程师；承包单位运维项目经理、技术负责人及有关专业人员；运维服务商驻现场代表等；根据会议议题的需要还可邀请设计单位、分包单位及其他有关单位的人员参加。

1. 运维监理例会的主要议题

（1）检查和通报运维项目进度计划完成情况，确定下一阶段进度目标，研究承包单位人力、设备投入情况和实现目标的措施；

（2）通报运维项目实施质量的检查情况和技术规范实施情况等，针对存在的质量问题提出改进措施要求；

（3）检查上次会议议定事项的落实情况，检查未完成事项及分析原因；

（4）分包单位的管理和协调问题；

（5）运维项目款支付的核定及财务支付中的有关问题；

（6）接收和审查承包单位提交相关运维项目文档；

（7）运维监理提交相关运维监理文档；

（8）解决运维项目变更的相关事宜；

（9）违约、工期、费用索赔的意向及处理情况；

（10）解决需要协调的其他有关事项。

2. 会议准备

运维监理单位应及时收集汇总有关情况，为召开会议做好准备：

（1）了解上次会议的落实情况和存在的问题；

（2）准备会议资料，确定有关事项的处理原则；

（3）与有关方面通报情况，交换意见，督促做好准备。

3. 会议纪要的记录、签认和分发

运维监理例会的内容通常由指定的运维监理人员记录，除笔记以外，会根据实际情况使用数码相机、摄像设备、录音笔和笔记本电脑等设备进行辅助记录和演示。

会议纪要由运维监理工程师根据会议记录整理，主要内容有：

（1）会议地点和时间；

（2）会议主持人；

（3）出席者姓名、隶属单位、职务；

（4）会议内容和决议事项（包括负责落实单位、负责人和时限要求）；

（5）其他事项。

会议纪要的内容应真实，简明扼要。纪要经总运维监理工程师签字确认，发放到运维项目有关各方，并应有签收手续。会议纪要中的议定事项，有关方面应在规定的时限内落实。

14.4.1.3 运维监理专题会议

专题会议是为解决专门问题而召开的会议，由总运维监理工程师或授权运维监理工程师主持。专题会议应认真做好会前准备，运维监理工程师要认真做好会议记录，并整理会议纪要，由总运维监理工程师签认，发给运维项目有关方面。专题会议通常包括技术讨论会、现场（运维项目组织）协调会、紧急事件协调会和技术（或方案）评审会等。

运维监理单位通常会依据现场运维进度情况，定期或不定期召开不同层级的现场协调会议，解决工作过程中的相互配合问题。在协调会上通报重大变更事项，解决运维服务商与承包单位之间的重大协调配合问题，通报进度状况，处理工作中的交接、场地与公用设施使用的矛盾。

对于因突发性变更事件引起的进度问题，运维监理单位会召开紧急协调会议，督促各方采取应急措施赶上进度要求，以便运维项目的运维实施能以预期的进度完成。

根据运维项目的实际情况，在承包单位完成关键阶段的工作时，运维监理将及时组织专家，会同运维服务商对阶段成果进行评审，以便在评审通过后能使承包单位及时转入下一阶段的工作实施中。

14.4.2 运维监理报告

建立运维项目的运维监理汇报制度是保证运维顺利进行的有效方法，可以使运维实施处于透明的可监控状态。作为信息系统运维的承包单位，有责任定期或不定期向运维服务商及运维监理单位提交的运维进展情况报告，同时提交下一阶段的运维实施计划，运维监理单位协同运维服务商审核该运维的进度与质量，向运维服务商提交运维监理意见并反馈给承包单位，以此建立运维项目各方密切的联络，保证运维项目有计划、有步骤、稳妥地向前推进实施。

运维监理单位据此将定期或不定期地向运维服务商提供运维监理周报、月报、书面通知回复等运维监理文件，这些文件包含了运维监理过程中有关对运维项目实施的控制和管理的信息。

1. 定期的运维监理周报、月报

运维监理单位通常按时向实施单位提交运维监理工作周报和月度报告。周报的提交时间一般是每周的周一上午，周报是对上一周运维监理工作的总结。月报的提交时间一般为每个月开始的第一个星期内，运维监理月报的主要内容包括：

（1）运维项目概述，包括运维项目位置、运维项目主要特征及合同情况简介；

（2）大事记；

（3）运维进度与形象面貌（必要时附上现场照片）；

（4）资金到位和使用情况；

（5）质量控制，包括质量评定、质量分析、质量事故处理等情况；

（6）合同执行情况，包括合同变更、索赔和违约等；

（7）现场会议和往来信函，包括会议记录、往来信函；

（8）运维监理工作，包括运维监理组织框图、资源投入、重要运维监理活动、图纸审查、发放、技术方案审查、运维需要解决的问题和其他事项；

（9）承包单位情况，包括人力资源动态、投入的设备、组织管理和存在的问题；

（10）安全和环境保护情况；

（11）进度款支付情况：

（12）其他运维项目进展情况等；

（13）其他必要的内容。

2. 不定期运维监理工作报告

运维监理单位会向运维服务商不定期提交以下运维监理工作报告：

（1）关于运维项目优化设计、运维项目变更的建议：

（2）投资情况分析预测及资金、资源的合理配置和投入的建议；

（3）各阶段的测试报告和评价说明；

（4）运维项目进度预测分析报告；

（5）运维监理业务范围内的专题报告。

3. 运维监理通知与回复

在运维监理实施过程中，运维监理单位与运维服务商的联系均以书面函件为准。在不做出紧急处理时可能导致人身、设备或运维项目事故的情况下会先口头或电话通知，事后会在约定时间内补做书面通知。

以通知与回复的形式让信息在运维服务商、运维监理单位与承包单位之间，在各单位内部人员之间流动，协调大家的思想与行动，以保证运维项目的总目标得以实现。要使这一形式有效地发挥作用，必须做到：

（1）简洁，即只包含受众需要了解的观点；

（2）完整，即要包括受众需要了解的全部观点；

（3）结构化，即它必须以一定的结构形式，把要传递的这些观点清晰地传递给受众。

4. 日常的运维监理文件

运维监理单位会及时向运维服务商提交以下日常运维监理文件：

(1) 运维监理日志及实施大事记。运维监理单位会认真做好运维监理日志，保持其及时性、完整性和连续性；

(2) 实施计划批复文件；

(3) 实施措施批复文件；

(4) 实施进度调整批复文件；

(5) 进度款支付确认文件；

(6) 索赔受理、调查及处理文件；

(7) 运维监理协调会议纪要文件；

(8) 其他运维监理业务往来文件。

5. 运维监理作业文件

运维监理实施类文件主要包括运维项目变更文件、进度运维监理文件、质量运维监理文件、质量回归运维监理文件、运维监理日报、运维监理月报、专题运维监理报告、验收报告、总结报告等必要文件。

14.4.3 沟通

面对我国现阶段政府、企业人际关系的现状，作为协调方的运维监理，在进行信息系统运维监理的过程中必须建立有效的沟通机制。沟通对人际关系的和谐和建立是十分必要的，可以鼓励运维监理过程中涉及各方相互间和内部进行有效的沟通，利用人际沟通影响行为的杠杆，努力克服影响人际沟通的障碍，实施双向沟通。

运维监理工程师在与信息系统运维的相关单位和相关人员进行沟通和协调时，应该对下列内容有一定的把握。

1. 排除第一印象的干扰

通常情况下，容易根据初次见面时对对方仪表、风度形成的第一印象将他人加以归类，然后再以这一类别系统中人的总体特点，对这个人加以推论并做出判断，因而往往会产生“以偏概全”、“爱屋及乌”偏差。运维监理工程师要把握线索偏差的规律，防止处理事情时候被假象所迷惑。

运维监理工程师还要注意情绪效应的产生，在第一印象形成过程中，主体的情绪状态可以影响对这个人今后的评价，第一次接触时主体的喜怒哀乐对于对方关系的建立或是对于对方的评价可以产生不可思议的差异。与此同时，还可能产生“情绪传染”的心理效果。主体情绪异常，也可以引起对方不良态度的反应，因此就影响到良好人际关系的建立。所以，创造良好的交往环境、时机，以维护彼此的良好心境，也是维持人际关系正常的重要一环。

2. 把握人际关系认知的规律

运维监理工程师要认识人际之间吸引的重要性。影响人际之间吸引的因素很多。人的相互感知与理解，人与人之间的喜好（吸引力与好感）、相互影响与行为（包括角色行为）是人际交往的重要影响因素。人与人之间的喜爱是人际关系稳定性、深度、亲密性的主要调节器。

运维监理工程师要把握人际知觉的规律，人际知觉是指人与人相互关系的认知。判断人际关系时我们不但要了解对方的动机、性格以及人际关系特性。同时也需要了解对方与其他人之间的关系。这是由于在一个社会群体中，甲乙双方的相互关系绝不是仅仅受甲乙双方特点的影响，而往往还受到第三者乃至更多人的影响。

运维监理工程师也要把握角色知觉的客观规律，角色知觉不但包括对某人在社会上所扮演的角色的认知与判断，同时也包括对角色的行为的社会标准的认识。每一个人在社会上都扮演着各种角色，而每一种角色都有其一定的行为标准。个人对此行为标准的认知决定了他在社会上的行为，例如，上下级间的关系，在一般人的心目中自有其固定的方式。而这些交往方式已被社会历史地形成，并被一般人所认可。这样，在人际关系建立上，一旦情境的因素和角色的因素被确定之后，两者之间的交往形态与人际关系也随之大体决定。所以当事人也就必须依照社会已经确定关系来进行彼此交往。

运维监理工程师还要认识因果关系认知的规律。人们对外界简单的认知，并非对所认知的对象做各种互不相关的个别反应，而是系统的、有组织意义的反应。同样，人们对社会上所发生的事件以及人际事件，也存在着同样的现象，即将他们组成因果系统的倾向。现实生活中，由于父辈、朋友等彼此具有传统的良好关系，而延伸到下一代和相关群体的关系是十分多见的。

3. 创造良好的人际交往条件

运维监理工程师在从事运维监理工作，同运维服务商和承包单位建立良好的人际关系时，还需要创造人际交往的条件。人际交往条件的形成往往受到以下因素的影响。

（1）外表问题

从一般意义上来讲一个人的外表是由先人遗传素质形成和发展起来的，它不以个人的主观愿望为转移。但一般人在判断别人时，从心理上却无法消除由于别人外表产生的影响作用。在社会交往的过程中，外表因素往往有形或无形地影响着人际间相互关系的建立和发展。研究表明，外表越吸引人的，也越容易为人所喜爱。但是，外表招人喜欢的并不完全取决于给人外表的美，在人与人相互交往的过程中还存在着另外一种心理现象，即人们容易与那些与我们自己外表、风度相类似的人，建立起良好的人际关系。

（2）态度的类似性

人与人如果具有共同的态度与价值观，则不但容易获得对方的支持和共鸣，同时也容易预测对方的感情和反应倾向，因此在交互作用的过程中，彼此容易适应而建立起人际关系。对于与我们态度、价值观念相类似的人，我们与之争辩的机会较少。而且由于获得他们的支持，往往容易加强自信心，态度与价值观念的相类似也是我们得以维持一致和长久的友谊。因而，与自己具有态度类似性的人，就变得更加具有吸引力。另一方面，与自己态度及价值观念比较类似的人，也比较能够正确地反映我们自己的能力、感情和信仰，因而也比较具有吸引力。为此，大家都愿意找情趣相投的朋友。

（3）需求的互补性

需求的互补性是指双方在交往过程中获得互相满足的心理状态。它包括两个部分，即彼此的社会增强作用的满足和彼此心理特性相反者的互补作用。人与人一开始交往，其所建立的人际关系是否得以持续或中途停断，有赖于彼此的社会增强作用，即个体能否透过交互作用而获得动机的满足。两人相处对双方都有助益，或彼此有友好的意愿，或彼此发现具有类似的态度时，两人的交互关系便有继续维持的可能。反之，若一方增加了另一方的不安，或对另一方表示不友善，则难以持续。两个人透过彼此交互作用所获得的报偿超过由此而来的损失时，两人之间的人际关系才得以维持。亲密的友谊关系，乃是彼此间以极少的损失可换取很多的报偿，亦即相互满足的状态。人与人不仅是具有共同特征者愿意相聚在一起，彼此特性相反者亦有互相吸引的现象。这种情形迫切的需要满足其解除孤独、寻求支持和友爱的需要时，就更是如此。与此同时，由于双方心理上的接近与相互帮助，因而也就减少了人际间的摩擦事件与心理冲突。这种相互间的赞同与接纳，也是彼此间建立良好人际关系的心理条件。

（4）时空上的接近

时空上的接近往往是使人与人之间彼此熟悉、加深了解的一个客观外在条件。时空上的接近往往表现在居住距离的远近和人与人之间相互交往频率这两个方向。首先，距离的远近。人与人凡是地理位置接近者，容易自然地发生人际交互关系，例如，在单位里办公位置邻近的同事与同事，住宅接近的邻居们，彼此见面的机会多，自然而然就容易建立人际关系。而距离较远的人，其形成或继续友谊的机会就比较少。其次，相互交往的频率。人与人或由于地理位置的接近，或由于工作上的需要，相互交往的次数愈多，则容易只有共同的经验，具有共同的话题。而建立密切的人际关系，尤其是陌生人相处的初期。地理距离的远近与交往的频繁，对于建立人际关系具有决定性的作用。因此，与人为友必须主动拉近空间上的距离，并采取积极的态度加强交往，增加交往频率。否则，日久天长友情就会淡薄。

运维监理工作中的人际交往与协调并不是一件困难的事情，但是，良好的人际关系需要精心呵护，需要掌握科学的规律和艺术的方法去维系。学习不仅给我们带来知识的补充，也能带来更多的良师益友。充分认识和掌握这种客观规律，可以使运维监理工作事半功倍。

第 15 章 信息系统设施运维的监理工作

信息系统设施是指支撑信息系统业务活动的信息系统软硬件资产及环境。信息系统设施运维属于信息系统基础运维，是整个信息系统运维的前提和保证，其核心任务是有效地管理信息系统的设备资源，对相关设备进行日常运行维护、综合监控管理，保障信息系统稳定、可靠运行，从而保证信息服务的质量。

本章主要介绍信息系统设施运维所涉及工作重点及监理工程师对这些重点应采取的具体监理方法、绩效考核方法。

15.1 信息系统设施运维简述

信息系统设施运维的范围包括信息系统所涉及的所有设备及环境，主要包括基础环境、硬件设备、网络设备、基础软件等。

（1）基础环境：包括机房供配电系统、机房 UPS 系统、机房空调系统、机房弱电系统、机房消防系统等在内的，维持机房安全正常运转，确保机房环境满足信息系统设备运行要求的各类设施。

（2）硬件设备：信息系统所涉及的相关硬件，如服务器设备、安全设备、存储备份设备、音视频设备、终端设备及其他相关设备等。

（3）网络设备：保证信息系统内部、信息系统与外部连接的网络及网络设备，包括内部局域网、互联网、网络线路，以及路由器、交换机、入侵检测器、负载均衡器等。

（4）基础软件：支持信息系统运行的系统软件，包括操作系统、数据库系统、中间件等。

信息系统设施运维操作的内容主要包括日常操作运维、响应支持运维、优化改善运维等内容。

信息系统设施运维的人员包括管理人员、技术支持人员和具体操作人员，一般有如下要求。

（1）基础环境的人员要求：具有丰富的运维服务项目管理经验，并有 IT 服务管理相关的中、高级培训认证证书，熟练掌握机房基础设施相关设备的安装调试、配置和维护，拥有相关设备系统的中、高级培训认证证书。熟练掌握相关设备系统的操作文档，并经过相关专业系统的操作培训和资格认证。

（2）网络设备的人员要求：熟练掌握相关网络设备、系统的安装、调试、配置和维护，拥有相关设备系统的中、高级培训认证证书，熟练掌握网络及网络设备相关操作文档，并经过培训考核。

（3）硬件设备的人员要求：熟练掌握相关服务器、存储器的安装、调试、配置和维护，拥有相关设备系统的中、高级培训认证证书，熟练掌握服务器及存储器相关操作文档，并经过培训考核。

（4）基础软件的人员要求：熟悉掌握相关软件的安装、调试、配置和维护，拥有相关软件的中、高级培训认证证书，熟悉数据产生、处理的关键环节，并了解数据输入、输出、处理相关的步骤。熟练掌握基础软件相关作文档，并经过培训考核。

15.2 信息系统设施运维的对象

本节将针对信息系统设施的运维对象基础环境、网络设备、硬件设备和基础软件 4 个方面阐述各对象的具体运维工作和监理重点。

15.2.1 信息系统基础环境运维

基础环境运维是为了保证信息系统所有设施的安全、稳定、无故障运行，监控环境，监测并定期检查基础设施的工作状态，发现并报告问题和提出变更建议，提供信息系统正常运行所需要的基础运行环境。基础设施管理主要包括电源设备管理、空调设备管理、楼宇管理和防护设备管理等。

1. 电源设备管理

电源设备管理指对信息系统电源接入设备的日常管理和维护。电源是信息系统连续运行的基础与保证，电源设备比较容易因老化而发生问题。当问题发生时，可以及时启动紧急电源设备或不间断电源，以保证日常网络通信的顺利进行。

计算机机房应设专用可靠的供电线路，供电电源设备的容量应具有一定的余量，供电电源技术指标应按 GB 2887—89《计算站场地技术要求》中的 9 章规定执行，计算机系统的各设备走线不能和空调设备、电源设备的无电磁屏蔽的走线平行。交叉时，应尽量以接近垂直的角度交叉，并采取防延燃措施。计算机系统应采用铜芯电缆，严禁铜、铝混用，若不能避免，则应采用铜、铝过渡头连接。

2. 空调设备管理

计算机机房应配备专用空调设备，若与其他系统共用，则应保证空调效果和采取防火措施。空调系统的主要设备应有备份，空调设备在能量上应有一定的余量，应尽量采用风冷式空调设备，空调设备的室外部分应安装在便于维修和安全的地方。

3. 楼宇管理

楼宇管理指建筑及其设备的管理、运行与维护等。主要包括管理与维护楼宇布线；监控、使用、维护建筑设备；通信和网络系统及火灾报警与安全防范系统的管理等。要注意楼宇中的机房结构，应避开易发生火灾、危险程度高的区域，计算机机房装修材料应选择符合《建筑设计防火规范<GB 50016-2006>》中规定的难燃材料和非燃材料，应能防潮、吸音、不起尘、抗静电等。

4. 防护设备管理

机房应设置好相应的防护设备，如救火设备、防罪犯设备、输电设备、隔音设备等。安全的机房应设置火灾报警装置。在机房内、基本工作房间内、活动地板下、吊顶里、主要空调管道中及易燃物附近部位应设置烟、温感探测器。

15.2.2　信息系统网络运维

信息系统网络运维指为保证路由设备、网络交换设备等网络基础设施的安全、可靠、可用和可扩展，保证网络结构的优化，定期评估网络基础平台的性能，制定故障维护预案，及时消除可能的故障隐患，制定应急预案，保证网络基础平台的可靠和可用。

网络运维的对象主要包括通信线路、通信服务、网络设备及网络软件。通信线路即网络传输介质，主要有双绞线、同轴电缆、光纤等；通信服务即网络服务器，网络控制的核心是通过运行网络操作系统，提供硬盘、文件数据及打印机共享等服务功能；网络设备即计算机与计算机或工作站与服务器连接时的设备，主要包括网络传输介质互联设备（T 型连接器、调制解调器等）、网络物理层互联设备（中继器、集线器等）、数据链路层互联设备（网桥、交换机等）及应用层互联设备（网关、多协议路由器等）；网络软件是指支撑网络设备运转的软件。

网络运维的 4 个对象是紧密关联的，运维人员在面对用户反映“网络不通”问题的时候，往往发现问题可能不是出在通信线路上，而是由通信服务、网络设备或网络软件引起的。网络运维中的关键不是针对具体设施对象的管理，而是能够满足网络运维需要，能够快速定位问题，有效响应请求的拓扑管理、状态管理和监控管理等。

1. 网络拓扑管理

在网络运维工作中，如果对网络的监控只是单点地针对设备进行观察及排错，或者仅有静态的逻辑拓扑图，均不利于运维人员对网络进行整体有效的认识或监控。网络运维需要能够反映网络中所有设备的工作状态、线路流量状态并能进行智能告警通知的拓扑图，我们称之为物理拓扑图。通过物理拓扑图能真实地反映网络设备的物理运行状态。目前，网络运维平台（工具）能动态提供物理拓扑图，通过该拓扑图，运维人员可以及时地了解网络中的故障点和压力点，并对网络中的所有设备进行快速的浏览及配置，提高工作效率。

2. 网络状态管理

通过网络链路状态管理对网络物理链路连接状态进行监视和管理，通过运维平台对指定链路设定告警阈值，如链路带宽占用率阈值、链路速率阈值等。在链路连接发生故障或达到告警阈值时，链路以颜色的改变提醒运维人员，并产生相关告警。

3. 网络监控管理

网络监控管理包括网络设备 iOS 版本、网路线路带宽状况、网络设备 CPU 利用率、内存利用率、网络设备端口、ICMP 连通性及 SNMP 监测等，其中以端口监测最为关键，主要监测端口的数据流量，包括入速率、出速率、入丢帧速、出丢帧速、单播入帧速、单播出帧速、非单播入帧速、非单播出帧速、入错误帧速、出错误帧速等。

15.2.3 信息系统硬件运维

信息系统硬件运维是指为保证服务器设备、集群系统、存储阵列、存储网络等硬件的安全性、可靠性和可用性，保证存储数据的安全，定期评估硬件设备的性能，确认数据存储的安全等级，制定故障应急预案，及时消除故障隐患，保障信息系统的安全、稳定、持续运行。

硬件运维的关键是对服务器设施的运维，主要包括 Web 服务器、应用服务器、邮件服务器、文件服务器、FTP 服务器、DHCP 服务器、DNS 服务器、打印传真服务器、数据库服务器、域服务器等。

硬件运维的关键在于能够尽早发现硬件的性能瓶颈和故障隐患，即要做好硬件监控管理，主要监控服务器的基本信息、CPU 负载、内存利用率、磁盘空间和吞吐率、事件与错误日志等。

（1）硬件状态监控：主要监控和管理服务器状态，如风扇转速、湿度、电压和 CMOS 电池容量。

（2）性能监控：主要监控服务器 CPU 负载、内存和磁盘使用量、并发会话数等性能指标和运行状态参数。

（3）应用服务监控：对服务器上运行的 HTTP、HTTPS、FTP、Telnet、FTP、ICMP、IMAP、POP3、SMTP 和任意 TCP 端口上的应用服务进行监控，通过服务器的响应速度来提前预知服务异常。

（4）针对 Windows 服务器的监控：通过对 WMI 的支持，可监控 Windows 服务器的事件日志、MS Exchange Server、SQL Server、LDAP、IIS 等服务的可用性。

15.2.4 信息系统基础软件运维

基础软件运维是为保证操作系统、数据库系统、中间件和其他支撑系统的安全、可靠和可用，定期评估软件的性能，制定软件故障应急预案，及时消除故障隐患，保障信息系统的安全、稳定、持续运行。基础软件运维的关键在于能够尽早发现软件性能瓶颈和故障隐患。

1. 数据库监控

数据库监控主要包括数据库系统的性能、事务、连接等方面的数据，如数据库工作状态、数据库表空间的利用情况、数据文件和数据设备的读写命中率、数据碎片的情况、数据库的进程状态、数据库内存利用状态等，具体如下。

（1）基础监控：数据库是否装载，指定表或视图是否存在，制定指定表空间的使用率的风险阈值。

（2）基本信息采集：监测数据库服务器的基本信息，包括实例状态、主机名、DB 名称、DB 版本、位长、并行状态、例程名、例程开始时间、限制模式、归档模式、归档路径、只读模式、是否使用 Spfile 启动及启动路径。

（3）数据库表空间监测：监测数据库服务器指定表空间的使用量、使用百分率、PSH 值、读写时间、扩展次数、Next 扩展大小。

（4）数据文件监测：监测指定文件大小及状态。

（5）回滚段监测：监测数据库服务器指定回滚段命中率、大小、压缩次数。

（6）SGA 配置监测：监测数据库服务器 SGA 性能、高速缓冲区大小、重做日志缓冲区大小、共享池大小、数据字典缓存大小、共享库缓存大小、SQL 缓存大小。

（7）链接会话监测：监测数据库服务器中会话的 CPU 时间、内存排序次数、提交次数、占游标数、缓冲区命中率。

（8）安全访问监测：监测表空间使用率、连接会话数等。

（9）资源锁定监测：监测数据库服务器中自定资源的锁定时长。

（10）命中率监测：监测数据库服务器的高速缓存区命中率、共享库缓存区命中率、共享区字典缓存命中率、回退段等待次数与获取字数比率、磁盘排序与内存序比率。

（11）数据空间监测：监测指定数据空间。

（12）数据库大小监测：监测数据库实例当前大小。

2. 中间件监控

中间件监控主要监控中间件的各项运行状态参数，包括配置管理、连接池、线程队列、负载监测、通道情况监测等，具体如下。

（1）系统信息采集：监测中间件的基本信息，包括操作系统、操作系统版本、当前可用堆栈及大小、当前目录、重启次数、开启线程数。

（2）JVM 使用监测：监测 JVM 的堆栈大小和使用率。

（3）JDBC 连接池监测：监测 JDBC 数据连接池资源分配情况。

（4）JTA 事务监测：监测中间件中数据处理事务的活动情况。

（5）线程池监测：监测指定线程类的线程平均数、空闲线程平均数及线程吞吐量。

（6）Servlet 监测：监测指定 Servlet 的执行和调用情况。

（7）EJB 监测：监测指定 EJB 激活次数、钝化次数、缓存个数、事务提交次数、回滚次数、超时次数、访问次数。

（8）通道情况监测：监测 MQ 的通道情况，包括每秒接收字节、每秒发送字节、通道状态、发送间隔、事务数。

（9）队列深度监测：监测 MQ 服务的消息队列的队列深度。

（10）Web 应用监测：指定 Web 应用中 Session 的当前个数、最大值及累积个数。

（11）JMS 队列深度监测：监测中间件中 JMS 消息队列活动情况。

（12）Tuxedo 负荷监测：监测 Tuxedo 的机器状态是否被激活、每秒处理的队列服务数、每秒入队的队列服务数、当前客户端数、当前 Workstation 客户端数。

（13）TongWeb 数据连接池：监测国产中间件 TongWeb 数据库连接信息，如最大最小连接数，可用、创建、关闭、等待连接数等。

（14）TongWeb 应用性能监控：主要监测系统线程情况、请求队列情况、吞吐量发送/接收字节数等信息。

3. 应用服务监控

应用服务监控通过对信息系统基础应用平台（如 IIS、Apache 等）的基础信息、接测试、基本负载等重要信息的监测，有效、实时地分析 HTTP/HTTPS、DNS、FTF DHCP、

LDAP 等常见通用服务的运行状态和参数，深入分析服务响应速度变化的原因和规律，从根本上解决服务响应性能的问题。

应用服务监控内容具体包括：

（1）Web 服务器可用性监测：监测 HTTP、HTTPS 和 Web Service 服务器是否连接及是否正常运行，可以监测指定 HTTP 的 URL 路径是否包含或不包含指定内容。

（2）标准邮件服务器监测：监测 IMAP、POP3、SMTP 邮件服务器是否连接以及是否正常运行，可以监测具体的邮箱邮件数及邮箱使用量。

（3）Active Directory（AD）服务监测：监测 AD 服务运行情况、请求的响应情况及服务复制列表情况等。

（4）基础服务监测：主要是对 DNS、FTP、LDAP 服务的监测，内容包括监测相关服务器是否连接，是否正常运行，以及连接时间等。

（5）通用资源监测：主要对 TCP 端口和 SNMP 进行监测，包括监测多个 TCP 端口，采集连接时间，可指定端口开启或关闭时告警和监测多个 SNMP 表达式（支持四则运算、时间差值运算等）对应的采集结果，并可设定告警阈值。

15.3 信息系统设施运维的内容

信息系统设施运维的内容可分为日常操作运维、响应支持运维、优化改善运维。

15.3.1 日常操作运维

日常操作运维是指基础设施运维人员通过预定的（如巡检、监控、备份、应急测试、设备保养等）例行服务，以及时获取运维对象状态，发现并处理潜在的故障隐患，保证信息系统设施的稳定运行。日常操作应有指导手册，并指定专人负责更新和完善。指导手册包括：

（1）《例行服务的任务清单》；

（2）《各项任务的操作步骤及说明》；

（3）《判定运行状态是否正常的标准》；

（4）《运行状态信息的记录要求》；

（5）《异常状况处置指南》；

（6）《例行服务的报告模板》。

日常操作的实施形式包括设施监控、预防性检查和常规操作 3 种类型。

15.3.1.1 设施监控

设施监控是指通过各类工具和技术，对设备的运行状态进行记录和分析，记录内容包括设备状态、运行状况和变化情况、发展趋势等。

1. 基础设施的监控

（1）包含对空调系统的环境温度、湿度、出风温度、回风温度及告警情况等；

（2）供配电系统的电流、电压、功率因数、有功功率、无功功率等；

（3）发电机启停情况、电流、电压、负载率、控制系统供电情况等；

（4）UPS 系统的输入电流/电压、输出电流/电压、频率、功率因数、负载率、温度、告警情况等；

（5）消防系统的告警情况、日常检查等；

（6）安全系统的告警情况、监控录像等；

2. 网络设施的监控

网络设施主要监控的内容如下：

（1）网络设备的健康状况：网络整体运行状态、各硬件资源开销状况、电源系统和通风系统运行状况、控制面主备工作状况及数据面工作状态；

（2）链路健康状况：端到端时延变化、链路端口工作稳定性、链路负载百分比、部署路由策略情况下端到端选路变化；

（3）管理权限用户的行为审计；

（4）设备软件配置变动审计；

（5）设备日志变动审计；

（6）安全事件

3. 硬件设施的监控

硬件设施监控的重点是服务器及存储设备的运行状态、性能、资源使用分配情况，以便了解其是否满足运行要求。主要内容包括：服务器及存储设备的监控主机服务器 LED 面板运行错误码、监控服务器电源工作状态指示灯、监控服务器硬盘工作状态指示灯、监控服务器 CPU 使用比例情况、监控操作系统重要文件系统空间使用情况、监控服务器内存使用情况等。

4. 基础软件的监控

基础软件监控是指对软件的运行状态、运行性能、资源使用分配情况进行监控，以便了解其是否满足运行要求。监控应当采用合适的工具与手段，分配专门人员定期或全时段进行监控。主要内容包括：

（1）数据库方面：监控数据库主要进程运行情况；数据库连接是否异常；数据库表空间使用情况；数据库日志是否有异常；数据库日常备份是否正常等。

（2）中间件：监控中间件运行状态；监控主要进程运行状态；监控应用服务运行情况；监控中间件通信网络连接情况；监控中间件日志是否有报错信息。

15.3.1.2　预防性检查

预防性检查是在信息系统设施监控的基础上，为保证信息系统设施的持续正常运行，运维部门根据设备的监控记录、运行条件和运行状况进行检查及趋势分析，以便及时发现问题并消除和改进。主要包括性能检查和脆弱性检查两个方面。

1. 基础设施的预防性检查

（1）空调系统的性能检查包括高压压力、低压压力（风冷系统），冷冻水压力、温度，冷却水压力、温度（水冷系统），风机运行情况等；脆弱性检查包括机房热点情况、室内机漏水检查、室外风机 运转情况、加湿罐阳极棒检查、过滤网检查等；

（2）供配电系统的性能检查包括接地电阻、零序电流、器件发热情况等；脆弱性检查包括导线、器件发热情况，防浪涌器件情况等；

（3）发电机的性能检查内容包括发电机转速、发热情况等；脆弱性检查包括油位、吸气、排烟通道等；

（4）UPS 系统的性能检查包括器件发热情况、电池情况（外观、液位、接线柱）等；脆弱性检查包括器件、导线发热情况，电池放电时间等；

（5）消防系统的性能检查包括钢瓶压力、有效期、探头污染等；脆弱性检查包括启动瓶、管道开关、气体压力等；

（6）安全系统的功能性检查包括器件灵敏度、画面清晰度（不同照度情况下）、云台运行等；脆弱性检查包括器件灵敏度、监控死角问题等。

2. 网络设施的性能检查

包括网络及网络设备检查、网络设备非业务繁忙期 CPU 使用峰值情况、检查网络设备非业务繁忙期内存使用峰值情况、检查设备板卡或模块状态使用情况、检查设备机身工作使用情况、检查主要端 U 的利用率等；脆弱性检查包括链路的健康状态（包括 IP 分组传输时延、IP 分组丢失率、IP 分组误差率、虚假 IP 分组率）、设备链路的冗余度要求、安全事件周期性整理分析、设备生命周期与硬件可靠性评估、备件可用性、周期性检查等。

3. 硬件设施的性能检查

包括服务器非业务繁忙期 CPU 使用峰值情况、服务器非业务繁忙期内存使用峰值情况、操作系统重要文件系统空间使用情况、服务器、存储 10 读写情况、数据流网络流量情况等；脆弱性检查包括服务器、存储关键硬件部件是否满足运行冗余度要求、当前操作系统版本是否安装相关风险补丁、重要业务数据文件或操作系统文件空间使用是否达到预定阈值、检查关键机密系统数据安全防护设置是否满足要求、检查系统使用资源是否超过预定阈值等。

4. 基础软件的预防性检查

数据库和中间件两方面：

数据库的性能检查把包括数据库业务 CPU 使用情况、数据库业务内存使用情况、数据库业务锁情况、数据库业务会话数和操作系统进程数情况、数据库 buffer 等命中率情况、数据库业务等待事件情况等；脆弱性检查包括当前数据库版本是否安装相关风险补丁、表空间的使用是否达到了预定阈值、数据库关键文件是否做了镜像、数据库备份策略是否合理、数据库是否存在异常用户等。

中间件的性能检查包括中间件服务器业务 CPU 使用峰值情况、中间件服务器业务内存使用峰值情况、中间件服务器业务会话连接数情况等；脆弱性检查包括中间件服务器、存储关键硬件部件是否满足运行冗余度要求、当前中间件版本是否安装相关风险补丁、中间件的数据库连接密码配置文件是否存在明码、相关重要运行程序是否有保留备份、操作系统配置是否符合中间件运行的要求、系统使用资源是否超过预设阈值等。

15.3.1.3 常规操作

常规操作运维是对信息系统设施进行的日常维护、例行操作，主要包括定期保养、配置备份等，以保证设备的稳定运行。

1. 基础环境的常规操作

内容包括基础类操作、测试类操作和数据类操作 3 类。

（1）基础类操作：根据有关规定，执行基础环境的日常运行、维护和保养。

（2）测试类操作：根据有关规定，对基础环境各系统功能、性能进行测试。

（3）数据类操作：按事先规定的程序，对基础环境运行日志、记录等数据进行操作。

2. 网络设施的常规操作

网络设施的常规操作主要包括网络设备操作系统软件备份及存档；网络设备软件配置备份及存档；监控系统日志备份及存档；监控系统日志数据分析与报告生成；网络配置变更文件的审核；网络配置变更的操作；网络配置变更的记录。

3. 硬件设施的常规操作

主要是针对服务器及存储设备：检查设备是否正常启动；检查硬件设备是否有运行告警灯或故障灯；检查设备运行日志是否有报错信息；检查业务系统运行是否正常（交易是否正常）；检查应用系统是否有运行错误日志；检查系统关键进程是否运行正常等。

4. 基础软件的常规操作

基础软件常规操作主要针对数据库和中间件，重点是：检查数据库服务是否正常启动；检查数据库网络侦听是否正常；检查数据库运行日志是否有报错信息；检查数据库定时执行任务是否正常执行；检查数据库备份是否正常；检查中间件相关进程是否已正常启动；检查中间件运行日志是否有报错信息；检查业务系统交易运行是否正常。

15.3.1.4　日常操作的监理考核重点

（1）设施监控的不间断性，汇报问题、分析问题的及时性考核；

（2）预防性操作的计划性、计划的完整性与实施的完整性；

（3）常规操作的计划性、准确性、记录性及可追溯性；

（4）设计考核指标时要注意对参考值的设计，需要提前预估工作量。

15.3.2　响应支持运维

响应支持运维是运维人员针对服务请求或故障申报而进行的响应性支持服务，包括变更管理、故障管理等。响应支持运维过程中需要关注的要素包括：

① 明确响应支持受理的渠道 如电话、传真、邮件或 Web 方式；

② 对响应支持的实施过程进行记录，甄别响应请求是否为有效的申请；

③ 对有效申请进行分类，并根据紧急程度、影响范围和重要程度判断优先级，然后分发给相应人员进行响应支持；

④ 在响应支持处理过程中设置预警、告警机制及升级流程；

⑤ 在响应支持处理过程中的各个关键环节应及时将进展信息及时通知供需双方相关人员；

⑥ 必要时创建与例行操作、优化改善和咨询评估服务的接口。

响应支持作业根据响应的前提不同，分为事件驱动响应、服务请求响应。

15.3.2.1 事件驱动响应

事件驱动响应是指由于不可预测原因导致服务对象整体或部分功能丧失、性能下降，触发将服务对象恢复到正常状态的服务活动，应急响应属于事件驱动响应。事件驱动响应的触发条件包括外部事件、系统事件和安全事件 3 种。外部事件指为信息系统设施运行提供支撑的、协议获得的、不可控、非自主运维的资源，如互联网、租赁的机房等由服务中断引发的事件；系统事件指为运维标的物范围内的、自主管理和运维的系统资源服务中断引发的事件；安全事件指安全边界破坏、安全措施或安全设施失效造成的安全等级下降和用户利益被非法侵害的事件。

1. 基础设施的事件驱动响应

主要包括：

（1）空调系统：故障排查，关闭部分机组以维持机房最低温/湿度指标，关闭新风等；

（2）供配电系统：故障排查，投入备用电源回路，关闭非重要回路等；

（3）发电机：启动发电机，油料补充；

（4）UPS 系统：故障排查，旁路系统，关闭非重要输出等；

（5）消防系统：故障排查，系统启动，报警联动，疏散警示等；

（6）安全系统：手动开启或关闭门禁系统，检查告警或监视记录等。

2. 网络设施的事件驱动响应

主要包括按预定义级别的网络通信相关故障发生所启动的响应支持，特定事件、时期所驱动的响应支持，信息系统变更所驱动的响应支持，信息系统故障所驱动的响应支持，灾难性事件所驱动的响应支持。

3. 硬件设施的事件驱动响应

主要包括针对硬件设施故障引起的业务中断或运行效率无法满足正常运行要求等，例如：

（1）设备电源硬件故障导致设备宕机；

（2）服务器通信模块故障导致业务通信中断（网卡损坏）；

（3）服务器文件系统异常导致操作系统运行缓慢，从而引起业务交易超时；

（4）数据库软件异常导致数据库停止，从而引起业务交易中断；

（5）主机、存储光纤卡异常引起数据无法读写，导致业务无法正常交易等。

4. 基础软件的事件驱动响应

主要包括针对基础软件故障引起的业务中断或运行效率无法满足正常运行要求， 例如：

（1）数据文件坏块引起数据库异常；

（2）设备电源硬件故障导致数据库异常；

（3）主机、通信模块或网络设备故障导致数据库连接中断；

（4）主机硬盘、光纤卡或存储异常引起数据无法读/写，导致数据库宕机；

（5）主机 CPU、磁盘、数据库表空间等资源耗尽导致数据库系统运行缓慢；

（6）数据库产生死锁；

（7）数据库配置变更导致数据库系统异常或运行缓慢；

（8）主机通信模块或网络设备故障造成软件异常；

（9）由于操作系统原因导致中间件软件异常；

（10）由于数据库原因导致中间件软件异常。

15.3.2.2　服务请求响应

服务请求响应是指由于各类服务请求，引发的针对服务对象、服务等级做出调整或修改的响应型服务。此类响应可能涉及服务等级变更、服务范围变更、技术资源变更、服务提供方式变更等。

1. 基础设施的服务请求响应

主要包括：

（1）空调系统：调整温度、湿度参数等；

（2）供配电系统：增减回路，增减供电类型（如直流、110V）等；

（3）发电机：为指定负载供电等；

（4）UPS 系统：旁路操作，为指定负载供电等；

（5）消防系统：增减终端设备，检查及提供告警及监控 id 录，备份或清除记录等。

2. 网络设施的服务请求响应

指对网络及网络设备的操作作业请求，如增加、降低网络接入的数量或速度，更改网络设备配置等进行的响应服务。

3. 硬件设施的服务请求响应

指对硬件设施的操作作业请求，如启动、关闭端口或服务；更换、更新或升级设备硬件等进行的响应服务，如设备搬迁、设备停机演练、设备清洁维护、系统参数调整、文件系统空间扩容等。

4. 基础软件的服务请求响应

指针对基础软件，根据信息系统软件运行需要或相关方的请求而进行的响应服务。如数据库版本升级、数据库灾难恢复、数据库调优、数据库数据移植、数据清理、中间件服务器更换、中间件参数调整、软件版本升级等。

15.3.2.3　响应支持的监理考核重点

① 所有事件处理的及时性、执行过程的准确性考核；

② 事件处理后文档提交的准确性考核，尤其注意对故障现象的分析、预防性操作等内容；

③ 事件处理过程的严谨性考核，事件处理过程是否按既定流程执行、按汇报机制汇报，不能因事情紧急而越级、越权处理。

④ 对服务方式、用户满意度等方面进行考核；

⑤ 应急事件的考核要重点准备，虽然应急事件发生的概率很小，但是要很早的就对运维商的应急计划进行审查，并监督运维商定期进行全面的应急演练。应急事件的过程考核可以采用扣分方法或者一票否决法；

⑥ 设计考核指标时要注意对计算方法和权重的设计，有的信息系统运维更严格的要求效率与速度(即及时性)，有的需要重点保障安全与数据(即流程执行过程是否合规和严谨)。

15.3.3　优化改善运维

优化改善运维是运维人员通过提供调优改进，达到提高设备性能或管理能力的目的。

优化改善运维的相关要素：

（1）优化改善方案。方案中应包含优化完善的目标、内容、步骤、人员、预算、进度、衡量指标、风险预案和回退方案等；

（2）对优化改善方案进行必要的评审包括内、外部评审；

（3）在优化改善完成后进行必要的回顾总结。

优化改善运维包括适应性改进、纠正性改进、改善性改进和预防性改进 4 种类型。

1. 适应性改进

优化改善运维中适应性改进是指在已变化或正在变化的环境中可持续运行而实施的改造。

（1）基础设施的适应性改进

主要包括以下内容：

① 空调系统：调整温/湿度参数等；

② 供配电系统：回路调整等；

③ 发电机：调整启动方式等；

④ 安全系统：调整授权模式、告警模式、云台运转周期等。

（2）网络设施的适应性改进

主要包括路由策略调整、设备或链路负载调整、安全策略调整、监控对象覆盖范围调整、局部交换优化、局部可靠性优化等。

（3）硬件设施的适应性改进

针对服务器及存储设备而言，主要包括服务器交换区 SWAP 容量调整、操作系统内核参数调整、存储 RAID 保护级别调整、文件系统使用空间调整划分等。

（4）基础软件运维的适应性改进

指根据信息系统软件的特点和运行需求，对软件进行调整，如相关操作系统参数调整，中间件参数配置优化，数据库参数调整，临时表空间、用户表空间调整，数据库重命名，数据库日期格式调整等。

2. 纠正性改进

（1）基础设施的纠正性改进，主要包括以下内容。

① 空调系统：调整温/湿度参数等，调整机组位置等。

② 供配电系统：更换开关、导线以适配负载容量等。

③ 安全系统：调整终端位置，更换终端设备型号等。

（2）硬件设施的纠正性改进是指根据应用系统的特点和运行需求，分析服务器及存储设备的运行情况，调整服务器及存储设备不合理的初始容量配置、参数配置等，以满足信息系统的运行需求，如调整网卡通信速率模式，调整数据库表空间大小，调整数据库相关参数，调整操作系统相关内核参数等。

3. 改善性改进

优化改善运维中改善性改进是指根据信息系统或相关设备的运行需求或设计缺陷，采取相应改进措施增强安全性、可用性和可靠性。

（1）基础设施的改善性改进

主要包括以下内容：

① 空调系统：增减机组、APU 单元等；

② 供配电系统：增加回路、ATS 设备等；

③ UPS 系统：增加主机数量、电池数量等；

④ 安全系统：增加告警联动、终端数量、存储容量等。

（2）网络设施的改善性改进

主要包括硬件容量变化（如网络设备硬件、软件升级、带宽升级等），整体网络架构变动，网络架构容量变化（如网络子系统的增减等），系统功能变化（如新增功能区、安全系统、审计系统等），路由协议应用及部署调整，整体安全策略收紧，交换优化，可靠性优化等。

（3）硬件设施的改善性改进

根据应用系统的特点和运行需求，通过对服务器及存储设备的运行记录、趋势的分析，对服务器及存储设备进行调整、扩容或升级等，包括存储磁盘容量增加、服务器 CPU 个数增加、服务器内存容量增加、服务器本地磁盘容量增加、网卡升级等。

（4）基础软件的改善性改进

根据应用系统的特点和运行需求，通过对数据库的运行记录、趋势的分析，对数据库进行调整、扩容或升级，主要包括软件版本升级、补丁；由于主机 CPU 个数、内存容量增加调整软件相应的参数；由于主机存储设备的增加调整数据库表空间容量等。

4. 预防性改进

优化改善运维中预防性改进是指监测和纠正系统运行过程中潜在的问题或缺陷，以降低系统风险，满足未来可靠运行的需求。

（1）基础设施的预防性改进

主要包括以下内容：

① 空调系统：调整机组位置，调整出/回风方式等；

② 供配电系统：更换开关，更换导线，调整回路等。

（2）网络设施的预防性改进

主要包括以下内容：

① 配置参数优化（如关闭不必要的服务，打开默认的增强功能（CEF 等），加快三层网络路由收敛速度，加快二层网络生成树收敛速度等）；

② 安全优化（如密码加密、Telnet 控制等）。

③ 提高软件配置命令可读性。

（3）硬件设施的预防性改进

根据对服务器及存储设备的运行记录、趋势的分析，结合应用系统的需求，发现服务器及存储设备的脆弱点，有针对性地进行改进性作业，如删除垃圾数据，释放数据空间；增加数据文件空间使用范围；增加电源供电模块冗余；调整存储 RAID 数据保护级别等。

（4）基础软件的预防性改进

根据信息系统的特点和运行需求，分析软件的运行情况，调整软件的不合理初始配置、参数配置等，以满足应用系统的运行需求，如连接池参数调整，关键配置文件定期备份，调整数据库备份策略，数据库配置参数调整，数据库资源使用调整，数据库执行 SQL 调整，主机操作系统内核参数调整。

15.3.4 咨询评估运维

咨询评估运维指运维人员根据系统运行的需求，提供服务器及存储设备的咨询评估服务，并提出存在或潜在的问题和改进建议。主要内容包括：

① 在咨询评估开展前，制定咨询评估计划，包括目标、内容、步骤、人员、预算、进度、交付成果和沟通计划等；

② 编写咨询评估报告，包括现状评估、访谈调研、需求分析、咨询建议等；

③ 制定报告的评审制度，包括组织内部评审和外部评审，并进行记录；

④ 持续跟踪咨询评估的落地执行情况，咨询评估的落地执行具体情况。

具体来讲，咨询评估作业包括被动性咨询服务、主动性咨询服务。被动性咨询服务是根据需求，对服务对象进行现状调研和系统评估，识别出服务对象的运行健康状况和弱点，并提出改进建议；主动性咨询服务是根据应用系统的特点和运行需求，对服务对象的运行状况、运行环境进行分析和系统评估，提出改进或处理的建议和方案。

1. 基础设施的咨询评估

主要包括以下内容：

（1）空调系统：机房环境指标分析及改进建议，机房热点分析及布置改进建议，机房送风、回风方式改进建议，辅助制冷单元配置建议等；

（2）供配电系统：机柜供电分析及改进建议，机房回路调整分析、调整建议，机房扩容建议等；

（3）发电机：发电机负荷分析及调整建议等；

（4）UPS 系统：UPS 运行分析及扩容建议等；

（5）安全系统：图像监控系统分析及改进建议（如增加存储设备、增加摄像头等），报警系统运行分析及改进建议等。

（6）发电机：发电机负荷分析及调整建议等；

（7）UPS 系统：UPS 运行分析及扩容建议等；

（8）安全系统：图像监控系统分析及改进建议（如增加存储设备、增加摄像头等），报警系统运行分析及改进建议等。

2. 网络设施的咨询评估

主要包括以下内容：

（1）网络实际负荷与承载能力分析；

（2）网络预期负荷与承载能力分析与建议；

（3）网络架构变动分析与建议；

（4）网络路由策略变动分析与建议；

（5）网络安全策略变动分析与建议；

（6）网络配置调优分析与建议等。

3. 硬件设施的咨询评估

指通过对服务器及存储设备的运行记录、趋势分析，发现服务器及存储设备存在或潜在的问题，提出改进或处理的建议和方案。

咨询评估运维和优化改善运维工作的监理考核重点是对优化改善建议报告的审查，一是要注意要求报告作为严谨的成果物按时提交，二是要对报告中不合理的内容进行甄别，给用户合理的建议，这就需要监理人员具有一定的基本功。

15.4　信息系统设施运维系统和工具

信息系统设施运维系统和工具是将所有运维要素纳入到一个统一平台进行管理，从而掌控全局，并进行智能、关联的综合管理，避免分离、分立式管理所带来的孤立现象，帮助用户迅速抓住问题的根源，从而更加有效地实施运维，保障信息系统设施有效运行。

15.4.1　信息系统设施运维管理系统

信息系统设施运维管理系统是站在运维的整体视角，基于运维流程，以服务为导向的业务服务管理和运维支撑平台，其中针对信息系统设施的管理内容包括：

15.4.1.1　设施资源管理

1. 设施快照

运维人员通过设备快照功能以图形化的形式实时获取设备当前的基本管理信息，包括设备名称、IP 地址、网络掩码、类型、分类、系统描述、所运行的服务名称、服务的状态、服务占有的端口、服务响应的时间、接口的基本信息及主机资源参数的基本信息等。

2. 设施视图

以图形方式呈现信息系统相关设施的信息，能够动态实时显示各类资源的运行状态，了解资源的分布与状态信息，以及对网络中的资源进行监控。系统一般支持以下 4 个方面的视图。

（1）网络拓扑图：以地理视图、层次图等方式显示物理、逻辑网络拓扑结构；

（2）机房平面图：提供机房内设备物理摆放位置的视图；

（3）机架视图：提供设备在机架上物理摆放位置的视图；

（4）设备面板图：对被管理的设备应以与设备同样的物理构成直观进行显示，设备面板图应同时可以显示正面面板和背面面板。

通过设备面板管理实现对于交换机运行状态、端口流量、端口丢包率等性能参数的监视与管理，以及对交换机端口的操作，如交换机端口的管理与取消管理，对于端口的开启和关闭等。

视图管理能够将拓扑视图与故障、性能等功能关联，能够在拓扑图上直观地显示被监管资源的运行状态，并且支持告警的传递显示。

3. 设备活动及安装软件信息

该功能既可作为管理员管理服务器、关键主机等设备的一个管理对象，同时也可以作为网络或设备发生异常时，辅助管理员进行故障分析的一种手段。比如，一台关键服务器的流量异常增大，产生告警，管理员可以通过对其活动进程的查看初步了解该服务器目前正在运行的进程，以初步确定造成流量异常增大的可能原因等。

4. 交换机端口分布

交换机端口分布管理是针对用户在日常管理维护工作中，需要实时查看某一台交换机的所有端口或某几台交换机的所有端口的进出流量等信息而提供的一个参考分析的功能。比如，用户感觉网络堵塞，想快捷明了地获悉究竟是哪台交换机、哪个端口所连的设备流量较大，可以通过此功能将所有交换机的所有端口进出流量进行排序，从而及时、准确地得到一个结果。

15.4.1.2 设施监测与分析

通过设施的监测及数据的采集和分析，能够及时对影响服务器运行性能的故障事件发送告警，并采取相应的故障处理措施，保证设施的正常安全运行。

15.4.1.3 设备预警

1. 资源预警

可以针对资源参数，如CPU使用率、内存使用率等设定合理的门限值，在性能越界的时候给出性能预警。

2. 网络性能预警

针对网络性能参数，如进/出流量、错误率、丢包率等设定合理的门限值，在性能越界的时候给出性能预警。对于网络性能参数的性能预警，不仅仅只是针对整个设备，同时对于设备上的端口也可以做更为细化的门限和性能预警设置。比如交换机，既可以对交换机总流量进行性能预警，同时又可以对其相应的端口做门限设置后性能预警。

3. 基础软件性能预警

针对所监视的基础软件设定如响应时间等设定合理的门限值，在性能越界的时候给出性能预警。

15.4.2 信息系统设施运维工具

在不具备通过完整设施运维平台辅助进行设施运维的组织，大部分也使用了运维工具辅助其管理，信息系统设施运维工具主要包括监控管理工具、过程管理工具、专用工具等。

15.4.2.1 运维工具分类

（1）监控管理工具：对设施进行数据采集和监控，评估可能导致设备故障的因素，以及早发现和消除故障隐患。一般的监控管理工具应包括配置管理功能、事件管理功能和性能管理功能。

（2）过程管理工具：对设备运维的过程记录和管理，主要包括日常运维、记录、数据测量、监督和评估等功能。

（3）专用工具：设备供应商提供给运维人员的专用维护工具，以提高运维的效率。

15.4.2.2 运维工具简介

1．监控管理工具

（1）Cacti——网络流量监测图形分析工具

基于 PHP、MySQL、SNMP及RRDTool 开发的网络流量监测图形分析工具，能统计网络设备的流量、CPU、系统负载等参数。

（2）Nagios——网络及服务监控工具

可以监视指定的主机和服务，当被监视对象发生任何问题或问题被解决时发出提示信息。它的主要功能有监控网络服务（SMTP、POP3、 HTTP、NNTP、ping 等），监控主机资源（进程负载、硬盘空间使用情况等），当发现问题或问题解决时通过多种形式发出提示信息（E-mail、寻呼机或其他用户定义的方式）。

（3）Advent Net ManageEngine OpUtils——系统和网络监测工具

可以监控路由器、交换机、服务器和台式机等设备的运行情况，并以此来发现和解决网络性能低下，带宽利用率高，网络连通性差，网络反应迟钝和服务器 CPU 资源占用率高，硬盘空间及访问等问题，非常适合网管员对网络进行监控和维护。

2. 过程管理工具

（1）信息资源管理器 GLPI

它是 Linux 环境下的资源管理器工具，通过 GLPI 可以建立设施资产清单（计算机、软件、打印机等）数据库，其功能可以简化管理员的日常工作，如带有邮件提醒功能的工作跟踪系统等。

（2）交互式拓扑绘制工具 Network Notepad

可以通过第三方工具自动发现网络拓扑，例如，使用 CDP 工具可以支持自动发现网络中所有思科的设备。在使用 Network Notepad 绘制网络拓扑图之前，应同时安装它的一些图形库，这些图形库中包含有许多基本的网络设备图形，绘制时直接以拖曳的方式进行即可。

（3）图形化网络工具集 cheops-ng

该工具集含有主机/网络发现功能，也就是主机操作系统检测，可以用来探查主机上运行的服务，针对某些服务，cheops-ng 可以探查到运行服务的应用程序是什么，以及程序的版本号。

（4）端口扫描器 Unicomscan

通过尝试连接用户系统分布式 TCP/IP 堆栈获得信息和关联关系的端口扫描器，该工具试图为研究人员提供一种可以刺激 TCP/IP 设备和网络并度量反馈的超级接口，主要功能包括带有所有 TCP 变种标记的异步无状态 TCP 扫描、异步无状态 TCP 标志捕获，通过分析反馈信息获取主动/被动远程操作系统、应用程序、组件信息等。

（5）存储子系统读写性能测试工具 Iometer

Iometer 是 Windows 系统下对存储子系统的读/写性能进行测试的软件。可以显示磁盘系统的最大 I/O 能力、磁盘系统的最大吞吐量、CPU 使用率、错误信息等。用户可以通过设置不同的测试参数，有存取类型（如 sequential、random）、读写块大小（如 64KB、256KB）、队列深度等，以此来模拟实际应用的读写环境进行测试。

（6）Windows 系统下的基准评测软件 Sisofl Sandra

此软件有超过 30 种以上的测试项目，能够查看系统所有配件的信息，能够对部分配件（如 CPU、内存、硬盘等）进行打分（benchmark），并与其他型号硬件的得分进行对比。另外，该软件还有系统稳定性综合测试、性能调整向导等附加功能。

（7）网络性能测试工具 Netperf

Netperf 可以测试服务器网络性能，主要针对基于 TCP 或 UDP 的传输。Netperf 根据应用的不同，可以进行不同模式的网络性能测试，即批量数据传输（Bulkdata Transfer）模式和请求/应答（Request/Reponse）模式。Netperf 测试结果反映的是一个系统能够以多快的速度向另外一个系统发送数据，以及另外一个系统能够以多快的速度接收数据。

Netperf 工具以 Client/Server 方式工作。Server 端是 Netserver，用来侦听来自 Client 端的连接，Client 端是 Netperf，用来向 Server 发起网络测试。在 Client 与 Server 之间首先建立一个控制连接，传递有关测试配置的信息，以及测试的结果；在控制连接建立并传递了测试配置信息以后，Client 与 Server 之间会再建立一个测试连接，用来交互传递特殊的流量模式，以测试网络的性能。

15.4.3 信息系统设施的故障诊断与修复

本节主要介绍信息系统设施的常见故障排除过程、诊断方法及故障诊断的原则，作为信息系统运维监理人员应该了解这些内容。

信息系统设施常见故障大致可以分为 4 类，即链路故障、配置故障、协议故障和服务器故障。链路故障通常由接插件松动或设备硬件损坏所致，而其他故障则往往由人为的设置所致。在检查和定位故障时，必须认真考虑可能出现故障的原因，以及应当从哪里开始着手，一步一步进行追踪和排除，直至最后恢复设施的正常运行。

15.4.3.1 主要故障原因与现象

信息系统基础设施发生的故障都是硬件问题和软件问题，即连接性问题、配置文件和选项问题、网络协议问题及网络拓扑问题等。

1. 网络链路

网络链路是故障发生后首先应当考虑的原因。链路的问题通常是由网卡、跳线、信息插座、网线、交换机等设备和通信介质引起的，其中，任何一个设备损坏，都会导致网络连接中断。链路通常可采用软件和硬件工具进行测试验证。

2. 配置文件和选项

所有的交换机和路由器都有配置文件，所有的服务器、计算机都有配置选项，而其中任何一台设备的配置文件和配置选项设置不当，都会导致网络故障。如路由器的访问列表配置不当会导致 Internet 连接故障；交换机的 VLAN 设置不当，会导致 VLAN 间的通信故障；服务器权限设置不当，会导致资源无法共享或无法获得足够权限的故障；计算机网卡配置不当，会导致无法连接的故障等。

3. 网络协议

网络协议是在网络设备和计算机网络中彼此“交谈”时所使用的语言。网络协议的配置在网络中有着举足轻重的地位，决定着网络能否正常运行。任何一个网络协议配置不当，都有可能导致网络瘫痪，或导致某些服务被终止，从而出现网络故障。

4. 网络服务故障

主要包括 3 个方面，即服务器硬件故障、网络操作系统故障和网络服务故障。所有的网络服务都必须进行严格的配置或授权，否则就会导致网络服务故障。例如，服务器权限设置不当，会导致资源无法访问；主目录或默认文件名指定错误，会导致 Web 网站发布错误；端口映射错误，会导致无法提供某种服务等。因此，当排除硬件故障之后，就需要重点检查配置文件和选项；当网络内所有的服务都无法实现时，应当检查网络设备的配置，尤其是连接网络服务器的交换机的配置；如果只有个别服务无法实现，则应当检查提供相应网络服务的相关配置。

15.4.3.2　故障排除步骤

1. 识别故障现象

识别问题是排除故障的关键。运维人员在排除故障之前，必须确切地知道网络上到底出了什么毛病，是不能共享资源，还是不能浏览 Web 网页，或是不能使用应用软件等。对一名优秀运维人员的最基本要求，首先就是对问题进行快速定位。

为了与故障现象进行对比，必须非常清楚网络的正常运行状态。识别故障现象时，应该询问以下几个问题。

① 当被记录的故障现象发生时，正在运行什么进程？

② 这个进程以前运行过吗？

③ 以前这个进程的运行是否成功？

④ 这个进程最后一次成功运行是什么时候？

⑤ 故障现象是什么？

2. 对故障现象进行详细描述

在处理由用户报告的问题时，对故障现象的详细描述显得尤为重要。例如，运维人员接到用户电话，说无法浏览 Web 网站，那么仅凭这些消息，恐怕任何人都无法做出明确的判断。这时，就要亲自到现场去试着操作一下，运行一下程序，并注意出错信息。 例如，在使用 Web 浏览器进行浏览时，无论输入哪个网站都返回“该页无法显示”之类的信息；或者使用 ping 程序时，无论 ping 哪个 IP 地址都显示超时连接信息等，诸如此类的出错消息会为缩小问题范围提供许多有价值的信息。注意每一个错误信息，并在用户手册中找到它们，从而得到关于该问题更详细的解释，是解决问题的关键。另外，亲自到故障现场进行操作，也有机会检查用户操作系统或应用程序是否运行正常，各种选项和参数是否被正确地设定。如果在操作时没有任何问题，那就可能是操作者的问题了。不妨让用户再试一次，并认真监督他的每一步操作，以确保所有的操作和选项都被正确地执行和设置。

当然，在亲自操作时，应当对故障现象做出详细的描述，认真记录所有的出错信息，并快速记录所有有关的故障迹象，制作详尽的故障笔记。分析这些究竟表明了什么，这些故障现象是否相互联系，在寻找问题答案的过程中，很有可能又导致更多的故障现象产生。所以在开始排除故障之前，应按以下步骤执行。

① 收集有关故障现象的信息；

② 对问题和故障现象进行详细的描述；

③ 注意细节；

④ 把所有的问题都记下来。

3. 列举可能导致错误的原因

运维人员应当考虑，导致无法用 Web 浏览的原因可能有哪些，是网卡硬件故障、网络设备故障、网络设备故障，还是 TCP/IP 协议设置不当等。在这个阶段不要试图去找出哪一个原因就是问题的所在，只要尽量多地记录下自己所能学到的，而且是可能导致问题发生的原因就可以了，也可以根据出错的可能性把这些原因按优先级别进行排序，不要忽略其中的任何一个细节。

4. 缩小搜索范围

运维人员必须采用有效的软硬件工具，从各种可能导致错误的原因中进行排除。对所有列出的可能导致错误的原因逐一进行测试，而且不要根据一次测试就断定某一区域的网络是运行正常还是不正常。另外，当确定了一个错误后也不要自以为是地停下，而不再继续测试。因为此时既可能是搞错了，也可能是存在的错误不止一个，所以应该使用所有可能的方法来测试所有的可能性。

除了测试之外，还要注意以下几件重要的事情。

（1）检查网卡、交换机和路由器面板上的 LED 指示灯。通常情况下，绿灯表示连接正常；红灯表示连接故障；不亮表示无连接或线路不通；长亮表示广播风暴；指示灯有规律地闪烁才是网络正常运行的标志。

（2）检查服务器、交换机或路由器的系统日志，因为在这些系统日志中往往记载着产生的错误及错误发生的全部过程。

（3）利用网络管理软件检查问题设备。如 CiscoWorks、HPOpenView 等网管软件，具有图形化的用户界面，交换机各端口的工作状态可以一目了然地显示在屏幕上。更进一步，许多网络管理软件还具有故障预警和告警功能，从而使在缩小搜索范围时省下不少的力气。当然，在这一步骤中要及时记录下所有的观察及测试的手段和结果。

5. 定位错误

运维人员经过反复的测试，明确故障源，假设可能是计算机出错，则首先检查该计算机网卡是否安装好，TCP/IP 协议是否安装并设置正确，Web 浏览器的连接设置是否得当等一切与已知故障现象相关的内容。然后就是排除故障。但在排除之前需要对发生的故障有充分的了解，这样故障排除也就变得简单了。但是，不要就此匆忙地结束工作，因为还有更重要的事情——故障分析。

6. 故障分析

故障处理完之后，作为运维人员必须搞清楚故障是如何发生的，是什么原因导致了故障的发生，以及如何避免类似故障的发生，应拟定相应的对策，采取必要的措施，制定严格的规章制度。

对于一些非常简单明显的故障，上述过程看起来可能会显得有些烦琐。但对于一些复杂的问题，这却是必须遵循的操作规程。

最后，记录所有的问题，保存所有的记录。另外，经常回顾曾经处理过的故障也是一种非常好的习惯，这不仅是一种经验的积累，便于以后处理类似故障，而且还会启发思考许许多多与此相关联的问题，从而进一步提高理论和技术水平。

15.4.3.3　故障诊断方法

信息系统设施的故障多种多样，不同的故障有不同的表现形式。分析故障时要透过各种现象灵活运用排除方法，如排除法、对比法、替换法等。在实际应用中，要根据不同的故障现象使用不同的方法，或者几种方法综合使用。

1. 排除法

排除法主要是根据所观察到的故障现象，尽可能全面地列举出所有可能导致故障发生的原因，然后逐一分析、诊断和排除。使用排除法虽然可以应付各种各样的设施故障，但要求运维人员拥有深厚的理论功底、丰富的实践经验和较强的逻辑思维能力，并且全面了解、掌握并灵活运用各种网络测试工具和管理工具软件，善于分析问题和解决问题。同时，由于导致故障现象发生的因素比较复杂，往往是一因多果或一果多因，因此在解决和排除故障时，会耗费较多的时间。由此可见，应当仔细观察故障现象，并根据经验依次排列可能的故障原因，先从最可能导致故障的原因开始调查，从而缩短故障定位和解决问题所用的时间。归根结底，其他所有故障排除方法都是从排除法演变而来的，包括对比法和替换法，只是对比法和替换法在某些场合中比排除法更具有针对性而已。

2. 对比法

顾名思义，就是对比故障设备和非故障设备之间的“软”、“硬”差异，从而找出可能导致故障的原因。可用于对比的内容包括网络设备、端口、线卡、系统配置和系统映像。

使用与所怀疑发生故障的网络设备完全相同的设备进行替换，或者使用相同的端口、插槽或模块进行替换，并对两台设备或端口的不同连接进行对比，在对比结果中找出故障点并进行排除。这种方法虽然简单有效，但有时可能出现故障的设备不止一台，那么排除起来就可能非常麻烦了。

3. 替换法

替换法从某种意义上来说与对比法是相同的，都是使用已知正常的设备或设备部件进行替换，并找出故障的部件进行排障。替换法主要用于设备硬件故障的诊断，但需要注意的是，替换的部件必须是相同品牌、相同型号的同类网络设备。同时，替换法还是平时维修计算机的一种方法，可以说该方法在硬件维护方面的应用是非常广泛的。

15.4.3.4　故障诊断与修复原则

在排除设备故障时，决不能没有目的地乱碰运气，而应当遵循应有的规则和策略，只有如此，才能有条不紊地以最快速度定位和排除故障。

1. 先易后难

排除网络设备故障应当和平时工作一样，先从最简单、最有可能的导致故障的原因开始，逐一进行排除。运维人员应将导致某种故障的所有原因全部列出，然后再从中挑选出发生概率最大、可能性最高，且最易于诊断和排除的原因，并由此入手，这样才能提高故障排查的速度。

2. 先软后硬

所谓“软”，就是指应当先借助网络管理工具软件，远程查看设备的各种配置（包括三层路由配置、访问列表配置、端口属性配置、VLAN 和 VLANTrunk 配置等）、客户端的 IP

地址信息、端口的工作状态、网络设备的性能（CPU 和内存占用情况等）和运行状态，确认是否由系统软件和系统配置等“软”因素导致了网络设备故障。然后，再用视图修改系统配置文件，升级系统软件，重新激活端口或 VLAN 的方式，修复网络设备的“软”故障。

所谓“硬”，是指在“软”的手段不能奏效，进而怀疑端口、模块、板卡甚至网络设备本身，以及网络链路发生故障时，以替换相应硬件或链路的方式，修复网络设备的“硬”故障，恢复正常通信。

3. 先边缘后核心

所谓先边缘后核心，是指在诊断和隔离网络故障时，应当先从最边缘的客户端开始，向接入层、汇聚层和核心层进行，进而定位发生故障的位置，判断发生故障的设备，分析发生故障的原因。

4. 先链路后设备

通常情况下，网络设备发生故障的可能性比较小。与之相对应，网络链路由于接插件比较多，而任何一个接插件的松动或故障，都可能导致物理链路的中断。因此，在发生网络故障时，如果确认是物理硬件故障，那么应当先检查链路的完整性，然后再查看端口或设备是否发生故障。

15.5 基础设施运维监理考核重点

（1）人员资质、能力的考核。人员资质是入口条件，能力考核是一个不断评价、学习与提高的过程；

（2）过程监控的考核。主要针对计划、执行的及时性和准确性考核；

（3）成果物的考核。相关文档、报告要按时、完整地提交。

第 16 章 信息系统软件运维的监理工作

16.1 信息系统软件运维的概念

信息系统软件运维是指信息系统软件在开发完成投入使用后，为改正软件中隐含的错误，或为提高信息系统软件的适应性、可靠性和完善信息系统功能，对信息系统软件进行的软件工程活动。

信息系统软件运维在信息系统生命周期中有着举足轻重的作用，它是软件生命周期中耗费最多、延续时间最长的活动，占信息系统开发的比重越来越高，为此，运维费用与开发费用比值也越来越大。信息系统软件由于运维不善或某种程度的不易维护，常常造成有些信息系统软件会提早结束其生存周期，造成资源的极大浪费。在传统的软件产品生命周期中，信息系统软件运维往往受关注程度较低，但此阶段却是服务于用户并接受用户反馈意见最直接的阶段，维护工作是否及时、有效将直接影响用户的使用和信息系统软件产品的声誉。因此，要想延长信息系统软件的生命周期，充分发挥信息系统软件的作用，就应做好信息系统软件运维这项基础性工作。

软件运维是信息系统软件工程的一项重要内容，在信息系统软件的规划设计阶段即应开展软件可维护性的设计工作，通过针对可维护性的体系结构分析，将维护性的要求反映在软件上，保证信息系统软件的可维护性。信息系统软件运维被视为信息系统软件生存期中的一个独立阶段，它与信息系统软件开发环节中的需求分析、设计、编码和测试息息相关。

16.2 信息系统软件运维的要素

信息系统软件运维涉及的要素主要包括：用户需求、组织环境、运维过程、软件产品、运维文档、开发人员和运维、开发工具等。

（1）用户需求指的是申请增加新的功能、申请错误的更正和可维护性的提高。

（2）组织环境指的是政策的变化、市场竞争引起的变化需求。

（3）运行环境指的是硬件平台的创新变化、软件平台的创新变化、通信技术的创新变化。

（4）运维过程指的是变化需求的获取、系统架构和开发方法的升级、错误检测与更正。

（5）信息系统软件产品指的是文档的质量、更新情况是否符合规范；程序的可延展性、复杂性；软件产品的规模、年龄、结构。

（6）运维人员指的是人员流动的影响、领域专家的投入情况即运维人员工作熟练程度。

（7）运维工具是指是否有核实的辅助软件运维过程中的各种维护工作，如版本控制工具文档分析工具、开发信息库工具、逆向工程工具、配置管理支持工具等。

（8）开发工具指的是软件需求、设计、构造、测试等工具。

16.3 信息系统软件运维的体系

信息系统软件运维主要包括需求驱动、运维过程管理、运维支撑要素等方面。

1. 需求驱动

信息系统软件运维是由用户需求驱动的，其目的是为了更好地满足用户的需求。所以，信息系统软件运维是一项始于用户需求，并服务于用户需求的活动。用户需求变化驱动软件运维，从而驱动信息系统软件的发展变化。

2. 运维过程管理

信息系统软件运维过程并不是简单地读源程序、修改源程序的过程，而是一个软件再定义、开发、测试、修改、发布、验收评价的过程，也是一个相对小规模的应用系统建设过程。首先提出运维要求，然后对运维内容进行分析、分类，调查现有系统，确定修改范围，决定运维人员，修改现行信息系统。信息系统软件运维的内容主要包括日常运维、缺陷诊断与修复、变更管理、补丁程序管理、系统恢复管理、发布管理、版本管理等，详见下文。

3. 运维支撑要素

（1）运维管理部门

具体管理信息系统软件运维，审批软件运维申请，确定运维报告，评价运维工作并制定运维规则。

（2）运维实施人员

主要包括软件运维工程师、系统管理员、技术服务经理等。软件运维工程师负责软件的运维，解决信息系统使用中软件问题的维修、更新、安装等，对系统应用过程中与业务相关的问题进行把关，从业务角度提出修改或优化意见，此类人员由系统使用部门的业务骨干或领导兼任，他们同时负责运维的组织和协调工作；系统管理员对运维申请组织评价，系统管理员应尽可能地相对稳定；技术服务经理负责组织对软件的修改，一般由熟悉计算机编程的技术人员担任。

（3）运维管理设施及工具

包括信息系统软件运维所需要的基础环境、网络设备、硬件设备和基础软件等。

（4）运维管理制度

信息系统软件运维要遵从以下原则。

① 遵守各项规章制度，严格按照制度办事；

② 与运维体系的其他部门协同工作，密切配合，共同开展运维工作；

③ 遵守保密原则，运维人员对运维单位的网络、主机、系统软件、应用软件等的密码、核心参数、业务数据等负有保密责任，不得随意复制和传播；

④ 在保证信息系统数据和系统安全的前提下开展工作；

⑤ 若在运维过程中出现暂时无法解决的问题或其他新的问题，应告知用户并及时上报，寻找其他解决途径；

⑥ 信息系统软件运维完成后，要详细记录运维的时间、地点、提出人和问题描述，并形成书面文档，必要时应向信息系统用户介绍问题出现的原因、预防方法和解决技巧。

16.4　信息系统软件运维的管理

16.4.1　管理模式

信息系统软件运维是不断地满足用户需求的过程。由于用户需求是不断变化的，因此，需要持续地对软件进行修改与维护，直到新的信息系统软件代替原有软件，这一过程从本质上来说是一个 P、D、C、A（P——Plan，计划；D——Do，执行；C——Check，检查；A——Act，处理）循环。

信息系统软件运维的管理遵从 P、D、C、A 规则，在软件运维中首先应对运维的总体服务能力进行整体策划，分析所需资源，然后实施软件运维，保证交付的信息系统软件满足运维要求；对信息系统软件的运维结果、运维过程及相关管理体系进行监督、测量、分析和评审，并持续改进。

16.4.2　运维策划

软件运维策划是指对信息系统软件运维活动过程中的内容、组织、资源、标准进行全局策划，以确保信息系统软件运维活动顺利高效完成，具体内容如下。

1. 内容

内容策划是根据信息系统软件所涉及的业务定位和管理范围，策划信息系统软件运维服务对象的业务内容与要求，并形成服务目录。信息系统软件运维的要求常常来自于系统的一个局部，而这种运维要求对整个信息系统来说是否合理，应该满足到何种程度，应从整个信息系统的全局进行权衡。对所能提供的运维服务制定服务目录和说明性文件。服务目录内容宜详细描述服务种类、服务级别等信息，便于和用户交流所要进行的运维服务。

2. 组织

软件运维和软件开发一样，技术性强，要有完善的组织管理作为保证。信息系统软件对稳定性和安全性要求高，数据保密，版本更新快，再加上运维人员流动性大，必须实施严格有效的管理。运维组织由业务管理部门人员和信息系统技术管理部门人员共同组成，以便从业务功能和技术实现两个角度控制运维内容的合理性和可行性。

3. 资源

资源策划是指对信息系统软件运维所涉及的人力资源、环境资源、财务资源、技术资源、时间资源等的分析。信息系统软件运维人力资源需求是主要的成本因素，同时也是最难精确估算的因素之一。运维人力资源策划涉及确定人力资源的方法。运维人员要协助信息系统用户策划运维软/硬件、网络等环境。为了提供有效的信息系统软件运维支持，维护人员需要策划财务预算，确定运维所需费用是否合理，并与不进行运维所造成的损失相比看是否合算。资源策划还要对运维活动所涉及的计算机语言开发技术、数据库技术等是否有特殊要求进行分析，并预估给定的运维周期是否能完成本次运维活动。

4. 标准

信息系统软件运维工作涉及范围广，影响因素多，所以要用软件工程的方法，结合信息系统软件运维的实际，制定出一套运维标准，包括运维流程、运维安全、运维各阶段所要完成的文档、考核评估体系等。

16.4.3 运维实施

按照信息系统软件运维内容的整体策划实施，在实施管理过程中，要注意以下工作。

1. 运维流程

首先以书面形式提出运维申请。运维人员根据提交的申请，组织相关人员对运维申请报告的内容进行核评。若情况属实，则依运维的性质、内容、预计工作量、缓急程度或优先级及修改所产生的变化结果等，编制运维报告，提交运维管理部门审批。

运维管理部门从整个信息系统出发，从合理性和技术可行性两个方面对运维要求进行分析和审查，并对修改所产生的影响做出充分的估计。对于不妥的运维要求协商予以修改或撤销。根据具体情况对通过审批的运维服务申请制定运维计划。如果运维要求紧急，严重影响系统的运行，则应立即安排运维；如果问题不是很严重，可与其他运维项目结合起来统筹安排。按运维要求修改后的软件应经过严格的测试，以验证运维工作的质量。

测试通过后，再由业务部门和信息系统管理部门对其进行审核确认，不能完全满足要求的应返工修改。只有经过确认的运维成果才能对系统的相应文档进行更新，最后交付使用。

2. 运维申请

所有运维活动必须按规定的方式提出申请。运维申请可以由用户提出也可以由系统维护者提出，运维申请应该填写维护的原因、缓急程度。如果是系统出错，用户必须完整地说明出现错误的情况，包括输入数据、输出信息、错误清单及其他相关信息；如果是信息系统软件运行的环境和需求变化，用户要说明软件要适应的新环境、需求变化和性能要求；对于新增加的需求，要进行需求的分析、设计、编程和测试，相当于信息系统的一次新的开发工程。维护部门要对运维申请进行评价。运维申请应主要包括申请编号、问题说明、维护要求、优先级、预计维护结果、维护时间、申请人、申请评价结果、评价负责人、申请日期等内容。

3. 运维计划

若运维申请通过了审批，维护主管要负责制定运维方案和运维计划。运维计划主要包括计划编号、计划日期、申请编号、维护部门、联系人、优先级、维护工作量、确认问题、运维細、运维负责人等内容。运维人员将运维计划下达给相应的信息系统软件管理员，由软件管理员按计划进行具体的修改工作。

4. 修改管理

信息系统软件运维最终落实在修改源程序和文档上。在实施具体修改时，首先要确定修改的范围，包括确定哪些系统、哪些文件、哪些业务流程及哪些程序与本次修改有关。为了正确、有效地修改信息系统源程序，通常要分析和理解源程序，然后修改源程序，最后重新检查和验证源程序，而熟悉源程序的前提是熟悉所维护的软件功能、用户的业务需求及软件架构体系。熟悉软件功能的主要方法是阅读软件的设计文档或用户手册；除了阅读文档外，与用户沟通也非常重要，了解用户怎么使用软件，为什么要这么使用，用户想要运维解决什么问题。熟悉软件架构体系有助于站在信息系统的最高点上进行软件运维；在面向对象分析与设计技术流行的今天，没有理解软件的架构体系，要去维护软件是很困难的。在理解信息系统软件架构、功能、源程序的前提下，按照一定的步骤对程序进行修改或扩充。另外，源程序修改后，相应的文档也应同步修改（详见本书配置管理相关内容），保持源程序和文档的完整和一致。在修改源程序和文档时要做好相应的修改记录，以保证运维过程的可追溯性，运维结果的可评估性。

5. 运维记录

运维记录记载信息系统软件的运维内容，将运维对象、规模、所用计算机语言、运行和错误发生的情况、运维所进行的修改情况及运维所付出的代价等以规范化文档的形式记录下来。运维人员必须按规定格式和内容填写运维过程和记录，软件运维记录主要包括记录编号、记录日期、计划编号、运维内容、运维措施、运维人员、程序改动的日期、运维涉及的表的标识、运维开始日期、运维完成日期、累计用于运维的人时数、与完成的运维相联系的纯效益等内容。运维记录有助于运维知识的积累，通过知识库沉淀日常运维中的工作经验，帮助软件运维人员提高技能，简化软件运维任务，降低软件运维费用。

6. 验证

源程序经修改后应进行重新测试以验证修改。由于在修改源程序的过程中可能会引入新的错误，影响信息系统软件原来的功能，所以，源程序修改后的重新测试不但要测试新修改部分的功能，还要测试未修改部分的功能。在进行测试时，应先对修改的部分进行测试，然后隔离修改部分，测试未修改部分，最后再对整个程序进行集成测试，验证修改完成并通过后通知用户修改已完成，并将修改以后的信息系统软件版本及相应的运维文档版本发布。验证修改的重新测试主要包括两个方面：首先是验证修改的有效性，即验证修改后软件的功能和性能是否如用户所合理期待的那样，确保用户最终接受所修改的信息系统软件的既定功能和任务。其次是软件配置复审，复审的目的在于保证修改后的软件配置齐全并分类有序，包括信息系统软件运维所必需的源程序清单、相关的文档。在信息系统软件运维的实际验收、测试、执行过程中，常常会发现文档审核是最难的工作，一方面由于赶时间等方面的压力使这项工作常常被弱化或推迟，造成持续时间变长，加大文档审核的难度；另一方面，文档审核中不易把握的地方非常多，每个信息系统软件运维活动都有一些特别的地方，而且也很难找到可用的参考资料。

16.4.4 运维检查

信息系统软件运维实施执行后要检查是否符合运维计划的要求和目标，对运维管理过程和实施结果进行监控、测量、分析和评审。分析运维工作的影响，包括对信息系统软件当前业务工作的影响、对系统其他部分的影响、对其他系统的影响等，要做好以下工作。

① 定期评审运维过程及相关管理体系，以确保运维能力的适宜和有效；

② 调查用户满意度，并对运维结果进行统计分析；

③ 检查各项指标的达成情况。

16.4.5 运维改进

信息系统软件运维经过策划、实施、检查之后，要对信息系统软件运维管理情况进行重新评估，以改进运维管理过程中的不足，修改和优化运维管理计划和标准，如果有必要则需要修订相关的方针、目标，为信息系统软件运维下一阶段的管理明确方向，提供持续改进建议和提升运维能力，这就是信息系统软件运维管理持续改进的思想。

① 建立信息系统运维管理改进机制；

② 对不符合策划要求的运维行为进行总结分析；

③ 对未达成的运维指标进行调查分析；

④ 根据分析结果确定改进措施，分析评估结果中需要改进的项，确定改进目标，制定信息系统软件运维管理改进计划，按照计划对改进结果和改进过程执行监控管理、评审并记录，保留记录文档，以评估改进的有效性和持续性。

16.4.6 软件运维的监理考核重点

关于信息系统软件运维的监理工作及其考核要注意以下几方面。

（1）软件运维策划过程中，对于组织人员的选用，能力的考核是事前控制的重点。

（2）软件运维实施过程中，要监督运维商是否严格按照流程推进工作，在执行过程中对计划的执行、记录的及时准确要做好跟踪记录。

（3）软件运维实施结束后，要对运维商相关文档的修改进行监督审查，对修改后的软件成果与用户共同验证。

（4）软件运维改进工作的监理重点突出在对失败的、未成功的运维工作进行详细分析，如果设计派工的，要排查派工的合理性、有效性；运维工作的成功率虽然不需要达到100%，但是我们是不能准许管理方面的问题导致工作的失败，比如流程执行的不严格、事前的分析、准备工作不充分就开始实施工作等情况。

（5）关于此部分的绩效考核，应该在考核标准和权重方面给予重点考量；信息系统软件运维相当很多个小的软件建设项目，所以在考核标准中，对文档完整质量的评价可以借鉴“《计算机软件文档编制规范》GB—T8567—2006”并加以改良；关于考核的权重，建议在功能性调整的实施过程中偏重与前期的策划、分析阶段；在问题调整等微型修改工作中，对后期文档提交及基线文件的配置变更为侧重。

16.5　信息系统软件运维的内容

16.5.1　日常运维

16.5.1.1　日常运维的内容

信息系统软件日常运维的主要内容包括：监控、预防性检查、常规操作。

信息系统软件监控的主要内容有进程状态、服务或端口响应情况、资源消耗情况、日志、数据库连接情况、作业执行情况等。

信息系统软件预防性检查的主要内容有典型操作响应时间、系统病毒定期查杀、口令安全情况、日志审计分析、关键进程及资源消耗分析、队列等。

信息系统软件常规操作的主要内容有日志清理，启动、停止服务或进程，增加或删除用户账号，更新系统或用户密码，建立或终止会话连接，作业提交，软件备份等。

16.5.1.2　日常运维的操作流程

日常运维是指按照信息系统软件运维服务协议定时、定点、定内容重复进行的信息系统软件的常规维护活动。

日常运维的常规操作包括查阅系统日常运行记录，处理运行过程中的随机事件，对不能解决的事件申请维护处理；对日常维护中发现的系统缺陷，申请转入缺陷诊断与修复流程；同时做好日常运行报告的编制工作，将日常运行报告与日常运行过程中产生的其他文档一并归档备查。

16.5.1.3　日常运维的操作活动

信息系统软件的日常运维操作活动主要包括例行测试维护和定期测试维护。

1. 例行测试维护

按照例行测试的测试结果进行信息系统软件常规维护活动。流程的要点如下：

（1）开展例行测试前应先制定测试计划及准备测试用例；

（2）按计划依据用例执行测试；

（3）对测试结果进行分析，对需更新或修改的测试结果申请运维处理；

（4）对信息系统软件维护后若发现有缺陷不能解决，则申请进入缺陷诊断与修复；

（5）例行测试完成后应编制例行测试报告，并与例行测试过程中产生的文档一并归档。

例行维护流程关键点如下：

（1）开展信息系统软件例行维护前应制定例行维护实施方案；

（2）对记录的维护情况进行分析，若在维护后发现系统有缺陷，则申请进入缺陷诊断与修复流程；

（3）例行维护完成后应编制例行维护报告，并与例行运维过程中产生的文档一并归档。

2. 定期测试维护

定期测试维护指按照信息系统软件开发或提供厂商规定的维护周期进行信息系统软件的测试与维护活动。定期测试维护的周期依据信息系统软件的使用手册和运行规范设定。

其周期一般有月测试维护、季度测试维护和重点业务期准备测试 3 种基本类型。不同周期的测试内容详略程度可有所不同。其要点如下：

（1）定期测试维护开始前应先查阅信息系统软件日常运行记录；

（2）对定期测试记录进行分析，对有需要维护的信息系统功能则申请进行维护处理；

（3）维护后发现系统存在缺陷，则申请转入缺陷诊断与修复流程；

（4）重点业务期准备测试要加强对软件的性能测试；

定期测试维护完成后应编制定期测试维护报告，并与定期测试运维过程中产生的文档一并归档。

16.5.1.4 日常运维的监理考核重点

① 软件运维各类文档提交的及时性与准确性；

② 注意应用软件基线的管理，必要的信息是否进入配置管理流程；

③ 软件定义测试要注意对系统安全、性能测试的内容；

④ 应用软件的日常运维操作要注意监控对密码的管理与保护。

16.5.2 缺陷诊断与修复

1. 信息系统软件缺陷

信息系统软件缺陷是指信息系统软件中存在的某种破坏正常运行能力的问题、错误，或者隐藏的功能缺陷。缺陷的存在会导致信息系统软件产品在某种程度上不能满足用户的需要。从信息系统软件产品内部看，缺陷是信息系统软件产品开发或运维过程中存在的错误；从信息系统软件产品外部看，缺陷是信息系统所需实现的某种功能的失效或违背。

一旦发现信息系统软件缺陷，就要设法找到引起缺陷的原因，分析其对信息系统产品质量的影响，然后确定缺陷的严重性和处理这个缺陷的优先级。各种缺陷所造成的后果是不一样的，有的仅仅是不方便，有的可能是灾难性的。一般问题越严重，其处理优先级就越高，缺陷通常分以下 4 种。

（1）微小的：对信息系统软件功能几乎没有影响的一些小问题，信息系统软件产品仍可使用。

（2）一般的：不太严重的错误，如信息系统软件次要功能模块丧失，提示信息不够准确，用户界面差和操作时间长等。

（3）严重的：严重错误，指信息系统软件功能模块或特性没有实现，主要功能部分丧失，次要功能全部丧失，或出现致命的错误声明。

（4）致命的：致命的错误造成信息系统崩溃、死机，或造成系统数据丢失，主要功能完全丧失等。

除缺陷的严重性之外，还需要判断缺陷所处的状态，以便及时跟踪和管理。信息系统软件缺陷状态包括以下几种：

（1）活动状态：问题没有解决，信息系统软件测试人员新报告的缺陷或者验证后缺陷仍旧存在。

（2）已解决状态：信息系统开发人员针对缺陷，进行信息系统软件修正，问题已解决或通过测试。

（3）关闭状态：信息系统软件测试人员经过验证后，确认缺陷不存在之后的状态。

以上是 3 种基本的状态，还有一些需要用相应的状态描述，如“保留”、“不一致”等状态。

2. 信息系统软件缺陷的构成

从软件测试的角度看，信息系统软件缺陷可分为 5 大类，构成见表 16-1。

表 16-1　　信息系统软件缺陷

构成	细分	说明
功能缺陷	需求说明书缺陷	需求说明书可能不完全，有二义性或自相矛盾。修改信息系统功能后没有及时修改需求说明书
	功能不一致缺陷	软件实现的功能与用户要求的不一致，包括错误的功能、多余的功能或遗漏的功能
	测试缺陷	信息系统软件测试的设计与实施发生错误；软件测试自身也可能发生错误；另外，如果测试人员对系统或需求说明书缺乏了解，也会发生许多错误
	测试标准引起的缺陷	对测试标准要选择适当，若太复杂，则导致测试过程出错的可能性就大
系统缺陷	模块接口缺陷	信息系统软件内部子系统或模块之间的联系发生的缺陷，与程序内实现的细节有关，如输入/输出格式错误、数据保护不可靠、子程序访问错误等
	软件结构缺陷	由于信息系统软件结构不合理而产生的缺陷，通常与系统的负载有关，而且往往在系统满载时才出现，如错误地设置局部参数或全局参数等
	控制与顺序缺陷	如忽视了时间因素而破坏了事件的顺序；等待一个不可能发生的条件；漏掉处理步骤；存在不正确或多余的处理步骤等
加工缺陷	算法与操作缺陷	在算术运算、函数求值和一般操作过程中发生的缺陷
	初始化缺陷	错误地对循环控制变量赋初值：用不正确的格式、数据或类型进行初始化等
	静态逻辑缺陷	如不正确地使用分支语句：在表达式中使用不正确的否定等
数据缺陷	动态数据缺陷	动态数据是在程序执行过程中暂时存在的数据，在执行期间将共享一个共同的存储区域，若程序启动时对这个区域未初始化，可能导致数据出错
	静态数据缺陷	静态数据在内容和格式上都是固定的，它们直接或间接地出现在程序或数据库中，由编译程序或其他程序专门对它们进行预处理，要防止预处理出错
	内容、结构和属性缺陷	数据内容缺陷是由于内容被破坏或被错误地解释而造成的缺陷：数据结构缺陷包括结构说明错误及数据结构误用错误；数据属性缺陷包括对数据属性不正确地解释
代码缺陷		包括数据说明错误、数据使用错误、比较错误、控制流错误、界面错误等

3. 信息系统软件缺陷诊断与修复流程

发现信息系统软件缺陷后，要尽快修复。小范围内的错误不及时修复，可能会扩散成大错误，导致后期修改工作更多，成本也更高。信息系统软件缺陷发现或解决得越晚，信息系统软件运维的成本就越高。

按照信息系统软件开发提供的测试检查方法、测试检查工具或第三方测试工具，按测试规范对信息系统软件进行缺陷诊断与修复。对于诊断流程发现的缺陷按缺陷诊断和处理办法能够解决的缺陷问题在此流程范围内解决。

缺陷诊断与修复流程主要包括如下方面：

① 接受问题申请后，应对问题进行初步诊断；

② 经检查分析，对属于异常的缺陷进行修复，对属于常见问题的缺陷则进行技术支持；

③ 对不能修复的异常缺陷申请重大缺陷处理；

④ 缺陷诊断与修复完成后应编制缺陷诊断与修复报告，并同缺陷诊断与修复过程中产生的文档一并归档。

4. 缺陷处理的监理考核重点

监理人员应该掌握发现软件缺陷的方法，配合用户、运维商一起对缺陷进行定位，发现重大缺陷时应根据上文中软件运维实施的监理考核重点来执行。

16.5.3 变更管理

1. 变更的来源

变更管理是信息系统软件变更过程的管理。信息系统软件缺陷导致的变更是不可避免的，因为：

① 信息系统软件上线使用后，新的需求会不断出现；

② 信息系统软件已有的需求会随着业务环境的变化而变化：

③ 信息系统软件运行中的错误要进行修改；

④ 信息系统软件其他性能和非功能特性需要修改。

信息系统软件最终的目的是要满足用户需求，而用户的需求总是在不断地变化，用户的一个需求变更作为一个新需求，等到一个新的迭代周期开始的时候将新变更需求引入，信息系统软件所有的规划、分析设计、实现、测试、部署都根据新的需求变更进行更新，形成一个周而复始的信息系统软件迭代变更过程。

信息系统软件变更流程是信息系统运维的基本控制流程之一。信息系统软件应具有独立的变更管理功能，负责控制信息系统运行及运维过程中发生的变化，相应地指定级别足够高的相关人员负责变更管理，负责制定变更计划，监督变更实施等工作。信息系统软件变更管理应从工具和流程两个层面紧密地结合在一起，选用适当的软件来支持和管理变更管理流程。

2. 变更的流程

信息系统软件变更流程主要包括如下方面。

（1）软件变更申请提出后需要整理，并判断哪些需要重点讨论后再做决策，重点讨论时要解决并消除变更需求及变更之间的冲突，从业务部门出发，从合法性的角度审核变更需求，确定变更需求，确定被批准的变更需求的优先级，决定变更实施的计划安排。运维部门管理协调信息系统变更需求提交、变更控制、跟踪，任务分派及与变更执行者的沟通等。 任何变更需求应进行讨论并确定其实施计划。除特殊的紧急情况外，任何与解决软件问题相关的变更都应提交正式的变更需求。所有变更的需求在被讨论审核前被授予相应的优先级。

（2）对于不完善的软件变更申请需整理后重新提交申请。

（3）经批准同意的软件变更实施后应进行变更信息发布，所有与软件运维相关的变更均应在授权下实施，除少数紧急特例外，任何变更在使用前都要经过测试，为需要进行的测试提供所需的测试环境，评估并公布软件变更对业务部门的影响，应根据具体的需求定时向负责变更实施的员工及受变更影响的最终用户通报被批准实施的变更申请及计划实施的项目。

（4）建立变更管理制度，规范变更管理过程，并形成文档。将变更过程中产生的文档归档，变更历史记录应与变更实施分析及分析后产生的变更管理报告紧密地结合在一起使用，并作为改进变更管理流程的重要工具。好的信息系统软件产品通常会有一定的用户群。用户新需求的不断积累最终会带来软件产品的变更问题。信息系统软件在原有版本可用的前提下，为了更好地满足用户需要而对原有信息系统软件在功能、界面、性能、用户交互性等方面做出大范围的变更，可能涉及架构和界面的整体修改，会改变原有软件已形成的用户使用习惯。如何让变更后的信息系统软件产品在保持原有功能的基础上向下兼容，使得变更后的信息系统软件产品在性能、功能、用户使用的便捷性等方面更加优越，针对这些特性，信息系统软件产品平滑变更的基本原则如下。

① 与原有信息系统软件的兼容：原有功能升迁到新的信息系统软件中，继续保留原有信息系统软件中适用的功能，并对原有的信息系统软件中不足的功能进行改进，使之更加实用。

② 用户透明性：信息系统软件的变更对用户来说，是一种功能增强、性能改善和业务处理逻辑更加合理化的过程。所谓的用户透明性不是指用户感觉不到，而是指用户不需要从头学习新信息系统软件，就能根据原有软件产品的使用经验流畅地转入新系统的使用。

③ 可扩展性：由于信息系统软件产品具有较长的生命周期，因此在兼顾原有信息系统软件的同时，还必须考虑新信息系统软件未来的可扩展性。

3. *变更管理的监理考核重点*

变更管理一直是信息系统全生命周期的控制重点，也是监理人员的重要控制点。

首先，监理人员要从变更需求的来源进行跟踪，对变更的潜在问题和风险进行分析，一方面要控制用户的不合理需求及不合理的时间要求，另一方面又要监督查证运维商对变更内容的理解、判断和实施策划。

其次，变更是一项必须由严格制度流程管理的操作；应用系统软件变更是直接对应用系统处理结果产生影响的操作行为、其过程把关不严格，将会对业务造成不可逆的损失和无法估量的后果，所以对应用系统的变更，无论是业务需求变更还是软件功能升级调整，都要严把用户审查，多方测试、内部安全审查及性能测试等步骤。

最后变更结束后必须对应配置管理，修改基线文件；变更意味着不只是对前阶段系统的优化，而是在实质上进行了改动，从前文所述，监理人员应该能够把握对过程文档的产出和相关文件的修订，但也需要注意不要遗漏运维手册、操作手册等周边文件的变更。

绩效考核设计重点：

① 变更分析、计划阶段的及时性；

② 变更流程过程执行的严谨性；

③ 变更测试工作的全面性；

④ 变更文档、配置文件修改的全面性与及时性；

⑤ 变更后相应的培训工作开展情况；

⑥ 变更相关用户满意度评价。

16.5.4 补丁程序管理

补丁程序管理指为修复原有信息系统软件在功能和易用性上的问题，对信息系统原有程序或存在的漏洞进行修改和补充形成的程序，通常可自由安装和卸载。如何有效安装信息系统软件补丁，管理好补丁是信息系统软件运维管理的重要内容。信息系统软件补丁管理涉及业务、流程、管理和技术，是信息系统软件运维整体框架中不可缺少的组成部分之一，是提高信息系统软件整体可维护性安全性必不可少的组成部分。

补丁程序管理主要是对制作完成的信息系统 软件补丁进行检测、发布、跟踪，运维人员获取并安装信息系统软件补丁程序。补丁程序管理流程，其要点包括：现状分析、补丁跟踪、补丁分析、部署安装、疑难处理、补丁检查 6 个环节，同时由于补丁程序管理是一个长期、周而复始的工作，因此这些工作又形成一个环状的流程，其中既有事件驱动工作，又有例行工作。

1. 补丁程序管理的重点环节

（1）现状分析

信息系统软件管理员查询日常运维记录，分析目前的信息系统是否需要补丁升级，不需要则直接归档，若需要，则申请由技术服务经理进行补丁跟踪。还需要分析信息资产、信息系统环境、信息资产重要等级，以便下一步有针对性地跟踪信息系统所需要的补丁和要采取的措施。系统管理员要分析和管理相应的信息系统软件补丁程序版本，还没有实施的补丁、原因及补救办法。

（2）补丁跟踪

虽然补丁程序在发布前已经进行了测试，但是测试永远是不充分的，从实际经验来看，每个信息系统软件都有本身的特殊应用环境，因此信息系统软件补丁程序往往不稳定，会造成很多迭代的未知问题，必须根据信息系统软件的实际安装环境进行补丁跟踪，以判断该补丁在该环境下的兼容状况。

信息系统软件补丁测试的关键要考虑测试的广泛性、针对性，即能针对信息系统的实际情况尽量充分地测试。测试环境最好能有信息系统的各种应用，特别是一些关键应用，以便判断该补丁对信息系统关键应用的影响。如果在测试中发现问题，就要进行详细的分析，以判断发生问题的原因，并及时解决。如果不能解决，则需要记录下发生该问题的环境，并进行重复验证。

（3）补丁检查

为了确认信息系统软件补丁安装情况，需要对安装的系统进行检查。

2. 补丁处理的监理考核重点

补丁管理是变更中的一类操作，这里的补丁不包括基础设施运维中对基础环境操作系统等的补丁管理。补丁管理的相应监理考核重点请参见变更监理考核重点。

16.5.5　系统恢复管理

系统恢复管理是针对已不能正常运行的信息系统软件执行恢复安装的管理。它属于维修性质的服务管理，通常涉及恢复安装与发布的原因分析、检查、审核、用户沟通、过程跟踪、记录、测试，以及测试的关闭等流程。对信息系统软件实施恢复安装操作后，使信息系统软件尽快正常、稳定运行。

信息系统软件恢复管理流程的要点如下：

① 系统恢复申请被提出；

② 分析信息系统软件故障原因；

③ 恢复安装前检查，恢复系统后测试；

④ 对恢复安装过程进行跟踪、确认；

⑤ 系统恢复申请单、故障原因分析记录、恢复安装记录等过程文档存档。

16.5.6　发布管理

发布管理负责对信息系统软件的网络环境、服务器、操作系统环境、运行平台软件及相关的变更文档等进行规划、设计、构建、配置和测试，以便为实际运行环境提供稳定的支持，并负责将新的或变更的程序补丁和数据库补丁迁移到运行系统中。其主要目标是保证信息系统软件能正常稳定地运行。信息系统软件发布类型包括：主发布、服务包发布、紧急补丁包发布等。信息系统软件发布管理主要包含以下内容：

① 部署规划、设计；

② 设计验证；

③ 硬件实施；

④ 构建软件产品；

⑤ 实施、运行及优化。

信息系统软件发布时要指定专人负责发布工作，建立发布结构，编写草稿，说明软件已完成的功能和达到的性能、尚未解决的各种问题、运行环境、操作方法、发布内容的清单等（文档、安装包、数据包等）。清单一定要完整，体现信息系统软件开发工作的完整性。功能描述要遵循用户需求中的轻重次序，提高用户认可度。对现有问题的说明要客观，说明解决问题的成本。发布时可采用增量式发布。

16.5.7　版本管理

在信息系统运维的过程中，许多因素都有可能导致对软件的需求、文档、源程序等内容进行修改，小到变量的定义改动，大到重新设计程序模块甚至可能是整个需求的分析变动，会形成众多的软件版本，所以有必要进行信息系统软件版本的管理。

版本管理是软件配置管理的核心功能。所有置于配置库中的元素都应自动予以版本标识，并保证版本命名的唯一性。版本在生成过程中，自动依照设定的使用模型自动分支、演进。除了系统自动记录的版本信息以外，为了配合软件开发，运维流程的各个阶段还需要定义、收集一些元数据（Metadata）来记录版本的辅助信息和规范开发流程。

16.5.8 系统恢复、发布及版本管理监理考核重点

系统恢复、发布及版本管理更多属于软件运维的日常操作类。监理人员应该跟踪其实施过程，对每一个步骤产出的过程记录文件进行准确性复查。

在系统恢复中，要注意对用户授权行为的监控。

在发布过程中，要对发布内容的配套文件进行审查，比如安全测试结果、功能测试结果、性能测试结果等。

版本发布要考核其对基线文件的修订。

这 3 类内容的绩效考核指标设计可从属于派工管理内容，对其计划性、实施及时性、成果记录、过程文档等方面进行考核。

16.6 信息系统软件运维的关键

16.6.1 运维平台

信息系统资源的不断增长，使信息系统软件面临着巨大的运维压力，利用人工的日常巡检来发现与排除故障已不能满足信息系统业务持续的可用性和性能要求，为了获得更高的性能和可用性，就需要借助运维管理平台自动实现对信息系统各类资源的数据采集、状态监控和性能分析。

传统的信息系统运维管理平台主要面向资源层面的监控，关注各种资源的运行状况，没有对业务系统实施端到端的、从客户体验角度的可用性监测，不能全面地反映信息系统软件的运行状况，一旦出现问题也难以快速有效判断问题的根源。所以要利用信息系统运维管理平台对信息系统软件的业务进行监控和管理，这种监控立足于业务视角，以客户体验监测为起点，从业务可用性和资源健康性双重角度来检视信息系统，从而满足在复杂的信息系统环境下面向业务服务实施监控的需求，帮助运维管理部门建立主动管理模式，保障信息系统软件业务服务的质量达到用户的最佳期望。管理层通过这些流程制定管理方针目标，测量目标的执行，监督流程管理效果，执行 P、D、C、A 循环，以改进信息系统绩效，管理信息系统各类资料文件。

信息系统运维平台是站在运维的整体视角，以流程、技术、服务为导向的业务服务管理和运维支撑平台，其中针对信息系统软件运维的管理内容主要包括：

1. 信息系统软件信息采集

可以快速查询网络内各计算机中安装信息系统软件的详细信息，也可以查询出某一信息系统软件在整个网络中的安装数量。查询结果可以报表形式输出，也可导出为 Excel 或

文本文件。

可以记录信息系统软件变更情况。当终端 PC 信息系统软件有新变化后，例如，安装/删除某个信息系统软件，可以统计终端 PC 信息系统软件的变更情况。信息系统软件运维管理架构能够较实时地反映信息系统软件变更的信息，当客户端信息系统的任何软件发生变化时，管理员可以通过报警设置获得配置变化的详细信息。能够以日志及报警的方式及时通知管理人员，同时还支持以邮件、SNMP 陷阱等多种方式提供报警，也支持调用运行程序进行自我修复，充分确保信息系统软件的运行安全。

2. 信息系统软件监控

信息系统软件监控功能可以让信息系统软件管理者对客户端 PC 的信息系统软件运行使用进行监控管理，并赋予信息系统软件管理者控制客户端 PC 是否能够运行某些信息系统软件的能力。信息系统软件监控的目的是使单位内部的计算机能够根据单位工作需要而发挥作用，杜绝不相干的信息系统软件运行，降低系统故障的概率，同时也对信息系统软件的运行历史记录进行统计分析，让管理人员了解网络内信息系统软件运行频度等信息。信息系统软件监控包括如下功能：

① 信息系统软件汇总及对信息系统软件进行分组；

② 信息系统软件执行许可策略设定、黑白名单设置；

③ 信息系统软件运行的历史记录查询；

④ 信息系统软件运行的历史记录统计分析和导出；

⑤ 信息系统软件运行的时长统计和导出；

⑥ 信息系统软件运行的次数统计和导出。

3. 信息系统软件分发功能

传统的信息系统软件分发，对信息系统的系统管理人员来说，是将一个更新软件分发到大量工作站上的任务。随着工作站数量的增加，从一个系统到另一个系统、登录、安装软件和回答用户问题变得更加繁琐。因此，引进软件分发工具的首要任务是在降低支持成本的同时提高桌面应用质量和可用性。

软件分发主要是为信息系统管理人员提供对客户端 PC 信息系统软件补丁、信息系统软件升级信息、文件传送等的自动化批量操作功能，使信息系统管理人员不用到每台机器亲自动手，从而以最省时、省力的方法来完成那些烦琐的任务，能够自动给信息系统指定的或全部终端计算机批量分发及安装信息系统软件包，保证终端计算机始终处于最佳工作状态，大大减轻信息系统管理员批量部署程序的负担。每一个信息系统软件分发都要有明晰的过程跟踪和记录，管理员可实时查询分发的即时状态，并且在不影响客户端工作的同时更新软件。平台软件分发需获取信息系统客户端授权，在客户端授权范围内自由下载安装信息系统软件。如此一来，信息系统管理员的工作量将大大降低，不用再四处奔走以完成信息系统软件安装的任务。

信息系统软件分发程序包用于创建要执行的分发包，设定要执行的分发包的各项参数，设定任务执行时间。信息系统软件分发程序带来了批量分发软件的便利，同时也杜绝了私自安装软件导致病毒源或安全隐患的发生。

16.6.2 集成运维

1. 产生背景

集成运维是对信息系统软件布局和架构的不完善而提出的。因为资金等方面原因，信息系统的基础设施和信息系统软件是逐步到位的，难免产生不同的信息系统软件“各自为政”和“信息孤岛”、“资源孤岛”等现象；资源共享困难；不同服务等级和不同地域覆盖的异构现象，导致信息系统适配业务需求变得非常困难。

2. 集成运维内涵

集成运维是指针对信息系统软件的开发建设、运营维护与系统增强等不同阶段所面临的跨厂商平台的运营服务需求而提出的集成运维解决方案。它旨在将客户复杂的信息系统软件服务工作简单化，帮助用户在保留服务管理控制权的基础上，有效优化信息系统软件服务成本，分散系统风险，规范运营管理，降低人员流动，最终确保用户的跨厂商产品架构的信息系统软件系统运营效率达到最优。实行信息系统软件集成运维，用户将从以下几方面得到收益。

（1）风险最小化：实现信息系统软件的可控管理和一致的服务级别，并使服务级别与业务要求相匹配；消除信息孤岛，充分共享资源，通过降低信息系统软件风险，使商业风险也随之降低。

（2）投资回报最大化：通过信息系统软件集成运维管理，最大限度地优化运维成本，提高用户的整体投资回报率，最小化对运维管理的投入。

（3）改善性能：通过信息系统软件集成运维管理的增强和优化，可提高系统的可靠性和运行效率，同时提高客户生产效率，为客户带来规模效应。

（4）增加灵活性：通过信息系统软件集成运维管理，信息系统软件可实现按需服务模式，快速提供对业务的支持。

16.6.3 文档管理

1. 信息系统文档

信息系统文档是描述系统从无到有整个发展与演变过程及各个状态的文字资料。

在信息系统整个生命周期中涉及多种软件文档，如果没有信息系统文档或没有规范的信息系统文档，则信息系统的开发、运行与维护会处于一种混沌状态。当系统开发人员发生变动时，问题尤为突出。因此系统文档被公认为信息系统的生命线，没有文档就没有信息系统。

信息系统文档不是一次形成的，它是在系统开发、运行与维护过程中不断编写、修改、完善与积累而形成的。文档管理是信息系统开发与运行必须做好的重要工作。信息系统文档在系统开发人员、项目管理人员、系统运维人员之间，以及其与用户之间起着重要的桥梁作用。信息系统文档的作用如下。

① 用户与系统分析人员在系统规划和系统分析阶段通过文档进行沟通；

② 系统开发人员与项目管理人员通过文档在项目期内进行沟通；

③ 前期开发人员与后期开发人员通过书面文档进行沟通；

④ 系统测试人员与系统开发人员通过文档进行沟通；

⑤ 系统开发人员与用户在系统运行期间通过文档进行沟通；

⑥ 系统开发人员与系统运维人员通过文档进行沟通；

⑦ 用户与运维人员在运行期间通过文档进行沟通。

根据不同的性质，可将信息系统文档分为技术文档、管理文档及记录文档等若干类。

2. 信息系统软件运维文档管理

信息系统软件运维文档主要包括系统运行报告、系统开发总结报告、系统评价报告、系统维护报告、系统运行情况记录、系统日常运维记录、系统适应性运维记录、记录用户问题、维护反馈记录、运维过程记录等。文档能提高软件运维过程的能见度，把用户反映的问题、用户提交的报告、用户增加的需求、对用户反映问题的维护反馈记录、运维过程中发生的事件以某种可阅读的形式记录在文档中，管理人员可把这些记载下来的材料作为检查软件运维进度和运维质量的依据，正确统计运维的工作量，实现对信息系统软件运维的工程管理，提高运维效率。文档作为运维人员一定阶段的工作成果和结束标志，记录运维过程中的有关信息，便于管理人员、运维人员、操作人员、用户之间的协作和交流，使信息系统软件运维更科学、更有成效。

信息系统软件运维文档管理应注意如下方面。

（1）文档管理制度化。形成一整套完善的文档管理制度，根据这一套制度来协调、控制、评价信息系统软件运维中各类人员的工作。

（2）文档标准化、规范化。在信息系统软件运维前要选择或制定文档标准，在统一的标准约束下规范的建立各类文档。

（3）落实文档管理人员。应设专人负责集中保管与信息系统软件运维相关的文档，他人可按一定流程向文档管理员借阅文档。

（4）保持文档的一致性。信息系统软件在运维过程中如果修改了原来的需求和设计，但是文档却没有进行同步修改，造成交付的文档与实际信息系统软件不一致，使用户在使用信息系统软件参考文档对软件进行维护时出现许多误解，这将严重影响系统的质量和维护的效率。所以，在信息系统软件运维过程中，如果修改部分涉及设计文档或用户手册的，一定要及时更改，这样才能达到事半功倍的效果。

（5）维护文档的可追踪性。由于信息系统软件运维的动态性，软件的某种修改最终是否有效要经过一定的时间检验，所以运维文档也应与相应的信息系统软件一样要分版本进行管理，这样软件和文档就具有可追踪性，便于持续地运维与改进。

16.6.4　避免水波效应

水波效应是指人们对信息系统软件的某一处甲进行修改时引出乙的错误，修改乙时又影响到丙，以此类推形成的“一石激起千层浪”的连带影响的局面。

在信息系统软件运维过程中，要注意水波效应的影响，避免因修改信息系统软件中一处错误而造成其他的错误的情况发生。水波效应分析如下。

1. 程序修改的水波效应

在修改信息系统软件源程序时可能引入新的错误，例如，删除或修改一个子程序、一个标号、一个标识符，改变程序代码的时序关系，改变占用存储的大小，改变逻辑运算符，修改文件的打开或关闭，改进程序的执行效率，以及把设计上的改变翻译成代码的改变，为边界条件的逻辑测试做出改变等。要谨慎地修改信息系统软件程序，尽量保持程序的风格及格式，要在程序清单上注明改动的指令；不要删除程序语句，除非完全肯定它是无用的；不要试图共用程序中已有的临时变量或工作区，为了避免冲突或混淆用途，应自行设置自己的变量；插入错误检测语句；在修改过程中做好修改的详细记录，消除信息系统软件代码变更中任何有害的水波效应。

2. *数据修改的水波效应*

在修改信息系统软件数据结构时，有可能造成软件设计与数据结构不匹配，因而导致软件出错。数据水波效应是修改信息系统软件数据结构导致的结果。例如，重新定义局部或全局常量，重新定义记录或文件的格式，增大或减小一个数组或高层数据结构的大小，修改全局或公共数据，重新初始化控制标志或指针，重新排列输入/输出或子程序。

3. *文档修改的水波效应*

对数据流、软件结构、模块逻辑或任何其他有关特性进行修改时，必须对相关技术文档进行相应修改，否则会导致文档与程序功能不匹配，使得信息系统软件文档不能反映软件的当前状态。对用户来说，软件事实上就是文档。如果对可执行软件的修改不反映在文档里，就会产生文档的水波效应。例如，对交互输入的顺序或格式进行修改，如果没有正确地记入在文档中，就可能引起重大的问题。过时的文档内容、索引和文本可能造成冲突，引起用户的失败和不满。因此，必须在软件交付之前对整个软件配置进行评审，以减少文档的水波效应。

软件的可理解性和文档的质量对信息系统软件运维非常重要。通常可采用自顶向下的方法，在理解程序的基础上，研究程序的各个模块、模块的接口及数据库，从全局的观点提出修改计划。依次把要修改的及那些受修改影响的模块和数据结构分离出来。通常要做的工作如下：

识别受修改影响的数据；识别使用这些数据的程序模块；对于程序模块，按产生数据、修改数据还是删除数据进行分类；识别这些数据元素的外部控制信息；识别编辑和检查这些数据元素的地方；隔离要修改的部分。

在将修改后的信息系统软件提交用户之前，需要按以下的方法进行确认和测试。

（1）静态确认：修改信息系统软件，往往伴随着引起新错误的风险。为了能够做出正确的判断，验证修改后的信息系统软件至少需要两个人参加。要检查修改是否涉及规格说明，修改结果是否符合规格说明，有没有歪曲规格说明，程序的修改是否足以修正软件中的问题，源程序代码有无逻辑错误，修改时有无修补失误，修改部分对其他部分有无不良影响（水波效应）等。

（2）计算机确认：在充分进行了以上确认的基础上，要对修改后的信息系统软件进行确认测试。确认测试的顺序：先对修改部分进行测试，然后隔离修改部分，测试信息系统软件的未修改部分，最后再把它们集成起来进行测试，这种测试称为回归测试。准备标准的测试用例；充分利用软件工具帮助重新验证过程；在重新确认过程中，邀请用户参加。

（3）维护后的验收：交付新信息系统软件之前，维护主管部门要检验全部文档是否完备并已更新；所有测试用例和测试结果是否已经正确记载；记录软件配置所有副本的工作是否已经完成；维护工序和责任是否已确定。

第 17 章 信息系统数据运维的监理工作

信息系统的稳定运行不仅取决于完善的硬件设施和软件环境，还依赖于数据资源的完整性、可用性、易用性与安全性。数据存储策略不当，存储介质损毁，误操作等均有可能破坏信息系统数据资源，导致信息系统出错或不可持续使用。为预防潜在的内外部风险，保障数据资源的高可用性，实现信息系统的可持续稳定运行，进行信息系统数据资源运维成为信息系统运维的重要环节之一。

本章着重讲述信息系统数据资源运维体系及其主要工作内容，介绍常用的数据备份与恢复技术，并讨论利用数据挖掘技术对数据资源进行分析和利用。结合信息系统数据资源运维工作的特点，加以分析监理工作和绩效考核设计、实施的重点。

17.1 信息系统数据资源运维体系

数据是信息系统管理的对象与结果，信息系统在运行过程中会不断累积产生各类数据，反映组织发展过程中有关的组织状态、特征、行为、绩效，是组织生存和发展的重要战略性资源。

数据资源管理包括数据资源运行维护的全过程管理活动，是对各种形式数据进行收集、整理、存储、分类、排序、检索、计算、统计、汇总、加工和传输等一系列活动的总称。从制度的角度来看，主要有日常管理流程和应急管理制度等。从技术上来看，主要有备份技术、恢复技术、数据利用技术等。

信息系统数据资源的运维包括建立数据运行与维护各项管理制度，规范运行与维护业务流程，有效开展运行监控与维护、故障诊断排除、数据备份与恢复、归档与检索等，保障数据库正常运转，使信息系统可持续稳定运行。

17.1.1 数据资源运维的管理对象

信息系统数据资源运维的对象包括数据文件、数据管理系统和存储介质。

（1）数据文件：数据文件是数据资源的物理表现形式，通常以文件的形式存储在存储介质上。

（2）数据管理系统：数据管理系统是实现数据收集、更新、存储的管理系统，如操作系统、数据库管理系统等。其中，数据库管理系统是数据资源运维过程中的主要管理对象。

（3）存储介质：存储介质是存储数据的物理载体，包括磁带、磁盘、U 盘、光盘等。

17.1.2 数据资源运维的管理类型

数据资源运维作为信息系统运维的重要组成部分，其运维工作可以分为例行操作、响应支持和优化改善。

1. 例行操作

数据资源例行操作运维是指数据运维人员进行的周期性的、预定义的运维管理活动，以及时获得数据资源的状态，包括实时监控、预防性检查和常规作业。

（1）实时监控：采用系统提供的工具化管理模块（如磁盘检查、数据库日志管理等）或第三方的各类数据监测工具，对数据资源的存储与传输状态和相关设备进行记录和监控。主要监控内容包括：数据的完整性，数据变化的速率，数据存储，数据对象应用频度，数据引用的合法性，数据备份的有效性，数据产生、存储、备份、分发、应用过程，数据安全事件等。

（2）预防性检查：为保证信息系统的稳定运行，运维管理人员根据监控记录、运行条件和运行状况进行检查及趋势分析，以便及时发现问题并消除和改进。数据的预防性检查包括：数据完整性的检查、数据冗余的检查及数据脆弱性的检查。

（3）常规作业：对数据产生、存储、备份、分发、销毁等过程进行的操作，或对数据的应用范围、应用权限、数据优化、数据安全等内容按事先规定的程序进行的例行性作业，如数据备份、数据恢复、数据转换、数据分发、数据清洗等。

2. 响应支持

响应支持运维是运维管理人员针对服务请求或故障申报而进行的响应性支持服务。响应支持服务根据响应的前提不同，分为事件驱动响应、服务请求响应和应急响应。

（1）事件驱动响应：由于不可预测的原因导致服务对象整体或部分功能丧失、性能下降，触发将服务对象恢复到正常状态的服务活动。事件驱动响应的触发条件包括外部事件、系统事件和安全事件 3 种。

（2）服务请求响应：由于需方提出各类服务请求，引发的需要针对服务对象、服务等级做出调整或修改的响应型服务。此类响应可能涉及服务等级变更、服务范围变更、技术资源变更、服务提供方式变更等。

（3）应急响应：对数据资源运维而言，应急响应是指运维人员应对事故和灾难（如磁盘损毁、服务器宕机、机房事故等），保障信息系统的可持续性运行而采取的综合管理措施。运维人员基于用户的可持续性运行的基本需求和目标，预先配置各类数据资源保磁盘损毁、服务器宕机、机房事故等），保障信息系统的可持续性运行而采取的综合管理措施。运维人员基于用户的可持续性运行的基本需求和目标，预先配置各类数据资源保障措施（如采用 RAID、双机热备、异地备份等数据冗余保护和可持续性应用技术），在事故和灾难发生后，根据应急预案执行对数据资源的保护与恢复等工作。

3. 优化改善

优化改善运维是运维管理人员通过提供调优改进，达到提高设备性能或管理能力的目的。例如，运维人员通过调整数据库索引或空间提高用户访问速度；通过增强设备投入或调整备份与恢复策略降低数据丢失风险，提高业务的可持续性等。

17.1.3　数据资源运维的管理内容

具体来说，数据资源运维管理包括以下内容。

1. *数据资源运维方案*

（1）明确数据资源运行与维护管理的组织体系，确定职责任务，落实防范重点和关键环节。

（2）根据信息系统的应用需求、可能产生的破坏程度、经济损失、社会影响程度，划分应急处理等级和响应时间，并制定数据运行与维护总体方案。广义地说，信息系统、信息系统产生的数据文件和信息系统的支撑系统（操作系统）都可以纳入数据资源运维的范畴，用户不希望系统崩溃、数据丢失导致高昂的损失，保障数据资源的高可用性变得越来越重要。高可用性意味着更高的运维投入，用户必须在经济合理的原则下，努力平衡可接受的损失程度和保障成本的关系，对数据资源进行重要性划分，对不同重要等级的数据资源采用不同的运维手段和策略，并据此制定经济合理的运维配置方案。

2. *数据资源运维的例行管理*

（1）对数据资源载体（存储介质）和传输、转储的设备进行有效管理，对历史数据进行定期归档。

（2）对数据库管理系统和数据库维护，确保数据库得到经常性的监控、维护和优化。包括：数据库一致性检查，数据目录和索引更新与重建，系统冲突性检查，监测批处理，检查数据查询作业是否正确执行，整理数据库碎片，对各系统进行维护和性能调优等。

（3）对数据资源的备份与恢复管理：建立备份系统，实现数据备份的统一管理；选择合理的备份设备及数据传输设备并考虑其扩展性；制定组合的备份策略和计划，确定各类数据资源需备份的内容、频次及方式；根据产生故障的类型，对数据进行恢复，如回滚恢复、日志恢复和崩溃恢复等。

3. *数据资源运维的应急响应*

应急响应的主要目标是在面临事故和灾难时能保障数据的高可用性和系统的可持续性，而事故和灾难具有时间上和程度上的高度不确定性，运维人员在充分考虑各类风险、损失和保障成本的情况下，要预先制定应急预案并配置各类数据资源保障措施，以便在事故和灾难发生后，根据应急预案执行对数据资源的保护与恢复等工作。主要包括：

（1）制定应急故障处理预案，设立应急故障处理小组，确定详细的故障处理步骤和方法。

（2）制定灾难恢复计划，定期进行灾难演练，以防备系统崩溃和数据丢失。

（3）灾难发生后，应急故障处理小组能及时采取措施实现数据保护及系统的快速还原与恢复。

4. *数据资源的开发与利用*

对数据资源进行整理和分析，采用知识发现的工具有目的性地挖掘数据，从中获取新的信息或知识。

数据资源例行管理是一种预防性的维护工作，它是指在系统正常运行过程中，定期采取一系列的监控、检测与保养工作，及时发现并消除系统运行缺陷或隐患，使系统能够长期安全、稳定、可靠地运行。

17.1.3.1 数据资源例行管理计划

不同类型的信息系统的数据资源运行维护的重点是不相同的。比如，针对多用户在线应用的电子商务管理系统就要重点监控并发数，检测并释放挂起的进程，优化主要数据库的访问速度等，针对大数据量吞吐的系统则重点监控磁盘空间，优化 I/O 读/写速度等。因此，数据资源维护人员需根据信息系统的侧重点来制定合理的例行管理计划。一般情况下，例行管理计划中需列出监控检测的对象、重要性等级、常规操作方法，监控检测的频次或周期、正常状态值和报警阈值等。在日常维护工作中，维护人员应按照管理计划的要求执行监控和检测的操作，记录当时的运行状态，并分析可能出现的问题及隐患。

17.1.3.2 数据资源载体的管理

存放数据资源的介质必须具有明确的标识；标识必须使用统一的命名规范，注明介质备份内容、备份日期、备份时间、启用日期和保留期限等重要信息。存储介质的管理包括借用、转储、销毁等环节。

（1）存储介质借用管理

对存储介质的访问一般设有权限控制，借用人需提出借用申请，填写使用时间、内容、用途，经信息系统责任人批准后，介质管理员方能借出备份。借用人员使用完备份后，应立即归还存储介质，由介质管理员检查确定介质是否完好，填写归还日期，介质管理员及借用人员分别签字确认。

（2）存储介质转储管理

对长期保存的存储介质，应按照制造厂商确定的存储有效寿命进行定期转储处理。磁盘、磁带、软盘的介质一般有效期为两年，光盘的介质一般可设为 5 年。对频繁使月的介质一般需酌情更改有效期。需要长期保存的数据，应在介质有效期内进行转存，防止存储介质过期失效。

（3）存储介质销毁管理

存储介质需要废弃或销毁时，由介质管理员提出申请，由信息系统负责人审批执行存储介质销毁。

17.1.3.3 数据库例行维护

数据库文件是存储数据资源的主要形式，目前业界常用的数据库管理系统有 DB2、SQL Server、Oracle、Informix、Sybase 等，虽然各种数据库的具体维护方法不尽相同，但从共性管理的角度看，数据库例行维护一般包括以下内容。

1. 健康检查

（1）数据库日志检查

在数据库系统中，对数据的任何更新操作（如增加、修改、删除），都要把相关操作的命令、执行时间、数据的更新等信息保存下来，这些被保存的信息就是数据库日志，即数据库日志是数据库系统中所有更新活动的操作序列。数据库系统根据事务处理来记录日志信息，日志内容包括：事务开始标记、事务的唯一标识、所操作数据项的唯一标识、数据项的写前值（数据插入操作不包含该项）、数据项的写后值（数据删除操作不包含该项）、事务提交或终止标记。任何数据库系统都遵循先写日志的原则，即在内存中被更新数据写入磁盘之前，要保证对应日志信息已经写入磁盘，存入日志文件。因此，数据库日志文件是数据恢复的重要基础。

（2）数据库一致性检查

对数据库的物理和逻辑一致性进行检查。

2. 数据库监测管理

从应用可用性、系统资源占用和数据库性能指标 3 个方面监测数据库应用相关的服务，确保数据库运行正常。数据库的关键参数有数据库系统设计的文件存储空间、系统资源的使用率、配置情况、数据库当前的各种资源情况、监控数据库进程的状态、进程所占内存空间、可用性等。包括监控并分析数据库空间、使用状态、数据库 I/O 及数据库日志文件等工作。

（1）数据库基本信息监测

包括数据库的文件系统、碎片、死锁进程的监测。数据库可设置死锁检测进程执行的间隔时间，死锁检测进程负责监测、处理数据库系统中出现的死锁。数据库管理员应当密切注意数据库系统中是否有死锁的发生。一旦有死锁存在，就应当查找原因，想办法避免死锁的发生。一般处理死锁的方法有两种思路：使用死锁预防措施，使系统永不进入死锁状态；或允许系统进入死锁状态，使用死锁检测与恢复机制进行恢复。

（2）数据库表空间监测

Oracle 数据库中提出了表空间的设计理念，Oracle 中很多优化都是基于表空间的设计理念而实现的。设置表空间可以用来控制用户的空间使用配额，可以控制数据库所占用的磁盘空间。数据库管理员还可以将不同类型的数据放置到不同的表空间中，这样可以明显提高数据库输入/输出性能，有利于数据的备份与恢复等管理工作。

（3）数据库文件 I/O 监测

监测数据库文件的输入输出状态，及时发现异常现象。

3. 数据库备份与恢复

（1）数据库备份

数据库备份就是将数据库中的数据及数据库的物理和逻辑结构等相关数据字典信息，存放在其他的存储介质中进行保存。数据库的备份操作可以在脱机状态下进行，其他用户要断开和数据库的连接，不能访问数据库；也可以在联机状态下进行，允许其他用户同时操作数据库；既可以备份整个数据库，也可以只备份数据库的某些部分。对数据库备份方式的选择，与特有的应用系统、数据库的日志归档模式密切相关。

（2）数据库故障及恢复

与数据库运行相关的故障一般包括事务故障、系统故障和介质故障。在各种故障发生以后，把数据库中的数据从错误状态恢复到某一已知的正确状态（也称为一致状态或完整状态），该过程称为数据库恢复。针对不同的故障情况，采取的恢复措施是不相同的。

① 事务故障。

事务故障是指由于事务内部的逻辑错误（如运算溢出、数据输入错、记录找不到等）

或系统错误（如并发事务发生死锁而被选中撤销等）所引起的，使事务在未达到规定的终点以前就被迫中止的任何事件。逻辑错误和系统错误都可能造成事务执行失败，逻辑错误指事务由于某些内部条件而无法继续正常执行，这样的内部条件包括非法输入、找不到数据、溢出或超出资源限制等；系统错误指系统进入一种不良状态（如死锁），结果事务无法继续执行。但该事务可以在以后的某个时间重新执行。

事务故障在事务处理过程中发生时，应撤销该事务对数据库的一切更新。一般采取的措施是反向扫描日志文件，对增、删、改的操作进行逆向操作，直至该事务开始为止。

② 系统故障。

系统故障又称为软故障，是指使系统停止运转的任何事件，如特定类型的硬件错误（CPU 故障）、软件故障（操作系统故障、DBMS 代码错等）、突然停电等事件，使得系统需要重新启动。这类故障影响正在运行的所有事务，但不破坏数据库。

出现系统故障后，首先需重新启动操作系统或 DBMS，然后扫描日志文件，对重做队列中每个事务进行正向扫描日志文件，依据日志文件中的次序，重新执行登记操作。对撤销队列中每个事务进行反向扫描日志文件，依据日志文件中相反的次序，对每个更新操作执行逆操作，从而恢复原状。

③ 介质故障。

介质故障又称为硬故障，主要指外存故障，如磁盘损坏、磁头碰撞、瞬时强磁场干扰等。这类故障将破坏数据库或部分数据库，并影响正在存取这部分数据的所有事务。

出现介质故障后，必要时需重新安装修复系统，装入最新的备份副本，重新装入有关的日志文件副本，根据日志文件，重做最近备份以后提交的所有事务。

4. 数据库性能优化

数据库维护人员根据用户需求和监测结果对数据库性能进行调整和优化，如执行空间释放、表的重构、索引重建、数据分片等操作。

（1）空间释放

事务日志文件记录着用户的各种数据库操作，对于用户操作频繁的数据库，其事务日志空间膨胀速度非常快，数据库维护人员需定期检查事务日志的大小，减少磁盘空间的耗用。

（2）表的重构

对数据库中不断被更新的表，在经过一段时间的处理之后，表中数据及磁盘空间使用就会出现以下问题：表中存在记录的转移，表的数据页中存在未回收的空间，表中的扩充不连续等；同时，数据字典中有关表的统计信息已不能准确反映表中数据的真实情况，优化器使用这些不准确的统计信息，就不能为相关 SQL 语句生成合理的执行计划。

对不断被更新的表，数据库管理员应当定期地或者在大批量的数据处理之后重新收集表的统计信息，检查表中数据及磁盘空间使用。如果发现大量记录的转移、未回收的空间，就需要重新构建表。在重构表时，首先需要导出表中数据，在删除并重建表后再装入数据。

（3）索引重建

索引是提高数据查询最有效的方法，正确的索引可能使效率提高很多，而无效的索引可能是浪费了数据库空间，甚至大大降低查询性能。针对有频繁的插入/更新/删除操作的表，表和索引将产生较多的碎片，索引将变得非聚簇，性能也将下降，严重的时候会产生索引阻塞等问题，为此需要进行索引重建。索引重建的方法一般有两类：一种是删除并重建索引；另一种是在现有索引的基础上进行重新整理，按照索引键的逻辑顺序，通过重新整理索引中的页来减少外部碎片，通过压缩索引页里的行并删除那些由此产生的不需要的页来减少内部碎片。

（4）数据分片

数据分片是将海量数据根据一定的规则分布在多个存储设备上，这样每个存储设备的数据量相对就会小很多，由此实现并行的读/写操作，满足读/写量大的系统的性能需求。系统分片的策略有很多，如按记录编号的特征、按数据的时间范围、基于检索表等。

这些数据分片策略之中没有哪个有绝对的优势，选择哪种策略完全是根据系统的业务或数据特征来确定的。值得强调的是：数据分片在对系统的性能和伸缩性带来一定好处的同时，也会大大增加系统开发和维护的复杂度。因此，数据分片只在特殊需要的时候才做，它带来的运维复杂度会比集中存储的方式高出很多。

17.1.3.4　数据资源管理的监理考核重点

对于数据资源运维的相关内容，是监理监督、考核的核心内容，所有关于数据的备份、修正、结果调整、资源调整等都需要进行现场旁站监理，绝不准许存在有单方操作的情况存在。

对于直接对数据库数据结构和内容的调整行为，要采取最高级别的授权管理，事前定制严格的流程计划，明确参与人、操作步骤、预期结果；对于直接更改数据库数据的行为，用户必须到场，过程需拍照或截图，过程结束后所有参与人要签字，由监理人员存档重点保管，做到事后可追溯和检查。

绩效考核内容：重点偏重与实现计划的完整性和严谨性检查，执行过程要多方参与的情况进行记录，结果必须有可回溯的证明文件，包括但不限于拍照、截图、录像和多方签字报告。

17.2　信息系统数据资源备份

17.2.1　数据资源备份类型

信息系统运行不断累积产生的各类数据是非常重要的资源，数据一旦因存储介质损毁或误操作等原因丢失，都将严重影响企业的正常运作，给科研、生产造成巨大的损失。因此，为了尽可能降低数据丢失的风险，用户需要采取一系列的措施保障数据的安全性，常用的方法就是对数据资源进行备份。数据备份就是指为防止信息系统因操作失误或系统故障导致数据丢失，而将全系统或部分数据集合从应用主机的磁盘或阵列复制到其他存储介质的过程。

数据备份系统由硬件和软件组成，硬件是用于存放数据的物理介质和运行备份软件的平台，软件主要是通用或专用的备份管理软件。在选择备份硬件时，应考虑介质的容量/费用、备份速度、数据的易保管性和硬件的可维护性。在选择备份软件时，应考虑软件的可操作性、可用性；软件的备份管理策略是否健全；备份软件对系统性能的影响程度；软件的可扩充性及运行费用等。好的备份硬件是完成备份工作的基础，而备份软件则是保证备份硬件充分发挥其效能的前提。

数据备份技术有多种实现形式，可以从不同的角度对备份进行不同的分类。

1. 按数据备份模式分类

（1）逻辑备份。每个文件都是由不同的逻辑块组成的。每一个逻辑的文件块存储在物理磁盘块上。该方法不需要将欲备份文件运行在归档模式下，不但备份简单，而且可以不需要外部存储设备。

（2）物理备份。该方法实现数据的完整恢复，但数据必须运行在归档模式下（业务数据在非归档模式下运行），且需要较大的外部存储空间，如磁带库，具体包括冷备份和热备份。冷备份和热备份都是物理备份（也称低级备份），它涉及组成数据库的文件，但不考虑逻辑内容。

2. 按备份过程中是否可接收用户响应和数据更新分类

（1）冷备份。冷备份是在欲备份数据运行完毕的情况下将关键性文件复制到另外位置的一种做法。对于备份的信息而言，冷备份是最快和最安全的方法。

（2）热备份。热备份是在欲备份数据运行的情况下，采用的一种数据的备份方式。由于是同步备份，热备份资源占用比较多，投资较大，但是它的恢复时间非常短。

3. 按数据备份策略分类

（1）完全备份（Full Backup）。完全备份就是指对某一个时间点上的所有数据或应用进行的一个完全复制。

（2）增量备份（Incremental Backup）。增量备份是指在一次完全备份或上一次增量备份后，以后每次的备份只需备份与前一次相比增加或被修改的文件。

（3）差异备份（Differential Backup）。即在某一时点进行一次系统完全备份，后续备份只要记录当前数据与完全备份的差异。

4. 按备份的实现方式分类

（1）定期磁带备份数据。

（2）远程磁带库、光盘库备份。即将数据传送到远程备份中心制作完整的备份磁带或光盘。

（3）远程关键数据附加磁带备份。采用磁带备份数据，生产机实时向备份机发送关键数据。

（4）远程数据库备份。就是在与主数据库所在生产机相分离的备份机上建立主数据库的一个备份。

（5）网络数据镜像。这种方式是对生产系统的数据库数据和所需跟踪的重要目标文件的更新进行监控与跟踪，并将更新日志实时通过网络传送到备份系统，备份系统则根据日志对磁盘进行更新。

（6）远程镜像磁盘。通过高速光纤通道线路和磁盘控制技术将镜像磁盘延伸到远离生产机的地方，镜像磁盘数据与主磁盘数据完全一致，更新方式为同步或异步。

5. 按数据备份的存储方式分类

（1）直接附加存储方式 DAS（Direct Attached Storage）。把外部存储设备都直接挂接在服务器内部总线上，数据存储设备是整个服务器结构的一部分。DAS 存储方式主要适用网络规模较小，数据存储量小的用户。

（2）网络附加存储方式 NAS（Network Attached Storage）。采用独立于服务器，单独为网络数据存储而开发的一种文件服务器来连接所有存储设备。这样数据存储设备就不再是主服务器的附属，而是作为独立网络节点而存在于网络之中，可由所有的网络用户共享。NAS 是独立的存储节点存在于网络之中，通过网络（TCP/IP、ATM、FDDI）技术连接存储设备和应用服务器，以文件的 I/O 方式进行数据传输，NAS 存储设备位置非常灵活。NAS 采用一个面向用户设计的，专门用于数据存储的简化操作系统，内置了与网络连接所需要的协议，因此使整个系统的管理和设置较为简单。NAS 方式主要依赖于网络硬件资源的传输速率和稳定性。

（3）存储区域网络方式 SAN（Storage Area Network）。SAN 存储方式创造了存储的网络化。存储网络化顺应了计算机服务器体系结构网络化的趋势。SAN 则通过光纤通道 FC（Fiber Channel）技术连接存储设备和应用服务器，它是 ANSI 为网络和通道 I/O 接口建立的一个标准集成，具有很好的传输速率和扩展性能。FC 技术支持 HPPI、IPI、SCSI、IP、ATM 等多种高级协议，其最大特性是将网络和设备的通信协议与传输物理介质隔离开，这样多种协议可在同一个物理连接上同时传送。因为 SAN 采用了光纤通道技术，所以它具有更高的存储带宽，存储性能明显提高。SAN 的光纤通道使用全双工串行通信原理传输数据，传输速率高。SAN 采用了网络结构，扩展能力更强，可以实现远距离的备份。

为了进一步提高备份性能，实现高可靠性和更低的成本，降低管理复杂性，更多的数据存储解决方案趋向于将 NAS 和 SAN 进行融合。

17.2.2　常用备份相关技术

现在很多的信息系统，尤其是面向众多用户在线的系统，对数据安全性、完整性和及时性等方面有很高的要求，需要具备较高的业务可持续性能力。普通的手工数据备份与恢复难以满足快速恢复和零数据丢失等高要求，为增强系统的可持续运行能力，用户往往会对系统的存储、传输等重要环节采用冗余设计。如为了应对常见的磁盘故障风险，用户往往会对关键的数据采用镜像等技术；为了应对服务器宕机等重大故障，用户则考虑采用双机热备等服务器集群方式来保障系统可持续性运行。

1. 磁盘阵列技术

磁盘阵列简称 RAID（Redundant Array of Independent Disk），其原理是利用数组方式来做磁盘组，配合数据分散排列的设计，提升数据的安全性。通俗的理解，磁盘阵列是由很多便宜、容量较小、稳定性较高、速度较慢的磁盘，组合成一个大型的磁盘组，利用个别磁盘提供数据所产生的加成效果来提升整个磁盘系统的效能。

过去十几年来，CPU 的处理速度增加了 50 多倍，内存的存取速度也大幅增加，而数据存储装置（主要是指磁盘）的存取速度只增加了 3、4 倍，形成计算机系统的瓶颈，拉低了计算机系统的整体性能。如何增加磁盘的存取速度，如何防止数据因磁盘的故障而丢失等问题，一直困扰着系统运维人员。1987 年，美国柏克莱大学研究小组基于磁盘效能增长远慢于 CPU 效能增长的状况，提出了磁盘阵列的概念，并设计出容错、逻辑数据备份等，从而产生了 RAID 理论。

磁盘阵列中针对不同的应用使用的不同技术，称为 RAID 等级，每一等级代表一种技术。

（1）RAID0：无差错控制的带区组（Striped Disk Array Without Fault Tolerance）

要实现 RAID0 必须要有两个或两个以上磁盘驱动器。RAID0 是把所有的磁盘并联起来成为一个大的磁盘组，其容量为所有属于这个组的磁盘的总和。所有数据的存取均以并行分割方式进行。由于所有存取的数据均以平衡方式存取到整组磁盘里，存取的速度非常快。磁盘数量越多的 RAID0 阵列，其存取的速度就越快。RAID0 的缺点在于它和普通磁盘一样没有数据差错控制，如果一个驱动器中的数据发生错误，不能利用其他磁盘的数据重组还原回来。一般来讲，不应该将 RAID0 用于对数据稳定性要求高的场合，可用于一些已有原数据载体的多媒体文件的高速读取环境，如视频点播系统的数据共享部分等。

（2）RAID1：镜像结构（Mirroring）

RAID1 是磁盘镜像备份操作，由两个磁盘组成。其中一个是主磁盘，另外一个是镜像磁盘。主磁盘的数据会不停地被镜像到另外一个镜像磁盘上。由于所有主磁盘的数据会不停地镜像到另外一个磁盘上，故 RAID1 具有很高的冗余能力，最高达到 100%。可是正由于这个镜像做法不是以算法操作，故它的容量效率非常低，只有 50%。RAID1 技术支持“热替换”，即在不断电的情况下对故障磁盘进行更换，更换完毕只要从镜像盘上恢复数据即可。当主磁盘损坏时，镜像磁盘就可以代替主磁盘工作。镜像磁盘相当于一个备份盘。RAID1 只支持成对磁盘操作，容量非常有限，故一般只用于操作系统中。

（3）RAID2：带海明码校验

从概念上讲，RAID2 同 RAID3 类似，两者都是将数据条块化地分布于不同的磁盘上，条块单位为位或字节。RAID2 使用称为“加重平均纠错码（海明码）”的编码技术来提供错误检查及恢复。这种编码技术需要多个磁盘存放检查及恢复信息，使得 RAID2 技术实施更复杂，因此商业环境中很少使用。

（4）RAID3：带奇偶校验码的并行传送（Striping With Dedicated Parity）

它同 RAID2 非常类似，都是将数据条块化分布于不同的磁盘上，区别在于 RAID3 使用简单的奇偶校验，并用单块磁盘存放奇偶校验信息。如果一块磁盘失效，奇偶盘及其他数据盘可以重新产生数据；如果奇偶盘失效，则不影响数据使用。RAID3 对于大量的连续数据可提供很好的传输率，但对于随机数据来说，奇偶盘会成为写操作的瓶颈。

（5）RAID5：分布式奇偶校验的独立磁盘结构（Striping With Distributed Parity）

RAID5 也是一种具有容错能力的 RAID 操作方式，但与 RAID3 不一样的是，RAID5 的容错方式不应用专用容错磁盘，容错信息是平均地分布到所有磁盘上。当阵列中有一个磁盘失效时，磁盘阵列可以从其他的几个磁盘的对应数据中算出已丢失的数据。由于需要保证失去的信息可以从另外的几个磁盘中算出来，我们就需要在一定容量的基础上多用一个磁盘以保证其他的成员磁盘可以无误地重组失去的数据。其总容量为（W-1）×最低容量磁盘的容量。从容量效率来讲，RAID5 同样消耗了一个磁盘的容量，当有一个磁盘失效时，失效磁盘的数据可以从其他磁盘的容错信息中重建出来，但如果有两个磁盘同时失效，则所有数据将尽失。

（6）RAID6：两个独立分布式校验方案的独立数据磁盘（Independent Data Disks With

Two Independent Distributed Parity Schemes）

RAID6 技术是在 RAID5 的基础上，为了进一步加强数据保护而设计的一种 RAID 方式，实际上是一种扩展 RAID5 等级。与 RAID5 的不同之处在于，除了每个磁盘上都有同级数据 XOR 校验区外，还有一个针对每个数据块的 XOR 校验区。两个独立的奇偶系统使用不同的算法，数据的可靠性非常高，即使两块磁盘同时失效也不会影响数据的使用。但 RAID6 需要分配给奇偶校验信息更大的磁盘空间，相对于 RAID5 有更大的“写损失”，因此“写性能”非常差。较差的性能和复杂的实施方式使得 RAID6 很少得到实际应用。

（7）RAID7：存储计算机操作系统（Storage Computer Operating System）

RAID7 突破了以往 RAID 标准的技术架构，是一种存储计算机，可完全独立于主机运行，不占用主机 CPU 资源。RAID7 是一套实时事件驱动操作系统，主要用来进行系统初始化和安排 RAID7 磁盘阵列的所有数据传输，并把它们转换到相应的物理存储驱动器上。通过自身系统中的阵列电脑板来设定和控制读写速度，存储计算机操作系统可使主机 I/O 传递性能达到最佳。如果一个磁盘出现故障，还可自动执行恢复操作，并可管理备份磁盘的重建过程。除了以上的各种标准外，RAID 技术还可以组合应用，如应用较为广泛的阵列形式 RAID10 和 RAID53 就是综合应用 RAID 技术的实例。用户可以通过灵活配置磁盘阵列来获得更加符合其要求的磁盘存储系统。

（8）RAID10

也被称为 RAID10 标准，实际是将 RAID0 和 RAID1 标准结合的产物，在连续地以位或字节为单位分割数据并且在并行读/写多个磁盘的同时，为每一块磁盘做磁盘镜像进行冗余。它的优点是同时拥有 RAID0 的超凡速度和 RAID1 的数据高可靠性，但是 CPU 占用率同样也更高，而且磁盘的利用率比较低。这种新结构的价格高，可扩充性不好，主要用于容量不大，但要求速度和差错控制的数据库中。

（9）RAID53

RAID53 也是一种组合 RAID 等级，但不要拿 RAID10 的观点套用，认为它是 RAID5 和 RAID3 的组合。事实上，RAID53 应该称为 RAID30，即 RAID3 与 RAID0 的组合。RAID3 有很高的读写传输率，借助于 RAID0，其 I/O 带宽没有降低，适合进行大数据量读写。RAID53 的性能要比 RAID10 好（因为冗余备份的时间缩短），但它的存储空间利用率要比 RAID10 低。

2. 双机热备

双机热备包含广义与狭义两种意义。从广义上讲，就是对于重要的服务使用两台服务器，互相备份，共同执行同一服务，当一台服务器出现故障时，可以由另一台服务器承担服务任务，从而在不需要人工干预的情况下，自动保证系统能持续提供服务。从狭义上讲，双机热备特指基于 Active/Standby 方式的服务器热备，数据同时往两台或多台服务器写，或者使用一个共享的存储设备，在同一时间内只有一台服务器运行，当其中运行着的一台服务器出现故障无法启动时，另一台备份服务器会通过软件诊测（一般是通过心跳诊断）将备用主机激活，保证应用在短时间内完全恢复正常。

双机高可用按工作中的切换方式分为：主—备方式（Active-Standby 方式）和双活（或双运行）方式（Active-Active 方式）。主—备方式即指一台服务器处于某种业务的激活状态（Active 状态），另一台服务器处于备用状态（Standby 状态），业务只能在处于激活状态的服务器上运行，需要切换服务器运行时必须先转变两者的状态设置；而双活方式指两台服务器同时处于激活状态，因此可以同时运行应用软件，运行结果相互复制以随时保持作为对方远程备份的能力。一种或多种业务可根据预先设定的原则，按运行规定或按负载均衡要求，动态确定在其中一台服务器运行。双活方式有利于实现双向可切换，以及切换前状态可测试，但是为防止双方同时运行发生冲突，对应用种类及其管理制度必须有一定的限制要求。

热备软件是用来解决不可避免的系统宕机问题的软件解决方案，是构筑高可用集群系统的基础软件，对于任何导致系统宕机或服务中断的故障，都会触发软件流程来进行错误判定、故障隔离，以及联机恢复来继续执行被中断的服务。在这个过程中，用户只需要经受一定程度可接受的时延，就能够在最短的时间内恢复服务。

组成双机热备的方案主要有两种：基于共享存储（磁盘阵列）的方式和基于数据复制方式。

（1）基于共享存储（磁盘阵列）的方式

共享存储方式主要通过磁盘阵列提供切换后对数据完整性和连续性的保障。用户数据一般会放在磁盘阵列上，当主机宕机后，备机继续从磁盘阵列上取得原有数据，这种方式因为使用一台存储设备，往往被业内人士称为磁盘单点故障。但一般来讲，磁盘阵列存储的安全性较高。所以在忽略存储设备故障的情况下，这种方式也是业内采用最多的热备方式。

（2）基于数据复制的方式

这种方式主要利用数据的同步方式，保证主备服务器数据的一致性。主要方法有以下几种。

① 单纯的文件方式的复制不适用于数据库等应用，因为打开的文件是不能被复制的，如果要复制必须将数据库关闭，这显然是不可以的。以文件方式的复制主要适用于 Web 网页的更新、FTP 上传应用，在对主备机数据完整性、连续性要求不高的情况下可以使用。

② 利用数据库所带有的复制功能，比如 SQL Server 2000 或 2005 所带的订阅复制。订阅复制主要应用于数据快照服务。一般不建议采用订阅服务作为双机热备中的数据同步。主要原因有两方面：一方面是数据库执行订阅复制会增加服务器数据库的负载；另一方面是数据库的订阅复制在数据传输过程中并非实时同步主备机，而是先写到主机再写到备机，备机的数据往往不能及时更新，如果发生切换，备机的数据将不完整。

③ 磁盘数据拦截。目前比较成熟的双机热备软件通常会使用磁盘数据拦截技术，通常称为镜像软件，这种技术当前已非常成熟。

A．分区拦截技术：以 Pluswell 热备份产品为例，它采用的是一种分区磁盘扇区拦截的技术，通过驱动级的拦截方式，将数据先写到备用服务器，以保证备用服务器的数据最新，然后再将数据回写到主机磁盘。这种方式将绝对保证主备机数据库数据的完全一致，无论发生哪种切换，都能保证数据库的完整与连续。由于采用分区拦截技术，用户可根据需要在一块磁盘上划分合适大小的分区来完成数据同步工作。

B．磁盘拦截技术：以 Symantec 的 Co-Standby 为例，也是一种有效的磁盘拦截软件，它的拦截主要基于一整块磁盘，往往在磁盘初始化时需要消耗大量的时间。

目前最新的双机热备软件可以通过捕获数据库修改操作，实现数据自动实时同步接管功能，可以在主服务器发生故障时，无须任何手动操作，在较短的时间内实现备用机服务器自动接管。

17.2.3　数据资源备份的监理考核重点

关于信息系统数据资源备份工作，是监理重点需要质量监控的核心工作之一。监理工作重点要把握在数据备份的计划、方式、安全及实施及时性上。对于采用何种备份技术，监理人员要根据自身经验加以论证，如果发现不能满足系统运维标准或要求的，需要立即向用户提出建议。

数据资源备份、存储和销毁的全过程需要监理人员现场跟踪，保证数据的安全性，包括防篡改和泄密。第一，要注意备份时的操作，做到信息不能泄露；第二，存储时，要主要存储的安全性，一是防泄露，二是防篡改，三是防损毁；第三，备份文件销毁时，如果是删除销毁，需要采用完全粉碎方式或者全盘覆盖方式，如果是物理销毁，要在保证环境安全的前提下，进行彻底物理销毁。上述全过程都不准许只有一方人员在场即进行单方操作。多方在场进行备份、存储、销毁后，都应该有在场人签字，详细记录过程，保证过程的严谨性。

关于数据资源运维的绩效考核设计，多数体现在日常管理类，其权重和评判偏重于过程执行的严谨性考核上。

17.3　信息系统数据资源的开发与利用

数据资源的开发与利用包含两个层面的含义。首先，数据应当得到有效的组织和管理，才能通过系统化的应用服务于组织的管理和决策；其次，对数据资源的利用存在一个由浅入深、由单一到综合的提升过程。

数据资源的开发与利用包含两个层面的含义。首先，数据应当得到有效的组织和管理，才能通过系统化的应用服务于组织的管理和决策；其次，对数据资源的利用存在一个由浅入深、由单一到综合的提升过程。

从信息系统对决策支持的程度可以划分为事务处理、分析处理和商务智能 3 个层次，应用的层次越高，对数据管理和集成性的要求也越高。事务处理围绕组织的基本业务自动化，对数据和信息进行加工和处理，在管理中，它能够回答“发生了什么”的问题。分析处理围绕组织的分析和控制功能，对数据和信息进行回溯、分维、切片和 what-if 分析，从而回答“为何会发生”的问题。商务智能围绕组织的经营策略和竞争优势，对数据和信息进行挖掘及整理，以求获得支持决策的知识，从而回答“将会发生什么”的问题。这 3 个应用层次是围绕着对数据资源的开发、管理和利用而逐渐提升的。

17.3.1　数据仓库

如前所述，分析处理是数据资源开发与利用的第二个层次。在这个层次上，人们要求信息系统具有对多方面数据进行综合分析的能力，这就要求建立一个面向分析的、集成存储大量历史数据的新型数据管理机制，这一机制就是数据仓库（Data Warehouse，DW）。数据仓库是决策支持系统（DSS）和联机分析应用数据源的结构化数据环境，其特征包括面向主题、集成性、稳定性和时变性。

按功能结构划分，数据仓库系统至少应该包含数据获取、数据存储、数据访问 3 个关键部分。

17.3.2 数据挖掘

面向管理决策的数据挖掘和商务智能（Business Intelligence，BI）的应用建立在数据资源高度集成的基础上，利用新型的海量数据分析方法，在数据资源中寻找潜在的、有助于管理决策的规律和知识。在人工智能领域，通常把数据挖掘又称为数据库中的知识发现（Knowledge Discovery in Database，KDD）。

数据挖掘方法一般都是基于机器学习、模式识别和统计方法的。通过对这些方法的综合和集成，来完成在海量数据中对潜在知识的挖掘工作。数据挖掘的基本目标是预测和描述。一般来说，可以根据知识类型将数据挖掘划分为以下几类。

（1）概念描述（归纳或简约）。包括对概念的识别和比较，它通过对数据进行一般化汇总或将可能矛盾的数据的特征进行说明，寻求对一个数据子集简约的描述。例如，销售经理把顾客的购买数据按年龄分组，观察每组顾客的购买频次和平均消费额。

（2）关联规则。发现数据之间的关联性、相关性和因果关系，从而进一步得出不同信息之间潜在的逻辑规律，为业务运作提供参考和决策支持。例如，某大型超市在利用数据挖掘方法对商品进行关联分析后，发现一部分滞销商品居然是消费额最高的 25%的客户的购买对象。于是为了能够使得效益最大化，该超市仍然继续供应这些滞销商品，而不是简单地撤下这些商品。

（3）分类和预测。对数据按类进行划分，挖掘出每类数据的描述和模型，根据已有的信息和模式，来预测未来或未知的属性值。

（4）聚类。将数据按照某种标准进行汇总，形成新的类。聚类和分类不同，在分类中，数据事先是给出类标记的，然后选择分类算法对这些类进行划分，是一种监督学习的方式；而聚类则是将数据集合按特定属性测度的相似性进行聚合，并没有事先给定类别，是一种非监督学习的方式。

第 18 章 信息系统安全运维的监理工作

18.1 信息系统安全运维概述

一个安全的信息系统必须能事先估计出可能出现的威胁并制定出预防措施，以防止蓄意或意外破坏网络、硬件或文件，防止蓄意滥用软硬件，防止信息失窃，保护数据正确完整，提供灾害恢复，实现授权用户在需要时可以增、删、改、查信息系统内容。

信息系统安全的任务是确保信息系统功能的正确实现。常见信息系统安全术语如下。

（1）备份：复制数据和/或程序，并保存在安全的地方；

（2）解密：传输后将打乱的代码转换成可读的数据；

（3）加密：在进行传输之前将数据转换成打乱的代码；

（4）暴露：因信息系统中发生错误而可能产生的危害、损失或损害；

（5）容错：信息系统在发生故障的情况下保持运行能力（通常时间有限、等级下降）；

（6）信息系统控制：确保信息系统达到预期性能的规程、设备或软件；

（7）（数据）完整性：对数据的精确性、完全性和可靠性的保障。系统的完整性由组件的完整性和组件的集成来保障；

（8）风险：产生威胁的可能性；

（9）威胁（或危害）：系统可能面临的各种危险；

（10）脆弱性：在存在威胁的情况下，系统会因威胁遭受危害的可能性；

（11）恶意软件：可能对计算机实施恶意行为的软件的统称。

18.1.1 信息系统安全的概念

信息系统安全是指保障计算机及其相关设备、设施（含网络）的安全，运行环境的安全，保护信息的安全，实现计算机功能的正常发挥，以维护计算机信息系统的安全运行。信息系统安全包括实体安全、运行安全、信息安全和人员安全等几个部分。

1. 实体安全

实体安全也称物理安全，指保护计算机设备、设施（含网络）及其他载体免遭地震、火灾、水灾、雷电、噪声、外界电磁干扰、电磁信息泄露、有害气体和其他环境事故（如电磁污染等）破坏的措施、过程。实体安全包括环境安全、设备安全和媒体安全 3 个方面。

2. 运行安全

运行安全的目标是保证系统能连续、正常地运行，包括系统风险管理、审计跟踪、备份与恢复、应急 4 个方面的内容。

3. 信息安全

信息安全是指防止信息资产被故意或偶然地非法授权泄露、更改、破坏，或信息被非法辨识、控制，确保信息的可用性、完整性、保密性、可控性。针对计算机信息系统中信息存在的形式和运行特点，信息安全包括操作系统安全、数据库安全、网络安全、病毒防护、访问控制、加密与鉴别 7 个方面。

4. 人员安全

人员安全是指计算机使用人员的安全意识、法律意识及安全技能等。

5. 信息系统安全监理考核重点

对于信息系统安全运维的实体安全、运行安全、信息安全和人员安全是监理需要跟踪审查的一项重要工作，尤其是运行安全与人员安全。

在系统运行过程中，运行安全贯穿始终，主要包括安全管理计划、过程审计、数据备份与恢复安全、应急保障计划等内容。

在人员安全管理方面，要对人员资质、保密协议、操作规范性进行考核。尤其对于运维人员的破坏性操作予以重视和把控，原则上不准许单人操作和操作执行人是密码管理员的情况发生。

18.1.2 影响信息系统安全的因素

信息系统安全的影响因素可能来自组织内部、远程接入或者来自基于互联网的系统，其安全面临故意威胁和非故意威胁。故意威胁一般是指信息系统所处的状态会出现以下问题：攻击者能够作为另一用户执行命令；攻击者能够访问到那些被限制访问的数据；攻击者能够伪装成另一个实体；攻击者能够执行拒绝服务攻击。非故意威胁一般是指存息系统会出现以下问题：存在某些弱点，一些能力会轻易丧失；存在可用来访问系统每内部数据的登入点；从合理的安全策略角度看还存在着问题。

信息系统存在安全威胁包括故意和非故意两种类型。

1. 产生故意威胁的因素

产生故意威胁的因素主要分为 5 类。

（1）盗取。包括盗取数据，盗取主机使用时间，以及盗取设备或程序。

（2）操纵。操纵数据的处置、输入、处理、传输和编排，以及各种计算机滥用行为或欺诈。

（3）破坏。包括罢工、骚乱或破坏，故意破坏计算机资源，使用病毒或类似攻击进行破坏。

（4）依赖。对硬软件、核心技术的严重依赖，也会导致网络安全比较脆弱。受信息技术限制，很多组织直接引进国外的信息技术设备，且对引进的硬软件无法进行技术改造，给他人入侵系统或监听信息等非法操作提供了可乘之机。我国网络系统的核心技术严重依赖国外，这使我国的网络安全性能大大减弱，网络安全处于极其脆弱的状态。

（5）恐怖袭击。恐怖袭击事件能严重毁坏信息系统的基础网络、软件系统，导致关键业务中断，发生在纽约的“9 • 11”事件就造成了这样的后果。

2. 产生非故意威胁的因素

产生非故意威胁的因素主要分为 3 类。

（1）人为错误。在硬件或信息系统的设计过程中均可能出现人为错误，在编程、测试、数据收集、数据输入、授权及数据处理与输出过程中也可能发生人为错误。在许多组织的信息系统中，与安全性相关的问题大部分都是因人为错误产生的。

（2）环境灾害。包括地震、严重的风暴（如飓风、暴雪、风沙、闪电、龙卷风等）、洪水、电力故障、强烈振荡、火灾（最常见的灾害）、空调故障、爆炸、辐射、制冷系统故障等。在发生火灾时，除燃烧本身会给计算机带来损害外，烟、热及水都会损害计算机资源。这些灾害可能会导致计算机的运行中断。

（3）计算机系统故障。计算机系统故障可能因制造问题或材料缺陷引起，非故意性功能故障也可能因其他原因引起，如缺乏经验或测试不当等。

18.1.3　信息系统安全保障体系结构

为保障信息系统的安全，有必要基于系统的观点建立信息系统安全保障模型，并构建信息系统安全体系结构。

1. 信息系统安全保障

信息系统安全保障指在信息系统所处的运行环境中，将风险和策略作为其基础和通过在整个信息系统的生命周期中实施技术、管理、工程和人员保障，实现信息的保密、完整和可用等安全特征，将安全风险降低到可接受的程度。

信息系统的安全保障是一个多维的体系，包含信息系统生命周期、信息安全特性、安全保障要素 3 个维度。信息系统安全保障是一个动态过程，它贯穿于信息系统生命周期的全过程，并强调通过综合多方面的安全保障要求来实现信息系统的安全保障目标。

信息系统安全保障级（Information Systems Assurance Level，ISAL）是对信息系统安全技术保障、安全工程保障实施的正确性、质量和能力的量度和评价，是对信息系统安全保障持续改进能力特征的描述。

信息系统安全保障共分为如下 6 个能力级别。

0——未实施级：安全保障控制要求不能成功执行；

1——基本执行级：安全保障控制要求可证实都被执行了；

2——基本执行级或计划和跟踪级：安全保障控制要求建立了良好的规划和制度，使组织的安全保障工作有据可依；

3——充分定义级：安全保障控制要求组织均应切实依照一组完善定义的操作规范来进行安全保障体系所规定和要求的工作，而且具有完整的实施记录并可追踪；

4——量化控制级：能够对保障能力和改进能力进行检查，并通过定性和定量的指标对组织的安全保障工作效果进行度量；

5——持续改进级：基于组织的业务目标建立安全保障工作效果和效率的量化执行目

标，并针对这些目标进行持续调整和改进；

需要说明的是，信息系统安全保障级是一个循序渐进、不断完善和深入的发展过程，高安全保障级必须建立在完成低安全保障级的基础上，是低保障级不断发展和完善的结果。

2. 信息系统安全体系结构

信息系统安全体系结构（Information Systems Security Architecture，ISSA）正逐渐成为信息安全学科研究的重点领域和重要分支，信息系统安全体系结构与系统的体系结构在概念上紧密联系，其主要特点表现在以下 4 个方面。

（1）体现了对信息系统安全问题的系统思考。ISSA 以非形式化、半形式化或形式化语言来表达和描述各种安全性的关注和需求，反映了系统开发初期的安全决策，对系统安全的设计质量和后期的使用维护有极大的影响。

（2）提供了需求交流的通道。ISSA 在安全需求与提供安全系统支撑和支持的技术方法、管理技术评估标准及相关法律法规的标准体系之间架起一座桥梁，使得系统设计人员可以方便地与组织管理者和用户交流，并依据标准、根据需求考虑风险，全局地指导安全系统（或产品）设计及把握其实现。

（3）支持设计重用。ISSA 能够极大地促进安全系统（或产品）设计的重用，得到广泛理解和认可的安全体系结构的通用设计模式、组成部件、文档等很容易被用于新的设计当中。

（4）对于复杂的网络化分布式的现代信息系统，以一定的安全体系结构框架和信息系统安全标准作为指导，有利于保障安全系统间的互联互通、互操作，以及支持各类安全产品在开发研制过程中的认证认可、版本升级，使其具有更好的安全性、兼容性和扩展性。

随着信息技术的迅速发展和社会信息化进程的加速，信息系统安全科学的理论、方法和技术经历了一系列的变革。在此过程中，ISSA 也由最初模糊的概念发展为一个渐趋成熟的技术科学，其研究内容包括安全体系模型的建立及其形式化描述与分析，安全策略和机制研究，检验和评估系统安全性的科学方法及准则的建立，以及符合这些模型、策略和准则的支持系统的研制。

18.1.4 计算机犯罪

在信息活动领域中，计算机犯罪是指利用计算机信息系统或计算机信息知识作为手段，或者针对计算机信息系统，对国家、团体或个人造成危害，依据法律规定，应当予以刑罚、处罚的行为。

1. 计算机犯罪行为

犯罪行为可能来自渗透系统（经常通过网络）的外部人员，也可能来自有权使用计算机系统但违规使用的内部人员。“黑客”（Hacker）一词一般用来形容那些渗透计算机系统的外部人员，并不是所有的黑客都是罪犯。“白帽”黑客的行为是符合伦理和法律的，他们负责对客户的系统进行渗透测试，找出漏洞以便进行修补；骇客（Cracker）即“黑帽”黑客才是罪犯，骇客是恶意的黑客，可能给信息系统带来严重的问题。黑客的行为可能会将无辜的内部人员卷入其中。有一种黑客战略是由计算机罪犯或商业间谍与相关组织内部人员建立不当的信任关系，以获取敏感信息或不当的访问权限。内部人员攻击有恶意攻击和非恶意攻击。恶意攻击指内部人员有计划地窃听、修改或破坏信息，通过欺骗方式未授权使用信息，或拒绝其他授权用户的访问。非恶意攻击通常是由于粗心、缺乏专业技术知识或无意间绕过安全策略对系统产生了破坏。由于内部人员知道系统的部署，知道有价值数据存于何处及知道已采取的安全防范措施，因而内部人员恶意攻击往往是最难检测和防范的。

2. 网络犯罪行为

除了针对信息系统的计算机犯罪外，互联网为实施非法行为提供了一个非常便利的环境，在互联网上实施的犯罪行为叫做网络犯罪，包括欺诈无辜人员的钱财，购物不付款，卖货不发货等。如身份盗窃就是一种常见的犯罪形式，（身份窃贼）通过窃取来的身份伪装成他人从事违法活动，他们一般都是通过互联网盗取社会保险号和信用卡号来实施欺诈（如购买商品或消费服务等）的，由受害人最终付款。通过大规模的攻击或破坏软件对整个国家的信息系统进行攻击并致使其瘫痪，则称为“网络战争”，也叫“网络战”，攻击目标可能是企业、行业、政府部门或媒体，以及军队指挥体系的信息系统。“网络恐怖主义”也是网络战争的一种形式，是指发生在互联网上的恐怖袭击，这样的攻击可能会对国家的安全造成重大影响。

18.2　信息系统硬件的安全运维

信息系统硬件是信息系统运行的物质基础，在使用信息系统时首先要注意做好硬件的安全防护。

18.2.1　硬件安全运行的概念

硬件安全运行的含义是保护支撑信息系统业务活动的信息系统硬件资产免遭自然灾害、人为因素及各种计算机犯罪行为导致的破坏。硬件安全通常包括环境安全、设备安全和介质安全。

1. 环境安全

环境安全主要指信息系统核心设备的运行环境安全，安全要素包括机房场地选择、机房屏蔽、防火、防水、防雷、防鼠、防盗、防毁，供配电系统、空调系统、综合布线、区域防护等方面。组织应根据信息系统自身特点建立一个或多个专用机房，在机房中存放信息软件应用系统的服务器设备、网络设备、存储设备等相关硬件。机房的设计与建设应当参照 GB 50174—93《国家标准电子计算机机房设计规范》进行。

2. 设备安全

硬件设备主要包括系统数据库服务器、系统应用服务器、系统前置机服务器、磁盘阵列、磁带库、网络防火墙、网络交换机等。设备安全指保障设备正常运行，免受威胁。安全要素包括设备的标志和标记、防止电磁信息泄露、抗电磁干扰、电源保护，以及设备振动、碰撞、冲击适应性等方面。对于设计有冗余电源的设备，应当在购置设备时配置 N+1 个冗余电源，降低设备因单电源失效引起的宕机事故的概率。同时，系统管理人员要定期对信息系统的所有硬件设备进行运行巡检，检查并记录设备有无运行异常及告警信息，巡检过程中要由专人负责。

3. 介质安全

介质安全包括介质自身安全及介质数据的安全。

18.2.2 硬件安全运行的影响因素

硬件安全运行的影响因素主要有：

（1）自然及不可抗因素。

（2）人为的无意失误。如操作员安全配置不当造成的安全漏洞，用户安全意识不强等都会给网络安全带来威胁。

（3）人为的恶意攻击。这是网络环境下所面临的最大威胁，会造成极大的危害，并导致设备瘫痪。

（4）缺乏完整可靠的安全防线。即安全措施不完善，如硬件防火墙控制不到位。硬件防火墙是保障内部网络安全的一道重要屏障，它是一种建立在网络之间的互联设备。通过把防火墙程序做到芯片里面，由硬件执行这些功能，能减少 CPU 的负担，使路由更稳定，防止外部网络用户以非法手段进入内部网络访问或获取内部资源，过滤危险因素。

18.2.3 硬件安全运行的措施

为保障环境安全、设备安全和介质安全，一般采取的措施如下。

1. 环境安全

应按照 GB 50174—2008《电子信息系统机房设计规范》的要求，保证提供符合网络设备运行要求的场地封闭、防火、防盗、防静电、通风、温湿度控制，以及 UPS 供电等的物理环境。重点保证中心机房的安全，涉及机房场地的选择、机房内部安全防护措施、建筑材料防火安全措施、机房供配电安全措施、机房防水与防潮安全措施、机房温度控制、机房防静电安全措施、机房接地与防雷击安全措施和机房电磁防护措施。

2. 设备安全

为保证设备安全，应按照 GA/T 681—2007《网关安全技术要求》、GA/T 682—2007《路由器安全技术要求》、GA/T 683—2007《防火墙安全技术要求》、GA/T 684—2007《交换机安全技术要求》等提供设备的防盗和防毁、防止电磁信息泄露、防止线路截获、抗电磁干扰及电源保护等措施。

信息系统的所有设备应提供基本的运行支持，并有必要的容错和故障恢复能力（Fault Tolerance），使系统即使一部分发生故障，整个系统仍然能够运行。包括磁盘阵列技术和硬盘镜像技术，通过网络设置双服务器、双电源，无论主服务器何时出现问题，从服务器都可替代主服务器，保证系统在出现故障时能够连续运行，而且替代过程是瞬间的，网络用户感觉不到。许多信息系统都要求终端与互联网等外部网络物理隔离，但是有时却还需要上传部分信息至上级有关部门。对于这种情况，信息系统可以采用一台内网计算机、一台外网计算机，利用 KVM（Keyboard、Video、Mouse）切换器进行切换，在节约成本的同时更方便、安全。另外，网闸技术也是一个好的选择，作为连接两个独立网络系统的信息安全设备，网闸在任一时刻只与其中一个网络系统连接，可以从物理上隔离、阻断具有潜在攻击可能的一切连接，使得信息系统不被入侵，从而实现真正的安全。

3. 记录介质安全

为保证记录介质安全，需要根据对介质安全的不同要求实施安全防护措施，针对存放重要数据的各类记录介质，如纸介质、磁介质、半导体介质和光介质等，采取较严格的保护措施，防止被盗、被毁和受损；对应该删除和销毁的重要数据，要有有效的管理和审批手续，防止被非法复制，应配备门卫、值班管理员、电子监控设备等，限制对网络设备的物理接触，避免攻击者利用物理接触网络设备的机会，非法更换闪存，装载 iOS 系统，改变设备硬件开关，重置管理员口令或恢复出厂设置等。

18.2.4　硬件安全监理考核重点

信息系统硬件安全运维的监理主要工作内容在于事前检查、事中跟踪、事后复核。

事前检查在于监督运维商对基础环境、硬件设备、基础环境的安全管理方法、具体操作方式，对有遗漏或防范不到位的内容提出监理建议。

事中跟踪的重点在于对影响核心应用系统和数据的安全事件进行全程跟踪检查，并记录处理过程。对系统备份、数据备份等通过介质保存的情况，要注意信息泄密、物理损坏等情况。

事后复核的重点在于对事件处理管理过程的合规性、技术处理手段的正确性、以及事件处理结果和遗留问题进行分析总结，查找在管理、技术等层面可能存在的问题并明确改进的方向。

关于基础环境安全运维的绩效考核重点有以下两方面。

（1）对病毒、漏洞攻击的防范能力。发生病毒、漏洞攻击事件不可怕，但是由于已知病毒和漏洞，但没有及时更新病毒库或漏洞排除而造成损失则应该采取较大服务的扣分评价；

（2）考核各运维商对服务人员的安全意识培训、安全管理控制。一旦发现人为因素对信息系统造成破坏，比如更改源代码，利用权限修改系统数据，伪造业务等事件，坚决以一票否决方式考核。性质严重的，应有监理人员出示有关证据移交司法机关处理。

18.3　信息系统软件的安全运维

信息系统的正常运作依赖于信息系统软件的正确运行，但影响软件安全运行的因素很多，有的针对操作系统，有的针对信息系统软件。如果软件的安全问题不能得到良好和妥善的解决，信息系统建设必将失败。

18.3.1　软件安全运行的概念

软件包括基础软件和信息系统软件，前者包含操作系统、数据库系统、中间件等，后者如 ERP 软件、SCM 软件、CRM 软件、OA 软件等。

在传统网络面临越来越多的攻击，信息系统安全问题日益严重的同时，信息系统软件的安全性问题日益突出。根据 Gartner 公司的调查研究，有近 75%的攻击发生在公司的应用层软件。由于软件程序的复杂性和多样性，在网络信息系统的软件中很容易有意或无意地留下一些不易被发现的漏洞。软件漏洞显然会影响网络信息的安全与保密。GB17859—1999《计算机信息系统安全保护等级划分准则》把计算机信息系统安全保护能力划分为以下5个等级。

第一级：用户自主保护级；

第二级：系统审计保护级；

第三级：安全标记保护级；

第四级：结构化保护级；

第五级：访问验证保护级。

据调查，目前几乎所有的ERP软件都能够达到该标准规定的第一级安全标准；部分ERP软件能够达到第二级安全标准，但极少能够完全达到第三级安全标准。这些软件对系统的安全性保护往往是通过用户口令规则、用户级别划分规则、操作权限规则等方法进行控制的，从而实现系统的自主访问控制、身份鉴别和数据完整性控制3方面信息安全的要求。

18.3.2 软件安全运行的影响因素

影响软件安全运行的因素归纳起来，常见的主要有两种，第一种是针对操作系统的安全漏洞实施的攻击，第二种是针对基于Web的信息系统软件的攻击。

1. 操作系统的安全漏洞

操作系统的安全漏洞主要有以下5种。

（1）输入/输出（I/O）非法访问。在某些操作系统中，一旦I/O操作被检查通过之后，该操作系统就继续执行下去而不再检查，从而造成后续操作系统的非法访问。某些操作系统使用公共的系统缓冲区，任何用户都可以搜索这个缓冲区。如果此缓冲区没有严格的安全措施，那么其中的机密信息（用户的认证数据、身份识别号、口令等）就有可能被泄露。

（2）访问控制的混乱。安全访问强调隔离和保护措施，但是资源共享则要求公开和开放，这是一对矛盾。如果在设计操作系统时没有能够处理好这两者之间的关系，就会因为访问权限不清而造成操作系统安全问题。

（3）不完全的中介。完全的中介必须检查每次访问请求已进行适当的审批；相对而言，不完全的中介是指某些操作系统省略了必要的安全保护，比如，仅检查一次访问请求或没有全面保护机制。

（4）操作系统后门。所谓后门是一个程序模块秘密的、未记入文档的入口。设置后门的初衷是测试这个模块，或是为了连接将来的更改和升级程序，或是为了将来发生故障后为程序员提供方便等合法用途。通常在程序开发后期去掉这些后门，但是由于各种有意或无意的原因，后门也可能被保留下来。后门一旦被心存叵测的人利用，将会带来严重的安全后果。比如，利用后门在程序中建立隐蔽通道，甚至植入一些隐蔽的病毒程序等。利用后门可以使得原来相互隔离的网络信息形成某种隐蔽的关联，进而可以非法访问网络，达到窃取、更改、伪造和破坏的目的，甚至有可能造成网络信息系统的大面积瘫痪。常见的后门有逻辑炸弹、遥控旁路、远程维护、非法通信和贪婪程序。

（5）操作系统型病毒。这种病毒会用它自己的程序加入操作系统或取代部分操作系统进行工作，具有很强的破坏力，会导致整个系统瘫痪。而且由于感染了操作系统，这种病毒在运行时，会用自己的程序片段取代操作系统的合法程序模块，对操作系统进行破坏。同时，这种病毒对系统中文件的感染性也很强。

2. 基于 Web 的信息系统软件攻击

针对 Web 环境应用系统软件攻击的常见方法和技术主要有：精心修改 Cookie 数据并进行用户假冒，攻击者利用不安全的证书和身份来逃避管理；在动态网页的输入中使用各种非法数据，获取服务器敏感信息；攻击者利用超出缓冲区大小的请求和构造的二进制代码让服务器执行溢出堆栈中的恶意指令；强制访问未授权的网页；对网页中的隐藏变量进行修改，欺骗服务器程序；构造大量的非法请求，使 Web 服务器不能进行正常用户的访问；提交非法脚本，趁用户浏览时盗取其账号等信息；SQL 注入，即构造 SQL 代码让服务器执行，获取敏感信息，并获得相应的权限，Web 网页上的用户名表单往往是这类攻击的入口；由于输入检验不严，以及在错误的代码层中编码，使得攻击者可以对数据库进行查询、删除和修改等操作，在特定的情况下，甚至还可以执行系统指令。

3. 主要攻击方式

实施上述针对操作系统和基于 Web 的信息系统软件的攻击时，攻击者经常采用欺骗的方式，包括：IP 欺骗、ARP（Address Resolution Protocol，地址解析协议）欺骗、DNS（Domain Name System，域名服务系统）欺骗、Web 欺骗、电子邮件欺骗、源路由欺骗（通过指定路由，以假冒身份与其他主机进行合法通信或发送假报文，使受攻击主机出现错误动作）、地址欺骗（包括伪造源地址和伪造中间站点）等。攻击的方式归纳起来基本上分为数据篡改和编程攻击。

（1）数据篡改（Data Tampering）：是最常见的攻击手段，向计算机中输入错误的、欺骗性的数据，或者删除、更改现有的数据。这种方法常为内部人员使用。

（2）编程攻击（Program Attack）：是计算机犯罪常用的一种攻击手段，即利用编程技巧直接或间接地修改计算机程序。要实施这种犯罪行为，拥有编程技能和了解目标系统是最基本的条件。编程攻击可细分为多种方法，某些方法是专为攻击基于 Web 的信息系统软件而设计的。其中病毒攻击方法的使用频率最高，拒绝服务攻击对计算机网络的影响最广泛。此外，病毒、内部人员滥用互联网访问、内部人员未授权访问、盗窃笔记本电脑、拒绝服务攻击、系统渗透、破坏和盗窃专有信息是使用最为频繁的攻击方法。

18.3.3　软件安全运行的措施

为保证软件的安全运行，必须建立安全的操作系统，在保证服务器上的操作系统软件、防病毒软件和防火墙软件安全的同时，保障信息系统软件安全，关注 Web 应用系统的上传漏洞和 SQL 注入防范，并结合使用相应的 Web 应用系统漏洞检测技术、防火墙技术和入侵检测技术。

1. 操作系统的安全

为了建立安全的操作系统，首先，必须构造操作系统的安全模型（单级安全模型、多级安全模型、系统流模型等）和实施方法；其次，应该采用诸如隔离、核化（最小特权等）和环结构（开放设计和完全中介）等安全科学的操作系统设计方法；最后，还需要建立和完善操作系统的评估标准、评价方法和测试质量。对付操作系统中常见后门的方法可归纳为：

（1）加强程序开发阶段的安全控制，防止有意破坏并改善软件的可靠性。比如，采用先进的软件工程进行对等检查、模块结构、封装和信息隐藏、独立测试和程序正确性证明及配置管理等。

（2）在程序的使用过程中实行科学的安全控制。比如，利用信息分割限制恶意程序和病毒的扩散；利用审计日志跟踪入侵者和事故状态，促进程序间信息的安全共享。

（3）制定规范的软件开发标准，加强管理，对相关人员的职责进行有效监督，改善软件的可用性和可维护性。

2. 产品化软件的安全

信息系统软件都要依托于服务器设备。为保证安装在服务器上的操作系统软件、防病毒软件和防火墙软件的安全，必须做到以下4点。

（1）根据应用软件的需求和服务器硬件架构选择安装合适的操作系统，服务器操作系统软件应当定期更新操作系统的安全升级补丁。

（2）服务器应当安装防病毒软件，系统管理人员要定期更新防病毒软件补丁和病毒特征库。系统管理人员要为防病毒软件定制自动病毒扫描策略，定期检查策略的执行情况。

（3）服务器应当安装防火墙软件，系统管理人员要定期为防火墙软件更新补丁。系统管理人员要为防火墙软件配置出入操作系统的防火墙安全防护策略，阻止可疑的不安全访问。

（4）系统管理人员要定期对服务器操作系统进行安全检查（建议每周一次），并出具书面检查报告。

3. 业务应用软件的安全

为保障信息系统软件的安全，应做到以下3点。

（1）因劣质软件而产生安全问题时，从组织上来说，是管理规范出了问题。最理想的情况下软件安全是组织成员共同的责任，较现实的解决方案是将责任和义务交给特定的小组。需要两种类型的人员来组成软件安全小组：以保卫者和破坏者的思维考虑业务软件系统的人员。

（2）为了成功实施信息系统软件安全计划，可以雇用外部的咨询人员来帮助建立一个小组，但由于软件安全人员所具备的广泛的经验和知识非常宝贵，这种人员也极为少见，所以雇用成本很高。对于大型信息系统软件安全的运维，可以找到对操纵信息系统软件最熟悉的人员，投资培养其成为软件安全员，让其负责软件安全。

（3）应用系统服务器安装了信息系统软件，是应用系统的业务处理平台，是用户读取和写入数据的桥梁。应用服务器密码要由专人负责持有，不得转让他人，密码要符合复杂性要求且定期修改。

4. Web应用系统上传漏洞和SQL注入防范

Web应用系统的主要防范技术包括防范上传漏洞和SQL注入防范。

（1）防范上传漏洞。文件上传漏洞在多个开源Web系统中存在，具有普遍性。由于漏洞形成的原因在于未对用户输入的数据进行严格检查，因此，可以采取如下解决办法：服务器端路径参数应尽可能地使用常量，而不是变量，即将文件路径改为常量，而不是通过客户端提交的数据，这样有助于防范文件上传漏洞；对于用户提交的数据，应该进行全面检查，如检查文件后缀名，不应该仅仅检查最后的 4 位；或者禁止用户定义文件名；加强操作系统的安全配置，限制某些可执行文件的执行权限。

（2）SQL 注入防范。要防止这类攻击，必须在软件开发程序代码上形成良好的编程规范和代码检测机制，仅仅靠打补丁和安装防火墙是不够的。

5. Web 应用系统漏洞检测技术

Web 应用系统漏洞检测工具采用的技术主要有以下 4 种。

（1）智能爬虫技术。指搜索引擎利用的一种技术，它可以从一个页面去跟踪所有的链接，到达其他页面。利用这种技术，可以遍历所有的网页，从而达到分析整个应用系统的目的。

（2）Web 应用系统软件安全漏洞检测技术。主要利用爬虫，对目标系统的架构进行分析，包括 Web 服务器基本信息、CGI（Common Gateway Interface）程序等，进而利用 Web 安全工具手段建立数据库，进行模式匹配分析，找出系统中可能存在的漏洞或问题。

（3）Web 系统应用软件安全漏洞验证技术。对发现的漏洞进行验证。

（4）代码审计。对 Web 应用软件代码进行检查，找出系统中可能存在的弱点。在理想的情况下，检测系统能够从有缺陷的代码行中找到安全漏洞，这种功能可能会像代码编辑功能一样成为开发工具的基本组件。为了提高代码安全性，一些厂商已经开始推出相应的开发工具，但这些工具的销售情况目前并不是太好，因为大多数这类工具不能提供完整的应用程序理解能力，而只能针对特定的模式进行操作。

6. 防火墙技术

防火墙是放置在本地网络与外界网络之间的一道安全隔离防御系统，是为了防止外部网络用户未经授权的访问，用来阻挡外部不安全因素影响内部的网络屏障。它是一种计算机硬件和软件的结合，使 Internet 与 Intranet 之间建立起一个安全网关（Security Gateway）。防火墙主要由服务访问政策、验证工具、包过滤和应用网关 4 个部分组成。美国有 98%的公司使用防火墙实施访问控制策略。防火墙按照严格的准则来允许和阻止流量。因此，防火墙只有拥有清晰、具体的规则，才能够正确地设定哪些访问是允许的。一套信息系统中可以使用多个防火墙。防火墙的主要作用体现在以下几个方面。

（1）可以把未授权用户排除到受保护的网络外，禁止脆弱的服务进入或离开网络，过滤掉不安全服务和非法用户。

（2）防止各种 IP 盗用和路由攻击。

（3）防止入侵者接近防御设施。

（4）限定用户访问特殊站点。

（5）为监视 Internet 安全提供方便。随着对网络攻击技术的研究，越来越多的攻击行为已经或将被挡在防火墙之外。

防火墙可以用来存储公开信息，使无法进入公司网络的访问者也能够获得关于产品和服务的信息，以及下载文件和补丁等。但值得注意的是，虽然防火墙很有用，却无法阻止潜伏在互联网上的病毒，病毒可以隐藏在电子邮件的附件中逃过防火墙的过滤。

7. 入侵检测技术

入侵检测技术（IDS）是指对计算机和网络资源的恶意使用行为（包括系统外部的入侵行为和内部用户的非法授权行为）进行识别和相应处理，为了保证计算机系统的安全而设计与配置的一种能够及时发现并报告系统中未授权或异常现象的技术，是一种用于检测计算机网络中违反安全策略行为的技术。

从检测方法上，可将检测系统分为基于行为和基于知识两种：从检测系统所分析的原始数据上，可分为来自系统日志和网络数据包两种，前者一般将系统日志、应用程序日志等作为数据源，用以检测系统上正在运行的进程是否合法，后者直接从网络中采集原始数据包，其网络引擎放置在需要保护的网页段内，不占用网络资源，对所有本网段内的数据包进行信息收集并判断。通常采用的入侵检测手段有：

（1）监视、分析用户及系统活动；

（2）系统构造和弱点的审计；

（3）识别反映已方进攻的活动模式并向相关人士报警；

（4）异常行为模式的统计分析；

（5）评估重要系统和数据文件的完整性；

（6）操作系统的审计跟踪管理，并识别用户违反安全策略的行为。

8. 软件安全运行的监理考核重点

软件安全运行的监理工作集中在事前准备阶段和事件处理结果阶段。

监理人员应监督运维商是否在上文内容中预见和预防到了系统软件安全运行的风险，是否有计划和方案去解决，重要应用软件安全问题是否在应急方案中体现并给出可执行的方法。

事后处理阶段在于解除安全问题后，运维商是否提交准确的分析报告，其内容包括对风险的判定、分析、解决方案、预防或整改措施描述是否准确，方法是否得当等内容。

18.4 信息系统数据的安全运维

数据是体现组织核心竞争力的重要资源，它如果因自然、计算机系统故障或人为的因素而遭受破坏，将造成难以估量的损失，甚至是灭顶之灾。维护系统数据的正确性，防止系统外部对系统数据不合法的访问，保证系统数据在发生意外时能及时恢复，是确保信息系统安全的一项重要工作。

18.4.1 数据安全的概念

数据安全是指保护数据不会被意外或故意地泄露给未经授权的人员，以及免遭未经授权的修改或破坏。数据安全是一个涉及计算机技术、网络技术、通信技术、加密技术、应用数学、信息论等多项技术的学科。数据安全是信息系统安全保障的核心问题之一。数据安全功能通过操作系统、安全访问控制措施、数据库/数据通信产品、备份/恢复程序、应用程序及外部控制程序来实现。

信息系统的建立把原先分散式的数据合并收拢，集中起来放在一个巨大无比的数据中心，信息系统授权用户可以访问这个数据中心，从而形成一个信息通畅、变化灵活的数字神经系统。

数据安全必须反映以下两个基本原则。

（1）最低特权。用户只能获得执行任务所必需的信息，只知道他“应该知道的”。

（2）最少透露。用户在访问敏感信息后，即有责任保护这些信息，不向无关人员透漏这些信息。

数据安全技术不仅包括以保持数据完整性为目的的数据加密、访问控制、备份等技术，也包括数据销毁和数据恢复技术。数据销毁是指采用各种技术手段来完全破坏存储介质中数据的完整性，避免非授权用户利用残留数据恢复原始数据信息，以达到保护数据的目的。而所谓数据恢复，是指把原本保留在存储介质上的数据重新复原的过程。

18.4.2　数据安全的影响因素

随着大中型关系数据库的广泛使用，以 C/S、B/S 和多层应用为主的信息系统架构的共同特征是：用户在终端机上直接或通过中间层的应用服务器来访问数据，而数据则集中存放在数据库中。利用这些信息系统固有的弱点和脆弱性，信息系统中具有重要价值的信息可以被不留痕迹地窃取。非法访问可以造成系统内信息受到侵害，存储介质失控，数据可访问性降低等。保护数据成为了一项复杂且成本高昂的任务。

影响数据安全的因素主要有以下 4 点。

1. 物理环境的威胁

这主要包括支持数据库系统的硬件环境发生故障；自然灾害引起的系统破坏；系统软硬件，如操作系统、网络系统、数据库系统及计算机等，可能存在的许多不可知因素，如系统的“后门”、未公开的超级用户等。

2. 病毒与非法访问的威胁

目前，通过网络对信息系统进行攻击的方法层出不穷，这使得网络环境下的数据库及其所处的软件环境没有安全保障。同时，网络技术的发展与普及带来了计算机病毒的发展，从而使得计算机病毒对系统的威胁日益严重。而非法访问的威胁主要指用户通过各种手段获取授权用户的口令等信息，假冒该用户身份获得对数据库的访问许可，从而可以对数据库进行任何该授权用户权限范围内的操作，对数据进行任意的读取、修改甚至删除。

3. 对数据库的错误使用与管理不到位

这主要包括授权用户的失误，如错误地增加、删除或修改数据库中的数据，需要保密的敏感数据在输入数据库时已经泄露等；管理员由于自身能力或责任心问题不能很好地利用数据库的安全保护机制建立合理的安全策略，造成数据库安全管理的混乱；不能按时维护和审核数据库系统，从而不能发现系统受到的危害。

4. 数据库系统自身的安全缺陷

组织所使用的数据库绝大部分都是国外研制的，如 Oracle、Sybase 及 MS SQL Server 等，由于外国政府的种种限制，出口的数据库都只是符合可信计算机系统评估准则和可信数据库管理系统解释中的 C 类安全标准，其基本特征就是自主访问控制。自主访问控制允许用户将自己拥有的访问权限自主地转让给本来没有该访问权限的人，而系统无法对此进行控制。采用简单的基于用户口令的身份认证方式，用户信息通常以明文形式在网络中存储、传输，数据库系统存在自身的安全缺陷。

18.4.3 数据安全的措施

为保证信息系统中数据的安全，需要通过一定的控制机制来预防事故性灾害，遏制故意的破坏，尽快检测到发生的问题，加强灾难恢复能力和对存在的问题进行修正。控制机制可以在系统开发阶段集成到硬件和软件中（这是效率最高的方法），也可以在系统开始运行时或进行维护期间添加到系统中。防御的重点是预防。下面从容灾与数据备份、身份认证和数据加密角度讨论数据安全措施。

1. 容灾与数据备份

（1）容灾系统：业务处理连续能力最高的是容灾系统。一般在容灾系统中处于激活状态的系统通常由一个双机热备份系统构成，由于数据同时保存在两个物理距离相对较远的系统中，因此当一个系统由于意外灾难而停止工作时，另外一个系统会将工作接管过来。

（2）高可用群集系统：业务连续性处理比容灾系统低的是高可用群集系统。高可用群集系统是为了解决由于网络故障、应用程序错误、存储设备和服务器损坏等因素引起的系统停止服务问题。当越来越多的信息系统从庞大而昂贵的主机系统移植到开放系统上时，却面临开放系统服务器在安全性、工作连续性上的严重不足，为了解决这个问题，人们提出了高可用系统和群集系统。在一个高可用群集系统中，外置的磁盘阵列系统保证了在单个磁盘失效的情况下服务器依然可以访问数据，通过群集软件管理的多个服务器可以在其中任何一个服务器的软硬件故障的情况下将应用系统切换到另外一个服务器上。

（3）智能存储系统：智能存储系统不仅仅是一个外置阵列系统，它还具有很多独特的功能，在进行数据备份、数据采集、数据挖掘和灾难恢复时不会影响业务系统的连续性。一般智能存储系统可以独立于服务器完成对数据的高级管理，如数据的远程复制和同步复制等。

（4）备份系统：无论数据破坏出于何种原因，达到了何种严重程度，只要掌握着灾难发生前的数据备份，就可以保证信息系统数据的安全。因此，数据备份及灾难恢复是信息安全的重要组成部分，应与网络建设同期实施。备份系统通常是一个软硬件集成在一起的系统，一般包括备份软件、备份客户机、备份服务器和自动磁带库 4 个部分，随着光纤通道技术在存储系统中的广泛应用，以及存储区域网（Storage Area Network，SAN）的出现，渐渐形成了 LAN 自由备份（LAN Free Backup）和无服务器备份（Server Free Backup）的备份方式。实施数据备份应做到以下 3 点。

① 系统管理人员要制定针对数据库、前置机服务平台、应用服务平台的详尽的备份策略。备份策略中应包含文件系统备份、数据库系统在线和离线数据备份、日志备份。应根据应用系统数据的重要程度和应用系统的工作负荷灵活制定数据备份的方式和频率。

② 系统管理员应定期检查备份策略执行日志，检查备份执行情况。

③ 所有备份数据的介质集中保存在异地，并由专人保管。

2. 身份认证

身份认证的主要目标是检验身份，即确定合法用户的身份和权限，识别假冒他人身份的用户。认证系统可以与授权系统配合使用，在用户的身份通过认证后，根据其具有的授权来限制其操作行为。目前，常见的信息系统身份认证方式主要有入网访问控制和权限控制。

（1）入网访问控制

入网访问控制为网络访问提供了第一层访问控制，限制未经授权的用户访问部分或整个信息系统。用户要访问信息系统，首先要获得授权，然后接受认证。对信息系统进行访问包含 3 个步骤：第一步，能够使用终端；第二步，访问进入系统；第三步，访问系统中的具体命令、交易、权限、程序和数据。目前，从市场上可以买到针对计算机、局域网、移动设备和拨号通信网的访问控制软件。访问控制规程要求为每个有效用户分配一个唯一的用户身份标识（UID），使用这个 UID 对要求访问信息系统用户的真实身份进行验证。可以使用数字证书，智能卡，硬件令牌、手机令牌，签名、语音、指纹及虹膜扫描等生物特征鉴别。

（2）权限控制

网络的权限控制是针对网络非法操作所提出的一种安全保护措施。用户和用户组被赋予一定的权限。网络控制用户和用户组可以访问哪些目录、子目录、文件和其他资源；可以指定用户对这些文件、目录、设备能够执行哪些操作；可以根据访问权限将用户分为特殊用户（系统管理员）和一般用户，系统管理员根据用户的实际需要为他们分配操作权限。网络应允许控制用户对目录、文件、设备的访问。用户在目录一级指定的权限对所有文件和子目录均有效，用户还可进一步指定目录下子目录和文件的权限。对目录和文件的访问权限一般有 8 种：系统管理员权限、读权限、写权限、创建权限、删除权限、修改权限、文件查找权限、存取控制权限。

3. 数据加密

加密是实现数据存储和传输保密的一种重要手段。加密能够实现 3 个目的：验证身份（确定合法发送方和接收方的身份）、控制（防止更改交易或信息）和保护隐私（防止监听）。数字签名就是一种常见的数据加密，是解决网络通信中发生否认、伪造、冒充、篡改等问题的安全技术。该技术的原理是：发送方对信息施以数学变换，所得的信息与原信息唯一对应；接收方进行逆变换，得到原始信息。只要数学变换方法优良，变换后的信息在传输中就具有很强的安全性，很难被破译、篡改。这一过程称为加密，对应的反变换过程称为解密。

数据加密的方法有对称密钥加密和非对称密钥加密。

（1）对称密钥加密。对称密钥加密指双方具有共享的密钥，只有在双方都知道密钥的情况下才能使用，通常应用于孤立的环境之中，比如在使用自动取款机（ATM）时，用户需要输入用户识别号码（Personal Identification Number，PIN），银行确认这个号码后，双方在获得密码的基础上进行交易。对称密钥加密的优点是加密/解密速度快，算法易实现，安全性好，缺点是密钥长度短，密码空间小，“穷举”方式进攻的代价小。但如果用户数目过多，超过了可以管理的范围，则这种机制并不可靠。

（2）非对称密钥加密。非对称密钥加密也称为公开密钥加密，密钥是由公开密钥和私有密钥组成的密钥对，用私有密钥进行加密，利用公开密钥可以进行解密，但是由于公开密钥无法推算出私有密钥，所以公开密钥并不会损害私有密钥的安全。公开密钥无须保密，可以公开传播；而私有密钥必须保密，丢失时需要报告鉴定中心及数据库。

4. 监理考核重点

信息系统中数据是最核心的内容，它的安全管理是建立在基础环境安全、应用系统安全的前提下的，如果保证了基础环境和应用系统的安全，唯一能影响数据安全的因素就是主观人为因素。

因此，对数据安全的监理考核工作实际上就是建立在对运维操作人员的监督管理基础之上的。首先要保证相关制度的制定与宣贯，让所以运维操作人员的安全意识和警觉性足够高；其次要制定规范操作、严谨的流程与适度的权限，尽可能避免有机会发生人为数据安全事件，即使发生也要把危害降到最低；最后要建立复核制度，监理人员与其他运维管理者应定期对数据运维工作进行复核性检查，不但可以清查问题，也能起到一定的震慑作用。

数据安全方面的考核要注重操作规范性，当然这建立在用户有一套行之有效、管理严格的数据操作管理制度与流程，在制度和流程约束内。按步骤完成数据运维工作应该是不存在人为风险的，但是如果有违规行为，按情节和后果评价应从扣分到一票否决多种形式。

参考文献

[1] CMMI for Service Version 1.3．www.sei.cmu.edu，2010.

[2] ITIL V3 Foundation Complete Certification Kit – 2009 Edition：Study Guide Book and Online Course．Emereo Pty Ltd：Pap/Pas edition，2009.

[3] Perter Brooks．IT 服务管理指标[M]．丰祖军．译，北京：清华大学出版社，2008.

[4] Turban E，Leidner D，Mclean E，Wetherbe J．管理信息技术[M]．北京：中国人民大学出版社，2009.

[5] GB/T 20988-2007．信息安全技术信息系统灾难恢复规范[S].

[6] 国家信息安全中心编委会．信息安全等级保护技术标准规范与信息安全监管防范调查处理实用手册[M]．银川：宁夏大地音像出版社，2005.

[7] 北京海思科网御信息技术有限公司．信息系统安全运营监控平台建设方案[EQ/OL]．http://wenku.baidu.com/view/bl40ca946bec0975f465e201.html.

[8] 张礼立．IT 服务管理新论——中国式智慧和西方文化融合的研究[M]．上海：上海交通大学出版社，2011.

[9] 刘小茵．基于 ISO\IEC20000 的 IT 服务管理体系实施指南[M]．北京：中国标准出版社，2010.

[10] 刘小茵．中小企业信息安全管理体系最佳实践[M]．北京：中国标准出版社，2010.

[11] 马勇，等．现代服务业管理——原理、方法与案例[M]．北京：北京大学出版社，2010.

[12] 陈敏．医院信息系统软件的维护方法[J]．医学信息，2004,（11）:697-699.

[13] 冯登国，张阳．信息安全体系结构[M]．北京：清华大学出版社，2008.

[14] 侯丽波，基于信息系统安全等级保护的物理安全的研究[J]．网络安全技术与应用，2010,（12）:31-33.

[15] 李大为，刘飞飞，李薇薇．信息系统运行维护的八大意识[J]．中国信息界，2011,（3）:56-57.

[16] 刘继全．信息系统运行安全综合管理监控平台的设计与实现[J]．铁路计算机应用，2008.

[17] 陈宏峰，刘亿舟．中国 IT 服务管理指南：理论篇．2 版[M]．北京：北京大学出

版社，2012.

[18] 刘宇熹，陈尹立．计算机系统服务外包及运行维护管理[M]．北京：清华大学出版社，2008.

[19] 余沁园．信息系统外包研究[D]．重庆大学硕士学士论文，2002.

[20] 深圳市标准化指导性技术文件．信息系统运行维护技术服规范第 3 部分：应用软件系统运行维护（征求意见稿）[EQ/OL].http://wenku.baidu.com/view/4be2924c2e3f5727a5e962d0.html.

[21] 吴杰．IT 运维创造价值[EQ/OL].http://wenku.baidu.com/view/f4e0b2eb551810a6f52486f5.html.

[22] HP 集成运维管理解决方案[EB/OL].http://wenku.baidu.com/view/9fedf7101f69e3143329fc.html.

[23] IT 综合管理解决方案[EQ/OL].http://www.betasoft.com.cn/product/jjfaa/cpfl/2009-09-22/140.html.